東京ディズニーリゾート便利帖
〈第3版〉

Kenichiro Horii
堀井憲一郎

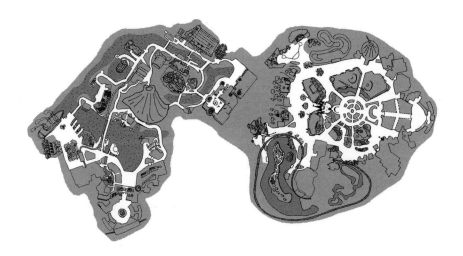

新潮社

第1章　知っておきたいランドとシーの全貌

6 …… ディズニーランド乗りもの混雑ランキング
8 …… ディズニーランドのトイレの真相研究
10 …… ディズニーシー乗りもの混雑ランキング
12 …… 携帯・スマホ・PC活用法その1
14 …… 携帯・スマホ・PC活用法その2
16 …… 携帯・スマホ・PC活用法その3
18 …… ファストパスに関する基本的注意その1
20 …… ファストパスに関する基本的注意その2
22 …… ファストパスに関するその他の情報
23 …… ファストパスはいつなくなるのか？「モン・イン」の場合
24 …… ランドのファストパスはいつなくなるのか？
26 …… シーのファストパスはいつなくなるのか？
28 …… 開園前の待ち合わせと目印

第2章　ディズニーの四季

30 …… ディズニーにはいつ行けばいいのか？
32 …… ディズニーはいつ混んでいるのか
34 …… ランドとシーではどちらに行けばいいのか
36 …… 「混んでいる」「すいている」の指標は何なのか
38 …… 「年越しディズニー」攻略法

第3章　ディズニーランドのまわりかた スーパー12パターン

40 …… 「ディズニーランドのまわりかた」について
42 …… 混雑日のうまい混雑回避方法
44 …… 人気ものを制覇したうえにファンタジー世界もおさえる
46 …… 人気ものと穴場ものとのうまい組み合わせ方法
48 …… 小さい子供を連れているときぐずらせずにまわる方法
50 …… 小学生の子供と楽しくまわる方法
52 …… 富士急ハイランドと同じつもりで来てる連中の方法
53 …… コースターに乗らずショーを中心に見てまわる方法
54 …… 最近できたものと人気のものをだいたい乗る方法
55 …… とにかく空いてる日に人気のものに無駄なく乗りまくる方法
56 …… 異常なくらい混んでいる日に負けずに満喫する方法
58 …… そこそこの混雑日の午後に着いたときと「夏5」で入ったとき
59 …… ふつうに混んでいる日にほとんどすべての乗りものに乗る方法
60 …… ミッキーに会うにはどうすればいいのか・ランド編

第4章　ディズニーランドの40乗りもの全解説

62 …… 各アトラクションの詳細紹介→詳細は右ページ
94 …… ディズニーランドでビールが飲みたいとき

第5章　ディズニーランドのレストランとショップ

96 …… TDLレストランのレベルとレジ処理問題
98 …… ランドのレストラン一覧
100 …… TDLレストラン待ち列のねじれ問題
101 …… レストランは何時ごろがすいてるのか
102 …… ディズニーランドでは何を食べればいいのか
103 …… ディズニーランドのおすすめレストランはどこか
104 …… で、結局ランドのレストランはどこがいいのか
106 …… エリア別レストラン紹介
114 …… そのほかの細かい屋台解説
116 …… ランドのポップコーン状況
117 **MAP** TDLポップコーンマップ
118 …… ランドの土産店はどこで買えばいいか
119 …… ランドの全47お土産店紹介

第6章　ディズニーランドのショーとパレード

124 …… ランドのショーとパレードと花火の開催時刻を見る
126 …… 「ワンス・アポン・ア・タイム」の研究
128 …… 昼のパレード「ハピネス・イズ・ヒア」の研究
130 …… エレクトリカルパレードの通過時刻表
132 …… エレクトリカルパレードはどこで見るべきか
133 **MAP** エレクトリカルパレードを見るおすすめポイント
134 …… 腹に響く音と火薬の匂いが花火だ
135 **MAP** 花火を見るおすすめポイント
136 …… ワンマンズ・ドリームⅡ　ミニー・オー！ミニー
137 …… ポリネシアンテラス・レストランのショー
138 …… ザ・ダイヤモンドホースシューのショー
139 …… スーパードゥーパー・ジャンピンタイム
140 …… ランドのお得な「ガイドツアー」について

第7章　ディズニーシー攻略法

142 …… シーのアトラクションのおもしろい順位
144 …… ディズニーシーのまわりかたの基本
146 …… 混んでる日に人気のものを制覇するまわりかた
147 …… 混んでる日にショー中心にゆったりと見てまわる
148 …… やや混んでいる日の優雅なシーデートのまわりかた
149 …… 混雑日に珍しいものに乗って楽しむまわりかた
150 …… とにかくすいている日に存分に乗りまくる
151 …… 混んでる日の午後からの攻略法
152 …… 小さい子供連れのときのまわりかた
154 …… ダッフィー攻略法

第8章　ディズニーシーの全34乗りもの解説

156 …… 各アトラクションの詳細紹介→詳細は右ページ
176 …… シーのキャラクターグリーティング状況
177 …… シーの常設グリーティング
178 …… シーのお得な「ガイドツアー」について

第9章　ディズニーシーのレストランとショップ

180 …… シーのエリア別全レストランのレベル
182 …… TDSのおすすめレストラン・ランキング
184 …… エリア別レストラン紹介
193 …… TDSビール飲める店・飲めない店
194 …… そのほかの細かい屋台解説
196 …… シーのポップコーン状況
197 **MAP** TDSポップコーンマップ
198 …… シーの土産店はどこで買えばいいか
199 …… シーの全35お土産店紹介
202 …… シーでミッキーに会うにはどうするか

第10章　ディズニーシーのショー紹介

204 …… ディズニーシーのショーの全貌
206 …… マイ・フレンド・ダッフィー
207 …… ハンガーステージのショー
208 …… ビッグバンドビート
209 …… テーブル・イズ・ウェイティング
210 …… ディズニーシーの昼の海上ショーの思い出
212 …… ファンタズミック！
213 **MAP** 夜のショーを見るおすすめ見物場所MAP
214 …… ハピネス・オン・ハイ
215 **MAP** 花火を見るおすすめポイント
216 …… ディズニーシー全トイレの規模
218 …… ディズニーシーのトイレ表示の問題

第11章 原作映画のストーリー完全紹介

- 220 …… 南部の唄
- 221 …… 白雪姫　シンデレラ
- 222 …… ピノキオ　ピーター・パン
- 223 …… ダンボ　ふしぎの国のアリス
- 224 …… くまのプーさん完全保存版　美女と野獣
- 225 …… スイスファミリー・ロビンソン　トム・ソーヤーの大冒険
- 226 …… チップとデールの大作戦　ナイトメアー・ビフォア・クリスマス
- 227 …… トイ・ストーリー　モンスターズ・インク
- 228 …… スター・ウォーズ6部作　パイレーツ・オブ・カリビアン
- 229 …… ロジャー・ラビット　インディ・ジョーンズ
- 230 …… リトル・マーメイド　アラジン
- 231 …… シンドバッドの冒険　ファインディング・ニモ
- 232 …… 地底旅行　海底2万マイル

第12章 巻末便利帖

- 234 …… ディズニーランドのデートで失敗する理由
- 235 …… ディズニーランド・デートの悲劇を回避する4つの方法
- 236 …… ミッキーマウスは何人いるのか
- 237 …… だれがディズニーを神にしたのか
- 238 …… 世界を征服したいというディズニーの野望
- 239 …… 「乗りもの」を「アトラクション」と言わされる理由
- 240 …… 混雑場所での撮影はなぜ失敗するのか
- 241 …… ランドでのクリスマスツリーとの撮り方
- 242 …… フォトスポットとフォトキーカード
- 243 …… アトラクション乗車中に撮られる"ライドショット"
- 244 …… ディズニーランドの人気順全アトラクション一挙解説
- 245 …… ディズニーランドの全ショー一挙解説
- 246 …… ディズニーランド全レストラン&ワゴン一挙解説
- 247 …… ディズニーランド全土産店一挙解説
- 248 …… ディズニーシーの人気順全アトラクション一挙解説
- 249 …… ディズニーシーの全ショー一挙解説
- 250 …… ディズニーシー全レストラン&ワゴン一挙解説
- 251 …… ディズニーシー全土産店一挙解説
- 252 …… モノレールの停車位置研究
- 253 …… 京葉線の停車位置研究
- 254 …… アトラクションの変遷の歴史

ディズニーランドのアトラクション

- ペニーアーケード …… 62
- オムニバス …… 62
- ディズニーギャラリー …… 63
- ディズニードローイングクラス …… 63
- シルエットスタジオ …… 64
- グランドサーキット・レースウェイ …… 64
- モンスターズ・インク"ライド&ゴーシーク！" …… 65
- バズ・ライトイヤーのアストロブラスター …… 66
- スペース・マウンテン …… 67
- スタージェット …… 68
- スター・ツアーズ …… 69
- ミッキーの家とミート・ミッキー …… 70
- ロジャーラビットのカートゥーンスピン …… 71
- グーフィーのペイント&プレイハウス …… 72
- トゥーンタウン …… 73
- ガジェットのゴーコースター …… 74
- 魅惑のチキルーム …… 74
- ジャングルクルーズ …… 75
- カリブの海賊 …… 76
- スイスファミリー・ツリーハウス …… 77
- ウエスタンリバー鉄道 …… 78
- 蒸気船マークトウェイン号 …… 78
- ビッグサンダー・マウンテン …… 79
- ウエスタンランド・シューティングギャラリー …… 80
- トムソーヤ島いかだ …… 81
- ウエスタンランド写真館 …… 82
- カントリーベア・シアター …… 82
- スプラッシュ・マウンテン …… 83
- ビーバーブラザーズのカヌー探険 …… 84
- キャッスルカルーセル …… 84
- プーさんのハニーハント …… 85
- ピーターパン空の旅 …… 86
- ホーンテッドマンション …… 87
- 空飛ぶダンボ …… 88
- 白雪姫と七人のこびと …… 89
- ピノキオの冒険旅行 …… 90
- ミッキーのフィルハーマジック …… 91
- シンデレラのフェアリーテイル・ホール …… 92
- イッツ・ア・スモールワールド …… 93
- アリスのティーパーティー …… 93

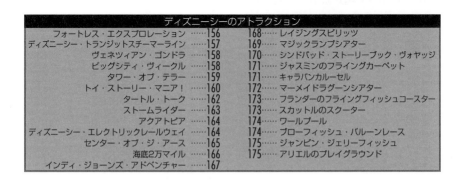

ディズニーシーのアトラクション

フォートレス・エクスプロレーション …… 156	レイジングスピリッツ …… 168
ディズニーシー・トランジットスチーマーライン …… 157	マジックランプシアター …… 169
ヴェネツィアン・ゴンドラ …… 158	シンドバッド・ストーリーブック・ヴォヤッジ …… 170
ビッグシティ・ヴィークル …… 158	ジャスミンのフライングカーペット …… 171
タワー・オブ・テラー …… 159	キャラバンカルーセル …… 171
トイ・ストーリー・マニア！ …… 160	マーメイドラグーンシアター …… 172
タートル・トーク …… 162	フランダーのフライングフィッシュコースター …… 173
ストームライダー …… 163	スカットルのスクーター …… 173
アクアトピア …… 164	ワールプール …… 174
ディズニーシー・エレクトリックレールウェイ …… 164	ブローフィッシュ・バルーンレース …… 175
センター・オブ・ジ・アース …… 165	ジャンピン・ジェリーフィッシュ …… 175
海底2万マイル …… 166	アリエルのプレイグラウンド …… 175
インディ・ジョーンズ・アドベンチャー …… 167	

緒　言

ディズニーランドには正しい地図が用意されていない。

そう。

ディズニーランドやシーの入口に用意されているマップは、じつは、かなり不完全なものである。

用意されているマップでは、ランドもシーも横に広べったい。でもグーグルマップなどで見比べてみればわかるが、舞浜市に実際に存在する遊園地は、こんな形をしていない。どっちかといえばやや縦に長い。それを押し潰したような横広に描いてるのである。つまり、わざと不完全な地図が用意されているのだ。このマップを頼りにランドやシーをまわろうとすると、かならず迷う。

なぜ、そんなことになっているのか。

それは。

そのほうが楽しいから。である。

宝探しの地図と同じなのだ。

"ひとつなぎの大秘宝"はどこにあるかわからないからわくわくするのである。骸骨の島、という大雑把な情報だけで、宝物を探しに行くからロマンが生まれる。これがグーグルマップにピンポイントで正確に「お宝はここ」と記されていたら、おもしろくも何ともない。

不完全な地図には、ロマンがこめられているのだ。

不完全な地図を頼りに動いていると、おもわぬ場所に出る。予定と違うものを見つけてしまう。それが冒険であり、ロマンである。ディズニー世界では、そのロマンを大事にしている。入口に用意されているマップには、そういうメッセージが込められているのだ。予定どおりにまわらないほうが楽しいよ、と教えてもくれている。

ディズニー世界に来たときくらい、迷えよ、ということだ。

また。

ランドは「夢と魔法の王国」である。シーは「冒険とイマジネーションの海」である。

夢と魔法と冒険と想像がすべての世界だ。

そして、いつも何かが変えられている。かなり手強い相手である。

常に変転しつづけている「魔法と想像の世界」、あまり、ふつうの人間の力で対処できるものではない。あたりまえの方法や、人間世界で正しいとされているような手段ではどうしようもない。人間社会で有効な"おじさんの力"が無力化されるのが、ディズニー世界の特徴なのである。

ディズニー世界は、人知を越えた不思議な力で動いてる、それを認めるところから始めるしかない。

そういう魔法世界の攻略方法を、一冊の本で記すのは、むずかしい。

ディズニー世界のすべてを書き表そうと試みて、あらためて人知を越えた力で動いている世界なのだ、と痛感するばかりである。

ディズニーは常に流転する。

流転しつづけるものの、全貌を書き表すことは、ふつう、不可能である。

私にできるのは、いろんな断面を可能なかぎり、かき集めてくることだけである。いくつもかき集めて提示すれば、何かが見えてくるかもしれない。

そういう書である。

ディズニーランド＆シーを楽しくまわるためのヒントを、可能なかぎり、ここに出してみました。

それも、きっかけになるだけである。

あなたは、あなたの目と耳とを信じ、自分にとって楽しいディズニー体験をめざして、自分の方法を探すしかないのだ。

魔法を感じられるようになりなさい。

考えるな。感じろ。

です。健闘を祈ります。

第1章
知っておきたいランドとシーの全貌

ディズニーランド乗りもの混雑ランキング

　ディズニーランドには40の乗りものがある。いわゆるアトラクションと呼ばれるもの。いちおうミッキーの家も入れています。まもなくスティッチの新アトラクションが増えて、41となります。次に消えるアトラクションは何でしょうねえ。

　モンスターズ・インクが2009年にできて、しばらくトップを走っていたけれど、さほど激しい乗りものではないので、開設5年くらいから人気が落ち着き始め、ここんところの待ち時間平均を取ると、1位はスプラッシュ・マウンテンということになります。

　モンスターズ・インクはいまんところ2位。でもたぶん、もう順位は下降していくでしょうね。ホーンテッドマンションくらいの人気、というのが本来のこのアトラクションの実力でしょう。

　これと3位プーさんまでが、「ＡＡＡランク」のとても大変すごく混んでるアトラクションです。

　続く、スペース・マウンテン、バズ・ライトイヤー、ビッグサンダー・マウンテンの「ＡＡランク」グループも同じように人気が高い。もともとスペース・マウンテンは、ファストパスが最後まで残ってるタイプのコースターで、その点から見れば、三つの山ものうちの三番人気なのだけれど、春先などは、スタンバイで並ぶ人が多くなり、待ち時間の平均を取ると、4番人気になった。これはじつは「アナと雪の女王」効果でもある。2015年1月から冬の閑散期にアナと雪イベントをやったら、おそろしいほど人が来て、少し人の流れが変わったのだ。来ていたのは、どうも中学生や高校生が多かったらしく（いついっても恐ろしい数の女子高生を見ました）、その流れでスペース・マウンテンの人気が高まったと分析官は分析しております。分析官って、おれですけど。

　スター・ツアーズは2013年にリニューアルされたけれど、すでに人気はどんどん下降しています。やがてファストパスも剥奪されてしまうのではないか、と分析官は見ております。はい。おれです。

　また2014年に大きくリニューアルされたジャングルクルーズの人気は、いまだおさまらず、実力以上のＡ＋ランク、9位に位置してます。たしかに、リニューアルされておもしろくなったけど、100分待ちがふつう、という状態は、ちょっと異常です。もともとは15位にいたもので、リニューアルされておもしろくなったとはいえ、もうすこしするとそのへんにまた落ち着くとおもいます。5年ほどかかりそうだけど。

　ホーンテッドマンションは、ハロウィーン＆クリスマスバージョンに変わるのが恒例となり、その時期は人気があがります。夏はすいてます。夏は幽霊おやすみ気味です。

　ランドを楽しむときに大事なのは、右の表でいえば、Bランク以下のアトラクションをどれぐらい楽しめるか、というところにある。逆にいうとCランクでもDランクでも、ときにはFランクだって、じつはけっこうおもしろい、というのがディズニーランドの底力なんだな。ランド、なめんなよ。なめてません。エフラン、なめんなよ。はい。

　ピノキオや、ダンボ、ピーターパンなどは乗ってる時間が短いため、長く並ぶと不満が残ります。だから、カリブや、スモールワールド、リバー鉄道など、乗ってる時間がけっこう長めのものを入れると、「アトラクションを体験したぞ」という満足感が味わえるので、混んでるときは、そのへんをうまく取り入れてまわるのが大事ですぞ。混雑日には、長短とりまぜてまわってください。はい。

ディズニーランドの乗りもの・完全人気ランキング（2015年版）
混雑日の待ち時間による人気順位

混雑度ランク	順	FP		アトラクション	混雑日	（普通日）
● AAAランク	1	FP		スプラッシュ・マウンテン	140分	（91分）
とても大変すごく混んでいる	2	FP		モンスターズ・インク "ライド＆ゴーシーク!"	126分	（89分）
	3	FP		プーさんのハニーハント	120分	（83分）
● AAランク	4	FP		スペース・マウンテン	119分	（78分）
とても大変混んでいる	5	FP		バズ・ライトイヤーのアストロブラスター	118分	（77分）
	6	FP		ビッグサンダー・マウンテン	113分	（79分）
● A⁺ランク	7	FP	☆	ホーンテッドマンション	77分	（52分）
かなり混んでる	8			ミッキーの家とミート・ミッキー	73分	（59分）
（そういう段階にある）	9		▼	ジャングルクルーズ：ワイルドライフ・エクスペディション	63分	（58分）
	10	FP	▼	スター・ツアーズ：ザ・アドベンチャーズ・コンティニュー	50分	（27分）
● Aランク	11			ピーターパン空の旅	48分	（38分）
けっこう混んでる	12			空飛ぶダンボ	44分	（37分）
	13			スタージェット	42分	（35分）
	14			ロジャーラビットのカートゥーンスピン	37分	（28分）
● Bランク	15			白雪姫と七人のこびと	31分	（22分）
そこそこ混んでいる	16			ガジェットのゴーコースター	30分	（20分）
	17			グランドサーキット・レースウェイ	29分	（19分）
	18			ミッキーのフィルハーマジック	28分	（21分）
	19			ビーバーブラザーズのカヌー探険	27分	（18分）
● Cランク	20			カリブの海賊	26分	（14分）
混むこともある	21			グーフィーのペイント＆プレイハウス	25分	（19分）
	22			シンデレラのフェアリーテイル・ホール	24分	（18分）
	23			ウエスタンリバー鉄道	23分	（20分）
	24			ピノキオの冒険旅行	22分	（16分）
● Dランク	25			ウエスタンランド・シューティングギャラリー	21分	（9分）
あまり混んでいない	26			アリスのティーパーティー	20分	（12分）
ときに並ぶこともある	27			イッツ・ア・スモールワールド	19分	（12分）
	28			キャッスルカルーセル	17分	（11分）
	29			ミニーの家	16分	（7分）
● Eランク	30			蒸気船マークトウェイン号	19分	（19分）
ふつう次に乗れる（入れる）	31			カントリーベア・シアター	15分	（15分）
タイミングにより5〜20分待ち	32			魅惑のチキルーム：スティッチ・プレゼンツ "アロハ・エ・コモ・マイ!"	10分	（10分）
	33			トムソーヤ島いかだ	7分	（5分）
	34			オムニバス	5分	（0分）
● Fランク	35			チップとデールのツリーハウス		
待ち時間が出ない	36			ドナルドのボート		
（ないしは常に0分待ち）	37			スイスファミリー・ツリーハウス		
ふつうすぐ入れる	38			トゥーンパーク		
	39			ディズニーギャラリー		
	40			ペニーアーケード		

▼は今後、順位がもう少し落ちていくと予想されるもの（最近リニューアルされたもの）

☆ホーンテッドマンションは秋冬版9月〜12月ごろが人気。1月〜8月はもう少し落ちる

ディズニーランドのトイレの真相研究

 絶対並んではいけないトイレとおすすめトイレについて

ディズニーランドのトイレにはとても大きな問題がある。

トイレの規模が気まぐれなのだ。

女性トイレの個室数が（つまり有り体に言えば便器の数が）場所によってまったく違う。2つしかないトイレがあるとおもえば、そのすぐ近くに41個室あるトイレがある。そしてそれが明示されていない。

大きな問題である。

混雑日にランドのトイレに並んだことのある人なら知っているだろうが、間違ったトイレに並ぶと「30分待ち」ということが起こる。でも同時間帯に少し離れたトイレでは5分待ちで入れる。それが厳しい現実である。

ディズニーランドが開園した1983年には正確な未来予想ができず「トイレなんかこんなもんでしょう」という感じで適当に作ったんでしょう。でないと、この不均衡さの意味がわからない。これに懲りたらしいディズニーは2001年開園のシーのトイレは、そこそこ規模の大きいもので揃えている。

ランドも必死で直している。私がこの調査を発表した2005年以降、常にどこかのトイレを工事して女性トイレ個数を増やし続けている（男子トイレ部分を削って増やしてることが多いので、男子トイレはどんどん狭くなってます）。ここ10年で7カ所、40箱以上を増やしている。でも、やはり焼け石に水感はぬぐえない。もともと小さいトイレはどうしても小さいままなのだ。

まず、絶対に入ってはいけないトイレから。

それは「気軽に入れるレストランのトイレ」です。もっともダメなところはトゥモローランド内にあるピザ店「パン・ギャラクティック・ピザ・ポート内」のトイレ。ここは個数2です。絶望的に狭いです。このトイレはおれは潰したほうがいいとおもう。同じくトゥモローランド内で休憩所となる「トゥモローランド・テラス内」「プラザ・レストラン内」も混雑日にはトイレ20分から30分待ちになります。わたしは同行者の女性にこのトイレには絶対に並ばせません。ネバー。エバー。

ラーメン店チャイナボイジャー前のトイレも個数6なので、避けたほうがいい。

ではおすすめはどこかというと、モンスターズ・インクのFP発券機裏。ここは個数41です。意味がわからないくらい大きい。そしてその先のトゥモローランド・テラス手前（ショー座席抽選所の向かい）が37。この2つが圧倒的に広い。モン・イン前41箱は混雑日には混むが、たとえば100人並んでいたとしても1個室あたり2人強しか並んでないことになる。ピザ店の5人並びより早い。混雑日は100人並んでいてもこの2つに入れ。

ピノキオの横や、カントリーベア・シアター向かいも大きいが、ここはものすごく混む。混雑日は並ばないほうがいい。

混雑日にすいてるのはカリブの海賊左奥、スプラッシュ・マウンテン出口横、入口入ってすぐの左右。ラッキーナゲット・カフェ手前もカフェが混んでない時間なら空いてる（でも10個室なのでやや危険）。どれもややルートからはずれた場所。遠いけどおすすめ。

混雑日に調査していて絶対的な穴場だとおもったのは、園外出てすぐのトイレ。開園前に並んでるときにお世話になるトイレですね。あすこは昼はさすがに誰も並んでいない。ものすごい混雑日の、しかも混雑してる時間帯に切羽詰まったら（男性も特に大きいほうで切羽詰まったら）手の甲にスタンプ押してもらっていったん外に出て、このトイレに行くのがいいと、あたしはそうおもいます。

ディズニーランドの全トイレ規模一覧
どこのトイレに入るべきか、どこのトイレに並んではいけないか早見表

エリア	場所	女子トイレ個数			男子	
		数	規模	おすすめ度	大	小
ワールドバザール	入口入って右つき当たり(エンポーリアム横)	15	そこそこ	◎	2	④
	入口入って左つき当たり(メインストリート・ハウス横)	12	少ない	◎	3	⑥
アドベンチャーランド	カリブの海賊の左の奥(イーストサイド・カフェの奥)	24	かなり多	◎◎	3	⑧
	ジャングルクルーズ左横	17	そこそこ	○	3	④
	ブルーバイユー横(ラ・プティート・パフューメリー隣)	12	少ない	○	2	②
	チャイナボイジャー前	6	少ない	×	1	③
ウエスタンランド	カントリーベア・シアター向かい(トルバドールタバン横)	27	とても多	○	3	⑦
	ビッグサンダー・マウンテン左の下	15	ふつう	○	3	⑤
	プラザパビリオン・レストラン隣(祈りの泉向かい)	14	ふつう	○	2	④
	ラッキーナゲット・カフェの手前	10	そこそこ	◎	2	③
クリッターカントリー	スプラッシュ・マウンテン出口横	22	かなり多	◎	4	④
ファンタジーランド	ピノキオの冒険旅行の隣	27	とても多	△	6	⑧
	クイーン・オブ・ハートのバンケットホール左横	22	かなり多	◎	4	⑩
トゥーンタウン	トゥーンタウン奥右(グッドタイム・カフェ奥)	21	かなり多	○	3	⑥
トゥモローランド	モンスターズ・インク向かい(プラザ・レストランの下)	41	園内最大	◎◎◎	6	⑬
	トゥモローランド・テラスの手前(ショー抽選所向かい)	37	すごく多	◎◎	4	⑧
	トゥモローランド・テラス内	10	使うな	××	3	⑥
	プラザ・レストラン内	5	少ない	×	1	⑥
	パン・ギャラクティック・ピザ・ポート内	2	使うな	×××	1	②
園外	入口外・向かって右(トゥモローランド寄り)	12	そこそこ	◎◎	3	⑤
	入口外・向かって左(アドベンチャーランド寄り)	12	そこそこ	◎◎	4	④

気軽に入れる施設内トイレ数

アドベンチャーランド	魅惑のチキルーム内	2	少ない	○	1	①
ウエスタンランド	ハングリーベア・レストラン内	3	少なすぎ	△	1	②
	トムソーヤ島 船着き場	5	そこそこ	○	2	③
	トムソーヤ島 砦内	2	少ない	○	1	①
クリッターカントリー	グランマ・サラのキッチン内	8	ふつう	○	2	④

いちおう並ばないと入れない施設のトイレ数

ワールドバザール	れすとらん北齋内	3	少ない	△	2	②
	イーストサイド・カフェ内	2	少ない	△	1	②
	センターストリート・コーヒーハウス内	3	少ない	△	1	③
アドベンチャーランド	ブルーバイユー・レストラン内	2	少ない	△	1	①
	クリスタルパレス・レストラン内	4	少ない	○	2	④
	ポリネシアンテラス・レストラン内	3	少ない	△	1	②
ウエスタンランド	プラザパビリオン・レストラン内	2	少ない	△	1	①
	ザ・ダイヤモンドホースシュー内	3	少ない	○	1	②
ファンタジーランド	クイーン・オブ・ハートのバンケットホール内	5	そこそこ	○	2	②

ディズニーシー乗りもの混雑ランキング

ディズニーシーの乗りものは、ざっくり30。じっくり34である。

いわゆるアトラクションと呼ばれるものは28です。まだ30にはなってません。ざっくり30、ぎりぎり20代。

それに「常設のグリーティング施設」が6つある。常設グリーティングは、ずっと待ち時間が表示されるので、これもふくめると、34になります。

その34アトラクション＆常設グリーティングを、待ち時間によってランキングしたのが右の表です。

いちおう、最新の待ち時間を反映させているから、どんどん順位は入れ替わります。時代は変わる。順位も変わる。

一番人気は、2012年夏から連続12シーズントップに君臨しつづけているトイ・ストーリー・マニアくんです。略してトイマニ。ぶっちぎりのトップ、ずっとトップです。次の強力新アトラクションがでてこない限り、トイマニのトップは続きます。

二番手の人気はセンター・オブ・ジ・アースとインディ・ジョーンズ・アドベンチャーになります。これが二番手グループ。

かつて大人気を博していたタワー・オブ・テラーは、ちょっと落ち着いて4位、レイジングスピリッツと同じ三番手のグループになりますね。360度くるりと回転するレイジングスピリッツと、予告なく下に落ちていくフリーフォールは、少し苦手にする人がいるから、ということなんでしょう。

とはいえ、オブジアース、インディ、タワテラ、レイジングは、大人気4アトラクションであることは確かです。トイマニをふくめて五強の時代ですね。この五強の時代に、われわれは生きているんだ、とおもってください。おもわなくてもいいけど。

そのあとダッフィーとのグリーティングがA＋ランクの第4グループになる。マーメイドラグーンシアターは、いま原稿を書いてる時点ではまだリニューアルオープンしてないのだけれど、たぶん、これと同じくらいになるんじゃないか、と予想して、ここに入れました。ひょっとしたら、1つ上のランクに入るかもしれない。でも、本来はAランクからその下くらいの人気のものですね。

Aランクは、めちゃ混んでいる日には60分越え、ふつうに混んでると30分待ちくらいのアトラクションが入ります。ストームライダーにタートルトーク、マジックランプシアター、海底2万マイル。そして、アリエルのグリーティングも入ってきますね。もっともシーらしいアトラクション群です。このへんをいくつか乗れば、けっこう満足いくものですな。混んでる日は、A＋以上のものはファストパスで済まし、Aランクのものをいくつか乗るのがいいとおもいます。

Bランクにはグリーティングものが並ぶ。このへんは混んでいて45分待ち、というところですね。

Cランクとなると、混んでる日で30分待ちのちょっと軽いものとなります。シーの場合、このCランクDランクものが、ランドに比べると、ちょっと弱いですね。C・Dランクのものを存分に楽しみましょう、とあまり強くおすすめできない。ま、キャリアの差なんでしょう。下のほうで、ぜひ乗っておいて損はないと私がおもうのは、シンドバッドと、フォートレス・エクスプロレーションくらいだからね。あくまで個人の意見だけど。ただの移動ものは、バックストーリーがあまりなくて、ちょっと弱いです。

シーは、まだまだこれからの若者だ、ということです。今後ともよろしく。

ディズニーシーの乗りもの・完全人気ランキング（2015年版）
混雑日の待ち時間による人気順位

混雑度ランク	順	FP	アトラクション	混雑日（普通日）
超絶弩級の混雑●AAAA	1	FP ◎	トイ・ストーリー・マニア！	195分（123分）
●AAAランク	2	FP ◎	センター・オブ・ジ・アース	130分（75分）
とても大変すごく混んでいる	3	FP ◎	インディ・ジョーンズ・アドベンチャー：クリスタルスカルの魔宮	130分（75分）
●AAランク	4	FP ◎	タワー・オブ・テラー	115分（73分）
とても混んでいる	5	FP ○	レイジングスピリッツ	112分（72分）
●A⁺ランク かなり混んでる	6	★	ヴィレッジ・グリーティングプレイス（ダッフィー）	81分（60分）
	7	○	マーメイドラグーンシアター	
●Aランク	8	FP ○	ストームライダー	68分（34分）
けっこう混んでる	9	◎	タートル・トーク	66分（34分）
	10	FP ○	マジックランプシアター	61分（28分）
	11	★	アリエルのグリーティンググロット	58分（44分）
	12	FP ○	海底2万マイル	54分（23分）
●Bランク	13	★	ミッキー＆フレンズ・グリーティングトレイル・ミッキー	49分（37分）
そこそこ混んでいる	14	★	ミッキー＆フレンズ・グリーティングトレイル・ミニー	45分（33分）
	15	★	"サルードス・アミーゴス！"グリーティングドック（ドナルド）	40分（31分）
	16	△	アクアトピア	39分（19分）
	17	▼	フランダーのフライングフィッシュコースター	38分（24分）
●Cランク	18	△	ヴェネツィアン・ゴンドラ	34分（16分）
混むこともある	19	▼	ブローフィッシュ・バルーンレース	30分（22分）
	20	★	ミッキー＆フレンズ・グリーティングトレイル・グーフィー	30分（22分）
	21	△	ジャスミンのフライングカーペット	28分（15分）
	22	▼	ワールプール	26分（18分）
	23	▼	スカットルのスクーター	25分（14分）
	24	▼	ジャンピン・ジェリーフィッシュ	25分（15分）
●Dランク	25	■	トランジットスチーマーライン　ロストリバー発	21分（10分）
ときどき並ぶ	26	■	エレクトリックレールウェイ　アメリカン発	18分（11分）
	27	■	エレクトリックレールウェイ　ポートディスカバリー発	15分（11分）
	28	△	キャラバンカルーセル	15分（10分）
	29	■	トランジットスチーマーライン　アメリカン発	14分（8分）
●Eランク	30	△	フォートレス・エクスプロレーション	11分（4分）
ふつうは待たない	31	○	シンドバッド・ストーリーブック・ヴォヤッジ	10分（6分）
	32	■	トランジットスチーマーライン　メディテレーニアン発	9分（5分）
	33	△	ビッグシティ・ヴィークル	6分（5分）
●Fランク　いつでも入れる	34	△	アリエルのプレイグラウンド	

★は「グリーティング」もの。

◎→○→△は大人がどれぐらい楽しめるかレベル。▼はお子さま向け。■はただ移動する乗りもの。

携帯・スマホ・ＰＣ活用法その１

いまどきは、ディズニーもインターネットでいろんなことができる。舞浜まで出向かなくてもおうちのパソコンで、携帯電話で、いろんなことができるのだ。

１．アトラクション待ち時間がわかる

２．休んでるアトラクションがわかる

３．入場券が買える

４．レストラン予約ができる

５．ショーレストランを予約できる

どのようなサービスなのか知らない人に向けて解説します。ものすごくよく知ってるという人は、次に進んで大丈夫ですよ。ふふ。

さて、何といっても携帯・スマホでできる大きなことと言えば、これでしょう。

●アトラクションの待ち時間がわかる

これができるのは、携帯電話とスマートホンだけ。パソコンでは見られない。

２００９年から始まったという指摘もあるが、おれは知らない。２０１１年秋からスマートホンにも対応するようになった。以前はパソコン画面からでも見られたが、いまは見られない（見る方法があるとも聞くが、まあ、スマホで見られればいいでしょう）。

待ち時間がリアルタイムでわかる。

とても便利である。

ディズニーに行く人は全員、携帯＆スマホで見られるように装備しておかないといかんぜよ。

え、知らなかった、といま、おもった人、あなた土佐の人間ではないでしょう。それはいいや。とりあえずこの本を開いたまま伏せましょうか。

すぐ「東京ディズニーリゾート」を検索する。【公式】の文字がある項目をクリック。

東京ディズニーリゾートの公式ホームページのトップページに行く。

さて、この先の仕様は、ほんと頻繁に変え

られるので（なんかの意地悪かとおもうくらい、頻繁に変わってます）、いまからの説明がいつまで有効か、はなはだ心許ないけど、とりあえずいまの見方を紹介します。変わっていてもこれをヒントに自力でたどりつけ。

東京ディズニーリゾートのオフィシャルサイトにいく。

「東京ディズニーランド」「東京ディズニーシー」を始めとして、「チケット」「カレンダー／スケジュール」「ホテル／宿泊プラン」なんて項目が出てくる。

とりあえず、ほほーっ、と言いましょう。

意味はない。少しは息を吐いたり、吸ったりしたほうがいいから。

下のほうの項目はいいです。

ランドかシーのボタンを押しましょう。

ランドの待ち時間を見たければ「東京ディズニーランド」のほうを、シーだとシーのほうのボタンを押す。アイコンをクリックする。どっちでもいいです。

するとまた「アトラクション」「パレード・ショー」「キャラクターグリーティング」などの項目が出てくる。これは、どんなアトラクションか、どんなパレードかを説明してくれるところ。ちょっと便利ですけど、待ち時間はここではない。

「今日の待ち時間／スケジュール＞」

となってるところをクリックする。

いやー、なんかこの仕様、ぜったい半年で変えるよね。いま説明していて、すごく無駄な気がしてるけど、いまはこうなってます。一年くらいこの仕様でやってみろってんだよ。

すると、営業時間や、当日券を発売してるとか、そういう表示があって、その下ですね。「パレード／ショースケジュール」「キャラクターグリーティングスケジュール」なんかが上にでてくるけど、それじゃない。

さらに下。
「アトラクション待ち時間」
「キャラクターグリーティング待ち時間」
とある。これです。
ふー。
説明に手間どるってことは、初めての人は行くのが大変だってことだ。
ショートカットを作っておいたほうがいいとおもいますよ。ショートカットって何だ、センターからのバックホームを中継することか、とおもったお父さん、残念です。それはショートのカットです。いや、急にショートにカットするなんて、とおもったお母さんも残念ですね。自分でやるのはあきらめて、詳しい人に「このページをすぐ見られるようにしてよ、ねえ」と頼んでください。
ガラケーのほうは少し簡単。
【公式】東京ディズニーリゾートのページに行くと
1　東京ディズニーランド
2　東京ディズニーシー
とあって
3　今日のパーク情報
となってるので、この3にいけばいいです。
すぐアトラクション待ち時間に行ける。
こういうのってガラケーのが楽ですよね。
スマホはいろんな情報を入れてあって、けっこう迷います。でも、ガラケーのこのサービスはいつまで続くんだろうな。ディズニーがガラケーへのサービスを停止したら、いろいろ考えてしまうなあ。
かなりこまめに更新してるので、この表示時間は信用していい。現場の表示と、携帯上での表示のずれは2分から5分程度です。

「並替」機能を使うと、どのファストパスが残っているかがすぐわかって便利。このとき「テーマポートごと」のチェックをはずして「ファストパスチケット発券状況」だけで並べ替えたほうが、パーク全体の状況がわかっ

ていい。
昼ごろにパークに入るときは、まずこの「並替」で「ファストパスは何が残っているか」を調べる。お、まだ、「スペース・マウンテン」のFPあるじゃん、とまずトゥモローランドへ急ぐ。それが21世紀。
「並替」には「待ち時間の短い順」というのもあるんで、それも利用してください。この場合も「テーマポートごと」のチェックをはずすとパーク全体の状況がわかるから、そっちのがいい。
混雑日の「入場制限」もわかる。
「本日、混雑が予想されております。お早めに当日券販売窓口までお越し下さいますよう」というのはまだ予想段階。
これが「当日券をお買い求めのお客様は9時45分までに当日券販売窓口までお越し下さいますよう」となると制限確定。
そして「ただいま東京ディズニーランドは、混雑のため当日券の販売を中止しております。本日の日付の入ったチケットや観光券をお持ちでない方のご入園をお待ち頂いております。当日券の販売再開は18時〇〇分の予定です」という表記になります。

休んでるアトラクションもわかる。
「今日のパーク情報」→「休止施設情報」でわかる。ディズニーは常に何かのアトラクションが休んでるとおもったほうがいい。事前にチェックせず、現場で「プーさん」の休止を知るとショックが大きいから、前日までにチェックしておこう。ショーやレストランなどの休みもわかる。
いつからいつまで休みなのかは「休止施設情報」から「休止施設情報一覧」へ行けば見られる。とにかく便利になりました。便利になったぶん、何かを失ったんだとおもう。でも何を失ったかはおもいだせないので、これでいきます。

携帯・スマホ・ＰＣ活用法その2

●インターネットで入場券を買う

チケットもインターネットで買える。

もとからインターネットでも買えたが、それは自宅に郵送されてくるものだった。ただ日にちがかかるので使いにくかった。いまでも売っている。「入園当日の7日前までに購入してください」と書いてある。それだったら新宿高島屋のディズニーストアに出向いて買ったほうが早い。うちから近いから。

いまは自宅で印刷できる「eチケット」が圧倒的に便利っす。

インターネットで買って自分んちでガーッと印刷すれば、すぐ使える。ガーッて音がするのはうちのプリンターが古いからです。

ネット購入だから、クレジット決済です。

プリンターを自宅に持ってない場合は、プリント方法を考えてから買ってください。携帯やスマホからは、買えません。

プリンターを持ってなくても、印刷するすべがあれば大丈夫です。とにかく印刷したチケットを持っていかないとだめです。

よくある質問コーナーに「忘れた場合はパークで印刷できますか」→「パークで印刷することはできません。当日券をお買い求めいただきます」と明記されている。おもいっきり書かれてるところをみると「わ、忘れました！　でもお金は払いました！　たしかに買ったんです！　ここで印刷させてくださいっ！　天下のディズニーなんだからプリンターくらいあるでしょう！　蘭丸！　プリンターだ！　プリンターを持てっ！」と絶叫するお客さんが後を絶たないのでしょうね。絶叫はやめてください。あと武将気取りもやめて。

とにかくプリントアウトして持っていってください。

自宅のプリンターの調子が急に悪くなって、明朝早くから行くのにもう夜だしどうしよう

かしら、ああ、私がきれいに模写しようかしら、なんて、だめです。

そういう場合はパソコンからＵＳＢメモリーに画像保存して、近くのセブンイレブンのコピー機で印刷すればいいでしょう。それはどういうことなんだ、セブンイレブンのコピー機でパソコンデータが印刷できるなんておら知らねえ、と驚いた人にはちょっと難しいんで、誰かにやってもらってください。ＵＳＢメモリーをコピー機の上においてコピーボタン押しても、ＵＳＢメモリーのお姿がコピーされるだけなんでだめです。うちから最も近いセブンイレブンまでは2時間かかるだよって、いや、私にはどうしようもないです。

ふつうA4の紙に印刷する。

これを八つ折りにする。つまり半分の半分の半分に折るのだ。21pでも図解しておいた。

八つ折りは少々かさばります。だから一部切り取って持っていっても大丈夫そうだけど、でもディズニーは「切らないで」と書いてるので、折っていくのがいいですね。中で切れ。

質問コーナーに「印刷してから汚してしまいましたが再度印刷できますか」→「チケット有効期限内であれば何度でも印刷できます。ただし複数枚印刷した場合、入園口にて最初に読み取った1枚のみが有効になります」と書かれてる。バカ中学生が5人で5つコピーして、別々に入ろうとして、入口で引っかかって怒られてるのを見てみたい。

この「eチケット」のきわめてすぐれたところは、当日でも購入できるところ。閉園1時間前まで買える。

つまり朝10時に買って家で印刷して、昼そのまま持っていって入れる。

混雑日にとても便利。混雑日はチケットを買うのに30分並ばされたりするから、その手間が省けます。便利です。

ただ、「eチケット」の日付指定券（当然、前売りですね）は、混雑日は売り切れます。11月に見ていたら、11月後半からクリスマスまでの土日の日付指定券はすべて売り切れてました。だから、混雑するのがわかってる場合は、早めに買ったほうがいい。**指定日の2か月前から売っている。**

ただ、日付指定券が売り切れているから、もうその日は入れないなんてことはない。先日、ディズニーストアで、そういうことを言われて母と行くのを諦めた哀しい娘の話を聞いた。哀しいです。でも**前売りが売り切れたからって諦めちゃだめです。**前売りが売り切れても当日券で入れますから。

●前売りが売り切れていた場合の対処

前売りが売り切れるのは人気の日だから、「入場制限が見込まれている日」です。あくまでも見込み。予想ほど人が来なくて、制限がかからなかった、ということもある。朝から雨が降ると、まず、制限がかかりません。

入場制限とは、当日券の販売を中止すること。「その日の日付の入ったチケット」を持ってないと入れない。

ランドでは荷物検査をするゲートの手前、シーはチケットブースのある広場の手前で封鎖される。チケットブースまでたどり着けない。ゲートが設けられ、「当日日付の入ったチケット」を持ってる人だけが突破できる。1パークの年間パスポートも突破できます。2パークのはダメ。だから事前に買っていても「日付指定のないチケット（オープンチケット）」ではラインを突破できない。

だから、封鎖されそうな日に行こうとしてる人にオープンチケットを売るのをためらうのはわかります。でも、止めちゃだめですねディズニーストアの売り子に言ってる。

入場制限は、どんなに早くても開園時間からです。

先だって見ました。2015年3月15日日曜。8時開園と同時に入場制限がかかった。開園前からHPに「8時までに当日券窓口にお越しください」との表示が出る（数日前から、そう告知されていて、話題になっていた）。8時には当日券へ並ぶ列を止める。ただ私が知る限り、十数年でこの一回だけです。

アナ雪バブルで入場制限が繰り返されたこの時期でも、8時00分は一回、8時30分など8時台があと3回、9時台2回、10時以降は9回と、どれだけ制限しとんや状態ですが、8時00分は一回だけ。それも「8時までは売っています」ということで、それまではオープンチケットで通れるわけだ。7時50分に荷物検査ゲートを潜ればいい（荷物検査ゲートが混んで、数分かかることあるので余裕を見て行きましょう）。

だから「日付指定券」が売り切れていても、「eチケットの期日指定のないもの」を買って印刷して、早めに行けばいいのだよ。

ディズニーストアのお姉さんも、そう説明するべきですね（そういう説明をしてくれたお姉さんもいました）。

行こうとおもった日の前売り券が売り切れていると、びびるし、不安になるのはわかります。でもそこでは堂々とふつうの（日付指定がなくいつでも使える）チケットを買えばいいんです。自分で印刷して、それで、早めに行けばいいんです。

7時45分に着くように行けば、大丈夫ですよ。だいたいそれだけ混んでるんだから6時45分くらいに行ったほうがいいよ。うん。がんばれ。おれもがんばる。

15

携帯・スマホ・PC活用法その3

さて、ほかにインターネットでできることといえば。そうね、「さびしさをまぎらわせること」。ふふ。まぎらわせられるだけだからね、根本的な解決にはならないよ。

それ以外にもできること、あります。

●レストラン予約ができる

「プライオリティ・シーティング」と呼ばれる座席の優先案内、これを予約できる。

パソコンからだけです。事前予約はスマホや携帯からはできないことになっています（いずれ変わる可能性もあるんですが）。

もともと当日の朝、レストラン前まで行って、そこで申し込むものです。それはいまでもやっている。それに加えてパソコンからインターネットでの申し込みができるようになったのだ。うそみたいに便利やー、走ってレストラン予約に行ったからなあ、家に居ながらにして事前に申し込みできるのは、ありがたい。だけど、ここんところ、何回か予約しようとしたけど（4月の平日というすいてる時期ですが）まったくすいてません。結局、当日の朝、走ってます。何これ。

「プライオリティ・シーティング」は「予約」ではなく、レストランのファストパスです。待ち時間がほかの人より短くなるもの、というのが前提です。でも、実際は5分ほどしか待ったことないですけどね。

優先案内のできるレストランは、ランドで4店、シーは5店。

ランドの4店は和食、イタリアン、食べ放題とクレオールふう。クレオールって何でしょう。あの、「カリブの海賊」の出発点から見える暗いレストランですよ、あそこでクレオールを食べさせてくれおーる。うわあ。言っちまった。

シーのほうの5店舗は、イタリアン、地中海コース料理、船の中のグリル料理、和食、食べ放題料理。以上5つ。

申し込み期間は1か月前から、前日の夜までできる。大変便利です。ただ前日予約しようったって、まずあいてません。できるかぎり早めに余裕を持って予約してください。

ただ、インターネット予約でいっぱいだからと言って、当日予約がないわけではない。インターネット予約ぶんは一部だけで、それ以外に当日予約がしっかり取ってある。当日、走ってください。

ただ、公式ホームページの予約申し込み、どこにあるのか、わかりにくい。仕様が変わって、前より少したどりつきやすくなったが、それでもまだまだ迷いますね。

どうせまた仕様が変わるけど、いまはHPの「予約／購入」から行きます。

「予約／購入」→
「レストランなどその他の予約」→
「レストランの事前受付」→
「事前予約はこちら（ご利用日前日まで）」→
「パーク内　レストランの事前予約」→
「宿泊しない／日帰り利用」→
「東京ディズニーリゾート・オンライン予約・購入サイト内　レストラン予約」

ここを押して日付などを入力する。

うーん。大変だ。がんばれとしかいいようがない。こんなに何回も使ってるおれが迷うんだから、みんな、迷うよ。しかたない。

「宿泊しない／日帰り利用」というのは「ディズニーホテルに宿泊」「ディズニーホテル以外のホテルに宿泊」との三択になっていて、ここがわかりにくい。

その次の「東京ディズニーリゾート・オンライン予約・購入サイト内　レストラン予約」もここだけオレンジのボタンになっていて、目立つんだけど、目立つぶん、ん？　これなの？　ん？　とわからなくなる。どんだけ仕様が変わっても、おら、迷うだよ。

なお、この申し込みには事前に「ユーザー登録」をしてないといけません。登録しておきましょう。

また、プライオリティ・シーティングの申し込みには、なぜか、クレジット番号と有効期限を聞かれる。べつだん、事前に金を支払う必要はなく、ただ座席の優先案内なんだけれど、聞かれる。当日もそのクレジットカードで払う必要はない。現金支払いでもいい。「本人確認のため」とされている。とにかく必要なので、申し込むときは手元に用意しておきましょう。

●プライオリティ・シーティングがまだ残ってるかどうか、当日チェックができる

これは携帯、スマホで見られる。アトラクション待ち時間と同じところに「プライオリティ・シーティング受付状況」というのがあるから、そこを見ればわかる。当日のプライオリティ・シーティングがまだ残っているか、すべていっぱいになったかがわかる。

ただ、どの時間帯がすいているのかということはわからない。「今日のぶん全部」が締め切られたかどうかだけわかる。残っていたとしても「昼食だか夕食だかわからない時間帯」だったり「夜のパレードと完全にかぶる時間帯」だったりする。そのへんはレストランに直接出向いて、確認するしかない。

●ショーレストラン予約ができる

ショーレストランとは、ショーが見られるレストランのことです。

ランドでは2つある。シーにはありません。「チキルーム」隣の「ポリネシアンテラス・レストラン」と西部エリアのレストラン。

ここでは食事は選べない。申し込むと決まった食事が出る。少々お高い。夜だと一人4000円くらいする。でもショーがたっぷり楽しめて食事もできるので、人気が高い。

これは先のプライオリティ・シーティングと違って、事前にお金を払わなければいけない。インターネットでの申し込みだから、クレジット決済で、事前に支払う。だからもし、当日、急に行けなくなったりすると、支払いが無駄になります。キャンセルは前夜まで受け付けているが、当日キャンセルだと戻ってきません。ランドそのものに行けなくなったり、その時間を越えてしか入れなかったりすると、全額無駄になるので、気をつけてね。お金支払っておいて、行くのを忘れる人なんかいなさそうな気がするけど、でも、きっと、いますね。世間は広いから。

混雑日に予約して、入場制限で入れなかった場合でも払い戻しはされない。ちゃんと当日入れるチケットを用意しておいてください、と書かれてます。いままでにいたんだろうなあ、気の毒に、と注意書きを見ていると見知らぬ不幸な人の姿が浮かびます。

●ショーレストラン当日予約

またこのショーレストランは、席が余っていたら、当日予約ができる。

これは、スマホか携帯からです。「今日のパーク情報」→「ショーレストランの当日予約」から行きます。予約して、そのあとレストランの入口に行って精算します。いっしょに、恋の清算もしてしまったらどうでしょう。なんて、迷惑なのでやめてください。そういうのはシンデレラ城の前あたりの広いところでやってください。うわー。いま本気のビンタ入ったよ。痛そう。なんてね。

ショーによっては、けっこう当日でも入れます（おもに西部のほう）。混んでる日でも当日キャンセルが出てるかもしれないので、携帯でいちおうチェックしてみるのがいいとおもうよ。ただまあ、ポリネシアの昼は大人気なので、無理でしょうけど。はい。

ファストパスに関する基本的注意その1

　ファストパスが導入されたのは、キリスト紀元2000年の夏だった。ファストパスはディズニー公認の横入りチケットです。無料。そして早いもの勝ち。ディズニーランドで8種、ディズニーシーでも8種のアトラクションで発券されている。

　アトラクション入口脇で発券されていて、「11:10-12:10」などと時間が記されてる。その時間帯に行けば、90分やら150分やら待たされてる庶民をしりめに、10分ほどで貴族的に優先案内してくれる。ただすぐに乗れるわけではない。とても混んでると、ファストパスでも20分くらいかかってしまう。最近、特に時間がかかってる気がする。でも絶望的な200分待ちの人の脇から20分で入れるんだから文句言っちゃいけません。

　ただ、ファストパスは続けて取れない。一挙に取れない。いくつかの規制があります。

　2枚目のファストパスは、いつ取れるのかについて、簡単に説明します。

1.同じアトラクションの次のファストパスは、前の券に記されている時間を過ぎないと取れない。

　比較的すいてる日なんか、まずプーさんのファストパスを取り、続いてもう一度プーさんのファストパスを取ろうと目論んだりするけど、2回めは1回めのファストパス時間を越えないと発券されないのだ。朝に「10:45-11:45」というファストパスが取れたら、2枚目は10:45が過ぎれば取れる。これは幸せな朝ですね。最初にとったプーさんファストパスが「14:40-15:40」だったら、プーさん2枚目のファストパスは14:40をすぎないと取れない。「18:30-19:30」だと18:30まで次のプーさんのファストパスは取れないわけで、そんな時間までまず残ってません。そういうものです。

2.違うアトラクションのファストパスは、
①前のファストパス発券2時間後に取れる。
②前のファストパスの発券と乗車時間差が2時間以内だったら、2時間待つまでもなく、乗車時間を過ぎれば取れる。

　あー、わかりますか。

　違うアトラクションのファストパスは、
①前のファストパス発券の2時間後
②前のファストパスに記された時刻
このどっちかの早いほうになれば取れるってことです。うー。あせらずゆっくり考えてくださいね。ま、ま、お紅茶でもどうですか。いいですか。はいはい。

　まず朝の9時23分に、プーさんのファストパスをゲットしたとする。

　そのファストパスがすぐに（取って2時間以内に）使えるものだった場合、たとえば「10:15-11:15」だったら、2枚目のファストパスは10時15分になれば取れる。同じアトラクションでも違うアトラクションでも10時15分に取れる。

　遅い時間、たとえば「14:40-15:40」だったら、同じプーさんのは14時40分まで取れないけど、プーさん以外のファストパスは発券の2時間後＝11時23分になれば取れる。

　わかりましたか。右ページの図も見ながらゆっくり考えれば理解できるはずです。そう。あなたはやればできる子なんだから。

　こういう説明してるおれも、よく「同一アトラクションの2つめFPは、1つめのFP時間後であって2時間後ではない」という法則を忘れて、同じアトラクションのFPを発券2時間後に並んで取ったりする。もちろん使えない券が出てきて、意味がわからず、また発券してみるがそれでもダメでまだ事情が理解できず、しばし茫然と立ちすくんでることがあります。見逃してやってください。

18

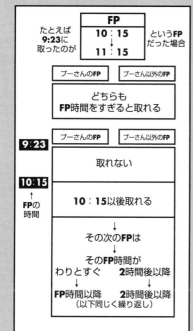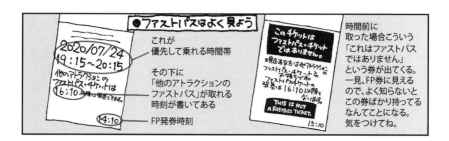

ファストパスに関する基本的注意その2

ファストパスを発券するには、パスポートを機械に入れないといけない。あー、だからパスポートって、入園券のことですよ。本物のパスポートをつっこんでどうするんですか。国に帰れなくナルデスヨー。

何人かで来てる場合、誰か1人が残り全員のパスポートを持ってファストパスを取ればよい。というか、パスポート（入園券）は入園してしまうと、あとはファストパスの発券以外、使うことがない（一度外に出て再入園するときに必要なくらい）。21世紀になって、アトラクションに乗るときにいちいち見せる必要なくなってますからね、お父さん。「パスポートをまとめて預かる人」を入園前に決めておいて、入園したら、ゲートくぐって7歩動いたところで、すぐ全員のパスポートを代表1人が持つようにしたほうがいいです。家族とか、恋人とか、友人3人などの「一緒に行動する予定の人たち」だけですよ。別行動しそうな友だち7人組なんかは別々に持ちましょう。持つのはもちろんディズニーのことがもっともわかってる人です。同じくらいの知識なら一番目端の利く人。

ファストパスの発券列は、とても長く伸びることがあるので、代表1人がみんなのパスポートを持って並んで取ったほうがいい。恋人と2人で入っても、できれば1人はファストパス、もう1人はレストランの予約とか（もしくはスタンバイに並び始めるとか）手分けしたほうがいい。いやあん、2人はずっと一緒にいたいのおん♥♥って、はいはい。いま一緒に棺桶にいれて埋めてあげますからね。そこを動かないでね。動くなよ。➡**ファストパスは代表者が取りましょう。**

それから、ファストパスを取ったら、嬉しくて、表示時間前から並んで待ってる人がいるけど、無駄です。つまり10:40-11:40の

ファストパスを持って10時30分からファストパス入口で待ってる人たち。無駄。だって、10時40分のファストパスを持ってるとき、10時40分になったら、やるべきことは、勇んでファストパス入口に入ることではなくて「次のファストパスを取りに行くこと」だからです。連鎖的に利用するためには、そうしていかないと最終的に取れる枚数がずいぶんと違ってきます。➡**ファストパス時刻になったら、乗る前に次のファストパスを取る。**

大人数で来たとき、遅れた人がいると、その人のぶんのパスポートも持って、先に入ってしまうことになる。歌舞伎座じゃないから入口脇でチケット預かってくれない。そのままファストパス発券機に行って、まだ来てない人のぶんのパスポートでもファストパスを発券しておこう、と光に翳しても、ファストパスはでてきません。「このチケットはファストパスチケットではありません」「本日入園する際に使用したパスポートをご利用ください」と書かれた券が出てくる。➡**未入園のパスポートではファストパスは発券されない。**

表示時間になってすぐ入る必要はないけど、表示時間をすぎたらダメです。入れてくれない。10:40-11:40のファストパスで11:45に行くと、断られる。5分だからええやん、と押し切れるかどうかは、あなたのおばちゃん度にかかってる。➡**時間は守りましょう。**

とても混んでる日の朝は「ファストパスを取る列が40分待ち」なんてことがある。あたしが目撃した「最も長いタワー・オブ・テラーのファストパスを求める列」はアクアトピアまで伸びていた。何も知らない人は、ファストパス列が100メートルほど伸びただけで、ああ、大変だ、とあきらめる人が出てくるけど（そういうカップルや家族を何人も見てますよおれは）ファストパスの列は、ふ

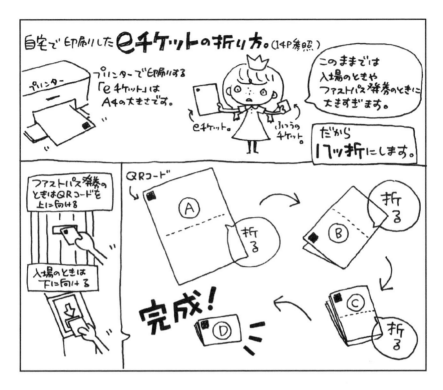

つうの列（スタンバイの列）に比べて恐ろしく早く進みます。たぶん10倍以上のスピードで進むから、見た目の長さに圧倒されずに、黙って長い列の最後尾に並びなさい。そもそも圧倒されそうな長蛇の列ができるのは、異常人気のアトラクションだけで、そういうアトラクションは、スタンバイで乗ろうとすると3時間以上待たなければならず、ファストパス発券列の"見た目だけの長い列"にひるんでる場合じゃないですよ。そんな異常人気アトラクションはファストパス取った人全員がファストパス使うので、スタンバイは絶望的に3時間待たされるのです。ファストパスが発券されているなら、とにかく取りなさい。
➡ファストパス列がおそろしく長く伸びても見た目ほど待たないので、ひるまず並べ。

それにだいたい「ファストパス取るまで40分待ち」と言われても40分かかることはない。なぜか「ファストパスを取るための待ち時間」は長めの時間を言う。40分と言われたらだいたい25分、60分と言われても35分、25分だったら10分少々で取れますよ（そうじゃないこともあるけど、でも言われた時間より長くなることはない）。だから我慢してファストパスの発券列に並びましょう。➡ファストパス発券列は意外と早く進む。
がんばれ。

ファストパスに関するその他の情報

アトラクションはよく停止する。システム調整と呼ばれている。自分の持ってるファストパスの時間帯に止まると、そのファストパスは再開後いつでも使える。「15:00〜16:00」のファストパスを持っていて15時台にアトラクションが止まったなら、その日中いつでもその券を出せばファストパス列に案内してくれる。お得です。私はもう数回そういう目にあってます。けっこうあるんです。**➡ファストパス時間にアトラクションが止まるとその券はいつでも使えるようになる。**

スタンバイに並んでいるときにアトラクションが止まり、しかも再開のめどが立たないときはスタンバイに並んでいた人みんなに「ファストパスのようなもの」をくれる。園内のどのアトラクションでも使えるファストパスのようなもの、です。その日限り有効。夜遅かった場合などは「別の日も使えるファストパスのようなもの」をくれることもある。これはホログラムがついている。前もらったやつはまだ持ってますよおれ。**➡アトラクションが長時間止まるとスタンバイ列の客にもファストパスのようなものをくれる。**

サプライズファストパスというのがある。かつてはビッグサンダーやスプラッシュに「カリブの海賊ファストパス」がついていたり、インディ・ジョーンズにシンドバッドがついてたりした。近年ではスプラッシュに「シューティングギャラリーの無料券」がついてきた。射的1回200円が無料になるもの。でも、時間指定してあって朝9時から10時くらいだったので、「そんな忙しい時間に射的なんぞ行っとられんぞな」と行かなかったさ。向こうもすいてる時間に誘導しようとしてサプライズチケットを出してるわけです。ちょっと使い方がむずかしい。でも、まだまだサプライズチケットは出されてるよう

です。**➡ファストパスにサプライズはつきもの。**

ファストパスの取り方についてはこのあと詳述するが、場合によっては人気アトラクションから取らず、人気の薄いほうから取っていく、という方法もある。「次の発券はファストパス時刻がすぎてから」という法則があるから朝10時に人気薄のものを取ると「10:30〜」のファストパスだったりして、その場合次のファストパスは10時半から取れる。そうやって次々取っていくという方法。**➡人気薄ＦＰから攻める戦略もある。**

人気のないアトラクションは、そもそもファストパスが発券されない日がある。シーの海底2万マイル、ストームライダー、マジックランプシアター。

また、朝からファストパスを出したのはいいんだけど、さほど混んでおらず、あまり誰にも取られずに現実時間に追いつかれそうになり、途中でやめることもある。ランドではスター・ツアーズ、春夏のホーンテッド。たまにシーのレイジング。9時に「9:30〜10:30」なのはいいけど、10時に「10:10〜11:10」てのを出してると、まもなく追い抜かれそうです。11時になって10:30〜を出したりすると、それはファストパスではなく「過去に戻れる素敵なチケット」になってしまいますから、時空警察に捕まります。出してはいけません。だから途中でぶった切って、発券終了します。

朝30分でいきなり終了することもあるが、だいたいは昼12時ころまで発券して、すっと人知れず終了しています。人気ない歌手のライブチケットの扱いみたいです。ちょっと哀愁が漂っています。哀愁でいと。**➡人気がないと突然発券終了のことあり。**

ファストパスはいつなくなるのか？「モン・イン」の場合

　新アトラクションがオープンした直後には異様な人気になる。ここのところだと「トイ・ストーリー・マニア！」や「モンスターズ・インク"ライド＆ゴーシーク！"」ですね。1年からもう少し人気沸騰する。そういうときはファストパス争奪が熾烈である。

　開園前から並んでいた人たちがほぼ全員殺到する感じである。当然、あっという間に長大な列ができる。係員がだいたい人数を数えていて、このあたりだというところで、列を締め切る。ファストパスの機械はまだ発券を続けているが、「いまお並びになっている方で列は締め切りました」となるわけである。

　2009年春にランドで「モンスターズ・インク」がオープンしたとき、半年以上にわたってそのファストパスが締め切られる風景を観察していた。少し前だけど、いまでも有効な数値であります。

　ファストパス列が締め切られる時刻。こんな感じでした。
8/15土8:17　8/26水8:24　8/16日8:26
9/22祝8:31　9/21祝8:35　9/20日8:39

　早いと17分、遅くて39分。ただ、17分で締め切りはあきらかに列の読み間違いで、ファストパスを発券しきらないうちに列が終わってました。まあ順当に早くて25分くらいというところでしょう。大人気アトラクションは大混雑日には開園30分以内でFPなくなることがあるのでそのつもりで、ということです。

　なくなる実例を3つ表にしておいた。小さくてごめん。がんばって見て。もっとも混んでいた9月連休は8時20分ころから「いまから並ばれても取れない可能性があります」とアナウンスが始まった。FP列締切は8時35分。その時点で発券されていたのは「18:30～19:30」のFPだった。けっきょく8時52

人気アトラクション「モンスターズ・インク」オープン当初
異様なファストパスのなくなりぐあい

恐ろしく混んでいた日（360分待ち）		
2009年9月21日(祝) 五連休の三日目		待ち時間
「16:35-17:35」のFP 8:10に並び8:24にゲット		8:07「130分」
「18:30-19:30」のFP 8:15に並び8:34にゲット		8:12「180分」
「19:50-20:50」のFP 8:20に並び8:40にゲット		8:19「240分」
「21:00-22:00」のFP 8:25に並び8:47にゲット		8:34「280分」
8時35分にFP列を締め切る		8:46「330分」
8時52分35秒にFP発券終了		8:51「360分」
→列に並んだ250人ほどが取れない		
だいたい8時30分に並んだ人が取れるかどうかぎりぎり。		

混んでいた日（220分待ち）		
2009年8月2日(日) 暑くない		待ち時間
「11:55-12:55」のFP 8:07に並び8:13にゲット		8:06「80分」
「13:40-14:40」のFP 8:10に並び8:20にゲット		8:10「120分」
「16:00-17:00」のFP 8:15に並び8:30にゲット		8:15「180分」
「18:20-19:20」のFP 8:20に並び8:39にゲット		8:20「210分」
「19:25-20:25」のFP 8:25に並び8:45にゲット		8:25「220分」
「20:00-21:00」のFP 8:40に並び8:47にゲット		8:50「190分」
9時08分29秒にFP発券終了。FP待ち列がなくなる。途中FP待ち列なし。		

わりとすいている平日　9時開園		
2009年9月7日(月) 平日		待ち時間
「14:45-15:45」のFP 9:15に並び9:19にゲット		9:15「50分」
「16:30-17:30」のFP 9:20に並び9:25にゲット		9:20「80分」
「18:10-19:10」のFP 9:30に並び9:32にゲット		9:25「90分」
「20:40-21:40」のFP 10:00即ゲット		10:00「80分」
「21:30-22:00」のFP 10:15ゲット(待ちなし)		10:20「80分」
10時21分30秒にFP発券終了		

分35秒にすべてのファストパス発券が終了した。列に並んでいたが取れなかった人が250人くらいいました。みんな静かに去っていった。えらいねえ。

　もう少しすいていた日、8月2日(日)だと、列の締切はなかった。途中、誰も並ばない状態になった。1時間08分後にはすべての発券が終了した。この日は8時07分に並ぶと「11:55～」のFPとなり8時10分で「13:40～」、8時15分で「16:00～」、8時20分は「18:20～」だった。並ぶのが10分違うと取れるFPは数時間違ってくるわけだね。どうすればいいかって、やはり、がんばって早く並ぶしかない。がんばれ。すいていた9月7日(月)は9時開園で、発券終了は10時21分でした。すいていても1時間21分で終了でした。「ファストパス列に並ぶ時間」は20分から30分だった。そんなものです。ファストパス列は長くてもめげずに並びましょう。

23

ランドのファストパスはいつなくなるのか？

ランドのファストパスは、どういう順番になくなっていくのか。

わたしの専門分野です。ランド＆シーの待ち時間研究をもう20年以上研究していますが、ファストパスがいつなくなるのかについては鬼神の如く研究しております。

発表します。

右の表です。はい。

「おっそろしく混雑した日に、ランドのファストパスがどの順に何時になくなるのか」の研究成果です。よく見てください。

入場制限が掛かった日を中心に、四季まんべんなくデータをいれて平均して出した結果です。

FPなくなり具合は3グループに分かれる。

以下アトラクション名は略称で書いていきます。何の略なのかは自力で判断して。

①人気が高くすぐになくなる3つ
　モン・イン。プー。スプラッシュ。
②人気いまだに高い2つ
　バズ。ビッグサンダー。
③比較的残る3つ
　スペース。ホーンテ。スタ・ツア。

ホーンテはさすがに変か。ホーンテッドだと少し長いが、しかたないですね。

一番人気はモン・イン。

ただ絶対一番ではない。一番早くなくなることが多いが、プーとスプラッシュもさほど変わらない。日によっては、プーやスプラッシュが最初になくなることもある。同じくらいの人気です。

次になくなるのがバズとビッグサンダー。

ホーンテッドは、9月から12月ごろの「ハロウィーン＆クリスマス仕様」になると人気が高くなり、この第二グループに入る。1月から8月は第三グループである。

ランドのファストパスはいつ終了するのか

混雑日の平均

1	モンスターズ・インク	10:30
2	プーさん	10:46
3	スプラッシュMt	10:48
4	バズ・ライトイヤー	12:14
5	ビッグサンダーMt	12:36
6	スペースMt	13:10
7	ホーンテッド	13:50
8	スター・ツアーズ	16:10

ランドのファストパスの発券終了時刻　すごい混雑日（秋）

1	モン・イン	10:16
2	プーさん	10:20
3	スプラッシュ	10:50
4	バズ	11:50
5	ホーンテッド	12:14
6	ビッグサンダー	12:18
7	スペース	13:14
8	スタ・ツア	15:20

ランドのファストパスの発券終了時刻　すごい混雑日（夏）

1	モン・イン	10:38
2	スプラッシュ	10:48
3	プーさん	11:08
4	ビッグサンダー	12:20
5	バズ	12:24
6	スペース	13:14
7	ホーンテッド	15:16
8	スタ・ツア	16:40

第三グループはスペースとスタ・ツア。やや人気が落ちる。ただ、スペースは春先2、3月は人気が高まる。「絶叫系が大好きな中高生」が日本全国からランドにやってくるため。そのときはビッグを抜いてスプラッシュに迫る人気になるので注意願いたい。注意しようはないけどね。順位は季節や状況で少々入れ替わることがある、ということです。

まずたくさん取る作戦の基本の一。

「1枚目のFPを取った2時間後、すべてに優先して次のFPを取る！」

そのつづき基本の二。

「3枚目以降も、2時間刻みできっちりファストパスを取っていく！」

これを忘れないでください。最初8:15に
FPを取ったら、あと10:15、12:15、14:15
ときちんと2時間刻みで取っていく、という
ことです。それをやれば入場制限のかかる混
雑日でも、多くのFPが取れます。

どの順で取ればいいのか。

左ページ下の表は、時期によって違ってく
る「なくなる時間」の、ある日の実際の数字
である。これをもとに見ます。秋のほうで見
ます。ホーンテが人気の時期です。まず作戦。

4枚目14時台取れるのはスタ・ツアだけ。

3枚目12時台後半だとそれとスペース。

2枚目10時半では、「モン・インとプー以
外のものが取れる」最初の8時半はすべて取
れる。以上を踏まえて取り方です。

1：朝一番にモン・インかプーを取る。2つ
に興味ないならほかのものでもよい。

2：10時台に上記2つ以外の何かを取る。ス
ペースとスタ・ツアははずしたほうがいい。

3：12時台にはスペースを取る

4：14時台にスタ・ツアを取る。

これが混んでいる秋に取るひとつのモデル
です。4つ取れれば、最高だぜ。

右のほう、夏バージョンだと。

1：朝一番、モン・インかスプラッシュ取る。

2：10時台は上の2つ以外を取る（上2つも
まだ取れる可能性はあります）。

3：12時台はスペースを取る。

4：14時台はホーンテッド。

5：16時台にスタ・ツア。

5つ取れる可能性がある。すごい。

まとめておきます。

●スタ・ツアは15時すぎても残ってるので、
こればかり乗り続ける野望でも持ってないか
ぎり、あとにまわす。14時以降に取る。

●スペースとホーンテッドは13時すぎでも
取れるので、午後に取るぶんにまわす。

●モン・インとプー、ときにスプラッシュは
朝一番しか取れないことが多いので留意。

ランドのファストパスの 発券終了時刻	
すいている日（秋）	
1	プーさん	12:28
2	モン・イン	12:40
3	スプラッシュ	12:54
4	ビッグサンダー	15:28
5	バズ	16:16
6	ホーンテッド	16:20
7	スペース	16:40
8	スタ・ツア	16:54切

8:30開園

ランドのファストパスの 発券終了時刻	
すいている日（夏）	
1	モン・イン	12:12
2	プーさん	13:04
3	スプラッシュ	13:24
4	ビッグサンダー	15:26
5	バズ	16:12
6	スペース	16:42
7	ホーンテッド	17:56
8	スタ・ツア	18:06切

8:30開園

こちらのページの表は、平日のすこしすい
てる日にFPがいつなくなるか、の表です。

グループ構成は同じ。つまり混んでいても、
すいていても、なくなる順番はだいたい同じ
です。なくなる時間が遅くなる。

第一グループが12時すぎ。第二グループ
が15時ころまで残っている。第三グループ
は17時すぎても残ってることが多い。ただ
し、とても空いてるときは途中で発券が打ち
切られる。実際、スタ・ツアはどちらの日も
打ち切られました。

このデータから、「平日に、ランドのファ
ストパスの選び方」をざっくりした法則にす
ればこうなります。

Ⓐモン・イン、プーさん、スプラッシュ、ビ
ッグサンダー、バズから3つ選ぶ。

Ⓑスペース、ホーンテッド、スタ・ツアのう
ち2つ選ぶ。

8から5つ選ぶということ、つまり2つ
捨てるってことになります（ただ、とてもす
いてる日だと、スタ・ツアは5分から10分
待ちで乗れるはずだけど）。

朝一番に入れば、すいてる日にはFPは5つ
取れます。遅くなると2時間刻みで1つずつ
取れるFPは1つずつ減っていきます。そのへ
んを配慮して、がんばってくだされ。

シーのファストパスはいつなくなるのか？

シーのファストパス研究いきます。

シーのファストパスは、どう、なくなっていくのか。その研究です。

こちらもアトラクション名は略称で書きます。各自、判断してください。

シーは2012年以来、「トイ・ストーリーFP一極集中時代」になってる。けっこう長いとおもう。江戸時代くらいになるんじゃないか。うそです。260年は続きません。でもかつてランドのプーさんがオープンしたあと、ずっと人気が落ちなかったときと似てます。それくらいの人気は続きます。

混雑日の「FPなくなる時刻平均」を出した。右の表です。混雑日だからすべて開園は8時です。8時発券でいつなくなるか。

トイストは1時間少々でなくなる。圧倒的人気である。1930年代ドイツのヒットラー的人気です。不穏な比喩だなあ。でも事実だからしかたがない。

8時に入園した人の8割がトイストFPに突進してる感じがする。

だから、開園一時間以上前から並んで頑張って走ったのに（走ってはいけませんよ）ゲットできたのは「14時台のFP」ということが実際にありました。すごい敗北感でした。

計画では「トイスト9時30分くらいの早いFP」をゲットして、あとすいすいまわろうと考えてたから、計画が大きく崩れショックでした。たぶん、似た計画を立ててる人がいるとおもう。はい。あきらめてください。

トイストがずばぬけた人気で、それからぐんと離れて第二グループがある。センター、インディ、タワオブの3つがここにいます。②センター③インディ④タワオブの順に人気ですが、その差は僅差です。

2月ごろタワオブは「より多く落ちる"レベル13"」に変身しますが、そのおりはタワ

シーのファストパスはいつ終了するのか

混雑日の平均

1	トイ・ストーリー・マニア！	9:14
2	センター・オブ・ジ・アース	12:15
3	インディ・ジョーンズ	12:21
4	タワー・オブ・テラー	12:51
5	レイジングスピリッツ	13:40
6	マジックランプシアター	15:48
7	ストームライダー	16:04
8	海底2万マイル	16:26

シーのファストパスの発券終了時刻

すごい混雑日（秋）

1	トイスト	9:18
2	センター	11:54
3	インディ	12:36
4	タワオブ	12:52
5	レイジ	13:36
6	マジック	16:36
7	ストーム	16:56
8	海底2万	18:04

シーのファストパスの発券終了時刻

すごい混雑日（春）

1	トイスト	9:28
2	タワオブ	11:02
3	センター	11:20
4	インディ	12:10
5	レイジ	13:00
6	マジック	15:14
7	ストーム	15:40
8	海底2万	15:58

オブ人気は上がります。

この3つはだいたい同じ実力グループで、グループ内でゆるやかに序列がついてると考えてもらえばいいです。

そのあとレイジングが続く。これが、ひとつだけの第三グループ。

あとは、マジックとストームと海底2万が第四グループ。

このグループは、すいてる日にはファストパスそのものが発券されません。一日中、出ない。半端なすぐあいのときは、朝は出てるんだけれど、昼ころ途中まで発券して、すっとなくなることもあります。夕方まで出てるけど、最後まで出し切らないこともある。

そういうグループです。

　では。

　どのように攻略すればいいのか。

　トイ・ストーリーをあきらめれば、作戦を立てやすい。タワオブのFPを取ってインディまで走ってスタンバイで乗って、2時間経ったらセンターを取って、あとは幸せに暮らせばいいのだ。とっぴんぱらりのぷー。

　でもそうはいきません。

　おれだってトイストは乗りたいさ。

　だから「開園と同時入園して、まずタワオブのFPを取り、別働隊がトイストのスタンバイに並んで、朝から2つやっつける作戦」なんて考えるが、だめなんだよね。机上の空論だ。タワオブFPは取れるけど、トイストのスタンバイに並んですっと入る、というのは無理です。8:02にすでに30分待ち、8:04で70分待ち、あなたが着いた8:14にはすでに140分待ちになっている。ええっと驚いて茫然としているうちに8:18に210分待ちとなる。並んで乗れるのは昼近くになります（GWの実測数値）。朝一番だったらすぐ乗れるだろうという野望はこなごなに砕かれる。

　それを考えると、やはりトイストはFPを取るしかない。がんばって早くから行って、ファストパスを取るしかないですよ。

①まず朝一番8時台、トイストを取る。そこから始まります。

②次の10時台。トイスト以外のどれでも取れる。ふつう第二グループから選ぶ。

③12時台は第二と第三グループから選ぶ。ただ第二グループは12時台に次々となくなるので、うまく立ち回らないと取れない可能性も高い。

④14時台になると第四グループしか残っていない。ただ16時台にも第四グループが残っていることが多いので、5回取れることになる。

　これが混雑日に朝一番からトイストを取って、フルに取れる場合です。

シーのファストパスの発券終了時刻		
すいている日（夏）		
1	トイスト	10:18
2	センター	17:24
3	インディ	18:44
4	タワオブ	19:28
5	レイジ	20:28
6	マジック	発券なし
7	海底2万	発券なし
8	ストーム	発券なし

8:30開園

シーのファストパスの発券終了時刻		
すいている日（冬）		
1	トイスト	10:10
2	センター	15:38
3	タワオブ	16:14
4	インディ	17:58
5	レイジ	18:50
6	マジック	16:30打切
7	ストーム	12:00打切
8	海底2万	12:00打切

8:30開園
マジックは17:00-18:00まで
ストームは11:40-12:40まで
海底2万は11:40-12:40まで

　遅れて入ると、それぞれの段階から参加ということになる。

　すいてる日は、どうするか。

　朝から行けるのなら、とにかく頑張ってトイ・ストーリーFPを取る。これが出発点です。すいてる日だと、トイストFPは10時すぎまで残ってることがあります（ただし開園は8時30分の日、ですけど）。取れるなら取る。はっきり言って、これで全部です。

　残りは、たぶん、どれでも取れます。

　すいてる日のシーのFPはトイストだけ午前中になくなって、あとは延々と残ってます。第四グループのは出てなかったり、発券が途中で終わります。攻略もどうもないですね。ただ、取ればいい。

　トイ・ストーリーに人気集中してるので、かえって攻略しやすい面もあるということです。気楽にいきましょう。

　せんだって夜の21時30分を過ぎてもセンターのFPが発券されていました。でもスタンバイも5分待ち。意味ないですね。やはりディズニーの4月の平日は鬼のようにすいてます。行くなら4月の平日だで。

開園前の待ち合わせと目印

●ランド編

ディズニーランドに開園前から行く場合、待ち合わせは「先に着いたほうが、入口の待ち列に並んでおく」というのが正しい。ラブラブカップルならどっか手前で待ち合わせるほうがいいだろうけれど、しっかり攻略する場合は、各自、現地集合となる。

このとき、合流がけっこうむずかしい。

ランドのチケット売り場前は、草野球場なら3つは取れるほど広い。

舞浜駅から向かったとき、荷物検査されるゲートをくぐって、そこからランドの入口まで直線でだいたい100メートルある。

その、どのポイントにいるか、をきちんと把握しておかないといけない。

チケット売り場と、荷物検査とみて、そのうちの半分とか、三分の一くらいの前とか、かなり後ろとか、そういうポイントですね。これが「縦」ポイント。

横は、どの列かを教えるのがいい。

ランドのチケットブースは2つずつ並んで、通路があって、また2つ並んでいる。それに番号が振られている。チケットブースの屋根が始まるところに、2から始まって真ん中で24、モノレール正面の真ん中を越えて、26から42まで、数字が振ってある。とてもわかりにくい場所だが、気づくとわかる。この数字をわかってると、指示しやすい。先に来たほうが、その数字を写真に撮って、後続隊に写真を送ればよろしい。ただこれはチケットブースの番号なので「2と4のあいだから伸びてる列」というような指示が必要です。

ブースからはずれたところだと、太い列を左から数えて何本目、というように言えばいい。また、列はけっこう太いので、「左から3番目の列の、右寄り」というような、列の左右どっち寄りかも指定するのが親切です。

●シー編

シーは、入口が2つある。

どっちに並ぶか、もしくは自分がどっちにいるのかきちんとわかってないといけない。

いちおうノースゲート、サウスゲートと名付けられているが、そういう表記がない。あるのかも知れないが、おれは見たことがない。

シーのモノレール駅を降りて、改札を出たとき、どっちに行くか。

改札を出て左→北口。

改札を出て右→南口。

分かれてます。開園前、これに気づかずに携帯で「どこなの、どこなの、左の列の前に来てるよ、いないよ」なんて叫んでる人を見かけますが、たぶん、逆の口に来てますね。確認しましょう。

ポイントは「モノレールを降りて改札でたとき、どっちに出るか」です。でもでもでも、並んでから聞くと、8割の人が「どっちか覚えてない」と答えます。意識させないと、だめです。モノレールの改札出るとき、左に出るように、などと明確に指示しておくこと。

もしくは、並んでしまってから、係のお姉さんに、「こっちは北口ですか南口ですか」と聞けばいいです。それを後続の人に伝える。後続の人は、たぶんどっちが北か南かわからないから、モノレール降りたところで聞いてもらうことですね。いや、しかし、なんできちんと表記しないんだろうねえ。スマートな感じだけど、でも、わっかりにくいですわ。うん。東京五輪までには南口と北口を明記してくれることを、アフリカ代表として望みます。うそ。アフリカ関係ないっすね。南北問題は早く解決して欲しい。ハノイとサイゴンからお願いしまっす。ホーチミン。

ちなみに舞浜駅から歩いて来ると「北口」に着きます。徒歩2分。

第2章
ディズニーの四季

ディズニーにはいつ行けばいいのか？

ディズニーランドにはいつ行けばいいのでしょうか。

よくされる質問である。つまりいつごろがすいているのでしょうか、という質問だ。

わたしはいつも明確に答えている。

「4月、5月、6月です」

以上。すばらしい。さすがディズニー博士だ。だれが博士ですか。いや、博士とかいてヒロシと読むんですわ。はあ。そうですかって何の話だ。だいたい誰だよ博士と書いてヒロシって。昔はよくいたけどさ。

それが正解。

もう少し博士の声を具体的に聞いてみましょう。博士と書いてヒロ、あ、それはもういいですかそうですか。

「春休みの終わった4月8日以降、ゴールデンウイークをのぞいた4月5月、それと6月。7月も第1週くらいまでは、すいてます」

以上です。どもーっパチパチパチ。自分で拍手しながら退場しなくていいです。

ここがもっともすいています。何年も観察していて、よくわかる。

4月は、うちの国ではいろんなことが始まる時期です。新学期だし、国家予算も会社も、新年度として新しく始まる。新入社員も新入生も新しく入ってくる。学生生活も社会生活も、だから慌ただしい。忙しい。4月の日本人は落ち着いていない。遊びに行く気分にならない。

だから、ディズニーがもっともすいてるのは「4月の平日」です。

ランドは4月15日が開園記念日なんで、この日に新しいアトラクションをオープンさせる習慣がある。初日の朝はさすがに混んでいる。でも午後になるとすき始める。夜になると1時間待ちくらいになってしまう。

翌4月16日から4月28日くらいまでの平日は、ほぼ乗り放題と言っていいくらいにしている。わたしは、この時期に行って一日5回乗車、それを3日やって、新アトラクションを把握しています。

だからすいてるときに行きたいのなら、一番のおすすめは4月の平日です。

ちなみに4月29日というのは畏れ多くもかしこくも先代帝の生誕記念日の祝日でありますが、ゴールデンウイークの先兵のように少し離れての祝日なので、4月29日は「休みとしては」かなり狙い目です。いろんな状況や年によって変わるけど、基本はすいてます。

5月になると天気がいいから、週末はそこそこ混むけど、平日はすいている。

6月になり、それから梅雨に入るとすいてる。わたしはもう30年以上東京エリアに住んでいるんで実感しますが、東京の梅雨ってたいしたものじゃないです。そんなに降らない。もちろんすごく降る年もあるけど、だいたいの年は「そこそこ雨が多い」って程度だ。梅雨は本来「西日本のもの」です。もともと米作のための気候サインで、米作というのは本来は西日本のものだからって大変な話に広げてないで、梅雨時期は狙い目です。（4月5月6月は「首都圏限定平日割引入園券」を売ってます。コンビニ店頭にディズニー安売り券販売中の幟が立ってる時期は、本来はすいてる）

"梅雨"の半分は雨は降らない。つまり半分は降る。ひと月の半分が雨ってのはめちゃ多いんだけど、でも半分は6月の爽やかな初夏です。外にいるととても気持ちいい。だから晴れるとわかったら、行けばいい。地方の人や海外の人、異星の人はちょっとむずかしいかもしれないが、でも今週末は晴れてる、くらいなことは週中にはわかるんで、週中に決

定して、週末に来ればいいんです。爽やかな気候のもとで、とてもすいてるディズニーで遊べるんだから、それぐらいがんばれ。いえ、うちは海王星なんで、数日だとちょっと無理なんすよって、そうか。瞬間転移の技くらい習得しときたまえよ。

日本人に覚えておいて欲しいのは、「6月の晴れてる日はどこまでも爽やか」だということと「6月の半分は晴れている」てことです。梅雨の晴れ間って否定的に言い過ぎ。おれ的には爽やか6月のときどき雨です（←これも言い過ぎだけどね）。

おすすめは初夏です。

ただ、人が少ないのは、1月2月です。1月正月明けから、2月半ばまで。人が少ない。

ディズニー側もこの時期はチケットを安く売っている。キャンパスデーパスポートというやつで、安いチケットを売ってる時期は本来はすいてます。ふだんは正価で売れるものをわざわざ1か月以上にわたって割り引いて売ってるってことは「この時期はあまり売れないのでお安くしておきますよ」てことです。

朝10時開園で19時閉園の日もある。

ただアトラクションをいくつもまとめてメンテナンスしている。だから乗れるアトラクションが少なくなり、営業時間も短いからファストパスも早くなくなり、そのくせ巨大望遠レンズをさげた凄い数のマニアがうろうろうろうろしていて、何だかんだで、おもったほどは空いてるように感じない。空いているという噂を聞いて、1月2月に行こうとするのは、ディズニー博士のおれは、まったく勧めません。この時期が空いてるからおすすめ、と吹聴する人は、なんか悪いけど、半可通って感じがする。現場感がない。

また2015年から、1月から3月には「アナと雪イベント」が開催された。これがディズニー開園以来の「真冬なのに見たこともない大混雑」をもたらしました。こんな大成功をディズニーが手放すわけがない。客が呼べ

るかぎり、アナと雪は座敷に出続けるでしょう。これとワンス人気（これもアナ雪バージョン）によって、異様な混雑になった。1月末よりほぼ毎週土曜、ディズニーランドは入場制限が掛かりました。一年でもっとも混んでいる時期になってしまった。

これによって流れが変わりました。1月2月3月は、アナ雪によって「できれば行くのを避けたほうがいい時期」になりました。みんな、アナ雪を見たり食べたりしたいんですよね。アナ雪の食べ物もいっぱいあった。

もしアナ雪に興味ないなら、1月から3月は（特に週末はぜったい）避けたほうがいい、という状況になりました（どこかでおさまるとはおもうが、2017年や18年くらいまではたぶん同じ状況でしょう。キャンパスデーパスポートなんか売ってる時期じゃなくなったってことでもある）。

＊

あとすいているのは、ちょっとしたすきまです。

夏休みが終わった翌日9月1日から次の週末まで。「夏祭りイベントと、ハロウィーンイベントが始まる隙間」、ここには目立ったイベントがないので、すいてなくもない。ただあくまで「すいてなくもない」レベルです。

10月31日がハロウィーンで、翌日の11月1日と2日が、曜日と11月3日明治帝御生誕日の祝日とのからみによって、すいてることもある。ですいてたりすいてなかったりだけど。

かつてはクリスマスイベントが終わった翌日12月26日と、仕事納めの28日までの3日間も少しすいていましたが、いまは、ふつうの混み具合ですね。

お正月休みのあと成人の日までは、アナ雪がなかったらとても空いてます。でもアナもエルサもオラフもいるからたぶん混んでる。

だから、春から初夏の平日が狙いめです。

ディズニーはいつ混んでいるのか

かつて昭和のむかし、1970年代まではいまのような「クリスマスイベント」というものは存在しなかった。それは現在、ディズニーが展開しようとして定着していない「イースター」イベントをおもいうかべてもらえばいい。昭和のクリスマスってあの程度でした。同じように「ハロウィーン」が定着したのは2000年代になってからである。00年代の半ばにあった「あまり認知されてなかった好景気時代」に定着した。クリスマスがバブル好景気に定着したのと同じ構造だ。イースターも東京オリンピックとリンクさせて定着にがんばれ。無理かなあ。イースターはだから「ランドの閑散期4月を賑わせようという企画」なんだとおもうよ。賑わせなくていいとおもうんだけど。おれランドの4月好きだから。

ハロウィーン&クリスマスイベントの定着は、日本人の行楽期を変えた。日本全体がどうかはよくわかんないけど、東京ディズニーランドではそうですね。

90年代には「11月にクリスマスイベントを始めるって、早くないか」とおもいましたが、いまは日本古来の季節先取り感覚とマッチしたからでしょうか（してないとおもうけど）9月からハロウィーン&クリスマスイベントとして盛大になりました。

あと、ハッピーマンデーのせいでもあります。9月の敬老の日と10月の体育の日が月曜になり、この時期に必ず三連休が出現するようになった。これも2000年になってからです。考えてみれば、日本にハロウィーンが定着したのは、ハッピーマンデー制定とリンクしてるのかもしんない。

とにかく9月半ばの敬老三連休、10月の体育三連休、それ以外に9月後半には秋分の日、11月あたまの明治帝生誕記念日、後半

の新嘗祭（ほんとそういう意固地な表記が好きなんだから、文化の日と勤労感謝の日です）もあって、これも年によっては三連休になったり、飛び石連休になったりして、休みが多いです。だから9月から11月にかけてがとにかく混雑します。そのまま12月は「クリスマスイベント」が本格化していって、ロマンチックに混んでいく。うー。

9月にハロウィーンイベントが始まってから、1月のお正月明けにホーンテッドマンションの冬バージョンが終了するまでが、ディズニーがとても混む時期です。大雑把に言って9月8日くらいから、1月3日くらいまで（日付は2015～16年の例です）この4か月が有無を言わさず混んでいる時期、です。覚えておいてください。ハロウィーンが大好きだから、とか、クリスマスのロマンチックイベントに憧れて、というのなら仕方ないですが（混雑地獄に落ちればいいのじゃ、うははは）、あまりそんなことに興味のない地方在住の4人家族のかたたちは、この時期はぜったいに避けたほうがいいです（いやでも、子供はハロウィーンもクリスマスも行きたがるんだろうけどね）。

平日でも混みます。

だから月曜とか金曜は混むんだって。この時期の月曜と金曜は、平日だとおもわないでください。すいてる時期の日曜とだいたい同じくらいです。金土日月が混んでる日です。さすがに火曜水曜木曜はすこしすいてますけど、でも出向いてみたら、とても平日だとはおもえない混み具合いですぜ。

ただ、1年で一番混むのは秋冬ではなく、春です。3月あたまくらいからかなり混み始め、日本全国の学校が春休みに入る3月20日すぎからお釈迦様のお誕生日の4月8日まで、もう、めっちゃくっちゃに混みます。お

釈迦さまは関係ないっすね。新学期がその日あたりから始まるからです。

この時期の混雑は異様です。めたくたです。「日本全国の中学3年生と高校3年生と大学4年生、つまり日本全部の卒業生がディズニーを目指してやってくる」とおもってください。大変な数です。小さい国なら占領できるくらいです。もちろん春休みだからって浮かれた中1も中2も高1も高2もやってきます。小学生もくるし大学生もくる。全国から。

だから混みます。異常に混む。

3月25日を過ぎると、平日でも人が来すぎて「入場制限」がかかることがある。平日でも入場制限がかかる可能性があるのは3月25日から4月4日までだけです。それ以外、平日で入場制限がかかることはないです。それぐらい混んでいる。卒倒しそうになります。

だから3月25日から4月4日が休みでも何でもない人たち、つまりはふつうの社会人の方たちですね、それはこの時期のディズニーはぜったいに避けたほうがよろしい。この時期じゃないと見られないイベントというのもさほどあるわけじゃなく、またディズニー側も異様混雑時期だとはわかってるので、わざわざ人を集めるイベントをこの時期に開催することはない。だから行かなくていいです。春休みは学生生徒にまかせてください。お母さんもついていったら、もみくちゃになりますから、気をつけてお出かけください。

かつて昭和の終わりから90年代の平成ひとけた時代は、行楽といえば「8月のお盆と1月のお正月」でした。考えてみれば、これは江戸時代からそうでしたね。「年に二度の藪入り」というやつ。少しずれてるけど。

でも、この時期はいまは昔ほど混まない。もちろん少しは混んでいますが、お盆やお正月には最近はまず入場制限はかかりませんね。

だってお盆は暑いし、お正月は寒いから。

ま、それを言うとクリスマスだって寒いんだけどそれはなぜか無視されてますね。

かつては夏休みというのが平日でも入場制限のかかる可能性のある時期だったんですが、平成も20年を越えて、いまはまずそんなことは起こらないです。そんなに昭和の元気は続いていません。暑い休みに混雑した外に出る人はぐんと減ってしまいました。だってみんな冷房の中で暮らしているから。

ディズニーランドができた1983年ころ、東京の国電、つまり山手線や中央線に冷房車はゆきわたっておらず、地下鉄にいたってはまったく冷房されておらず、つまりあらゆる通勤と通学客は汗だくになりながら満員電車に乗っていたわけで、そういう人たちはお盆に大挙してディズニーランドへ行ってました。どこにいたって暑いんだから。

でももういまはみんな、暑いのだめです。湿気がだめですね。ぐんなりする。そういう動物になっちゃったよ、日本人は。夏のディズニーではみんなぐんなりしてますよ。

少し前まではお盆前後の夏休みには入場制限かかることもあったんですが、ここんところはまったくその気配はないです。お盆にかからないくらいだから、ほかの土日もまずかからない。今後もイベント次第だとおもうけど、でも30周年の2013年でも、8月はふつうの混雑だったから、もう今後、8月が異様混雑ということはないでしょうね。

お正月はそれよりかはちょっと混む。でもピークがクリスマスにありますから、そのあとは気の抜けたような感じですね。ディズニーの年越しもかつては大人気でしたが（いまでも人気ですが）人気が過ぎて抽選でしかチケットを売らなくなって、そのぶんお正月がめちゃ混むってことはなくなりました。正月三が日も三連休にしては（年末からみたら一週間休みにしては）、さほどの混み具合ではないです。でも1月2日あたりは入場制限かかる可能性をまだ秘めていますけどね。

日本人の休みは00年代にずいぶん変わったってことです。

ランドとシーではどちらに行けばいいのか

混雑日についてべつだんランドとシーでさほどの差があるわけではない。シーのほうが、夏は涼しそうだから夏が秋より混むとか、そんな奇妙なことは起こっていない。混雑時期はランドもシーも同じです。でも、どっちかが、より、混む。ディズニー側がどちらに力を入れているかによって、混雑ぐあいが違ってくる。

たとえば2013年はランドが開園30周年なので、ランド中心の展開になった。だからランドが混んでシーはすいてました。シーでも「30周年記念」のグッズがふつうに売られてました。ランド重点の1年でした。

ランドは1983年開園、シーは2001年開園、2015年から見るとランドは32年もので、シーは14年ものとなる。

年季がちがうぶん、規模が違う。

シーはアトラクションのFPをがんばって多めに出したり、レストランの予約などをいっぱい受け付けていて、ランドと同等のように見せてますが、やはり規模としてはランドのがかなり大きい。アトラクションの数やら細々したものにずいぶんまだ差があります。シーはまだ拡張中とみていいです。

シーは、2012年にトイ・ストーリー・マニア！ができて、09年にできたタートル・トークも込みで、やっとランドとぎりぎり対抗できるくらいの規模になったって感じですね。

それ以前、2011年までのシーは、ランドよりもかなり規模の小さい施設でした。

大きなアトラクションもタワー・オブ・テラーにインディ・ジョーンズ、センター・オブ・ジ・アースの3つ。レイジングスピリッツはディズニーらしい背景物語が用意されていないために力不足は否めず、楽しいのはその3つだけでした。3つあればいいんだけど、でもシーの規模がやや小さい感じがするのは、小さい感じのアトラクションの数が足りないからですね。すっと入れてそこそこ満足できるものが少なかった。つまりファストパスが出てないけど混むもの、ないしは乗った感のあるもの、これがなかった。ランドでいえば、ピーターパンとか、ジャングルクルーズとか、カリブの海賊とか、ダンボとかロジャーラビットとかスタージェットとかイッツ・ア・スモールワールドとか、いくつでも挙げられるレベルのものです。シーでこういうの挙げようとすると、シンドバッドとマーメイドラグーンシアター、以上。これで全部、ですからね。しかもマーメイドラグーンシアターはもともとFP発券アトラクションだし、アトラクションというよりショーだし（いまはタートル・トークが加わりましたが）。

ただ、シーは広い。

ランドとシーの敷地面積はさほど変わらないんだけど、道の作り方によって、シーをまわるのにはすごく時間がかかる。ランドはシンデレラ城につながるようにすべて作られているけど、シーは手前の中心に海があって、そこには入れません。だから外縁をまわる作りになっている。タワー・オブ・テラーと、センター・オブ・ジ・アースとインディ・ジョーンズ・アドベンチャーって続けて乗ろうとすると移動距離がかなりあるよ。

そもそも火山でパークが区切られていて、火山前と火山奥が別世界になっている。高いレストランはすべて前のエリアにある。大人は別に奥に行かなくてもいいですよ、という作りでもあるわけだ。大人向けと銘打っておきながら、かなり移動に歩かされるというのは、年寄り向きではないですな。ま、電車か船で移動すればいいんだけど、電車や船に待ち時間ができてると、それもやりにくいです。

そういうポイントで、開園して10年まで

は、ランドを10とするとシーの混雑度は6でした。基礎体力が違うから、人気となるとオープン直後は別として、倍近くの差がついていた。当時、二つのパークを行き来して実感したのは、この「約2対1の割合（ないしは5対3の割合）」がディズニーの望んでいたことなんだな、ということです。

ディズニーの基本はランドにある。ウォルト・ディズニーの世界はランドに結実している。こちらがディズニーの中心であるという強い主張と、ただ、それだけでは掬いきれない人たちがいるので、そのためにシーを作ったのだ、という意志を感じました。いまもこの印象は変わっていない。

メインがあって、サブを作っておくのは、受け皿としても、全体の構想としても、とてもいい、とおもいました。メイン10に対してサブが6の力というのはけっこう理想的な入り具合でしょう。売上1.6倍だしね。

ところが10年を機に、シーにも人を入れだした。2011年の10周年から、充分ランドと対抗していけるものとして、大々的に力をいれ始めたのだ。当時、ランドよりもシーに先に入場制限がかかったことがあって、完全に不意をつかれて見落してたことがあった。シーとランドの力関係を対等に扱いだしたことに気づいてなかったんですね。

ただ、これもイベント次第、つまりディズニー側の誘導しだい、というところがある。ランドが圧倒的人気だったころも「シーも今年から全園でハロウィーン」と銘打ったら、シーのほうが混み出したことがあった。つまりディズニーが「今年はシーを売る」と決めるとシーに人が流れるってことです。

ランドとシーとどっちに行ったらいいんでしょうか、という質問もよくある。

行きたいほうに行けばいいんだけれど、ランドのほうは密集していて、シーは広がっています。だからシーのほうがぐるっとまわると疲れるんだけどね。そのぶん、シーはビー

ル飲み放題です。一杯ずつ金さえ払えば飲み放題です。フローズンの泡のビールはおら飲みにくいだよ。ふつうの生でええだよ。

ランドとシーは基本的構想が違っていますね。それは変わっておらず、このまま変わらないはずです。

アニメから始まったディズニー世界の中心はランドのほうにある。よりウォルトの頭の中に近いのはランドである。ランドの中に入ると、外から保護されている気分になる。密集している。守られている気配が強い。

シーに入ると、別の世界に来た感じがしますね。うきうきする。守られてる感じではない。安全だとはおもうが、別の体験ができる気配がうれしい。冒険の世界なのだ。

そういう違いだ。夢の国と冒険の世界。夢は閉じてるけど、冒険のほうは「国」ではなく「世界そのもの」で、開かれている。その違いがある。

ディズニーアニメ大好きな人や、子供はランドがいい。ディズニーアニメ世界にさほど興味がないのなら、シーでいいでしょう。そういう棲み分けになっている。べつだん、子供向きと大人向きということではない。より狭い空間のほうが落ち着くか、広く開けた空気のほうが落ち着くか、その二択ってことです。子供は小さく狭いほうが落ち着くから、だから子供はランドってことになります。

どっちもすごくいっぱいいっぱいまわってる私は、ディズニーアニメとかべつだんそんな好きじゃないけど、でも選ぶならランドのほうになるな。底力が違う。

ただ、いまはシーの勃興期です。ここから10年で多くの人がシーに何回も通ったあと、また再びランドの時代がくるんでしょう。おそらくそれは2020年代の話ですけど。

若い娘に聞くと「シーに行きたい」という子が多い。「絶叫系が多いから」という。たしかにそういう部分も含めて、シーの勃興期であるかもしれぬぞ、ボッカチオ。だれ。

「混んでいる」「すいている」の指標は何なのか

混雑したディズニーになれてしまうと、待ち時間感覚が違ってきてしまう。

たとえば「ミッキーの家とミート・ミッキー」、この人気アトラクション（キャラクターに会うイベント）の待ち時間は、どのあたりから混雑だとおもうか。おそらくディズニー慣れした人と、ふつうの人の感覚の差が顕著に出る例だとおもう。7段階に分けてみます。

待ち時間①25分　②35分　③45分　④60分　⑤80分　⑥100分　⑦150分

さて、どこから「混雑してる」とおもうのか。ラインを引くとどこでしょうか。

私は⑤の80分以上ですね。80分だと混雑、60分だと混雑だとおもわないってことです。今日はミッキーの家に行こう、と決めてる日は（だいたい女子と一緒ですね、ひとりであまりミッキーに会いに行かない）55分以下だと迷わず並びます。60分でも、一瞬60分かとおもって、でも並びますね。65分以上だと少し考える。45分以下だったら、予定してなくても並ぶかもしれない。ミッキーの家は少し特殊で、30分というのがだいたい最短の待ち時間なんですね。

この感覚が、たぶん、ふつうの人にはないとおもう。というか、あるわけないですね。これがディズニーの待ち時間を見続けてしまったときに持っている感覚です。ちょっと変だとはおもうが、でもディズニー世界ではこれを基準に動くしかないっすね。

「混んでいる」というのは、どのレベルからなのか、ディズニー世界仕様と外の世界での仕様はずれてますから、とりあえずここで私とあなたの意思統一しておこうかな、ということです。はい。よろしくっす。

ディズニー混雑に慣れてない人は、どのあたりを混雑ラインと考えるかというと、どうも「30分」あたりらしい。つまり、ふつうの人は30分以内の待ち時間だと行列に並ぶが、30分以上だと並ぼうとしない、ということです。いや、私がまわりの人間に何人か聞いて出した数値ですけど、さほど違ってないとおもう。それはランドにつれてきても同じで、40分待ちと聞くと、そういう人たちはちょっと並びたくないなあと言い出すんですわ。困った困った。

「じゃあ、何分だと待ってもいいんでしょうか」と聞くと、んーと一瞬、間をあけて「20分だな」と答えてくれます。

うーん。それはご無体な。わかりやすいけど、対応できましぇん。たこ焼きを買いに来てるんではなくて、ディズニーランドに来てるんですからね、すべてのものを20分以内に乗せろったって、そういうわけにはいきません。20分以内のものだけ選んで乗せてると、たぶん、それはそれでいやになるとおもうし。「30分までなら我慢して並ぶ。それを越えるなら並ぶのをやめる」というのは日常生活ならいいでしょう。でも、ディズニーだと、無理です。ずっと空でも眺めていたほうがいいよ。「だから来たくなかったんだよ」なんて子供みたいなこと言ってないで、もう来てるんだから、さ、並ぶよ。

ディズニー経験値の浅い若いカップルが「すいてるとおもってやってきた平日午後のディズニーがすごい混んでいたとき」なんかが、大変ですね。どちらも我慢強く、少しなら忍耐できるのならいいんですが（そういう人ってだいたい寡黙ですよね）、でも、若者って、若ければ若いほど、ショートカットしようとしますからね。男子は必ずそうです。というか、男は少々年を取っても「なんとかおれだけはうまく切り抜ける方法」ばかり考えて、それがとてもいいことだとおもっていて、世界を大混乱に陥れます。たしかにそれは世

界を新しく切り開く力になるんだけど、ディズニーランドではそんな動きをしても、まず無駄です。もう少し長いものに巻かれてくれ。

ディズニー経験値が低いのに、うまく立ち回ることばかり考えてるお父さんに引率されて動くと、ひたすら悲惨でしょうね。ああ。私にはどうしようもありません。たとえばスプラッシュや、モンスターズ・インクの40分待ちをみて、いや、これはダメだ、ほかに行こう（もしくは後にしよう←これ最悪ですね）と言い出してる時点で、大きく負け戦です。お父さん、がんばらないで。

ディズニーはどのレベルを混雑というのか。いくつか段階があるので、それを数値で見てみましょう。私が数値をもとに考えました。ざっくり分けるとこんな感じになる。ミッキーの家の待ち時間と一緒に並べてみる。

1 かなりすいてる：30分
2 ややすいている：40分
3 やや混んでいる：60分
4 かなり混んでいる：90分
5 すごく混んでいる：120分
6 むちゃくちゃ混んでる：160分
7 壊れてる。歩けない：220分

ミッキーの家と、あとはプーさんやスプラッシュあたりも同じくらいですね。

そのほかのアトラクションでは、それぞれどれぐらいの待ち時間がレベル1からレベル7になるかを表にしてみた。

ちなみにレベル7になるのは入場制限のかかった日だけ（それもピークの一瞬だけ）だし、レベル1もよほどの悪天候などでもないかぎり、あまり現出しない。ほとんどの場合はレベル2からレベル6で動いている。ふだんならだいたいレベル3から5くらいで推移してます。3の日ならラッキーで、5なら粛々と進めていくしかないですね。

ミッキーの家が2時間待ちで、カリブが40分待ちだと、かなりうんざりする混雑の日で、ミッキーの家が60分、カリブが10分

ランドの混雑の7段階とアトラクションの各レベル待ち時間（分）							
レベル	7 壊れている	6 恐ろしく混んでいる	5 すごく混んでいる	4 かなり混んでいる	3 やや混んでいる	2 ややすいている	1 かなりすいている
モンスターズ・インク	250	190	150	100	70	40	30
ミッキーの家	220	160	120	90	60	40	30
ピーターパン	100	80	60	50	35	20	15
カリブの海賊	70	50	40	25	10	5	5

だと、ちょっと嬉しいレベルだってことです。

私がすいてるとおもえるレベルは、カリブの海賊10分、ピーターパン35分、プーさん50分、ミッキーの家60分。こんな感じです。

ディズニー世界では、混雑とは以下の状態を言います。

カリブの海賊が35分を越える、ピーターパンが60分を越える、プーさんが100分を越える、ミッキーの家が120分を越える。モンスターズ・インクはすでに150分を越えている。

これを混雑してる、と見て取るわけです。それで混雑レベル対応で粛々と動いていくばかりです。あっさり言えば慣れです。120分の列に何度も並んでしまうと、べつだん120分待ちが大変だとおもわなくなるってだけです。未経験者は数字でびびってしまうということですな。慣れれば何でもない。それが幸せなのかどうか、わからないけど、ま、幸せなんて求めてもしかたないし。

混んでる場所に行くなら、慣れてるほうが過ごしやすいわけです。長時間待ちをひたすら避けて、ピノキオとキャッスルカルーセルとイッツ・ア・スモールワールドとミニーの家だけまわって帰っても、それはとても哀しいとおもう。そういうお話。

37

「年越しディズニー」攻略法

　ディズニーランド＆シーは、12月31日だけオールナイトで営業している。ディズニーで年越しできるわけだ。ニューイヤーズ・イヴ、というのが正式名称らしい。

　人気が高い。

　事前に申し込んで、抽選に当たった人だけがチケットを買える。そのチケットを持ってないと入れない。ふつうのチケットでは入れないし、パーク別の年間パスポート（入場制限が掛かっていても入れるやつ）でも入れてくれない。

　12月31日は、朝からふつうの営業をしていてそれは夕方6時で終わる。夜8時から特別営業が始まり（でも30分早めて7時30分開園が恒例）、特別入園券を持ってる人だけが入れて、そのまま朝7時まで営業している（年によって営業時間が違う可能性があるので、確認してください）。入園券は4歳以上だと必要で、すべて同値段、つまり老人も青年も中学生も幼稚園児も幼稚園に行ってない幼児4歳でも、すべて同じ値段になる（2014年で8200円。税などで変わるのでこれも確認してください）。

　ただ、この入園券を持っていると午前1時からは両パークに入れるようになる。2パーク共通券11時間使用可能で8千円余だから、まあ見合ったお値段でしょう。4歳児には高いとおもうけど。

　2012年以降、学生を引き連れて毎年いっている感触から言うと、抽選倍率はだいたい5倍から7倍くらいですね。2014年は40人で申し込んで7通が当たった。1つの申し込みでは「最大5人ぶん」まで申し込める。すべて5人ぶんで申し込んで7つ当たると35人ぶんになる。40人で35人ぶん当てた勘定になります。だいたいそんなものでしょう。

　ただ、この抽選が早い。

締め切りが9月3日くらい（2014年）。

　だいたい夏休み中に申し込まないといけない。「夏休みだなあ、入道雲だ、お盆だ、高校野球だ」というときに「そうだ、ディズニーでの年越しを申し込まなきゃ」ということになる。高校野球の決勝戦のころには年末の予定を決めてください。ないしは「サザエさん」でカツオが夏休みの宿題ができてないと慌てているのを見ると、あ、年越しディズニーももうすぐ締め切りだとおもいだしてもらいたい。それにしてもカツオが夏休みの宿題を早々に終える年がやってきたりするんだろうか。地球最後の夏ですなそれは。

　インターネットで申し込めますが、ハガキでも受け付けてます。

　2010年までは、年越しのときにシンデレラ城前で年越しショーなどがあり、それがために異様な人気でした（1999年には100通申し込んで2つしか当たらなかった）。年越しの瞬間をシンデレラ城前で過ごしたいため、夜8時入園と同時に入場者の8割がシンデレラ城前に駆け込み石のように座りこんで動かず、メドゥーサがやってきても動かない時代がありました。いまは、年越しの瞬間に花火が揚げられるだけです。どこで見ても同じ（シーだとミラコスタで見えないエリアがありますが）。だから、みんな8時からアトラクションに乗りまくり、花火を見るのに集まってくるのは11時30分前後くらい。それから正坐して落ち着いて年越し花火を見て、そしてミッキー雑煮を食べて、新年を祝います。年越すと雑煮を売り出すんですね。寒いからとても美味しいです。ディズニーランド＆シーは、冬の深夜2時にいると、おそろしく寒い場所だとわからせてくれるイベントでもありますな。そこから朝まで眠いなかを遊んでまわるのが年越しディズニーです。頑張ろう。

第3章
ディズニーランドのまわりかた
スーパー12パターン

「ディズニーランドのまわりかた」について

　さて、42ページから渾身のディズニーランドのおすすめのまわりかたを、ずだだっと紹介する。

　うぶなカップルから幼児づれ、元気なだけの高校生、ベテランカップルまで、それはまあいろんな人たちにむけてのまわりかたを考えてさしあげた。

　このまわりかた解説の、バツグンにすばらちいところは、それは実際の数値をもとにしてるってことだね。現地で調べた待ち時間がもとになってる。すごく混んでいる日と、そこそこ混んでいる日の待ち時間をもとに作っているので、そりはまあ、とてもリアルで参考になるまわりかたになってるってことだ。

　そこんところが、並のディズニー好きのアドバイスとアドバイスがちがう。ま、もともと、おれはディズニーのことをそんなに愛してないからね。魅力的だとはおもいますが。この本の特徴はそこにあるな。愛してないくせにとてつもなく深くつきあってる男が書いてるってとこ。ふつうは、愛して深くつきあっているか、愛してないからさほど深くつきあってないか（でも仕事だからしかたなくつきあってるか）どっちかですからね。ま、そんな話はどうでもいいやな。

　ただね、ディズニーランドはひとすじ縄ではいかない。

　あまりにも乗りものが多く、あまりにもショーが多く、あまりにも食事処が多い。誰がどんなにがんばったって、1日ですべてを経験することはできないのだ。無理にレストランで食事しても、1日で9軒が限度ですからね。「可能なかぎりレストランで食べまくるぞ」と宣言してレストラン調査に赴いたけど、おれは9軒が限度でしたさ。

　そんでもって、日によって、曜日によって、季節によって、天気によって、混みぐあいちがうし、客の動きがまったくちがう。

　で、あなたが、だれと、何の目的でディズニーランドに来てるかによって、だからどうまわればいいのかまったくちがうのだ。

　デートなのか、家族サービスなのか、友だちと遊びに来てるのか、よくわかんないけどおもしろいらしいからちょっと寄ってみただけなのか。

　たとえば女性と行くにしたって、それは初めてのデートなのか、もうあつあつカップルとなって行くのか、7年連れ添った妻と来てるのか、7年連れ添った妻に秘密で愛人と来てるのか、愛人にしたいけどまだ何もしてない若いきれいな女性ときてるのか、若いけどデブな女性ときてるのか、彼女はディズニーキャラをすべて大好きなのか、プーさんだけが好きなのか、彼女は実はバツイチで子供を手放したためにチップ＆デールを見ると涙ぐんでしまう女なのか、それによって全然まわりかたがちがいますからね。チップ＆デールで涙ぐまないで。

　また、お互いディズニーランドに来たのが何度めなのかでもちがってくるし、それぞれの性格と体力によってもちがってくる。何時に来て、何時に帰るのかによってまたちがってきます。

　つまりだ、ディズニーランドのまわりかたは、すごくたくさんあるわけだ。おそらく何那由他何恒河沙かあるとおもう。へっへ。てきとうに大きな位を出してみました。ほんとは那由他と恒河沙のあいだに阿僧祇てのがあるんだけどね。どうでもいいですね。

　では、まわりかたに正解はないのかってえと、あります。あるよ。

　あなたがディズニーランドに入った直後に、

ラインの無料通話でわたしに電話してきてもらって、あなたの状況と、ディズニーランドの状況、つまり誰と何のためにやってきてどれぐらい金を使えるのかってことと、季節と曜日と天気とを伝えてくれれば、あたしゃ、かぎりなく正解に近いまわりかたを指示できます。それぐらいはディズニーランドで修行を積みました。はい。だから1人でこんな本を書いてるんです。自慢か。あまり自慢じゃないです。

ただ残念ながらあなたは電話をしてこられないし、わたしも答えてあげられない。

だから脳の芯まで絞って、考えてみましたさ。みなさんに参考になりそうな「12パターンのまわりかた」を考えて、その案内を書いてみたと、そういうわけだ。

誰かの何かしらに参考になるとおもう。

何が言いたいかってえと、次ページからのまわりかたを、あたまから信用して同じようにまわったってダメだってことですね。じゃあ参考にならないのか、読まなきゃいいのかってえと、そんなこたない。

いろんなパターンでのまわりかたを考えてあるから、何かしらの参考になるとおもう。

何かしらの参考になるだろうから、あるていど下敷きにして、そのあとはあなたの考えであなた色に染めていただきたいってことで、だから白無垢にしてるんですよお。何の話だ。ま、参考にして、少し工夫してまわってみてくりたまえということだよ。

そんなことを説明するために2ページも使ってるのかい。豪儀だねえ。

41

混雑日のうまい混雑回避方法

「並びたくなーい！」と主張するお嬢さま連れのときのまわりかた

「並びたくない！」と主張するお嬢さんと行くことになったときのまわりかたです。

ちょっと無理めの彼女とのデートで「並びたくない」と宣言されたとき、わがままな小6姪っこを預かったとき、親戚の中学2年女子2人の引率など、ですね。

ちなみに「混雑日」とは、5月や7月の閑散期の土曜や、9月10月の平日の金曜などを指します。秋の三連休の土曜は指しません。それは「壊れてる日」です。ふつう入場制限がかかります。かからなくても、異様に混んでいます。それは混雑日とは呼ばず「壊れてる日」と呼んで区別してます。

午前10時に舞浜駅集合。遅刻者が出て10時30分ランド入園ということで。

着いたら、まずファストパスを取る。

まだまだ残ってます。スプラッシュ、ビッグサンダーもしくはプーさんあたりのFP。とりあえず、ここはスプラッシュをゲット。17時前後くらいでしょう。取ったら、ラーメン食べましょうか。**チャイナボイジャー**。一人1010円です。高いって言わないの。内訳はラーメン代650円、夢代150円、魔法代150円、ティンカーベルの粉代60円です。はい。問題ない。さっさと食べる。

ここで、「おもったより混んでいるから、ひとつだけ長めに並ぶけどいいかな」と同意を得ておきましょう。「おもったより」と「ひとつだけ」というのがポイントです。それで同意してくれやすくなります。がんばれ。デート指南書かこれは。ちょっとそうです。

まず最初、さほど並ばないけど、そこそこ充実したものに乗る。

ミッキーのフィルハーマジック、カリブの海賊あとはスター・ツアーズかな。

このあたりは、あまり並ばないのにけっこう満足できるアトラクションなので、うまく活用しましょう（スター・ツアーズは、日によってはかなり混んでるので注意）。

一番のおすすめはやはり**ミッキーのフィルハーマジック**。行きましょう。たぶん、30分待ちです。でもわりとすぐ中に入れてくれるから、そんな待ってる感じはしません。

出てきて12時30分。**カヌー探険**に向かう。25分待ちだから並ぼう。25分待ちをいやがられるなら、**蒸気船マークトウェイン号**ですね。でも、カヌーのほうが楽しいとおもうよ。

さて13時を越えたところで、次のファスパスを取れる時間になっている。携帯でチェックして、スペース・マウンテンとスター・ツアーズは残ってるはずです。発券場所が遠いので彼女をイッツ・ア・スモールワールド前のベンチに座らせて、走って一人でFPを取りに行こう。彼女にはティポトルタを渡して食べてもらう。FPはスペース・マウンテン20時くらい。急ぎ戻って、こんどはファンタジーランドのすいてそうなのを攻めます。

スモールワールド、アリスのティーパーティー、ピノキオの冒険旅行、このあたりです。どれもたぶん15分待ちくらい、運がよければ5分待ち。すっと乗りましょう。ピノキオとアリスは乗ったら2分、スモールワールドは10分だから、スモールワールドに乗ると「乗った感」が大きいですよ。

フィルハーとカヌーはどちらも10分以上のアトラクションなので、20分以上待ってもそれに見合う満足があります。「並ぶのがいやだ」という人は「30分並んで乗ったら1分」をすごくいやがります。20分待って乗ったら10分、というのをうまく使いましょう。

スモールワールドに乗って、つづいて**アリ**

スのティーパーティーに乗る。子供っぽいね、とか死んでも言わない。言うと死にます。このあとピーターパンの奥にある食べ物屋で軽食や飲み物を買って、そのへんで休む。日によっては昼のパレード時間になるから、そこで何となく眺めましょう。盛り上がります。昼パレードは時期によって時間が違うので注意のこと。

パレードのあとは**トムソーヤ島**にいかだで渡ろう。ここに待ち時間が出ることは、ほぼない。すぐ乗れる。ただ、トムソーヤ島は何もないから、ぼんやりまわってちゃダメよ。「冒険」がテーマだ。次々といろんなところに入って触って、積極的に楽しもう。まず、洞窟。それに吊り橋もあるよ。「ねえ、吊り橋理論って知ってる？」というベタな会話で攻める。

トムソーヤ島、スイスファミリー・ツリーハウス、シューティングギャラリー、それからペニーアーケードは、何もない施設なので、あまり待ち時間なくすっと入れる（シューティングギャラリーは近年待ち時間が出るようになりました）。ぼんやり見ていても何も起こらないが、積極的に参加するととても楽しいです。並びたくないという人と行く場合は、この4アトラクションもうまく使いましょう。大事なのは冒険心です。

トムソーヤ島から戻ったら**カントリーベア・シアター**でちょっと休む。ここと**魅惑のチキルーム**は、シアター型アトラクションなので、ゆっくりと座って休めます。あいまに入れるといいですね。本気で寝込まないよう。

16時過ぎて、**ガジェットのゴーコースター**へ行きます。小さいコースター。乗車時間は1分に足りない。でもちょっとスリリング。出てきて16:40ころ、ここで元気を出して「ひとつ長めに並ぶ」ことにする。元気あったら「プーさん60分」ないなら「ホーンテッド40分待ち」で。

今回は**ホーンテッドマンション**に入ります。

「並びたくない」という女性とのまわりかた

時刻	待ち	内容	
10:40		スプラッシュのFP取得。17時台	
11:00		食事 チャイナボイジャーでラーメン	
11:40	30分待	ミッキーのフィルハーマジック見る	①
12:30	25分待	カヌー探険乗る	②
13:00		走ってスペース・マウンテンFP取る。20時台	
13:15	10分待	イッツ・ア・スモールワールド	③
13:45	15分待	アリスのティーパーティー	④
14:15		トルバドールタバンで休憩。茶。ピザ可	
14:30		昼パレを遠巻きに見る	
15:00	すぐ	トムソーヤ島へ渡る	⑤
15:40	15分待	戻ってカントリーベア・シアターに入る	⑥
16:15	15分待	ガジェットのゴーコースター乗る	⑦
16:45	40分待	ホーンテッドマンション並んで乗る	⑧
17:30	FP	FPでスプラッシュに乗る	⑨
18:00		蒸気船マークトウェイン号へ	⑩
18:40	15分待	ウエスタンリバー鉄道15分へ	⑪
19:20	15分待	クレープ食べます	
19:40		夜パレード見ます	
20:05	FP	FPでスペース・マウンテンに乗る	⑫
20:30		橋上で花火を見る	
20:50		待って橋上でワンス・アポンを見る	⑬
21:20	5分待	カリブの海賊に乗る	⑭
21:35		おみやげ買って、帰ります	

本日、唯一の30分を越えた並びがここです。きゃあきゃあ乗りましょう。出てきたらファストパスで**スプラッシュ**に乗る。次いで**蒸気船マークトウェイン号**に乗り、続いて**ウエスタンリバー鉄道**に乗る。オッケー。

鉄道のあと、チキンレッグか、クレープを食べよう。チキンを買ってそのままクレープ店に持ち込んで、クレープと飲み物買って食べてもいいです。それがいいですね。食べると、そろそろ**夜パレード**が近くを通ります。スペース・マウンテン方向に移動しつつ、見ます。**FP**で**スペース・マウンテン**に乗ったあと、スタージェット脇からシンデレラ城に向かう橋の上で花火を見ます（城をうまく避けないと見えません）。そのまま橋の上で待って、**ワンス・アポン・ア・タイム**を見ます。かなり斜めなので見えにくいですが、でもきれいです。ワンスを見終わったら、帰るように見せかけて、さくっと**カリブの海賊**に乗る。5分。そのあと、みやげを見たいと言い出すので、付き合います。以上です。帰ります。

43

人気ものを制覇したうえにファンタジー世界もおさえる

 何回目かのデートで初めてディズニーランドに来たカップルのまわりかた

二人でディズニーにそろって来るのは初めてという設定。二人で食事したことが1回、映画に行ったのが1回、3回目のデートでディズニーランドへ。いいですね。最初にランドに来ないところが賢明です。

ランドデートでの心構え二つ。「たまにはたっぷりと待つ」「つまんないとおもっていたものにも乗ってみる」。次々と楽しいことだけで展開しようと欲張らないことです。ディズニーはそんなに甘くない。

ディズニーデートのむずかしいところは、だいたい男性よりも女性のほうがランドに来た回数が多く、遥かにランド慣れしているところにあります。なのに、男性がリードしようとしたりするので、なかなか展開が大変です。男性は、せめて事前に「とても乗りたいものを3つ挙げて」と女性に聞いて、そのうち2つは必ず乗るようにしよう。

ほかにも事前にやっておくことがあります。それはレストランの座席予約。取っておくと彼女へのアピールになります。お金に余裕あるなら、ショーレストランがよい。**ダイヤモンドホースシュー**がいい。**ポリネシアン**でもよいぞ。お金ないならプライオリティ・シーティングを予約する。デート日が決まったらさっさと予約だよ。

気合い入れてのデートだから、人気アトラクションをどんどん攻めます。9時30分には入園してよ。

まず、プーさんのファストパスを取る。そのままトゥーンタウンの**ロジャーラビット**に並ぶ。意味わかんないけど楽しい乗り物だから、これから行きます。続いて**スプラッシュ・マウンテン**へ並ぶ。並び続きだけど60分くらいの待ち時間は何とか乗り切れ。降りたら次のファストパスを取れる時間になって

るからビッグサンダーを取って、少し戻って、**カヌー**に乗りましょう。カヌーも楽しいよ。

降りたらもう昼だ。トゥーンタウンに入って、そこでエビカツバーガーを食べよう。ミッキーピザでもいい。次はその奥の**ミッキーの家**に並ぶ。ミッキーの家ではぼんやり並んでないで、家の中のいろんなものを次々と見つけて、はしゃぐ。無理してでもはしゃぐ。それが使命だ。がんばれ。ミッキーに会ったら、サインしてもらうのを忘れずにね。サインしてもらってる彼女も写真に撮るのだ。

でてきたら次のファストパス時間なのでスペース・マウンテンを取ります。取ったら、シンデレラ城前を横切って、**ジャングルクルーズ**に並ぶぞ。リニューアル後人気が高い。45分待ちで乗る。ジャングルトークでつなげ。

そのあと**カリブの海賊**も船続きで乗ってしまう。カリブは充実感あります。

船を降りたあとはファンタジーランドを攻める時間にします。

まず15分待ちで**ミッキーのフィルハーマジック**。続いて同じく15分待ちの**白雪姫**。これはけっこう怖いのでデート向きですね。そして5分待ちの**スモールワールド**に乗る。ピノキオ人形が見つけられれば吉。そのままFP使ってプーさんにのって、仕上げに**アリスのティーパーティー**で、ぐるんぐるんにまわります。ティーパーティーはカップルで乗ってもとても楽しいよ。あまりまわしすぎて気持ち悪くならないようにね。これでファンタジーランドはほぼ制圧。

その時点で17時30分。ここで予約したレストランに行く。若い娘は、「あまりランドのきちんとしたレストランで食事したことがない」という子も多いので、予約した食事

3章 ディズニーランドのまわりかたスーパー12パターン

デートではけっこう有効だとおもいます。

事前予約できてなかったら、当日の朝、プーさんのFPを彼女に取りに行ってもらって、男子はレストラン予約に走ろう。17時台だったらたぶん、当日朝でも取れるはずだ。

夕食は17時半からゆっくり1時間。出てくると18時半で、**ビッグサンダー**のFPタイムになってる。ファストパスは、表示時間前から並んでも無駄だから、ちょうどいい時間に行くようにしよう。

ビッグサンダーを降りたら、隣にある射的にいきます。**ウエスタンランド・シューティングギャラリー**だ。1回200円。この本の80pの図をよく見て体得して、しっかり10発当ててくれ。ま、10発当たんなくても、射的はおもしろいよ。かつてはあまり知られておらず温泉街の射的場のような寂れようだったんだけど、最近はそこそこ待ち時間が出ます。少々なら並びましょう。

射的のあとは、西部の鉄道だ。**ウエスタンリバー鉄道**。乗り場はジャングルの中なんだけどね。日暮れころに乗ると、なんかのんびりできて、いいですよ。でも19時すぎだからもう日没後か。まあいいや。

鉄道をおりたら、パレード待ちしてる人たちの背後をぐるっとまわって、FPで**スペース・マウンテン**に乗る。降りて来たら19時45分ころで**パレード**が動いている。トゥモローランドテラス内を通り抜け、シンデレラ城に近いところで見る。パレードが通りすぎたら、城近くの、橋の上から城前あたりの人だかりに混じって花火を見る。

そして、そのままそこに茫然と立って、**ワンス・アポン・ア・タイム**を待つ。この時間から待っても見やすい場所は取れないので、そのへんは「雰囲気を味わう」と割り切って、近めの場所から見ます。彼女の背が低いと、城近くでもあまりきちんと見えないので、そのへんも配慮してあげましょう。

ワンス・アポン・ア・タイムが終わったら、

何回目かのデートでTDLに初めて来た2人のまわりかた

時刻	待ち	アトラクション	
9:30		到着	
9:40		プーさんのFP取得　17時台	
10:15	30分待	ロジャーラビットのカートゥーンスピン	①
11:40	70分待	スプラッシュ・マウンテン	②
11:50		ビッグサンダーのFP取る　18時台	
12:10	15分待	ビーバーブラザーズのカヌー探険	③
12:20		昼食　エビカツとピザ	
13:50	60分待	ミッキーの家とミート・ミッキー	④
14:00		スペース・マウンテンのFP取る　19時台	
14:50	45分待	ジャングルクルーズ	⑤
15:10	10分待	カリブの海賊	⑥
15:45	15分待	ミッキーのフィルハーマジック	⑦
16:30	15分待	白雪姫と七人のこびと	⑧
16:55	5分待	イッツ・ア・スモールワールド	⑨
17:00	FP	プーさんのハニーハント	⑩
17:15	5分待	アリスのティーパーティー	⑪
17:30		予約したレストラン	
18:30	FP	ビッグサンダー・マウンテン	⑫
18:40	5分待	シューティングギャラリー	⑬
19:10	15分待	ウエスタンリバー鉄道	⑭
19:25	FP	スペース・マウンテン	⑮
19:45		夜のパレードと花火	
20:50	5分待	ワンス・アポン・ア・タイム鑑賞	⑯
21:20	15分待	ピノキオの冒険旅行	⑰
21:45	20分待	ピーターパン空の旅	⑱

ピノキオに乗ります。ショーのあとのファンタジーランドは空いてるので、そんなに待たずに乗れるでしょう。

出てきて21時25分、最後は**ピーターパン**に並んじゃいましょうか。この時間になると20分待ちくらいになってるとおもわれるので、さくっと並んで、さくっと乗る。ピーターパンと一緒にロンドン上空を飛んで、今日のデートはお終いです。手はつなげたでしょうか。プロポーズはできたでしょうか。デート3回めのプロポーズは早計ではないでしょうか。いやまあ、あなたの人生だから、あなたのペースでがんばってくれればいいんだけどね。今日のディズニーデートでは、さくさくまわって、いいペースでいけたとおもいます。アトラクションやグリーティングやショー鑑賞で18体験しています。楽しかったとおもってもらえば、あなた自身が楽しい人であるという美しい誤解を抱いてもらえるわけで、それは次につながります。ひとつずつ、進んでいきましょう。ありがとう。仲良く帰ってね。じゃ。

人気ものと穴場ものとのうまい組み合わせ方法

初めてのデートでランドに来たカップルが「手をつなぐ」まわりかた

さて、もう一つのデートパターン。

こちらは、初デートにランドへ来てしまった人たち。このデートの雰囲気次第で、恋人になれるかどうかという、大きな岐路に立っている二人である。いや、けっこう大変だよ。引き締めていってくれ。ランドデートは賭けだから。晴れた日であることを祈ります。

基本は「激しいコースター系」と「ほんわかキャラクター系」を混ぜてまわる。女の子は、コースターにもがんがん乗るけど、キャラもぐりぐりしちゃう娘が多い。そういうノーマルな設定でゆきます（これは人によるんで、各自見極めて応用してください）。

初デートでの裏テーマは「ランド内でさりげなく手をつなぐ」ところにある。中学生みたいな話だが、でも、やはり大事です。

だからどこで手をつなぎやすいか、かなり本気で考えた。頼りになる本だ。

絶好ポイントは「**昼のトムソーヤ島**」と「**夜のスタージェット**」だ。それ以外では、「**劇場系になだれ込むとき**」がチャンスです。順に説明していきます。

ランドに9時半に入れるように集合する。

入ったら、では二人でモンスターズ・インクのFPを取りにいこう。お二人での初めての共同作業です。取ったら、**カリブの海賊**に行きます。定番です。大興奮もないけど、はずれでもない。そこから攻めていきましょう。

次はまた定番の**イッツ・ア・スモールワールド**に行きます。女性にはスモールワールド好きがけっこういるので、喜んでくれる可能性が高まります（まったく喜ばないタイプの女性もいるので、そのへんは臨機応変に）。

次に**ミッキーのフィルハーマジック**に行きます。飛びだすアニメ映画劇場です。

劇場型のアトラクションは、まず待ち合いの広場に案内される。時間になると係員が注意事項を述べて、劇場へ入る。このときやや混乱します。なだれ込む感じになり、二人が離れそうになる。ここですっと手をつなぐのだ。よしっ。つなげなくても肩をそっと抱くとか、最低でも肘をつかむとかしないと、まじ、離れちゃうから。ロビーから劇場内に入る混乱時が狙い目だからね。覚えておくように。いい席を取ろうと必死になるより、彼女と離れないことを念頭に置いてください。席は必ずありますから。

次は、プーさんのFPを取って、昼近いんで、簡単な食事にするぞ。**ラッキーナゲット**で鶏肉だ。よし。

鶏を食べたら近くのいかだに乗って**トムソーヤ島**に渡る。この島は、デート前半の隠れた山場です。まず、たる橋、そして吊り橋を渡る。吊り橋は揺らしましょう。そして洞窟探険に行く。インジャンジョーの洞窟。ここは暗い。太陽がさしてるときに入ったら、しばらく何も見えないくらい真っ暗です。よく見えないぞってんで手をつなごう。かなり自然につなげるはずだ。あと周りを見て回っていかだで戻る。戻ったら近くの**シューティング**射的に行く。本書80pの図解を見てがんばってくれ。少し密着できそうな処です。

続いて**白雪姫**に乗る。これはランドで最も怖いアトラクションの一つなんで、盛り上がる。はず。

出てきたら3つめのFPスペース・マウンテンを取りに行く。FP三枚たまっちゃいましたね。なくさないようにね。なくしても係員に言えば入れますけど。なくさないように。

ちょうどこのころ昼パレードのはず。シンデレラ城前のエリアに入って、遠巻きながら眺めよう。混んでるエリアで見ると、脱出す

るとき混乱する。手をつなごう。

　そのあとはトゥーンタウンに入り**ガジェットのゴーコースター**に乗る。ちっさいコースターなんで、けっこう密着します。つづいて隣の**チップとデールのツリーハウス**に行く。**ドナルドのボート**でもいい。なんだかよくわからないけれど、上り下りするので、エスコートしてあげるといいよ。

　次に**ホーンテッドマンション**。古来、この乗り物は恋人向きと言われてるが、それは乗り物が密閉型だからであって、それは仲の進んだカップルのお話。あなたはまだそんな段階じゃない。今日のポイントは最初の「部屋が伸びているのか目の錯覚か」ルームから乗り物エリアに移動するときにある。ここも混乱するので、手をつないで動くのだよ。二人きりの卵形の乗り物の中では、不埒な行動には出ないように。

　次は**カントリーベア・シアター**。ここも劇場です。同じく待ち合いロビーから劇場に入るとき、彼女をエスコートしてください。

　出てきたら、本日唯一の長めの並び、**ビッグサンダー**へ行きます。60分待つけど、何とかトークでつなげ。がんばれ。

　そのあとはお土産店トレーディングポスト内にある**ウエスタンランド写真館**で、西部劇コスプレで写真を撮る。ノリで撮ってしまいましょう。とても楽しい。

　撮影が終わると17時すぎ。ミートパイやチュロスを買って、シンデレラ城前に出る。17時45分からの**ワンス・アポン・ア・タイム**1回めを見るために、チュロスとパイを食べつつ待機する。見やすい場所を確保しようとするなら2時間は待たなければいけないので、今日はそれは無理です。お城の近くで雰囲気を味わうパターンでお願いします。くっついて見ましょう。ワンス鑑賞タイムは混んでいるので「密着＆手つなぎ」の大チャンスです。逃さぬよう。

　見終わったら18時すぎ、**スター・ツアー**

初めてのデートでディズニーに来た2人のまわりかた

時刻	待ち	アトラクション	番号
9:30		到着	
9:40		モンスターズ・インク・FP取得　18時台	
9:50	10分待	カリブの海賊	①
10:40	10分待	イッツ・ア・スモールワールド	②
11:20	15分待	ミッキーのフィルハーマジック★	③
11:45		プーさんのFPゲット　20時台	
11:50		食事	
12:30		トムソーヤ島★	④
13:10	10分待	シューティングギャラリー★	⑤
13:40	15分待	白雪姫と七人のこびと	⑥
13:50		スペース・マウンテンFPゲット19時台	
		昼パレード	
14:30	15分待	ガジェットのゴーコースター★	⑦
14:45		チップとデールのツリーハウス★	⑧
15:20	30分待	ホーンテッドマンション★	⑨
15:40	15分待	カントリーベア・シアター★	⑩
16:45	60分待	ビッグサンダー・マウンテン	⑪
17:00		ウエスタンランド写真館	⑫
17:20		ミートパイとチュロスを買って待機	
17:45	25分待	ワンス・アポン・ア・タイム★	⑬
18:40	30分待	スター・ツアーズ	⑭
18:55	FP	モンスターズ・インクFP	⑮
19:10	FP	スペース・マウンテンFP	⑯
19:30		夜のパレード	
20:10	FP	プーさんFP	⑰
21:00	20分待	スタージェット★	⑱
21:30	10分待	アリスのティーパーティー★	⑲

★は密着、エスコートしやすいアトラクション

ズに並びます。30分待ちで乗る。

　そのあとはFPトリプルパンチになります。まず**モンスターズ・インク**、次に**スペース・マウンテン**。2つ乗ったら**パレード**時間なのでトゥーンタウン入口で見る。お腹減ってたらハンバーガーを買って食べつつ待ちます。

　パレードが終わったら、**プーさん**にFPで乗る。やったね。プーさんから出てきたら、いよいよ、仕上げの**スタージェット**です。これはすごく大事なポイントだからね。二人乗りで前後に密着して乗るアトラクションです。めちゃめちゃデート仕様の乗り物なんですね。どんなことがあっても仕上げに乗ってください。ラジャー。ここで盛り上がったら、そのまま帰っちゃっていいとおもう。まだいたいなら、そうだね、最後に**アリスのティーパーティー**でぐるぐるまわるのがいいでしょう。

　これだけ手をつなぐポイントを紹介したんだから、どっかで何とかなったでしょう。もし、これでもダメなら、うーん、また次があるさ。はい。がんばり。

小さい子供を連れているときぐずらせずにまわる方法

0歳の乳児と3歳幼児のディズニーランドデビューのちがい

　小さい子供を連れてディズニーランドをまわるには、何を気をつけていればよいのか。子供の歳や性格によって違ってくるけど、とりあえず3歳以下のまわりかたからいきます。

　3歳以下の子供は、基本的に激しく動くもの、揺れるもの、暗いところ、怖いものは乗せないほうがいいですね。アトラクションの名前だけで入ると、かなり怖いアトラクションがあるので、気をつけてください。

　何といってもこれです。**白雪姫と七人のこびと**。お化け屋敷だとおもってください。**ピノキオの冒険旅行**。これも、かなり暗くて怖いです。この二つは、ファンタジーな場所にあるファンタジーな名前の乗りものだから「子供は楽しいだろう」とうかうか乗ってしまいがちですが、ちがいます。特に白雪姫。ファンタジー世界における連続殺人現場を目撃するアトラクションです。怖いって。小さい子供向けではないです。

　ピノキオも、原作が明るい話ではないし、それをわかっていて乗るならいいんだけど、ファンタジーで楽しいものを求めてるなら、おすすめしません。好みですけどね。

　身長制限のある激しい乗りものは3歳も1歳も無理です。3歳だと90センチを越えてる子はいるだろうけれど、でも3歳児にスプラッシュは勧められないなあ。ガジェットがぎりぎりかな。スプラッシュ、スペース、スタツア、ビッグサンダーは無理です。

　あと「乗りものに一人で座って安定した姿勢を保てないとダメ」というのが表に「1座」とあるアトラクションです。カリブの海賊とかピーターパンとか。大人の膝に乗せるのはダメだから、乳幼児は無理ですね。3歳だと乗れます。でも3歳児は、カリブの海賊は避けたほうがいいとおもう。あと、ホーンテッ

ドマンションやロジャーラビットのカートゥーンスピンも。暗いし、怖いし、ときに揺れる。あまりおすすめしません。なにごとも経験だと乗せるのはかまいませんが、楽しんでくれるとはあまり考えにくい。

　カヌー探険は「座ったときに足がつく」というのが条件になっている。たぶん、3歳はぎりぎりかな。しかも漕がされるので、あまりおすすめではないっす。

1歳児・3歳児でも乗れる乗りものはどれか

	制限	1歳	3歳	
イッツ・ア・スモールワールド		◎	◎	特おすすめ
カントリーベア・シアター		◎	◎	おすすめです
魅惑のチキルーム		◎	◎	おすすめです
蒸気船マークトウェイン号		◎	◎	待たなければ
オムニバス		◎	◎	待たなければ
ジャングルクルーズ		◎	◎	暗いとこ注意
ウエスタンリバー鉄道		◎	◎	暗いとこ注意
ミニーの家		◎	◎	歩いて見る
トゥーンパーク		△	◎	子供の遊び場
キャッスルカルーセル	1座	×	◎	3歳児はOK
プーさんのハニーハント	1座	×	◎	乳児はだめ
ミッキーの家とミート・ミッキー		◎	◎	長持ちに注意
トムソーヤ島いかだ		◎	◎	子供の遊び場
モンスターズ・インク	1座	×	◎	乳児はだめ
ピーターパン空の旅	1座	×	◎	待つつらい
空飛ぶダンボ	1座	×	◎	待つつらい
スタージェット	1座	×	◎	待つつらい
ドナルドのボート		◎	◎	子供の遊び場
チップとデールのツリーハウス		×	◎	子供の遊び場
グーフィーのペイント＆プレイハウス		×	◎	乳児は無理
バズ・ライトイヤーのアストロブラスター		×	△	歳は何とか
ミッキーのフィルハーマジック		×	◎	乳児は無理
シンデレラのフェアリーテイル・ホール		×	△	3歳女児向け
アリスのティーパーティー		×	◎	好悪分かれる
グランドサーキット・レースウェイ	1座	×	◎	乳児は無理
スイスファミリー・ツリーハウス		×	△	昇り降りだけ
ウエスタンランド・シューティングギャラリー		×	×	3歳児難しい
ペニーアーケード		×	×	3歳児難しい
ビーバーブラザーズのカヌー探険	足届	×	×	3歳児難しい
ロジャーラビットのカートゥーンスピン	1座	×	×	暗く揺れる
ガジェットのゴーコースター	90cm	×	×	3歳児難しい
スプラッシュ・マウンテン	90cm	×	×	3歳児難しい
スター・ツアーズ	102cm	×	×	3歳児無理
スペース・マウンテン	102cm	×	×	3歳児無理
ビッグサンダー・マウンテン	102cm	×	×	3歳児無理
ホーンテッドマンション		×	×	暗く怖い
カリブの海賊	1座	×	×	大人の世界
ピノキオの冒険旅行	1座	×	×	怖い部分あり
白雪姫と七人のこびと	1座	×	×	怖すぎる

では、どういうのがおすすめか。

なるたけ明るく、なるたけ揺れないもの。ですね。ショーやパレードを見る、というのをうまくはさんでいくのがいいでしょう。

昼のパレード。夜のパレード。

ショーベースのショー。シアターオーリンズのショー。あとはプラザパビリオンにあるステージのショー。いまは**スーパードゥーパー・ジャンピンタイム**、これ大おすすめ。

これをうまく入れていきましょう。

劇場型のアトラクションもいいですね。とくに**魅惑のチキルーム**と、**カントリーベア・シアター**。この二つは混んでおらず、ゆっくり座って見られるので小さい子供向け。劇場型にはあとミッキーのフィルハーマジックがあるが、これは３D眼鏡を掛けて飛び出してくるので、０歳乳児は無理。

蒸気船マークトウェイン号とウエスタンリバー鉄道は、ただ乗るだけのもの、しかも一度に大量の人が乗れるので、すいています。小さい子供におすすめ。**オムニバス**も、ただの周回バスなのでいいですね。**ジャングルクルーズとイッツ・ア・スモールワールド**はどちらも船でゆっくり周回するので、子供も楽しいです。とくにイッツ・ア・スモールワールドに子供はくいつきますね。

あとトゥーンタウンは、全体に子供向けに仕立てられているので、長い待ち時間の出るもの以外、いろんなところで遊べるのでいいですね。**ミニーの家、ドナルドの船、チップ＆デールの家**など、です。**グーフィーのペイントハウス**も楽しいけど、ちと並ぶ。３歳児はトゥーンタウンがすごく楽しいとおもう。「小さい子供に向いてるけど、待ち時間がとても長く、子供が耐えにくいもの」がある。ピーターパン空の旅、空飛ぶダンボ、ミッキーの家とミート・ミッキーである。これらが２０分待ちで乗れれば文句なく楽しい。が、それはたぶん台風が千葉県を直撃してる午後なんだとおもう。状況が楽しくない。いい天

３歳児のディズニーデビューのまわりかた

11:15		到着
11:20		センターストリートで食事
12:30		ワンマンズ・ドリームⅡを見る
13:05		シルエットスタジオで切り絵
13:30	5分待	イッツ・ア・スモールワールド
14:10	20分待	グーフィーのペイント＆プレイハウス
		トゥーンタウン内で遊ぶ
15:15		トゥーンタウン内で昼のパレード
16:10	25分待	ジャングルクルーズ
16:30		魅惑のチキルーム
16:50		スーパードゥーパー・ジャンピンタイム
17:30		カントリーベア・シアター
18:00		食事　クレープかラーメンか肉まん
18:45	15分待	ウエスタンリバー鉄道
19:00		疲れたらこのへんで帰っていい
19:10		リフレッシュメントコーナーで休む
19:30		夜のパレード見る
20:00		帰る

気だったらだいたいミッキーの家で60分待ち、ピーターパンとダンボは50分待ちは覚悟しておかないといけない。そういう点であまりおすすめできません。

ファストパスが出てる人気アトラクションで３歳児でも可能なのは、**プーさんのハニーハント、モンスターズ・インク、バズ・ライトイヤー**ですね。これはふつうに並ぶと90分とか120分とか待たされるので、FPをゲットしないとかなり厳しいです。ゆっくりめ午前11時くらいに入ったら、取れるのは１つだけでしょうね。携帯電話でどれが残ってるかチェックして、取りにいきましょう。

幼児向きかどうかをまずチェックして、そのへんから適当にチョイスして行くのがいいでしょう。あまりよくわからずに事前に計画を立てると、アトラクション同士の距離を考えてなくて無駄な移動が多くなります。ざっくりと考えて、あとは現場で判断するほうがいいですよ。

０歳児や３歳児を連れていってもほとんど当人の記憶には残らない。でも、現場で見るかぎり赤ん坊も小さい子供もすごく楽しそうです。だから、０歳でも３歳でも、連れていってあげてください。お父さん、がんばりどころです。がんばってくれ。

小学生の子供と楽しくまわる方法

 小学1年生男子と小学3年生女子のまわりかたのちがい

やんちゃな6歳男児・おとなしい8歳女児おすすめ

アトラクション	6歳男児	8歳女児	
バズ・ライトイヤーのアストロブラスター	◎	◎	FPでぜひ
モンスターズ・インク	◎	◎	FPでぜひ
ミッキーのフィルハーマジック	◎	◎	大おすすめです
トムソーヤ島いかだ	◎	◎	元気な子おすすめ
チップとデールのツリーハウス	◎	◎	おすすめ遊び場
ドナルドのボート	◎	◎	おすすめ遊び場
グーフィーのペイント&プレイハウス	◎	◎	おすすめです
イッツ・ア・スモールワールド	◎	◎	おすすめです
ジャングルクルーズ	◎	◎	おすすめです
ウエスタンリバー鉄道	◎	◎	おすすめ特に男児
アリスのティーパーティー	◎	◎	おすすめです
カントリーベア・シアター	◎	◎	おすすめします
魅惑のチキルーム	◎	◎	おすすめです
蒸気船マークトウェイン号	◎	◎	楽しいとおもう
オムニバス	◎	◎	楽しいとおもう
プーさんのハニーハント	◎	◎	これは楽しいよ
トゥーンパーク	◎	◎	遊び場です
スプラッシュ・マウンテン	◎	○	子供による
ガジェットのゴーコースター	◎	○	たぶん楽しい
スタージェット	◎	○	楽しいとおもう
グランドサーキット・レースウェイ	◎	○	特に男児楽しい
ウエスタンランド・シューティングギャラリー	◎	△	男児におすすめ
キャッスルカルーセル	○	○	ふつうは楽しい
ミニーの家	○	◎	女児におすすめ
ミッキーの家とミート・ミッキー	○	○	待ち時間が問題
シンデレラのフェアリーテイル・ホール	△	◎	女児大おすすめ
ビーバーブラザーズのカヌー探険	○	○	たぶん楽しい
ピノキオの冒険旅行	○	○	たぶん楽しいかと
スター・ツアーズ	○	○	子供による
ビッグサンダー・マウンテン	○	○	子供による
ピーターパン空の旅	○	○	待ち時間の問題
空飛ぶダンボ	○	○	待ち時間の問題
ロジャーラビットのカートゥーンスピン	○	○	やや大人の世界
スイスファミリー・ツリーハウス	○	○	意味taeがわかりにくい
ホーンテッドマンション	△	○	暗くて怖いから
スペース・マウンテン	△	△	かなり揺れる
白雪姫と七人のこびと	△	△	とても怖い
カリブの海賊	△	○	大人の世界です
ペニーアーケード	△	○	機械が古いから

小学1年生男子のためのまわりかた

11:15		到着
11:25		バズのFP取る 17時台
12:05	35分待	スタージェットでぐるぐる
12:20	5分待	アリスのティーパーティーでぐるぐる
12:40		食事
13:20		トムソーヤ島へ渡り遊ぶ
14:20	10分待	ウエスタンランド・シューティングギャラリー
14:50	10分待	ガジェットのゴーコースター
15:00		トゥーンタウン内ギャグファクトリー
		昼パレードも見えるかも
15:50	20分待	グランドサーキット・レースウェイ
16:30	15分待	ミッキーのフィルハーマジック
17:10	FP	バズ・ライトイヤーのアストロブラスター
18:15	20分待	カリブの海賊(orジャングルクルーズ)
19:00		食事
19:30		ウエスタンリバー鉄道
		帰る

しゃぎする女児がいれば、キャラクターを見ると逃げだす男児もいる。いろいろだ。何が好きで何が嫌いかによってルートが違ってくる。姉と弟の趣味がずいぶん違って揉める、ということもよくあります。はいはい。泣かない泣かない。

小学3年や4年くらいの男児は、ドナルドダックの口の中に頭をつっこみ、「こっから見てるの？ 見てるの？」と聞くようになってくる。おそらく「人が入ってる着ぐるみを素直に喜ぶ行為は幼稚でみっともない」と考えるようになるのでしょう。男子が間違った道へ歩み始める第一歩というところですが、誰もそれを止めるわけにはいかず、そのへんがむずかしいですね。

そこで「6歳の元気な男の子」と「8歳のおとなしめな女の子」を対象にしたまわりかたを考えてみた。6歳というのは、小学1年生のことです。8歳は3年のこと。まあ、細かいことは気にするな。

ファストパスが出てるもののうち、小学生低学年にもおすすめなのは**モンスターズ・インク、バズ、プーさん**の3つですね。この3

ちょっと大きくなった子供たち、小学1年生や3年生のまわりかたを考えた。

ただ6歳や8歳になると、子供の性格がしっかり出てくる。暗いところをすごく怖がる子や、揺れるものを徹底的に嫌がる子がいれば、ジェットコースターが大好きな子もいる。ミッキーとミニーに会えればそれだけで大

つは激しく動いたり揺さぶられたりすること
がなく、子供も安心して乗れる。すすめます。
でも、混んでるから、FPを取らないとつらい
です。昼前ころに着く設定でまわりかたを考
えたから、取れるのは１つだけですね。

FPがあってもスプラッシュ、ビッグサンダ
ー、スペースの三山とスター・ツアーズは、
激しく動くので、子供の適性によります。落
下回数の少ないスプラッシュが小さい子供向
きと言えなくもないが、でも一回とはいえか
なり激しく落下するので、子供によってはぐ
ったりします。注意してください。

だから着いたら、モンスターズ・インクか
プーさんかバズのFPを取るのがよろしい。モ
ン・インは人気高いので、バズかプーさんが
いいでしょうね。男の子向けはバズ、女の子
向けはプーさんだけど、これはどっちがどっ
ちでもいい。

それ以外には何に乗ればいいのか。

元気男子、おとなし女子、どちらにもおす
すめなのは、**ミッキーのフィルハーマジック**
と**ジャングルクルーズ**の２つ。子供も大人も
楽しめるので、強くおすすめします。ただ、
ジャングルクルーズはリニューアルされてか
ら、かなり並ぶようになったので少し注意。

ほかには**イッツ・ア・スモールワールド**、
ウエスタンリバー鉄道、**グーフィーのペイン
ト＆プレイハウス**、**カントリーベア・シアタ
ー**、などが男女どちらも楽しめるものとして、
いくつか入れ込んでいきます。

元気な男子のほうは、まず**スタージェット**
と**アリスのティーパーティー**でぐるぐるまわ
る。それから**トムソーヤ島**に渡って遊びまわ
り、トゥーンタウン内でも遊びまわる。とく
にロジャーラビット手前左にある**ギャグファ
クトリー**エリアで、いろんなものを触って大
騒ぎしてまわりたい。こういう、並ばないで
も小学生は大喜びするものをうまく入れてい
くのがポイントです。

コースター初体験は、トゥーンタウン内に

小学3年生女子のためのまわりかた

時刻	待ち	アトラクション
11:00		到着
11:20		プーさんのFP取る　20時ころ
12:20	45分待	ミッキーの家とミート・ミッキー
13:10	15分待	ミッキーのフィルハーマジック
13:40	5分待	イッツ・ア・スモールワールド
13:50		キャプテンフックス・ギャレーでピザ
14:20	15分待	シンデレラのフェアリーテイル・ホール
15:00		昼のパレード
16:15	45分待	ジャングルクルーズ
16:40	5分待	ピノキオの冒険旅行
17:00		ミニー・オー！ミニー
17:45		ワンス・アポン・ア・タイム鑑賞
18:20	5分待	カリブの海賊
18:40		魅惑のチキルーム
19:00		ハンバーガー食べつつパレード待ち
19:30		夜のパレード
20:00	FP	プーさんのハニーハント
20:20		帰る

ある**ガジェットのゴーコースター**。あとは、
**ウエスタンランド・シューティングギャラリ
ー**の射的、**グランドサーキット・レースウェ
イ**でゴーカートが喜びやすいアトラクション
です。そのへんでお願いします。

おとなしめの女子は、コースター系は乗り
ません。

そのかわり、がんばって並んで**ミッキーの
家**でミッキーに会います。これがメインイベ
ントです。ミッキーのおもいでを胸に過ごし
てください。あとは**シンデレラのフェアリー
テイル・ホール**でシンデレラ気分を満喫する。
それから**昼のパレード**や**ミニー・オー！ミニ
ー**、**ワンス・アポン・ア・タイム**のショーを
見ます。あとは、**ピノキオ**、**カリブの海賊**、
魅惑のチキルームなどのアトラクションを楽
しみ、さいごはFPを取った**プーさんのハニー
ハント**に乗り、プーさんのおもいでを胸にラ
ンドをあとにします。これで充分満喫くんで
す。ありがとう。どういたしまして。

富士急ハイランドと同じつもりで来てる連中の方法

 男子高校生グループ向きジェットコースター中心主義のまわりかた

　高校生はバカだ。バカでなくっちゃいけません。「いや、偏差……」いえ、バカです。考えるな。行くぞ。戦いの始まりだ。

　高校生が男子だけでやって来たとき考えてるのは「脳の芯から揺さぶられたい」だけである。パレード要らない。キャラクター要らない。ショー要らない。揺さぶられたい。動物として正しいです。

　では行くぞ。8時開園の日に「9時舞浜駅集合」。しかも一人遅れて、入園は9:30。一行4人のバカ。入ってまず取るのがモンスターズ・インクのFP。モンスターズとプーさんはさほど揺られないのに混むので、この2つは絶対、ファストパスを取る。

　取ったら、そのまま早足でスプラッシュへ急ぐ。戦闘態勢を維持するため、今日は一日、早足だ。スプラッシュは80分待ち。深く考えるな。並ぶ。うわーっと落ちる。テンション上げる。降りたらすぐ近くのカヌー探険。みんなで全力で漕ぐ。するともう次のファストパス時間になってる。プーさんを取る。ロジャーラビットに乗る。おお、ぐるぐるまわって楽しい。出てきたらそのままビッグサンダーだ。60分待ち。黙って並ぶ。テンション上げていくぞ。降りたら13時半。3枚目のファストパスを取りに行く。バズだ。バズもあまり揺られないからFPで乗るんだな。移動途中で、2人はトゥモローランド・テラスでハンバーガーを人数分買う。2人はスペース・マウンテンに先に並ぶ。並んで食べる。外で待つ時間が長そうなら、交代でお店で食べてもいい。4人だと2人ずつチームで待ち時間に適当に抜けて休む作戦が有効です。

　スペース・マウンテン降りたら、そのままお隣のスター・ツアーズに並ぶ。40分待ち。出たらスペース・マウンテンのFPを取る。

	高校生男子グループのまわりかた	
9:30		入場
9:35		モンスターズ・インクFP取る　18時台
11:05	80分待	スプラッシュ・マウンテン
11:20	10分待	ビーバーブラザーズのカヌー探険
11:35		プーさんのFP取る　20時台
12:10	30分待	ロジャーラビットのカートゥーンスピン
13:20	60分待	ビッグサンダー・マウンテン
13:35		バズのFP取る 19時台
14:45	60分待	スペース・マウンテン
	待ち時間に交代で簡単な食事	
15:30	40分待	スター・ツアーズ
15:40		スペース・マウンテンのFP取る21時台
16:15	30分待	スタージェット
17:00	40分待	スター・ツアーズ　2回目
17:25	15分待	ガジェットのゴーコースター
17:40		スター・ツアーズFP取る　20時台
18:45	60分待	ビッグサンダー・マウンテン　2回目
18:55	FP	モンスターズ・インク
19:40	40分待	バズ・ライトイヤーのアストロブラスター
	並びつつピザを食べる	
19:50	FP	バズ・ライトイヤーのアストロブラスター2回目
20:05	FP	プーさんのハニーハント
20:30	25分待	スター・ツアーズ　3回目
20:45	FP	スター・ツアーズ　4回目
21:35	45分待	ジャングルクルーズ
21:50	FP	スペース・マウンテン　2回目
	帰る	

　次はスタージェット30分待ち。続いてスター・ツアーズに2回目40分待ち。少し動いてガジェットのゴーコースターに乗る。17時半をまわったらスター・ツアーズのFPを取る。ビッグサンダーに再び60分待ち並ぶ。2回目乗車。そのあとFPでモンスターズ・インク。出たらまずバズ・ライトイヤーのスタンバイに並ぶ。40分待ち。並びつつ、ピザを食う。ないしは交代で店で食う。出たらすぐFPで同じバズに乗る。このへんがバカっぽい乗り方でテンション上がります。次はFPでプーさん、25分並んでスター・ツアーズ3回目、出たらFPでスタ・ツア4回目。21時越えたらジャングルクルーズに乗る。最後スペース・マウンテンFPで乗る。以上だ。マウンテン合計5、スタツア4、バズ2。よし。満足だ。帰りも駅までダッシュだ。走れ。

52

コースターに乗らずショーを中心に見てまわる方法

 優雅マダム向きパレードとショーを楽しむまわりかた

優雅マダムのまわりかた、いきます。ま、マダムったって、パートもやってる似非マダムです。何でもいいです。おばさまだけではなく、「ジェットコースター系がまったく苦手なんで、ショーとパレードを中心に見てまわりたい」という人向けです。激しいものが苦手な人向け。ミッキーもプーさんも好きだけど、チップとデールの違いが分からない、というレベルの人です。いいの。そんなの、わかんなくて。事前にレストラン予約をしましょう。ランチは**イーストサイド・カフェ**の席の予約。ディナーは**ポリネシアンテラス・レストラン**のショーを予約で、これは事前支払いです。高いです。

さほど混んでいない平日。朝10時すぎにお入りになっていただきましょう。おほほ。

事前にきちんと計画を立てます。
一、まず、昼のパレードと夜のパレード時間を確認する（季節によって違うから）
二、かぶらないようにレストランの予約をする（ショーレストランは60分余かかる）。
三、上記4つとかぶらないようにショーベースのショーとシアターオーリンズのショーの時間を決める。

以上の作業が必要です。今回は11:40**ワンマンズ・ドリームⅡ**/13:00ランチの席予約（イーストサイド）/14:30**昼のパレード**/16:00**ミニー・オー！ミニー**/17:45**ワンス・アポン・ア・タイム**/18:15**ポリネシアンテラス**での夕食ショー/19:30**夜のパレード**と組みました。この組み立て、けっこう大変だから、事前に決めたほうがいいよ。これ以外に「季節のショー」があるから、それも適宜に入れるとよりショー見物感が増します。

今回は入場したらプーさんのFPを取り、

優雅マダムの揺られないまわりかた

事前		ランチはイーストサイド・カフェを予約
事前		ディナーはポリネシアンテラスを予約
10:15		入場
10:25		プーさんのFP取る　18時台
10:45	15分待	ミッキーのフィルハーマジック
11:10		トゥモローランド・テラスでお茶
11:40		ワンマンズ・ドリームⅡ
12:15		ウエスタンランド写真館で撮影
12:35		ホーンテッドマンションのFP取る　17時台
13:00		イーストサイド・カフェで昼食～13:40
13:50	5分待	カリブの海賊
14:10		少し待って昼パレード14:30～
15:15	15分待	カントリーベア・シアター
15:45		（すいてたらジャングルクルーズ）
16:00		ミニー・オー！ミニー～16:30
17:10	FP	ホーンテッドマンション
17:45		ワンス・アポン・ア・タイム鑑賞
18:15		ポリネシアンテラスのショータ食
18:55	FP	プーさんのハニーハント
19:30		夜のパレード
20:30		花火みつつワンス待機
20:50		ワンス・アポン・ア・タイム鑑賞
21:15		ぼんやりと帰る

12時すぎにもホーンテッドマンションのFPを取って、この2つはゆっくりと乗ることにします。最初に見るのは**ミッキーのフィルハーマジック**。劇場型アトラクションです。そのあと、**ワンマンズ・ドリームⅡ**の初回を見ます。初回は席抽選でないはず。そのあと**ウエスタンランド写真館**で記念写真も撮ります。

イーストサイドで優雅に昼食を摂り、そのまま優雅に**カリブの海賊**を見ましょう。海賊は野蛮だけどね。**昼パレード**を見て、そのあと**カントリーベア・シアター**でクマのショーを見る。もしすいてたら**ジャングルクルーズ**（たぶん無理）。

16時に**ミニー・オー！ミニー**を見たあと、**ホーンテッドマンション**。そのあとシンデレラ城前で**ワンス・アポン・ア・タイム**を見ます。橋の上がすいている。終わったら、**ポリネシアンテラスの夜のショーでの食事、プーさん**に乗ったあとは、**夜のパレード**を見て、おしまいです。

最近できたものと人気のものをだいたいまわる方法

 12年ぶりにディズニーランドに来た人のまわりかた

　ひさしぶりにディズニーランドに来た人のまわりかたです。12年ぶりです。なんで12年ぶりなのかは知らない。「この前来たときは、プーさんが新しくてすごい混んでいたし、ミクロ・アドベンチャーが楽しかった。バズ・ライトイヤーやモンスターズ・インクというような新参者は知りませぬ」。そうですか。おひさしぶりです。シンデレラ城のミステリーツアーがなくなったし、トゥーンタウン内の妙な電車ももう走ってないからね。そんなに驚かないで。

　ぢゃ、ここんとこ新しくなったものを中心に見てゆく。リニューアル、というのが最近は流行ってるから。ファストパスは、モンスターズ→プーさん→スペース→スター・ツアーズの順に取る。

　最初に乗るのは**バズ・ライトイヤー**、次いで、**ミッキーのフィルハーマジック**。これは新しくて楽しい2つです。次は**グーフィーのペイント＆プレイハウス**。新しいけど子供向け。新**スター・ツアーズ**に並んで乗る。けっこう驚きのリニューアルとおもう。昼食は**ボイラールーム・バイツ**のミッキーまん。たぶん初めてのはず。あ、ミッキー型のハンバーガーも知らないか。**トゥモローランド・テラス**です。

　そのあと**カリブの海賊**に乗ります。これも新しくなったのよ。驚かないでね。驚くほどではないけど、でも変わったから。そしてミステリーツアーの代わりの**フェアリーテイル・ホール**に行く。これはつまんなかったらすぐ出てきてよいよ。新しい**昼パレード**見たら、定番の**ビッグサンダー**に並んで乗っておきますか。**ミニー・オ！ミニー**のショーも見て、ファストパスで新しい**スペース・マウンテン**に乗る。乗り場だけじゃなくて、宇宙

ひさしぶりに来た人のためのまわりかた

時刻	待ち	内容
8:15		到着
8:20		モンスターズ・インクのFP取る　17時台
9:25	60分待	バズ・ライトイヤーのアストロブラスター★
10:05	30分待	ミッキーのフィルハーマジック★
10:20		プーさんのFP取る　18時台
10:50	25分待	グーフィーのペイント＆プレイハウス★
12:05	60分待	スター・ツアーズ★①
12:20		スペース・マウンテンFP取る　16時台
12:30		ボイラールーム・バイツで肉まん買って食う
13:05	20分待	カリブの海賊★
13:40	20分待	シンデレラのフェアリーテイル・ホール★
14:00		昼パレード★
14:30		スター・ツアーズのFP取る　21時台
15:35	60分待	ビッグサンダー・マウンテン
15:50		ミニー・オ！ミニー
16:30	FP	スペース・マウンテン★
17:00		ワンマンズ・ドリームⅡ鑑賞★
17:35	FP	モンスターズ・インク★
18:10	25分待	ホーンテッドマンション★
18:35	FP	プーさんのハニーハント
19:05	20分待	白雪姫と七人のこびと
19:15		プラザ・レストランで丼もの★をテイクアウト
19:30		夜のパレード（丼もの食べつつ待つ）
20:30		花火
20:50		そのままワンス・アポン・ア・タイム★鑑賞
21:15	5分待	魅惑のチキルーム★
21:35	FP	スター・ツアーズ②
		帰る

★は2004年以降新設リニューアルのもの

そのものが違う。宇宙が変えられたんですな。恐ろしいことです。**ワンマンズ・ドリームⅡ**のショーを見て、人気の**モンスターズ・インク**に乗る。モン・インはふーん、こんなものかという感想が正しいとおもう。次は**ホーンテッドマンション**。9月～12月ごろだと新しいバージョンが見られる。春夏だと昔と同じです。夕食は**プラザ・レストラン**で。丼もの店。**夜パレード**は12年前と同じだけど、その後びっくりの**ワンス・アポン・ア・タイム**があるのでしっかり見よう。あとは**魅惑のチキルーム**が変わったので見ていってください。お代は見てのお帰り。違います。入場料は前払いです。じゃ、また、2030年！

とにかく空いてる日に人気のものに無駄なく乗りまくる方法

とてもすいた1月の平日にすべてに乗りまくる

ディズニーランドがもっとも空いてるのは、1月平日の開園10時・閉園19時のとき。9時間しかやってない。その、油断しきったランドを急襲してすべての人気アトラクションに乗ってまわるの術、ゆきます。ある意味、夢のようなまわりかたなのだが、でも、実際にこれは可能です。2014年の1月待ち時間から作成しています。1月のかなり寒い火曜水曜木曜あたりだと、これはふつうにできます。ただ、寒いから気をつけて。

10時開園前から並んで開園同時に飛び込む。まずモンスターズ・インクのFP。FPはあとスプラッシュ2回。それで全部。

最初に**プーさん、バズ、ビッグサンダー**に並んで乗る。3つ乗っても11時半ころ。昼食ショーの**リロのルアウ&ファン**でミッキーたちとぐりぐりする。ショーの最後のほうは見ずに出てもいいよ。**モンスターズ**にFPで乗ったら、あとは遮二無二突っ走る。後れを取るな。13時台は**スペース・マウンテン**に連続3回乗車する。すべてスタンバイ。**バズ**にもう一度乗って、**スプラッシュ**に連続2回乗る。箸休め的に**白雪姫**に乗り、**プーさん**に乗り、**ピノキオ**と**スタージェット**を入れてから、3度目の**スプラッシュ**。

そのあとは宇宙空間の地獄車「**スター・ツアーズ連続4回乗車**」だ。ずっと5分待ちだから。4回乗ると全11シーン見られる可能性がある（たぶん無理だとおもうけど）。

夜パレードが6時前に始まるのでそれを見つつ途中から**ミッキーの家**になだれ込む。**スタージェット**乗って、**ワンス**鑑賞して、**ピーターパン、カリブの海賊**をまわって、おしまい。まだ7時なんで**イクスピアリ**でとんかつ食います。そのあと映画も見てもいいぞ。どうだ。

1月の平日のがら空きの日のまわりかた

	開園は10時　閉園は夜7時
事前	リロのルアウ&ファンをインターネット予約
10:03	モンスターズ・インクのFP　12時台
10:20　15分待	プーさんのハニーハント
10:50　20分待	バズ・ライトイヤーのアストロブラスター
11:20　25分待	ビッグサンダー・マウンテン
11:30	リロのルアウ&ファン
12:40	スプラッシュのFP　14時台
12:50　FP	モンスターズ・インク
13:15　20分待	スペース・マウンテン
13:35　15分待	連続スペース・マウンテン②
13:50　15分待	三連続スペース・マウンテン③
14:20　25分待	バズ・ライトイヤーのアストロブラスター②
14:30	昼パレード
14:55	スプラッシュ・マウンテンFP取る 16:45〜
15:00　FP	スプラッシュ・マウンテン
15:40　35分待	連続スプラッシュ・マウンテン②
15:50　5分待	白雪姫と七人のこびと
16:30　35分待	プーさんのハニーハント②
16:35　5分待	ピノキオの冒険旅行
16:55　10分待	スタージェット
16:50　FP	スプラッシュ・マウンテン③
17:00　5分待	スター・ツアーズ
17:13　5分待	連続スター・ツアーズ②
17:26　5分待	連続スター・ツアーズ③
17:40　5分待	連続スター・ツアーズ④
17:50	夜のパレード一部鑑賞
18:15　20分待	パレード途中からミッキーの家とミート・ミッキー
18:30　10分待	スタージェット②
18:35　5分待	ワンス・アポン・ア・タイム鑑賞
19:00　0分待	ピーターパン空の旅
19:05　0分待	まだカリブの海賊乗れるかも
	とんかつ食べて帰る

これで、スター・ツアーズ4回、スプラッシュにスペース・マウンテンが3回、プーさんとバズが2回乗れた。ビッグサンダーとモンスターズ・インクは1回、これくらいの割合がいい感じだとおもう。ミッキーの家もリロのルアウ&ファンも行ってるから、ミッキーと一緒の写真が一日で2種類撮れる。これもすごい贅沢ですね。同じアトラクションに連続して乗るのがポイントだ。よろしく（ただ1月は人気アトラクションが整備休止のことが多いので、チェックしてから行ってください）。

異常なくらい混んでいる日に負けずに満喫する方法

 10時45分に入場制限が掛かった日のまわりかた

あまりの混雑に「壊れている」としか言いようのない日がある。春休み中の3月末、ゴールデンウイーク5連休、9月と10月の3連休、11月の週末、などです。

そういうときは当日券の販売が中止され、入場が制限されます。

ただこの入場制限が掛かる時間もいろいろで、早くて8時20分くらい（入場制限が掛かる日はふつう8時開園。アナ雪人気で開園8時と同時に入場制限ということもあったが、それはとてもレア）。でもそこまで早いのは滅多になく、8時45分が早いほう。あとは9時30分からや10時15分あたり。それよりやや遅めの「10時45分に当日券の発売を中止した」という日にやってきたという設定でまわりかたを考えます。

開園前には着けず、9時に舞浜駅に到着したあなた。まだ制限前だが、でもそこかしこ混んでます。eチケットを買っておけば窓口で並ばなくていいんだけど、制限の掛かりそうな日のeチケットは前日や当日には買えません。あなた、買えてないでしょう。並びましょう。入場が9時30分ころになる。

中には、ものすごい人、ネズミ、アヒル。FPはスプラッシュから取る。

いまどきのFPは、スペース・マウンテンが遅くまで残り、スター・ツアーズがとても遅くまで残る、というパターンが確立されています。だから、FP2つめはスペース・マウンテン、3つめにスター・ツアーズ、というのが有無を言わさず決められてるわけです（だからこの2つを最初に取らないように）。選ぶのは、1つめを何にするか、です。

この日はスプラッシュを取る。

となるとモンスターズとプーさんは諦めることになる。だってだいたい3時間待ちだから。そのかわりビッグサンダーには何とか並んで乗る。これで三山を制することができるので満足感があります。パレードは見る、ミッキーのグリーティングは諦める、という方針で行きます。待ち時間が短めで満足できるものを細かく拾っていくのが大事です。

まず最初にスプラッシュのファストパスとった勢いで近所の**カヌー探険**に乗る。10時ころだったらまだ10分待ちだったりする。

カヌーから降りたらすぐカレーを食っちゃいます。カヌーからカレー。10時台のレストランはさすがに空いてるからむさぼり食う。

むさぼったら、**ミッキーのフィルハーマジック**へ。ファンタジーランドの喧噪から忘れ去られたかのようなアトラクションです。制限かかった日でも25分待ちくらいなのだ（たぶん、2010年代のどっかで梃子入れされて、人気再興するだろうが、とりあえず、いまは一番の狙い目アトラクションです）。

そのあと、**ウエスタンランド写真館**でコスプレ写真を撮ります。どうせ撮るなら上半身だけのならず者ではなく、全身コスプレの写真にしましょう。女性がいるなら絶対に全身のほうですね。割烹着みたいな衣装なんで、着脱は簡単です。少し待たされる可能性はあるが、でも少しだとおもう。すごく待たされて3組かな（1組で15分待ち見当です）。

11時40分すぎたので、2つめのFP取る。**スペース・マウンテン**。遅れると3つめが取れなくなるんで取れる時間になったら迅速に。

そのあと**チキルーム**、**カントリーベア**と劇場系をまわる。混雑日というのは「開園から12時まで」が待ち時間のピークなのだ。だから午前11時や12時くらいにどこに並ぶのがポイントになってくる。今日は劇場に逃げます。

56

そのあと**ウエスタンリバー鉄道**と、**アリスのティーパーティー**、比較的短い待ち時間で乗れるものに並ぶ。ウエスタンリバー鉄道を待つのが長そうなら、目の前のフレッシュフルーツかチキンレッグを買って、食べながら、空を見上げて、待つ。ま、何とかなります。アリスは20分で乗れるとおもう。出たらスタ・ツアのFP取ります。

そのあと**昼のパレード**を見ます。状況次第で、軽食や飲み物を買って待つ。少しでも始まる前から待てば、きちんと見られます。

パレードは14時30分の設定。季節によって時間が違うので、その場合は前後のアトラクションとうまく入れ替えてください。

パレード後は**ジャングルクルーズ**に乗る。リニューアルされて人気が出ているので、1時間近く並ぶのはしかたない。降りたら隣のシアターオーリンズのショー**ミニー・オー！ミニー**を見る。ただ、こんな日は1時間以上待ってる人たちでいっぱいなので、いい席では見られない。外からも見えるので（カフェ・オーリンズの座席からも見える）遠目に見学です。

スプラッシュにFPで乗ったら、**カリブの海賊**が比較的すいてきてるはずなので乗る。続いてFPで**スペース・マウンテン**に乗ったあと、ここでがんばって**ビッグサンダー・マウンテン**に並ぶ。今日初めての長時間待ち列です。70分は待たされますな。「アメリカ西部って広いよねえ、西部って言えば、池袋駅って東口に西武があって、西口に東武があるんだよ。おもしろいねー」なんて、そういうトークで何とかしてください。トークで大事なのは内容ではないです。心地よい音が出続けてること、です。心地よい、だよ。がんばってください。

降りてきたら**夜のパレード**の時間なので、できればピザか、鶏肉などを買って、それを食べながら見る。パレードが終わるか終わらないかくらいにトゥーンタウンに入って**グー**

異常なくらい混んでる日のまわりかた		
10:45から13:30まで入場制限がかかる設定		
9:00		舞浜駅到着
9:30		やっと入場
9:40		スプラッシュのFP取る　17時台
10:00	10分待	ビーバーブラザーズのカヌー探険①
10:15		カレーライスをむさぼり食う
11:00	25分待	ミッキーのフィルハーマジック②
11:20		ウエスタンランド写真館で写真
11:45		スペース・マウンテンのFP取る　18時台
12:05	10分待	魅惑のチキルーム③
12:25	15分待	カントリーベア・シアター④
13:10	30分待	ウエスタンリバー鉄道⑤
13:45	20分待	アリスのティーパーティー⑥
13:55		スター・ツアーズのFP取る　21時台
14:10		茶ないしは軽食買って昼パレを待つ
14:30		昼パレ
16:20	55分待	ジャングルクルーズ⑦
16:40		ミニー・オー!ミニーを遠目に鑑賞(飲食)
17:10	FP	スプラッシュ・マウンテン⑧
17:50	35分待	カリブの海賊⑨
18:10	FP	スペース・マウンテン⑩
19:20	70分待	ビッグサンダー・マウンテン⑪
19:30		夜のパレード(飲食)
20:20	15分待	グーフィーのペイント&プレイハウス⑫
20:30		花火鑑賞
20:50		遠目に何となくワンス鑑賞⑬
21:25	10分待	イッツ・ア・スモールワールド⑭
21:30	FP	スター・ツアーズ⑮
		帰る

フィーのペイント&プレイハウスに入ります。ここなら待ち時間が長引いて花火が上がっても何とか見られそうだから、という深謀遠慮からのセレクトです。アトラクション内容は子供向けなんでたいしたもんじゃないです。

花火を見たらシンデレラ城の脇のほうから、遠巻きに**ワンス・アポン・ア・タイム**を眺める。

21時をすぎると、**イッツ・ア・スモールワールド**も10分待ちくらいに落ち着いているので、それに乗る。降りたらトゥモローランド方向から出口に向かう。途中で**スター・ツアーズ**にFPで乗ります。出てきたら22時ころになっています。土産物店を見て帰ります。制限日なのに15アトラクションに乗りました。勝ち戦だったと言っていいでしょう。つかれました。おつかれさま。

そこそこの混雑日の午後に着いたときと「夏5」で入ったとき

午後遅めのランドでもなんかいいかもとおもえる方法

混雑日の午後に着いたパターン

そんな混んでないけど、がらがらでもない日（4月や6月閑散期の日曜、9月10月繁忙期の平日）、13時ごろにやってきた場合のまわりかたです。昼集合して13時ごろ入るって、わりとよくあるとおもう。

ファストパスは何が残ってるのか、入る前に携帯でチェックして、なくなりそうなものから取りに行こう。80％の可能性で、スペース・マウンテン⇒スター・ツアーズでしょう。

フィルハーを始めとする劇場系と、さほど混まないアトラクションをまわる。**ホーンテッド**と**スプラッシュ**に並んで、FPアトラクションに4つ乗ってしまう。そういう方針です。

食事を15時ごろに摂るところと、パレード2つとワンスとほかにショー2つもきちんと見るのがポイントですね。あまり急いだり次々と並ばないというところが大事です。

「夏5」入園のパターン

ディズニーは「遅くから入るチケット」として、「休日の午後3時から券」「平日の午後6時から券」そして「夏休みの平日午後5時から券」を出してる（出してない日もあるので確認してください）。その、夏の午後5時から券「夏5」で入った場合の攻め方。ポイントは**夜のパレード**と**ワンス・アポン**鑑賞。かつて夜の水噴上ショーがすごく盛り上がったがワンスがあると見られない。残念だ。ワンスをしっかり見よう。

午後5時入場だからFPは取れません。ぜんぶ、並んで乗る。**スター・ツアーズ、ミッキーのフィルハーマジック、ホーンテッドマンション、カリブの海賊、ロジャーラビット**という「すごくは待たず、アトラクション時間が長く、満足感が高い」ものたちです。

パレードとショーをしっかり見て、最後なんとか**プーさん**までも並んで乗れれば、かなり満足のいく「夏5」になります。午後5時から入って6アトラクションと2つのショー見られたら、かなりお得感あります。「5時から入ってどうなのかとおもったけど、なんか、すごいよかったね」という声が届いております。ありがとう。

昼過ぎに着いてしまったときのまわりかた

12:50		入園す
13:00		スペース・マウンテンのFP取る　19:30〜
13:45	40分待	ロジャーラビットのカートゥーンスピン
14:15	20分待	ミッキーのフィルハーマジック
14:40	10分待	カントリーベア・シアター
15:00		スター・ツアーズFP取れるかも　21時台
15:05		昼のパレード
15:25		食事。プラザパビリオン・レストラン
16:00		ワンマンズ・ドリームⅡ
16:30	5分待	魅惑のチキルーム
16:50		ミニー・オー！ミニー
17:55	35分待	ホーンテッドマンション
18:10		ウエスタンランド写真館で撮影
18:50	20分待	カリブの海賊
19:15		ピノキオの冒険旅行
19:30	FP	スペース・マウンテン
19:45		ハンバーガー食べつつ夜パレード見る
20:30		そのまま花火鑑賞からワンス待機
20:50		ワンス・アポン・ア・タイム鑑賞
21:15	FP	スター・ツアーズ
21:55	30分待	スプラッシュ・マウンテン
		ぶらぶら帰る

「夏5」夏の夜　夕方5時入園からのまわりかた

16:45		チケット握りしめゲート前に待機
17:05		入場
17:40	35分待	スター・ツアーズ
18:10	20分待	ミッキーのフィルハーマジック
19:20	50分待	ホーンテッドマンション
19:35	5分待	カリブの海賊
19:45		パンなど食べつつ夜パレード鑑賞
20:00		夜のショー
20:35		そのまま待機しつつワンス鑑賞
21:10	5分待	ロジャーラビット
22:00	40分待	プーさんのハニーハント
		近くでビール飲んで帰ります

3章 ディズニーランドのまわりかたスーパー12パターン

ふつうに混んでいる日にほとんどすべての乗りものに乗る方法

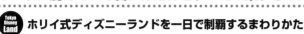

ホリイ式ディズニーランドを一日で制覇するまわりかた

おれが気合いを入れて全制覇デートに行ったらどうまわるかを最後に紹介します。全制覇するのが、果たしてデートと言えるかどうかはさておき「ジェットコースターが大好きで一日中動きまわっても文句を言わない元気な彼女」と行きます。朝6時45分にはチケットを手にゲート前に並ぶ。そこで待ち合わせ。早く着いたほうから並ぶ。彼女には「スニーカーで来るように」と事前に伝えてあります。一日の移動距離が半端ないから。

FPは①モンスターズ②プーさん③ビッグサンダー④スペース⑤スター・ツアーズ⑥スター・ツアーズと6回取ります。ふつうの日だと取れます。モンスターズのFP取ったら●プーさん●スプラッシュ●ロジャーと続けさまに乗って●モンスターズ（FP）●ダンボ●白雪姫●フィルハー●バズ●カヌーと続けて13時すぎ「ブルーバイユーでランチ」●カリブ●昼パレード鑑賞●アリス●スモールワールド●ピノキオ●ジャングルクルーズ●ミニー・オー！ミニー鑑賞●プーさん2回目（FP）●ホーンテッド●ビッグサンダー（FP）●ガジェット●グーフィー●スタージェット●スター・ツアーズ（FP）●グランドサーキット●スペース・マウンテン（FP）●ウエスタンリバー鉄道●ビッグサンダー・マウンテン2回目●スター・ツアーズ2回目（FP）●ピーターパン●ワンス・アポン・ア・タイムをむりくり鑑賞●ミッキーの家●カリブの海賊2回目。以上です。

25アトラクションのべ29回乗った。パレード1つとワンスとショー1つ見た。乗ってないのはキャッスルカルーセルと蒸気船、トムソーヤ島いかだ、フェアリーテイル・ホール、シューティングギャラリー、オムニバス、チキルーム、カントリーベア・シアター

気合いを入れたまわりかた（晩秋デート編）		
事前		インターネットでブルーバイユーランチ予約
6:45		7時より前にゲート前待機。前から10人めくらい
8:05		モンスターズ・インクのFP取る　10時台
8:40	30分待	プーさんのハニーハント①
9:40	50分待	スプラッシュ・マウンテン②
10:15	20分待	ロジャーラビットのカートゥーンスピン③
10:20		プーさんのFP取る　16時台
10:30	FP	モンスターズ・インク④
11:05	30分待	空飛ぶダンボ⑤
11:15	10分待	白雪姫と七人のこびと⑥
11:35	15分待	ミッキーのフィルハーマジック⑦
12:40	45分待	バズ・ライトイヤーのアストロブラスター⑧
12:45		ビッグサンダーのFP取る　17時台
12:55	5分待	ビーバーブラザーズのカヌー探険⑨
13:10		予約したブルーバイユーで食事
13:45	5分待	隣接したカリブの海賊へ⑩
14:00		昼のパレード
14:30	5分待	アリスのティーパーティー⑪
14:40	5分待	イッツ・ア・スモールワールド⑫
14:55	5分待	ピノキオの冒険旅行⑬
15:00		スペース・マウンテンのFP取る　19時台
15:45	45分待	ジャングルクルーズ⑭
16:00		ミニー・オー！ミニー
16:30	FP	プーさんのハニーハント　2回目⑮
17:10	35分待	ホーンテッドマンション⑯
17:25		スター・ツアーズのFP取る　18時台
17:35	FP	ビッグサンダー・マウンテン⑰
17:50	5分待	ガジェットのゴーコースター⑱
18:10	15分待	グーフィーのペイント＆プレイハウス⑲
18:30	20分待	スタージェット⑳
18:35		スター・ツアーズのFP2回目取る　20時ごろ
18:40	FP	スター・ツアーズ㉑
18:55	10分待	グランドサーキット・レースウェイ㉒
19:05	FP	スペース・マウンテン㉓
19:15	5分待	ウエスタンリバー鉄道㉔
19:50	30分待	ビッグサンダー・マウンテン　2回目㉕
20:00	FP	スター・ツアーズ　2回目㉖
20:35	25分待	ピーターパン空の旅㉗
20:50		斜めから無理にワンス鑑賞
21:40	30分待	ミッキーの家とミート・ミッキー㉘
21:55	0分待	カリブの海賊　2回目㉙
		走って帰る。走る意味は不明

あたりである。まあ、そのへんはいいでしょう。

ほぼ全域を制圧したと見ていいので、これで引き上げます。ラジャー、ベース。

ミッキーに会うにはどうすればいいのか・ランド編

ランドで、ミッキーに会いたいと、子供にねだられた場合、どうすればいいのか。

「ミッキーは死んだのだ！」と宣言してしまえばいいです。なんて、そういうばれるウソはいけません。信じたら、泣き出してしまって大変です。ふつうのねずみに戻っちゃったのよ、なんて、キャンディーズじゃないんだから、お母さんも古いです。だから、ばれるウソはだめです。なんですかふつうのねずみって。

シーは、ホライズンベイ・レストランに行けばいいから簡単です。

ではランドではどうすればいいのか。

もっともメジャーな方法は、トゥーンタウンにある「ミッキーの家」を訪れ、裏庭で映画撮影しているミートにミッキーすればいいわけだ。逆です。ミッキーにミートすればいいわけだ。「ミッキーの家とミート・ミッキー」です。うまくミートしてください。芯をはずすとポップフライになります。なんて、ミッキーをバットで打っちゃいけません。

ただ、ここは混む。45分待ちだとまだいいほうだ。平日でも60分以上待つのがふつうです。ちょっとつらい。ファストパスが発券されないから（アトラクションじゃないからね）朝一番に駆け込む人が多い。だから、開園して1時間後あたりが、一日でもっとも混んでいます。あまり朝一番からミッキーの家に並ぶのは、おれは勧めません。どうせ並ぶなら、昼すぎくらい、1時くらいがまだすいてますよ（日によるけど、傾向としてはそういうことが言えます）。

また、人気のパレードや、「ワンス・アポン・ア・タイム」などが行われている時間帯は、少しすきます。ただ、少しだけ、です。そんなにはすかないです。ミッキーの家は、いつもとても混んでいる、とおもったほうが

いい。すいているのは「午後に洪水になりそうなくらいに雨が降ってる日」などですね。

ミッキーの家以外でも、ミッキーはグリーティングをやっている。それは入口のところ。ミッキーとミニーが左右に分かれて、グリーティングをやっていることが多い。たまに別キャラの日もあるから、当日、きちんと係の人に確認してください。グリーティングをやってる時間とともに教えてくれます。

ただ時間が限られている。だいたい午前中に2時間。昼休みがあって、午後に2時間。午後3時くらいには終了します。列の締め切りはもっと前になる。

いちおう毎日やっているが、でも野外ですから雨だとやっていません。ただ、こちらのほうがミッキーの家よりも列が短いことがあるので、タイミングが合えば、ここでの写真撮影はいいとおもいます。

あとは事前予約が必要なショーレストラン。「ポリネシアンテラス・レストラン」の昼のショー「リロのルアウ＆ファン」は、席までやってきてくれるグリーティングつきの食事で、ミッキーだけではなくミニーとチップとデールとリロとスティッチと写真が撮れます。すごくいいです。そのぶん大人気。かなり前から（2か月前）予約しないとむずかしい。

これが取れなかったら「ポリネシアンテラス・レストラン」の夜か、「ザ・ダイヤモンドホースシュー」の夜を予約すればいいとおもう。S席だとけっこう近くでミッキーが見られます。高いけど。でもグリーティングじゃないので、一緒に写真は撮れませんよ。ハイタッチくらいはできます。がんばり。

ランドは、だからかなりミッキーと写真撮るのはむずかしい、ということになる。シーのが簡単です（シー編は202p）。う一ぬ。

第4章
ディズニーランドの40乗りもの全解説

4章であつかっているアトラクションの登場ページ（50音順）

アトラクション	ページ	アトラクション	ページ
アリスのティーパーティー	93	スプラッシュ・マウンテン	83
イッツ・ア・スモールワールド	93	スペース・マウンテン	67
ウエスタンランド写真館	82	空飛ぶダンボ	88
ウエスタンランド・シューティングギャラリー	80	ディズニーギャラリー	63
ウエスタンリバー鉄道	78	ディズニードローイングクラス	63
オムニバス	62	トゥーンタウン	73
ガジェットのゴーコースター	74	トムソーヤ島いかだ	81
カリブの海賊	76	バズ・ライトイヤーのアストロブラスター	66
カントリーベア・シアター	82	ピーターパン空の旅	86
キャッスルカルーセル	84	ビーバーブラザーズのカヌー探険	84
グーフィーのペイント＆プレイハウス	72	ビッグサンダー・マウンテン	79
グランドサーキット・レースウェイ	64	ピノキオの冒険旅行	90
ジャングルクルーズ・ワイルドライフ・エクスペディション	75	プーさんのハニーハント	85
蒸気船マークトウェイン号	78	ペニーアーケード	62
白雪姫と七人のこびと	89	ホーンテッドマンション	87
シルエットスタジオ	64	ミッキーの家とミート・ミッキー	70
シンデレラのフェアリーテイル・ホール	92	ミッキーのフィルハーマジック	91
スイスファミリー・ツリーハウス	77	魅惑のチキルーム	74
スタージェット	68	モンスターズ・インク"ライド＆ゴーシーク!"	65
スター・ツアーズ：ザ・アドベンチャーズ・コンティニュー	69	ロジャーラビットのカートゥーンスピン	71

ワールドバザール

PENNY ARCADE
ペニーアーケード
1セント硬貨ゲームセンター

 Tokyo Disney Land

ゲームセンターだ。

アーケード商店街ワールドバザールにある。レトロなゲームセンターである。20世紀前半の、ものすごく古いアメリカのゲーム機が並んでいる。こういうゲームは1960年代日本の百貨店の屋上に残っていたから、おれはずいぶんと懐かしい。好きな場所です。

ただ2000年代半ばに改装され、狭くなり、ゲームも少なくなった。コマ写真を手動で回しながら動画のように見る機械は、いまはない。ベーブ・ルースのホームランはもう見られない。そのかわり1937年のワールドシリーズ野球ゲームはあります。ゲーリックはいるけど、ルースはいません。

スーベニアメダルを作る機械が場所を取っている。7台ほどある。それ以外には、10円、30円、40円、100円で遊べるゲーム機械が置いてある。だいたい13台ほど。占い系統が多いが、クレーンゲームに、ゴルフゲームなどが置いてある。

いつも「ワールドスプリント」をやる。

入って右にある。取っ手が2つある。回すと2台の自転車がそれぞれ進む。それだけ。めちゃ単純。2人で「よーい、どん」で取っ手を回す。ひたすらぐるぐるぐるぐる回す。早く着いたほうが勝ち。この単純さがたまりません。すべてのカップルにこのゲームを捧げます。2人でこのゲームやって楽しくないようだと、未来はないよ。100円のクレーンゲームはだいたい小さいぬいぐるみが取れる。地味だけど、じんわり楽しい空間だよ。

 ワールドバザール

OMNIBUS
オムニバス
乗り合いバス

 Tokyo Disney Land

バスという単語はオムニバスの略語らしい。いま辞書を引いて知りました。つまり昔は、バスのことをいちいちオムニバスと呼んでいたわけですね。「次のオムニバスまで20分あるぜ」なんて森鷗外は言ってたのかしら。

オムニバスはつまり「昔ながらのバス」って意味だな。19世紀末ニューヨークを走っていたバスを再現したものらしい。

観光バスだ。ゆっくりとぐるっと広場をまわる。二階建てで、二階は外側に向かって座る。一階はふつうのバスのような座席である。

何かの拍子にふらっと乗ることがある。

1日中歩き回って、へとへとに疲れ切ったときに、誰も並んでなかったので、ひとりで乗ったことがあった。二階席に座って外を眺めながら、ぼーっとしてると、何だかゆったりした気分になれたので、それ以来何となく気にはしています。だからクラスの端っこのほうにいて、それまでは気にしてなかったんだけど、何かの行事のときに2人きりで作業することがあってそれ以来、何となく気にしてる女の子、みたいな存在です。はい。

「乗ったら、ずいぶん癒されたぜ」と学生たちに勧めてみた。みんな、乗ったみたいだけど、そのあと誰も何も感想を言ってなかったから、おれ以外は癒されなかったみたいだ。ま、おれの勘違いだったんでしょう。そんな程度の乗りものです。はい。

混雑日はまる一日運休になる。つまり動いていたら、少しすいている日ということ。

ワールドバザール

THE DISNEY GALLERY
ディズニーギャラリー
ディズニーの画廊

　画廊です。
　ディズニーアニメーションの原画や、キャラクターの彫刻などが置かれている。シンデレラとか、美女と野獣とか、まあ、そういう作品が展示されているのだ。ただ展示されてるものを見てまわるだけ。子供のときに来たら、暴れ出すほど退屈な空間です。アニメ原画が重なって置かれていて、ぱらぱらすると動いてるように見えたりするけど、わざわざ見に行くほどのものじゃないです。
　展示されている内容は、時期によって変えられているとおもうが、真剣に見てまわったことがないので、よくわからない。
　1階は「お絵描き教室」の受付があるだけで、展示場はすべて2階です。けっこう広い。
　見回して、これぞまさにヴィクトリア時代の画廊だな、としたり顔でうなずくのもいいでしょう。ヴィクトリア時代です。ホームページにそう書いてあった。このへんがヴィク時代で、こっちがトリア時代かな、なんて安土桃山時代じゃないので、割らないでください。ヴィクトリア時代っていつなんでしょう。いつでもいいです。豪華な感じの昔です。
　ギャラリーなので、撮影は禁止。撮影するとキュレーターぽいお姉さんに注意されます。また、椅子はないです。休憩所にはなりませぬ。画廊らしい緊張がなんか漂ってます。
　展示されている作品を売っているエリアがある。まさにギャラリーです。芸術的作品だからか、めちゃ高いです。誰か買って。
　アーケード街の奥のほう、れすとらん北齋の向かいにあります。その2階。

ワールドバザール

DISNEY DRAWING CLASS
ディズニードローイングクラス
ディズニーのお絵描き教室（有料）

　上で紹介している「ディズニーギャラリー」内で開かれているお絵描き教室だ。有料。ディズニーギャラリーの1階で申し込む。休日などは朝からかなり行列が出来ていたりする。時期によって内容は少し変わるが、基本はディズニーのキャラクターの絵を、先生に教えられて描く、というものだ。ミッキーやミニー、ドナルドの絵を描く。おれが行ったときは「スティッチ強化月間」だったのでスティッチを描いたけど、このあいだ寄ったらもうスティッチはいなかった。残念だ。
　所要時間は30分。約500円。先払い。これは標準コースのほう。最近は「進化したコース」というのもあって、こっちはアニメの1シーンを描くもの。映画の一部を見て60分で約1000円。ちと長くて高い。でも楽しい。
　教室では自由に座る。絵の描き方を一から習うのなんて、すごく新鮮だった。教えられたとおりに描くと、けっこうきちんと描ける。なんかすごく嬉しい。「お絵描き教室なんて、子供のもんだろう」と考えるのは大きな間違いだ。ディズニーランドは子供の遊園地だろうと言えないのと同じだ。
　デートにすごくおすすめである。
　園内の喧噪を逃れて、30分静かに過ごすというのがすごくいいのだ。二人で一緒の方向を向いて作業しているというのも、いい感じである。ぜひ予約をして大いに活用していただきたいと、希望、します。

63

ワールドバザール

SILHOUETTE STUDIO
シルエットスタジオ
影絵工房

　シルエットスタジオは、アーケード街ワールドバザールにある。北齋の向かいあたり。

　切り絵です。椅子に黙って座れば、外人の紙切り師が、さくっと横顔を切ってくれるのだ。早いよお。ほんとに早い。1分から2分くらいで出来る。一度彼女が切ってもらってるときに、あ、写真とっとこう、とおもって、でもカメラをバッグの中から取り出すのに手間取っていたら、カメラを構えたときには終わってたからねえ。それっくらいに早い。

　横顔の切り絵が出来上がる。

枠も売ってる。そんなに高くないから、一緒に買っちゃいますね。プーさんなどのキャラクターとの向かい合わせになってる、というのもできるので、お子さまやそれに準じた女性には喜ばれます。

　あまり人が並んでることがないので、ちょっとした暇つぶしには持ってこいですね。家族とはぐれたお父さんもぜひどうぞ。れすとらん北齋に並んでるとき、1人残して順番に切ってもらう、てのもいいですね。

トゥモローランド

GRAND CIRCUIT RACEWAY
グランドサーキット・レースウェイ
雄大なる周回路の競走道路

　本物のガソリンエンジンを積んだレーシングカーらしい。それで一周700mのコースを一回りする。クルマの下にはガイドレーンがあって、左右に数十センチほど振る程度の自由しか効かない。だから当然、前のクルマは抜けない。F1モナコグランプリで、イエローフラッグが振られてる状態と同じだ。

　だいたい小さい子供が乗ってることが多くて、同乗してる親はあまりスピードを出さない。1台、ゆっくり走ってるクルマがあれば後ろのクルマはすべて同じスピード以下で走るしかない。だからいつも渋滞してる。

　大人が乗るものではない。昔、彼女と行ったら、別々のクルマに乗りたいと彼女が言い出して、別々のクルマで競走したけど、なー

も、おもしろくなかった。

　じゃあ、カップル2人で1台のクルマに乗って楽しいかってえと、微妙です。おもいっきりスピード出せるわけじゃないから、なんか言いようのない不満が残ります。

　前にクルマがまったくなくて、最初から最後まで好きにスピード出せたら少しは楽しいかも、とおもって、機会を狙ってました。ある恐ろしく寒い真冬の夜、パレード中に行ったら、がらがらだったので、乗ったらおれとあと1組だけでした。おもう存分アクセルを踏み込んで走りました。はい。楽しくなかったです。寒い。寂しい。さほど速くない。

　ふだんはかなり混みます。あきらかに子供向けです。カップルにはすすめません。

トゥモローランド

MONSTERS, INC. Ride&Go Seek!
モンスターズ・インク "ライド&ゴーシーク!"
怪物株式会社「乗る、行く、探す!」

映画『モンスターズ・インク』の世界をトラムに乗って体験する。馴染めると楽しい世界だ

　2009年4月にできたアトラクションだ。

　乗り物に乗ってアニメ映画『モンスターズ・インク』の世界をぐるっと見てまわる、という乗り物である。

　激しい乗り物ではない。揺れたり落ちたり、急上昇急旋回したり、ということがない。身体的快感は得られない。なんか、すんごい乗り物かもと期待して乗ると、はなはだしく落胆する。特に地方からやってきた元気なだけの男子中高生は気をつけてもらいたい。乗ったことがないという理由だけで2時間も並んで乗ると、あまりにつまらなくて、暴れ出したくなるかもしんないから気を付けて。

　いちど大きくリニューアルしている。もともとは、ただトラムに乗っかって映画『モンスターズ・インク』の世界を傍観してゆくばかりだったのが、ライトを当てるとモンスターが動く「軽い参加型のアトラクション」に変えたのだ。このリニューアルは大きかった。最初のは、映画の世界を知ってるほうがより楽しめる乗り物だったのだけど、いまは知らなくても楽しめる。

　乗ってるクルマの前に懐中電灯がさしてあって、それでそこかしこを照らせばいいのだ。ヘルメットの「Mマーク」に光を当てると、何かが動く。それが楽しい。一度、大学3年生男子(静岡県焼津市出身)と乗ったときに「おれ、すべてのMマークに光を当てきりましたよね!」ときらきらした表情で言われて、ちょっと困ったことがあった。おれはチミの彼女じゃないんだけど、とおもいつつも、にこにこと、そうだね、と答えましたさ。「いくつかはずしてたろ」と言ったら、何言ってんですか、だったらもう一度乗りましょう、と再び2時間も並ばされそうだったから、にこにこそうだね、と言いましたさ。

　映画『モンスターズ・インク』の世界を、実に見事に再現している乗り物です。映画を見てから乗ると、とてもとても楽しい。青いふさふさの怪物、緑の一つ目、小さい女の子、女の子を狙う大トカゲ、眼鏡をかけた口うるさい女史、この5人のキャラクター名くらい知っていたほうがよいですね。

　終業後の「モンスターズ株式会社」でマイクとサリーとブーが隠れんぼを始める、それに私たちも参加する、という設定だ。

　映画冒頭と同じシミュレーションルームから始まり、ロッカールームやらロズ姐さんの前を通り、街へ出て、あの高級和食料理店"ハリー・ハウゼン"にも入る。地下通路も通り、ランドールを始末して、最後は眼鏡のロズ姐さんの前で停止して、ロズ姐さんからひと言をもらって、おしまいである。

　このロズ姐さんの最後のひと言は、誰かを名指して声を掛けている。女子と乗ってたとき「2台目のカップルの彼女、隣の人はカレシ?」と聞かれ、一拍おいて「まー、あたしには興味ないけどねー」と言われた。腹立つけど楽しい。適当に喋ってるわけではなくて、必ず、誰かのいまの状態を指摘する。ひょっとして本当にロズが見てるのか、とおもわせる仕組みになっている。ある意味、このアトラクションでもっとも驚かされるシーンでもある。お聞き逃しのないように。

65

トゥモローランド

BUZZ LIGHTYEAR'S ASTRO BLASTERS
バズ・ライトイヤーのアストロブラスター
バズ君の宇宙光線銃射的

ゲームセンターのシューティングゲームそのものだ。的を狙って高得点を競う

バズ・ライトイヤーはキャラクターの名前で、アストロブラスターは、銃の名称ですね。「バズ君の宇宙光線銃での射的」というところでしょう。スペースクルーザーという乗りものに乗る。これには光線銃が2丁ついている。この銃で「Z」マークの的を狙って撃つ。そうやって宇宙の町内をぐるっとひとまわりしてくるアトラクションだ。

3人乗りだけれど、銃は1台に2丁しかついてない。的を撃つと得点が出る。運転台のスコアカウンターに得点が表示される。2人ぶん並んで表示される。競えます。また、クルーザーは、自分たちで回転させられる。スコア表示の横にあるレバーを倒すと360度回転する。的は左右いろんなところに出てくるのでクルーザーを回転させればいい。慣れないとクルーザーでなく自分で回転してしまうが、クルーザーを回すのが正しいです。

的（マト）は4種ある。形と色で見分ける。▽1万点、◇5千点、□千点、○100点。「隠れ20万点」というのがあって、それを撃つと高得点になったことがあった。オープン2004年当時、一日に10回くらい乗ったときにそれで99万点を取ったことがあるけど、それ以降、一度も隠れ20万点を撃ったことはないですねえ。どこいったんだろう。

成績レベルは7つに評価される。
L7：100万点以上　アストロ・ヒーロート
L6：60万点以上　コズミック・コマンダー
L5：30万点以上　スペース・エース
L4：10万点以上　ギャラクティック・ファイター
L3：1万点以上　プラネット・パイロット
L2：千点以上　ステラ・シューター
L1：千点以下　ルーキー

的の最高1万点もたしか5カ所しかなく、5千点も7カ所くらい。だから1万点と5千点をうまく当てても、10万点そこそこしかいかないものです。L5めざそう。がんばれ。

このアトラクションのバックストーリーになってるのは『スペース・レンジャー　バズ・ライトイヤー』というテレビのアニメシリーズです。2004年春にTBSテレビの深夜にやっていた。古くさいアニメです。昭和30年代に作られていたような、スペースオペラというたぐいの、軽い勧善懲悪ドラマです。わざとそう作ってあるんだけど。

スペース・レンジャーは宇宙の防衛隊で、バズ・ライトイヤーは隊長。宇宙を征服しようとしている悪の帝王がザーグです。バズはザーグと戦っていつもやっつける、という話。ただ、バズもザーグもまぬけな行動が多くって、深刻な話にはなってない。「ザーグがオモチャたちからバッテリーを奪ってるので、バズが出撃する。それにおれたちもついていって一緒に戦う」というのがこのアトラクションの背景です。理解しましたか。

この『スペース・レンジャー　バズ・ライトイヤー』というとっぽいテレビアニメは映画『トイ・ストーリー』から派生したアニメです。いわゆるスピン・オフといわれるアニメドラマです。『トイ・ストーリー』のヒットによって、それぞれの登場人物の背景が描かれたその一作品ということです。もともと存在したアニメではなく、映画がヒットしたから逆行して作られたアニメなので、その存在じたいがパロディになってます。深く考えなくていいです。宇宙へ飛び立て。

トゥモローランド

SPACE MOUNTAIN
スペース・マウンテン
宇宙空間に聳ゆる山

暗闇の中を疾走するジェットコースター。宇宙飛行を体験できる乗りもの

ディズニー三山の中で、一番古い。

東京ディズニーランド開闢以来、鎮座ましましてる。1983年が夢見ていた21世紀の未来を表現していた。だから実際に21世紀に入ると、かなり不思議なずれを生じていた。1950年代に無邪気に想像して描いていた21世紀世界を、想像したままに無理に現出させている、という感じがしていた。

2007年リニューアルされた。そのずれをなくすためのリニューアルだったとおもう。

まず、乗り場が素敵な水族館のようになった。宇宙というより海の底にいるみたいなスタート地点です。なかなか素敵。

実際に宇宙に乗り出してからの風景も変わった。前より暗い。星がいっぱいだ。でもそんなに落ちなくなった。落下落差が小さい。そのぶん乗ってる時間が長くなった。長くなった気がする。これは実際に計ったわけじゃないので、感じだけどね。

もともと暗闇の中を疾走するアトラクションなので迫力がある。ディズニーランド内でもっともくらくらする乗りものである。残りのビッグサンダー山、スプラッシュ山の二山に比べて、ジェットコースターとして上等だとおもう。でもファストパスはもっとも遅くまで残ってる。ただ「激しいものに乗りたい」と念じて全国津々浦々からおばかな高校生と中学生が大挙してやってくるシーズンには（特に春休み）、かなりの待ち時間になる。人気はあります。

ちなみに、1983年、スペースシャトルで女性として初めて宇宙に出たアメリカ人のサリーちゃんは、地上NASAとの通信で宇宙を初めてみた感想を「ディズニーランドに行ったことある？　これはまさしくEチケットよ」と言ったらしい。あー、いいですか、スペース・マウンテンじゃなくて、シャトルの話ですよ。本物の宇宙船。それに乗って本当の宇宙に出た本物の宇宙飛行士が宇宙を見て「ディズニーランドのスペース・マウンテンみたい」って言ったてことだ。リアルとバーチャルの倒錯ここに極まれりって話だけど、でもそうらしい。宇宙は、こんなふうに見えるらしいですぜ（リニューアルされて風景は少々変わったけど、たぶんその方向性は崩してないんだと、おれは信じています）。

おれ、この話が好きなのだ。だからスペース・マウンテンに乗るたびに「そうかあ、宇宙遊泳すると、こんなふうに見えるのかあ」と特に上のほうを見ながら感心してます。何回乗っても、そうやって見ると飽きないよ。

1966年、アメリカのマーキュリー計画で、88日間の有人宇宙飛行を成し遂げたゴードン・クーパー君が設計したそうだ。いや、彼がディズニーに入って、このスペース・マウンテンの設計に参加したらしいんだよね。宇宙を88日間も見続けてた男が作ったんだから、そりゃまあリアルだろう。

そういや、乗ってすぐ、一回停車するが、あすこで体重を量ってると聞いた。あまりにデブだらけだと、そのまま左に伸びてる線路の引き込み線のほうに連れていかれて、そのあとは、どっか怖いところに売られてしまう、という都市伝説があるのだ。体重を量ってるのは本当とおもって、いちどディズニーの人に聞いたら、頭をぶんぶん振って、「そんなことはありません」と強く否定された。否定のしかたが強すぎるなあとおもいました。

トゥモローランド

STAR JETS
スタージェット
星のジェット機

ぐるぐるまわる乗りもの。ダンボと同じ。ただ、こちらのほうがより高いところにあり、よりすいている

　ぐるぐるまわる乗りものだ。

　空飛ぶダンボと同じで、昔ならデパートの屋上にあった乗りものです。1機2人乗り12機仕様なので、いっときに24人しか処理できず、そのためよく長蛇の列ができてる。

　乗り場がやけに高い。ダンボは地面から飛び立つが、ジェットはエレベーターに乗って宙空のエアポートから飛びます。ま、ぐるぐるまわるだけだけど。

　でも子供向けだろうとなめてかかってると、けっこう迫力がある。うわー、うわー、と声が出ちゃうくらい、傾きと回転があります。やはり高いところでまわると違います。おれは好きですね。25分待ちくらいまでなら並んで乗りたい。60分はいやです。

　デートではぜひ活用してもらいたい。なにせ、狭いエリアに2人で乗るのだ。椅子が2つあるわけではなくて、オートバイの2人乗りのような状態になる。前後にカラダを密着して乗る。チャンスですね。初期段階のデートでまだ手探り状態の2人なら、こういうのは大事ですよ。アタマが迷ってても、カラダが仲良さそうな状態（手をつないでるとか、密着してるとか）で、興奮したり、楽しい気分になったりすると、ひょっとして好きなのかも、とアタマがあとから追いかけてくるわけですね。いわゆる「恋愛の吊り橋理論」ですね。これを活用しない手はないです。ま、一種の詐欺なんだけど、詐欺でいいんだよ。詐欺まがいの入り口から入ったって、幸せになれるときはなれる。きちんとした手続きで交際を始めても、不幸になるときは不幸になります。ちなみに**「ディズニーでデートしたカップルは別れる」**て俗説がありますが、当たり前です。落ち着いて数えてみてください。数える、のよ。あなたが今まで「ディズニーでデートした恋人の数」と「死ぬまでにつきあい続ける恋人の数」はどちらが多いですか。同じですか。はあ。大変な人生だな。ふつうは前者が多いです（いま10代なら30歳になったときの自分を想像して数えるの）。たぶん、日本人全員でこの数を比べたら「ディズニーでデートした恋人とはだいたい別れちゃいました」てことになります。8割は別れてるんじゃないかしら。それが数字の真実です。ずいぶん話がそれてるな。

　スタージェットは、夜に乗ると、宇宙を飛んでるみたいで、より楽しいですよ。デートのとき、ぜひ、ご活用下さい。お待ちしております。だれ。あんた。

STAR TOURS:THE ADVENTURES CONTINUE
スター・ツアーズ：ザ・アドベンチャーズ・コンティニュー
星と星との旅行パック

揺れる体感型劇場にて宇宙空間を飛び帝国軍との戦闘にも参加

　1989年に登場した「スター・ツアーズ」は最初こそ大人気だったが、2012年に終了した。翌13年春に「スター・ツアーズ：ザ・アドベンチャーズ・コンティニュー」としてリニューアル再登場して、ファストパスも導入された。でも発券場所が離れている。いつかファストパスをやめる日が来るからでしょう。こういう "映像と連動して本当に激しく動いているように見せるアトラクション" を苦手な人が一定数いて、最初は人気は高いが、すぐ人気が落ちる。やがてファストパスも人知れず撤去されるとおもいます。じゃ、つまんないのかって、とんでもない。とても面白い。このスタ・ツアと、フィルハーマジックの2つは「とても面白くて満足できるのに、それほど混まない」アトラクションなのだった。こういうのは混雑日にはとても重宝ですぜ。

　スター・ウォーズ世界を飛んでまわる乗り物だ。整備員のC-3POが操縦室で整備しているとき、突然、飛び出します。

　乗るたびに見られる風景が違うというのが売り物になっている。4シーンある。

1：出発ポート（2種）
2：最初の星（3種）
3：メッセンジャー（3種）
4：2つめの星（3種）

　出発ポートだけ2種類。あとは3種類ずつの映像が用意されている。組み合わせは飛んでみないとわからない。詳細は以下のとおり。

1：出発①ダース・ベイダー②ハン・ソロ
2：一星①砂漠タトゥイーンのレース②チューバッカのキャシーク③氷の星ホス
3：伝言者①レイア姫②ヨーダ③アクバー
4：二星①海中都市グンガン（ナブー）②ジオノーシス上空からデス・スター③首都コルサント上空

　これをディズニー側は2×3×3×3通りの世界が存在すると喧伝しているが（54通りになる）、あまり意味がない。組み合わせによってストーリーが変わるわけではない。ただランダムに流されるだけである。だから、すべて見られればそれでいい。足せばいい。2+3+3+3の11シーンです。11シーン全部見られれば、それで満足する。それがすべてです。

　1回に4シーン見られるわけだから、すごく運がいいと、3回乗車して全11シーンを見ることが可能です。でもまあ、それはよほどの運の良さで、こんな見ず知らずの宇宙の辺境でそんな運を使わないほうがいいとおもうよ。うちのスタッフで6回でコンプリートしたのがいたが、そのへんが最速かな。

　出発ポートのダース・ベイダーは誰でもわかるが、ハン・ソロは小さくしか映らないのでよく見ないとわからない。奥にミレニアム・ファルコン号があって、一瞬のうちに中に乗り込む。あと、伝言者のアクバー提督はかなりマイナーです。エンドアの戦いでしきりと撤退したがっていた鯰提督だ。ふつう覚えちゃいない。あと、キャシークはスター・ウォーズでほとんど出て来なかったマイナーな星だ。エンドアでの風景とちょっと混ぜられていてそのへんの意図がわからない。

　私が好きなのは一星ではホス、二星ではグンガンですね。それにレイア姫がついていれば、文句ないです。タトゥイーンとコルサントがもっともスター・ウォーズぽいともおもいます。ま、何でも楽しいよ。よい旅を。

MICKEY'S HOUSE AND MEET MICKEY
ミッキーの家とミート・ミッキー
ミッキーの家でミッキーに会う

ミッキーマウスを1分ほど独占して一緒に写真を撮れる。それだけ。ミッキーとの記念写真館

　ミッキーに会える、というアトラクションである。もっと絞り込めば、ミッキーと一緒に写真を撮るアトラクションだ。ミッキーを1分ほど独占できるアトラクションですね。いや、これはアトラクションと呼ばずに「グリーティング」と呼ばれているんですけどね。

　ずいぶんと待たされる。

　45分待ちだと短いほうです。ここに並ぼうと決めていたとき、45分待ちだったらラッキーだとすごく喜んじゃいます。30分待ちだったら、通りすがりに何も考えずに並んでしまいたくなります。それぐらい人気がある。

　ミッキーは家の中にはいない。裏庭の先にある「ムービーバーン」で映画の撮影中なのだ。その撮影が休憩に入り、ミッキーがひといき入れたとき、その楽屋ルームに呼び込まれてかしこまって謁見する、という次第になってます。

　前半の「ミッキーの家」は、ただ通り抜けるだけ、ということになる。でもいろいろ凝ってる。そこかしこで調度品や備品をチェックして、撮影をしながら進むのが正しい。

　ミッキーに会えるルームに案内されるのは、十数人ずつだ。順にミッキーと法要、写真撮影に入る。法要じゃないや。抱擁だ。ミッキーのお父さんの七十七回忌法要ですか。ほうほう。もうそんなになりますかいのお。いや、仏事には七十七回忌というのはありませんな（目がキラリ）さてはおぬし、異教の者じゃな、その法衣を脱ぎなさいっ、なんて、こんなところで揉めごとはよしてくださいよ。

　ミッキーは映画撮影中なので、何かの映画の服装をしている。何種類かあるそうです。おれは、どれでもいいです。気にしたことがない。デートしてるときの彼女の服装でさえ、きちんと覚えてなくてものすごく怒られたりするのに、マウスの服装まで気にしてられません。マウスって略しかたはだめか。せめてミッキーか。でもマウスって名字じゃないのか。ちがうか。まあいいや。マウスさんの服は、違ってるらしいので気にしてあげてください。ミッキーが主演していた映画の服装をしているらしいですよ。うーん。ほんと、おれ、そのへんはどうでもいいわ。

　中に入ったら、おれはいつも撮影係に徹しています。順番が近づくと、係のお姉さんが「撮影をお手伝いしますか」と聞いてくるので、そっちにはスマホを渡します。そしておれたちの順番になると、同行の女子が（だいたい女子と二人で並んでることが多い）マウスに近づいていくところ、ハグするところなどを、別の一眼レフカメラでばしばしっと撮ります。

　そこで同行女子はサイン帳をミッキーに渡して、サインをしてもらう。そこも写真を撮る。ムービーバーンでは、ミッキーはスターですから、サインする姿もめちゃかっこいいですよ。スターぽいポーズでサインをしてくれて、うわ、かっこいい、とおもわず言っちゃったことがあります。そして、そのあと「撮影をお手伝いするお姉さん」にスマホで撮ってもらって、つづいて有料になる写真を専属カメラマンに撮ってもらいます。それで短い逢瀬はおしまいです。

　「ミッキー好きはパレードやショーが好き」なのでパレードや大掛かりなショーの時間帯は、少しすくことがあります。といっても40分待ちってとこですかね。人気だから。

[トゥーンタウン]

ROGER RABBIT'S CAR TOON SPIN
ロジャーラビットのカートゥーンスピン
ロジャーラビットのクルマ、アニメ世界でスピン

くるくるまわるクルマに乗って漫画の中に突っ込んでいく乗りもの

楽しい乗りものだ。

何だか楽しげな漫画の世界を、ティーカップふうのタクシーに乗ってぐるぐるまわるアトラクションである。乗ってるクルマのハンドルをまわすと、ティーカップと同じようにぐるぐるまわるのだ。まわりながら前へ進む。

ただ、ふつうに乗ってると、何の世界だか、まったくわからない。ロジャーラビットが大変なことに巻き込まれてるのはわかるが、詳しいことはよくわからないまま、ぐるぐる回転だけして、戻ってくる人が多いとおもう。

アニメの世界である。ただ、アニメそのものの中に入っていくわけじゃない。アニメの登場人物たちの休み、アニメ世界の日常に入っていくのだ。あー、ちょっと難しい設定だよ。

説明してみます。

著名なアニメ登場人物たちは、実は、人間と一緒に、街に、住んでるのである。そういう設定になってる。すごく無茶な設定ですね。彼らは日常では人間と普通に生きていて、仕事が来ると、アニメ映画に出て、演技するわけだ。アニメの赤ん坊は、オフになると葉巻をすぱすぱ吸うベテラン役者だったり（昔の白木みのるみたいですね）、ロジャーラビットの奥さんがすごくセクシーな人間の歌手のジェシカだったりする。ま、おれたちの世界とは、仕組みが違ってるわけです。トゥーンタウンじたいが実は映画の『ロジャーラビット』の、そういう世界を忠実に再現したエリアなんです。

そこに、悪者の判事とその手先のイタチがやってきて、ロジャーラビットを消そうとする。文字通り、消すんです。ディップを使って消す。ディップってのは油です。ま、壁の落書きを、油を使って消すのと似たようなもんだとおもう。ロジャーたちにとって、もっとも恐ろしいのがこのディップなのだ。ディップをかけられることは、アニメ登場人物にとって、死を意味します。

そのディップが、このアトラクションの途中で撒かれる。だから、おれたちが乗ったタクシーキャブがくるくる回転するわけである。

そういう設定になっている。そういう世界にキャブに乗って入っていくのだ。ロジャーと一緒に発電所にまぎれこみ、感電し、爆発し、ビルから落下して、ギャグエリアを通りぬけ、ジェシカが捕まってる倉庫に入り、イタチのディップ攻撃をかわし、インスタントの穴でもとの世界に戻る。そういう話です。あまり意味ないから、深く考えなくていいけど、でもそういう設定になってるのだ。

乗るのは2人乗りのタクシーキャブだ。2台連なっている。4人一組で乗るわけだ。だから見知らぬカップルと前後に乗ることが多い。前で調子にのってキャハキャハとハンドルをまわしてると、後ろのキャブと正対することになってしまって、そのとき必ず後ろのカップルは、すごくもの静かに正座してる。正座じゃないか。でもそんな感じ。ぜったい、こっちを見ようとしない。いつも必ずおとなしいカップルと一緒になるのが不思議だ。ちょっと気まずいです。ま、いいんだけどさ。でも、おまいらも、ぐるぐるまわせって。

初めて乗ったときにぐるぐるまわしっぱなしだと、まわりの風景がまったく見られない。一度まわしまくり、次はおとなしく乗るという、別の乗り方で2度乗ったほうが、より楽しめるでしょう。あい。

71

GOOFY'S PAINT'N'PLAY HOUSE
グーフィーのペイント&プレイハウス
グーフィーの塗れや遊べやの家

8台のペンキ銃で8色の色を噴射するイタズラし放題の家

「漫画と冗談の街」トゥーンタウンの中で唯一、アトラクションぽい家がこの「グーフィーのペイント&プレイハウス」である。

1996年に、この、冗談の街が忽然と現れたときは、グーフィーの家は「はずむ家」だった。すごく、はずみましたね。え、チップか、よしよし、10万円とっておきたまえ、きみは美しいから、特別に20万円だ、どんどんはずむぞ、チップだよ。うんうん、いやでも、チップくんにはチップはやれんな。デールくんにもな、男だからな。ほほほ。

そんな家ではありません。身長制限のある子供専用のはずむ家でした。「3歳以上で身長132センチ以下」でないと入れなかった。大きい子は入れない不思議の家でした。大きいと小2でも微妙だったでしょうね。小さい子だと小学5年でも入れる。そういう不思議な制限がありました。姉と妹で来て、妹だけが入れて姉が入れず、姉がすねて怒ってだだをこねて、王国中を氷に閉ざした、なんてことが頻繁に起こってたんだとおもう。

2009年の夏にこのはずむ家はメンテナンスに入った。最初はふつうの長期メンテだとおもったが、なかなか終わらなかった。2010年初めにはまだ休止中のアトラクションとして紹介されていた。それがそのまま終了となって、2012年夏にこの「ペイント&プレイハウス」としてオープンした。

塗って、そして、遊んでの、家、です。

こんどは制限がない。おじさんがたった一人で並んでたった一人で入っても何も言われない。ただ家族連れとカップルにはさまれて、いたたまれないだけだ。

あらためてグーフィーの家を見てまわると、おもしろいよね。庭の野菜がすべてあやしいし、庭にもいくつかギャグがひそんでいる。よく理解できないものもある。楽しい。

アトラクションは、噴射銃を操作して、部屋に色を塗っていく、というものです。バーチャルだけど。21世紀らしく、ペンキの落書きも映像ですぐ消えます。

8台の銃がある。トゥーントーン・スプラットマスターという名前の銃だ。長い。ペンキ銃でいいでしょう。8台のペンキ銃は、違う色を噴射する。青とか赤とかの8色。8人が並んで、8台で8色を噴射して、壁やら家具に色を塗りたくる悪戯の部屋なわけです。

銃のペンキが当たると、その家具の色が変わったり、仕様や模様が変わったりする。赤の人が撃って赤くなった家具の上に、自分の青を撃ちつけるとこんどは青になる。また赤が撃たれて赤に戻ったのを見て、ちくしょー青に戻してやると戻しても、こんどは脇から黄色が飛んできて黄色になり、逆上してうがーーと撃ちまくるという、そういう混沌の90秒を過ごします。あまり意味はないですね。4歳児が好きな混沌があるだけです。

最後はきれいに洗われて新しい部屋になる。日本風「水に流しましょうや」という思想を現前させてくれる。小さい子供にも「水に流す」思想を教えるのはいいとおもいます。いえーい。子供向けです。あまりカップル向けでもない。家族向けですな。2012年オープンなので、たまに混んでます。たぶん次の東京オリンピック開催中には5分待ちになってるでしょう。五輪万歳。万歳万歳。わーいわーい。なんかよくわかんないけど、わーい、楽しい、ということで、よろしく。

トゥーンタウン

TOON TOWN
トゥーンタウン

ミニーの家（MINNIE'S HOUSE）、チップとデールのツリーハウス（CHIP'N DALE'S TREEHOUSE）、ドナルドのボート（DONALD'S BOAT）、トゥーンパーク（TOON PARK）

　トゥーンタウンは、ディズニーキャラクターたちが住んでいるところで、おそらくもともとの施設としては、どこでも勝手に入れる自由な遊び場、という考えだったんだとおもう。いまはいつでも混んでいて、順番待って遊ぶところになってる。

　ガイドブックでひとつずつ独立したアトラクションに数えられている「ミニーの家」「チップとデールのツリーハウス」「ドナルドのボート」「トゥーンパーク」の4つだけど、たいしたもんじゃない。おれが楽しいのは「ドナルドのボート」だけだね。ミニーが好きな人は「ミニーの家」も少しは楽しいんだろうけど。

　「ミニーの家」はミニーの家だ。ミニーは留守だ。ミニーに会えない。でも、けっこう混んでるんだな。ぞんぶんに、ミニーの生活のにおいを嗅いでまわっていただきたい。

　「チップとデールのツリーハウス」はチップとデールの家だ。それだけ。できたときは中で飲み物を売っていて、なおかつすべり台になっていた。飲み物を手にしたまますべり台をすべってる人をよく見かけましたが、いまは階段で上り下りする何でもない家だ。

　「トゥーンパーク」は、地面がぐにゃぐにゃしてるエリア。夏に何も考えずにここに足を踏み入れると、うわ、暑さでついに地面も溶け始めたのか、と一瞬おどろきます。あと、ここは小さい子供向けの遊具が置かれています。

　「ドナルドのボート」だけが、少しは楽しい。展望鏡を覗くと、ドナルドの映画が見られる。なかなか楽しい遊び場である。

　「ロジャーラビットのカートゥーンスピン」の手前の左っかわ、爆発してる花火工場のまわりは、ギャグの宝庫である。冗談連発地域ってことだ。楽しいよ。

　まず花火工場前の起爆装置。これを押すと、花火がいっせいに爆発して煙が出てくる。それが当たり。ハズレもある。

　おれはポストが好きだ。郵便ポスト。起爆装置から見れば建物の反対側にある。ポストを開けると喋る。何回開けても喋る内容が違う。いったい何種類くらいあるんだろうと一度、根気よく35回ほど開けたり閉めたりしたことがあったが、ぜんぶちがった。ひとまわりするまでやろうとおもってたが、子供が集まり始めたのであきらめた。

　そのほか、ドアノブがあったら引く、ベルは押す、ボタンはまわす、受話器があったら取る、箱は開ける、マンホールは踏む、きれいなお姉ちゃんがいたら声をかける、牛丼があったら生卵をかける、とにかく悪ふざけしたもの勝ちだ。ここがトゥーンタウン内で一番楽しいところだとおもう。

　デートで彼女を連れてきたら、2人でここを遊び回る。一度、7歳の甥っこを連れて、おれが次々とさわりまくってるとすげえ喜びだして、ここから離れなくなった。

　とりあえず、このエリアに来たら、何だってさわって踏んでまわして取ってみることだ。何も起こらないものもあるけどね。ここを熟知しておくのが、世界征服への第一歩だな。

トゥーンタウン	GADGET'S GO COASTER

ガジェットのゴーコースター
ガジェットの作った行け下敷き

　短いジェットコースターである。

　乗って1分。ときによっては58秒で終わってしまう。15分待つのが限度でしょう。

　ガジェットってのは、天才発明家の女の子ネズミだ。なかなかキュートです。チップとデールの友だちで、ランド内で会うとでかいけど、ほんとは小さい。本来のリスやネズミの大きさという設定になってる。

　ガジェットが小さいから、コースターも小さい。座席も狭い。子供2人にはいいけど、おとな2人だと窮屈だ。カップルで座ると密着度が高い。だからカップル向きなんです。

　コースターは、どんぐりをくり抜いて作ったもので、覆われる部分が少ない。そのぶんスピードを感じる。ビッグサンダーよりこっちのほうが怖いと言った娘もいた。剥き出し感が怖いらしい。だから、子供用と決めつけず、すきあらば乗ったほうがいいよ。

　どんぐりに乗ってるってことは、おれたちも小さくなってるのだ。よく見ると、いろんなものが大きい。乗り場までの通路でもボタンやらハサミ、ネジがすごく大きなものとして存在してる。いつのまにか小さい生き物に変身させられてるのだ。入り口から入ったときに、突如ミクロ化してるわけで、そう考えると楽しい。気づかないとそのままだけど、入った瞬間に、あ、小さくなった、とおもってまわりを見てると楽しいよ。楽しいんだって。人の言うことを聞きなさい。すいてたら、ぜひ乗ってもらいたいコースターです。

アドベンチャーランド	THE ENCHANTED TIKI ROOM:STITCH PRESENTS "ALOHA E KOMO MAI!"

魅惑のチキルーム：スティッチ・プレゼンツ "アロハ・エ・コモ・マイ！"
うっとりさせるチキ神様の部屋　スティッチ提供 "こんにちは、ようこそ"

　2008年7月にリニューアルされた。かつてはポリネシアの神様と歌う鳥だけで構成されていたこの物静かなアトラクションにディズニーキャラクターが乗り込んでいったのだ。スティッチである。

　これがため、ディズニー開闢以来、混んだことのなかったこの「魅惑のチキルーム」に行列ができてしまった。いっとき「待ち時間」が入口に表示されていた。まあ、すぐになくなってしまいましたけど。1985年からタイムマシーンに乗った昭和人が、あのころのチキルーム前に来て30分待ちだと知ったら、たぶん驚いたんだろうな、とおもうが、あまりに無意味な設定なので、どうでもいいです。いまはだいたい、待たずに入れます。

　ハワイの鳥が4羽歌ってると、電気が消えたり汽笛が鳴ったりする。「羽根が抜けるかとおもった」「卵を産んじゃうかとおもった」と鳥が驚くいたずらを仕掛けていたのはスティッチだった。ということで途中から突如として巨大なスティッチが出現する。シルエットが巨大で、最初みたときは上野の西郷さんかとおもった。それぐらい大きく見えた。スティッチが入ってみんなで歌を歌って、それでおしまいだ。かつてはチキの神様のために歌を歌っていたアトラクションだったが、いまはもうチキの神様はどうでもよくなっている。おそらく「西洋文明によるポリネシアン文化の破壊」を裏テーマに持った展開なんだとおもう。違いますか。違います。

アドベンチャーランド　JUNGLE CRUISE：WILDLIFE EXPEDITIONS
ジャングルクルーズ：ワイルドライフ・エクスペディション
密林の航海：野生動物の探検

案内係の説明を聞きながら、船で南米やアジア・アフリカの密林を探険してくる乗りもの

　その名のとおり、ジャングルをクルーズする乗りものである。密林内の川を船で下っていく。密林だから、周辺からいろんなものが出てきてびっくり、という旅です。造りものだけどな。なんて、この世界で造りものって言うなあ。世界の川を下る。最初は南米アマゾン川を下っているのだが、いつしかアフリカのナイル川になり、気が付くとアジアのイラワジ川を下っている。そのへんで気が遠くなり気が付くと、江戸川の河口から東京湾に出るところだったりして、それは完全に漂流してるので、助けを求めてください。

　小さい子供から、大人、お年寄りにいたるまで万人が楽しめるアトラクションである。落下も迫力もないが、でも楽しめます。

　2014年にリニューアルされ大人気になった。カリブの海賊もそうだったが、古くからあるアトラクションをリニューアルして、一部の変更だけで、本来のおもしろさにも気付かせ、大人気アトラクションとして復活させる手法は、見事です。

　今回、大きく変わったひとつは神殿部分。船が神殿内に入ったあと、壁が光り輝いて、びっくらこきます。おれはこきました。

　それから音楽が変わった。ライオンがシマウマを襲っているところで「ライオンキング」の音楽が流れていた。ほかにもいくつか流れていたようにおもう。

　もうひとつディズニーが力を入れたのは、ナイトクルーズ。つまり日没後がきれいだと盛んに宣伝した。だから夜が混んでます。たしかにホタルがいっぱい輝いてたりする。おお、きれい、と叫んだら連れていった冷静な女子大生に「ブルーライトですよ」と言われた。そのとおりです。神殿の前のコブラや、水浴びゾウたちも青くライトアップされている。神秘的で美しい。でもね、所詮、夜ですからね。もともと、昼にくらべて夜のクルーズは「細かい風景がまったく見えない」という欠点があり、マニアはそこをおもしろがっていたのだが、いまも細かいところが見えないのは変わらない。昼のほうがすべてしっかり見えます。乗り慣れてない人は、おれは、昼のほうに乗ったほうがいいとおもうよ。

　ジャングルクルーズの楽しさは、船長のトーク力にかかってくる。風景の楽しさが4で、船長トークの楽しさ6、それくらい比重が高い。トーク下手の船長は哀しいです。むかしにくらべて完全なはずれの船長は少なくなったとおもうが（受けないギャグを機械的に淡々と言い続ける怖い船長がむかしはいました）でも、やはり「トークのおもしろい船長」とそうでもない船長はいまでもいます。いちど、すべり芸の船長にあたったことがあって、最初はすべりまくっていたけど、途中からそれがすごくおもしろくなり（ますだおかだの岡田や狩野英孝みたいなやつです）楽しかった。やはり芸人スピリッツは大事です。

　リニューアルで「船長トークのテキスト」も一新されたようで、リニューアル直後はどの船に乗っても全船長まったく同じトークを展開してました。ギャグもすべて同じ。落語と同じで、このあと揉まれて改善され、新しいギャグも入れられそれが定番化し、いろんなバリエーションができていくのでしょう。最初、全員同じなのはちょっと驚きましたね。

　いっぱい動物が出てくるから、小さい子どもでも楽しい乗りものです。

アドベンチャーランド

PIRATES OF THE CARIBBEAN
カリブの海賊
カリビアンのパイレーツたち

船に乗って海賊たちの生態を時間を遡って見てゆく

20人乗りの船に乗り、海賊たちの活躍していたカリブ世界を見てまわる乗りもの。ずっと暗いです。カメラのフラッシュ禁止。ディズニーキャラはまったく出ない。「アメリカのある歴史」アトラクションです。

カリブ海で海賊が活躍していたのは、ざっくり16世紀末から19世紀くらいで、日本でいえばほぼ江戸時代です。つまりここに出てくる人たちは、徳川家光とか吉宗とか、水戸黄門とか大石内蔵助の時代の人たちである。ちょっとそんなことをおもいながら乗ってみましょう。だから何だってことじゃないけど。

2007年にリニューアルされた。

映画『パイレーツ・オブ・カリビアン』の大ヒットを受けて、かの映画の主人公・ジャック・スパロウ船長や（船長と付けないと本人が気を悪くする）、死の海のタコ船長デイヴィ・ジョーンズ、スパロウの敵なのか味方なのかよくわからない因縁深きヘクター・バルボッサなどが登場する。バルボッサは、天井が高くなったところ、要塞に向かって大砲を撃ちまくってる海賊船に乗っています。よく見ないとわからない。

映画は2011年に4作目が公開され、5作目も公開予定。アトラクションが先にあり、この世界観をもとに作られた映画である。この映画を見ると「カリブの海賊世界の伝説」が少しわかる。まあ、江戸期のホラ話を金かけて映像化した映画ですからね。どの映画もとても面白い。そしてどの作品もとても長い。それぞれ20分切ってくれ。

アトラクションでは最初、湖畔レストラン前の静かなエリアから出発して、やがて暗闇に入り、喋る髑髏に脅されて、船が落ちる。この落下が、ディズニーランド開園当時の1980年代は大人気でしたね。日本人もうぶでした。映画3作め『パイレーツ・オブ・カリビアン／ワールド・エンド』の"世界の果ての海"は断崖のように切り立っていて、ブラックパール号はその断崖をまっさかさまに落ちていく（落ちたところでカリブの海賊アトラクション音楽が流れる）。落ちた先はざっくり言うと「死の世界」である。この"カリブの海賊の落下"は、死の世界へ落ちるという意味だったんですね。たしかに落ちた先は、無人島で死んだ海賊の骸骨から始まり、「呪いによって骸骨姿で船を操作している海賊」があらわれ、最後「死の世界の番人であるデイヴィ・ジョーンズのもやもやした幕」を突き抜ける。すると生きた海賊世界に突入する。そういう構成になってる。映画をみて背景が少しわかりました。そのあと船は、砲台と海賊船の戦いのあいだを抜け、海賊が楽しく荒らす街と火事を眺め、ダーク世界をたっぷり見せてくれて、こちらにめがけて江戸時代らしい鉄砲を向けてどんどん発砲してくれて、おしまいです。ダークだけどなんか楽しい乗りものですね。

リニューアルによって映画の荘厳な音楽もそこかしこで流れていて、けっこうわくわくします。ジャック・スパロウ船長も3回くらい顔を見せてくれるし。

アトラクションの終わり間近、牢に入れられた海賊たちが、鍵を咥えた犬を骨で呼んでいるシーンがありますが、あの檻のすき間が広く、身体を横にすればすっと簡単に抜けられるだろう、といつも気になって気になって、もう30年以上になりました。はい。

アドベンチャーランド

SWISS FAMILY TREEHOUSE
スイスファミリー・ツリーハウス
スイスから脱出した一家の木の上の家

階段を70段ほど登り、また降りてくるだけのもの。木の上に家を造った一家は、その後、離散したと伝えられる。なんてね

　ナポレオンがヨーロッパを席巻したことがあった。
　ナポレオン・ボナパルトですね。
　フランス人がフランス革命を起こして、その元気があまってるときにナポレオンさんがその元気をまとめて、まわりの国をどんどこ侵略してったんですね。スイスもやられたらしい。そうなんだねえ。そこまでは世界史では習わなかった。ナポレオンがスイスのベルンにまで攻めて来たので、あるスイス人一家は母国を捨てた。スイスを捨て、ニューギニアを目指した。スイスからニューギニアって、ずいぶんと湿気の違う世界を目指したんだなあとおもうけど、でもまあ目指したのだ。19世紀的な、新世界をめざせ、冒険心を持て、という気分が横溢してるんでしょうね。
　ところが途中で、船が座礁した。
　名も知らぬ南洋の島の沖合で座礁したのだ。
　一家は、船に積んであった荷物を島に引き揚げ、そこで暮らすことにした。ただ、湿気も多いし、ケモノも多いし、虎にゾウ、サルにカッパにツチノコ、ヒバゴンまでいるので、だから木の上に家を造ることにした。
　ロビンソンさんのところの家族です。ははあ、突然、見えんようになったと思ったら、南洋のそんな島で苦労なさっとったですらいか。大変ですろう。よろしう伝えてください。
　その一家の造った家が、これである。
　でも、一家はもういない。その後、一家は離散したと伝えられる。伝えられません。それは木枯し紋次郎の一家です。はいはい。
　とにかく、そのロビンソンさんところ一家は、いま留守で、その留守に家をみてまわるって趣向だ。いろいろと工夫がしてあって、冷蔵庫まであるんだよね。
　ロビンソンさんとこの一家は、元気なお父さんと、きれいでやさしいお母さん、それに男の子が3人いる。その5人が造った家だ。あとで漂流したかわいい女の子が加わって、その子をめぐって兄弟がもめるんだよなあ、そりゃもめるよって、ま、そんなことはどうでもよろしい。留守だもんね。もう200年ほど留守だ。
　だからこれは、ただ階段を登って、高いとこに出て、そのあとまた降りてくる、というだけのものです。階段で上がる展望台ってことだな。ただ、展望台にしては、木の葉っぱがジャマになって、よく見渡せない。植木職人さんに来てもらって、葉っぱなんか全部落としてもらったら眺めがよくなるのに、とふとおもうことがあるが、それではツリーハウスにならないんだよなあ。残念だ。
　1960年のディズニー映画『スイスファミリー・ロビンソン』がもとになったアトラクションだ。DVDも出てる。日本人ハリウッドスター早川雪洲が悪い海賊をやってます。セッシュウは背が低く、背の高い女優とのからみでは箱の上に立って撮影したそうで、だから今でも撮影現場で、下に何かかまして背を高くすることを「セッシュウする」と言います。おれも現場で何回か聞いたことがある。このツリーハウスも考えようによっちゃ、かなりでかいセッシュウですね。
　夜にのぼると、まあ、微妙にきれいな夜景が見えます。極寒の時期やパレードの最中など、アドベンチャーランドにほとんど人がいない夜にのぼると、名も知らぬ南洋の雰囲気が少しして、ちょっといいです。

アドベンチャーランド **WESTERN RIVER RAILROAD**

ウエスタンリバー鉄道
西部川鉄道

鉄道である。

ドアも窓もない。だから、夏暑く、冬寒い。

ジャングルクルーズの外側をまわって、アメリカ河の外をまわって、スプラッシュ・マウンテンの横を通って、ビッグサンダー・マウンテンの脇から、トンネルに入る鉄道である。

最後は恐竜世界に飛び込む。恐竜が出てくるのは右なので、恐竜を近くで見たいのなら、席の右側に座るのがいい。でも、右で見ないと損するほどのものじゃない。恐竜好きのお子さんは右に座らせてあげてください。

一応、案内放送があって、インディアンの挨拶やら、開拓者の家が燃えてることや、スプラッシュ・マウンテンの解説をしてくれる。

ビッグサンダー・マウンテンの脇を通るときに、この山では恐竜の骨がよく見つかると説明があり、ビッグサンダーが恐竜の骨の下を通り抜けてるところが見られる。ビッグサンダーに乗ってるときは気づきにくいが、こっちからはよく見える。この鉄道に乗ってからビッグサンダーに乗ると、少しおもしろい。少しだけどね。恐竜の骨がある、というのを踏まえて、最後、恐竜世界にトリップする。ちょっと楽しく、ちょっと驚きます。

ちなみに、本物の蒸気機関車らしい。さすがに石炭や薪を燃やしてるわけではなくて、オイルが燃料らしいけど、でもそれで水を温めて蒸気の力で動いてるらしいです。鉄道マニアはたまらないんでしょう。興味なければ、ふーん、で終わってしまうけどね。ふーん。

 ウエスタンランド **MARK TWAIN RIVERBOAT**

蒸気船マークトウェイン号
川船のマーク・トウェイン号

マーク・トウェインは1835年11月生まれで、坂本龍馬と誕生日がほぼ一緒だ。アメリカ西部がどんどん開拓されてる時代ですね。彼の名が付けられた船に乗って、そのころのアメリカの風景を見てまわろうって趣向だ。

船は四階建てになっている。

ふつうの人が乗れるのは一階から三階まで。

四階は操舵室で、舵を操って船を操作している。かつては、ここに入りたいと申し出ると入れてくれましたが、いまはもう入れません。そういう世の中になりました。

一階から三階では、三階がもっとも混む。一階の船首には椅子があってここも混む。だから二階がすいてる。混んでる三階よりすいてる二階のほうが楽しいよ。

500人ほど乗せられるので、あまり混まない。「次の船に乗れる」のがふつうである。「次はいっぱいで、次の次の船になります」と言われたときは絶望的に混んでる日で、そんな日に来た不幸を嘆くしかないですね。

途中、小屋が燃えてるのが見える。以前はインディアンに襲われたと言ってたが、今はならず者のしわざになってる。"インディアンとの戦い"をなかったことにしてしまうとアメリカが国としておかしなことになる、と書いてある本を読んだことがあります。はい。

ま、つまんなくはないが、すごくおもしろいものでもない。すいているときに、のん気に風景を見ているのが、ほわっと楽しいですね。夜はカップルが多いです。ちぇすとー。

ウエスタンランド

BIG THUNDER MOUNTAIN
ビッグサンダー・マウンテン
大きないかづち山の暴走列車

暴走する鉱山列車に乗って屋外を疾走する人気ジェットコースター

　ディズニー三山のなかでは、人気のほうである。スプラッシュが1番、これが2番ということが多い。ファストパスを使って乗るのがいいですね。

　アメリカ西部の鉱山列車の暴走に乗り合わせる、という設定になっている。もととなるお話があるわけではない。

　アメリカの西部で金鉱が発見されたのは1848年で、その翌年には一攫千金を狙った男どもが集まってきて、こいつらは49年野郎と呼ばれたわけだ。英語で言うとフォーティナイナーズ。それから30年以上たった時代が、このビッグサンダー・マウンテンの背景になってる。1880年代です。だからもう、金はない、銀はない、飛車も香車もない、って設定だ。桂馬と歩で何とかしてください。

　その廃坑にみんなで入ってみたら、無人の列車があったので、乗ってみたら暴走しましたって設定です。

　ただひたすら落下するというわけではなく、ゆっくり昇ったり、ゆっくり落ちたりする時間がけっこうある。どっちかっていうと遠心力を使って左右に振られてる時間のほうが多いですね。だから周りを見る余裕が持てる。

　最初にカタカタ登っていくのは鍾乳洞の中で、いつも、ああ、鍾乳洞だなあ、これだけの鍾乳石に育つには数千年かかったりするんだよなあ、とぼんやり眺めてます。作りものだからたぶん数千年もかかってませんね。ここの出口は水が噴き出てて、ちょっとかかりますよね。夏涼しく、冬冷たいです。

　途中、コヨーテが見えるので、おれはいつも遠吠えしてみる。そのまま延々と遠吠えして、一緒にいる女の子にちょっと叩かれても最後まで遠吠えを続けていたら、前に座ってた子どもたちに「イヌが鳴いてたね」と噂されたことがあります。いいことしてるよなあ。してませんか。そうですか。でもまあ、こういう乗りものはとにかく大きな声を出したほうが楽しいからね。みんなもコヨーテやビッグホーンシープ、オポッサムになったつもりで、叫んだほうがいいぜ。

　最後のほうに、恐竜の骨の下をくぐる。あ、恐竜だ、とおもって耳をすませてみると、悲しげな恐竜の叫びが聞こえることがある。ま、だいたい、前にいるお姉ちゃんの声だけどね。

　花火の時間がいい、と言われる。

　花火を打ち上げるのはトムソーヤ島の奥のほうだから、ここからは近いわけだ。ジェットコースター乗車中に花火が打ち上がってると、その疾走感とともにとてもステキだって情報で、おいらも何誌かで読んだが、うーん、どうだろうねえ。花火はビッグサンダー・マウンテン前あたりでふつうに見たほうがいいとおもうよ。タイミングを合わせるのがむずかしいからな。うまく見られたら幸せだけど、はずしたらかなり哀しいぜ。

　おれも一度、このビッグサンダー・マウンテンに並んでいて、ちょうど小屋の中にいるときに花火が揚がったことがあって、近いもんだからとにかく音だけは大きく聞こえて、まわりがパッと明るくなるばかりで、でも花火は見られなくて、とっても哀しかったです。もう、日本の子供たちにこんな哀しいおもいをさせたくないと強く思い、今回立候補させていただきました、ホリイ、ホリイでございます。大きなことからドガドガとやってまいりたいとおもいます。口だけですけど。

WESTERNLAND SHOOTIN' GALLERY
ウエスタンランド・シューティングギャラリー
西部開拓の街、射的の見学

射的である。200円で10発打てる。全弾命中させると、記念品がもらえるようになって、いまやかなりの人気

　射的だ。鄙びた温泉場だと、コルクの弾を銃口に詰め込むわけだが、さすがにディズニーではそこまで鄙びてない。

　場所は、ビッグサンダー・マウンテンのファストパス発券場の奥という、かなり鄙びたところだが電子銃です。電子で標的を撃ち抜く。電子銃だと、火星人でもやっつけられます。ま、1950年代ふうの火星人に限りますが。

　かつては10発打つだけのもので、ここだけ群馬県の山奥の温泉のようなひなびた風情だったのだが、リニューアルされ、何発当たったかシートが出てくるようになり、10発全弾命中のときには保安官バッヂがもらえるようになった。ときに、期間限定バッヂもあるらしい。だから混むときは混む。

　電子銃は、19世紀のウインチェスター銃70というやつだ。このウインチェスター電子銃で的を狙う。的に当たると、倒れるわけではなくて、いろいろな動きを見せてくれる。

　ピアノに当てれば、ピアノの演奏が始まる。絵にあてれば絵が変わる。牡蠣に当たれば、苦しい。生牡蠣にはほんと、気をつけたほうがいいですね。特に送られてきたのをすぐに冷蔵庫に入れなかったやつなんかが、危ないから気をつけてね。何の話だ。

　的はどれに当ててもいい。連続して同じのに当ててもいいわけだ。当然、手前の近いほうが狙いやすいわけで、繰り返し同じ的に当てると10発連続当たりになりやすい。おもしろくないけどね。でも、一度はバッジ取りたいだろうから、射撃の楽しみを捨てても10点満点を狙いたいという小さいお子さんなんかにはお勧めの卑怯な手です。ただ、的が赤いときに撃たないとだめだ。間をあけずに撃ってはダメです。また、隣の人と同じ的を同時に当ててもどっちかがハズレになるので気をつけてください。

　ちなみに、射撃の狙い方について、知らない人がいるとおもうので図解しておきます。狙わないと当たりません。狙うと全部当てられます。とにかく、手前の照準と先の星の延長上に的を置けばいいのさ。それだけです。

　ちなみにおれはほぼ全弾命中させられます。100発撃てば98発当てられるさ。保安官バッヂはもう10枚くらい持ってますぜ。ふっふ。なんで、男子は年をとってもこういうことをすごく自慢げに語るんだろうな。そりはバカだからです。

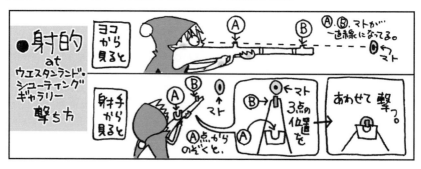

ウエスタンランド

TOM SAWYER ISLAND RAFTS
トムソーヤ島いかだ
トムソーヤ島へのいかだ

いかだはトムソーヤ島への移動手段で、メインは「トムソーヤ島」の探険だ。それいけ

　トムソーヤ島は、アメリカ河の中にある広い「遊び場」だ。

　ただ、橋が架かってないので、いかだで渡るしかない。アトラクション名は「トムソーヤ島いかだ」となっているが、いかだを楽しむものではない。いや、楽しんでもいいんだけど、いかだは、あまり楽しくない。まったく楽しくない。つまらない。ま、要するに「アメリカ河の渡し」っていうことです。いかだは橋の代わりでしかない。将来、橋が架かったら、いかだは廃止される運命です。ぜったい架かることはないけどね。

　だからって、このアトラクションがつまらないわけではない。どころかとても楽しいです。おれは、すごく好きだ。

　何があるかってえと、洞窟と、それから木の上の家、吊り橋・樽橋、岩が動くキャッスルロック、その下のちょっとした洞穴に、騎兵隊のサムクレメンズの砦、インディアンのテント。ざっと、そんなもんだ。ほかにもあるが、秘密だ。秘密じゃないですね。

　カップルに圧倒的絶対的におすすめするのが、ここの洞窟です。インジャンジョーの洞窟。インジャンジョーの洞窟はとにかく昼なお暗くて怖く、しかもおもったより深く長く、だからカップルで行くのが楽しいのである。おれは何回はいっても怖いぜ。「み、道をまちがったんじゃないのか」とおもって怖くなる。原作のトムソーヤと同じ怖さを味わうわけだな。殺人鬼のインジャンジョーが宝を隠し、武器を持って、この洞窟のどこかに潜んでるらしい。ここをカップルで通って、手をつないだり、カラダを寄せ合ったり、意味なく怖がったりして、うきゃうきゃと過ごすの

が正しいトムソーヤ島の利用方法だ。少年たちばかりに島を占領させとくんじゃない。

　昼なお暗いと書いたが、昼のほうが、より暗いわけですね。とくに天気のいい明るい昼に洞窟に入ると、ほんとしばらく何も見えなくて、どきどきしますぜ。ま、夜は島には渡れないけどね。

　ちなみにインジャンジョーというのは「インディアンのジョー」がなまってインジャンジョーになってるのだ。彼は悪者です。殺人鬼なんです。いま、インディアンという言葉がどんどん抹殺されていってる最中だが、このインジャンジョーという言葉はどうするんだろう。みんな、あまりマーク・トウェインを読んでないから大丈夫なのかしら。どっちでもいいですけどね。

　原作で、トムソーヤは、彼女のベッキーと一緒にこの洞窟で迷って、死にかける。洞窟といっても実は未踏の巨大な鍾乳洞で、2人は数日間、出られなくなってしまう。遭難したのだ。村人も諦めかけたころ、入口から数キロ先の川に出て助かる。だからまあ原作でも、恋人たちの洞窟だったと言えますね。

　もちろん、少年少女にとっても楽しい島だ。岩が動いたり、吊り橋や、樽で作った橋があって、それで遊んでるだけでとても楽しい。走りまわる子供を何人か連れてきたときは、引率者1人で子供をこの島に放しておけばしばらくはかまわなくても大丈夫ですね。

　夏休みは子供が走りまわってるから、カップルにおすすめなのは冬の寒いときですね。そのときにインジャンジョーに入んじゃんじょう。あにを言ってる。とにかく軽視してはならぬアトラクションです。

81

ウエスタンランド

WESTERNLAND PICTURE PARLOUR
ウエスタンランド写真館
西部開拓の街・写真館

　コスプレ写真館である。ウエスタンランドに入ってすぐにある「トレーディングポスト」というショップの中にある。

　ここでは実際にガンマンの衣装を着て、写真を撮る。と言っても、着替えるわけじゃなくて、いま来てる服の上に重ねて衣装を着るのだ。写真に見える前っかわだけの衣装になっていて、うしろはエプロンのように半開きで結ぶ。着脱簡易ってわけですね。だからもし全裸でこの衣装を着たら、尻丸出し背中も丸出しってことになります。そんなこと絶対させてくれませんが。楽しいよ。

　まず、拳銃とライフルとギターの3つを差し出され、どれかお選びください、と言われる。なんだか歴史上の人物になった気分だ。

　女性はドレス姿になって、これはすごくあでやかなんだよなあ。余裕のあるときは、ぜひ、撮られることをおすすめします。

　写真はセピアとカラーから選べる。

　セピア写真をおもしろく撮るコツをひとつ。それは19世紀の人間の気持ちになって「緊張しまくった顔をする。笑わない。できればカメラを睨む」という表情をするってことなんだな。みんなでそろって緊張した表情で写る。これがセピア色で仕上がってくると、いや、ほんとに19世紀に撮った写真に見えるんだよ。この表情で撮ったときは、係りのお姉さんが必ず「お2人ともずいぶん凛々しい表情をなさってますが、よろしいですか」と聞いてきます。OKです。ディズニーでは「固い表情」のことを「凛々しい表情」と言ってくれるんですね。それでお願いしましょう。

ウエスタンランド

COUNTRY BEAR THEATER
カントリーベア・シアター
田園のクマたちの劇場

　すいている。満員で入れなかったり、すごく待たされることがない。

　劇場でクマのぬいぐるみのコンサートを見る。一回が15分ほどなのでタイミングによっちゃ15分待たされる。早いとすぐに入れる。

　すいてるってことは、行けば座れるってことで、夏の暑さや冬の寒さにやられて疲れ切ったときなどは、憩いの場所として、いい。よくふらっと入って、休ませてもらってます。

　内容も楽しい。劇場型人形ショーは、これとチキルームがあるけど、こっちのがいいと思う。完成されたショーですね。

　吊られて歌ってるテディという女性歌手が、色っぽくておれは好きです。いや、女性って、クマだけどね。特に冬のテディがいい。前見たときは骨折したけど歌ってて、色っぽいやねえ。なんで包帯姿ってよく見えるんだろう。

　冬バージョンのほか、夏バージョンと、ふつうのバージョンと3種類くらいあって、服装などが違うらしい。細かくどう違うかは知らない。そこまでの興味はない。必死で違いを味わうものではなく、ああ、なんか違う風景だなあ、とのんきに眺めてたい。細かい部分はマニアにまかせます。マニアってのは、尋常じゃない人たちのことです。

　ただまあ、どこまで行っても、作りもののクマの演奏会でしかないんだけどね。しかも、田舎のクマたちだ。都会的な洗練とはほど遠く、だからオールスタンディングの興奮を望んでもらっても困ります。座りなさい。

クリッターカントリー

SPLASH MOUNTAIN
スプラッシュ・マウンテン
水しぶきの山

アメリカ南部のおとぎ話世界を通り最後45度の急坂を落下する

　厳密に言うと、スプラッシュ・マウンテンはジェットコースターではない。最後に急落下はするけれど、それ以外は、アメリカ南部の民話世界を静かに見てまわるだけだ。その点は他の二山とずいぶん違う。

　とはいえ、最後の落下傾斜はランド内最大で、スリリングな乗りものであることには違いないです。しかも最後の急坂以前にも3回落下がある。

　もとになってるのはアメリカ南部の民話「ウサギどんキツネどん」だ。

　出てくるのはウサギとキツネとクマ。

　ウサギが主人公。いたずら好きのチンピラだ。どこかに「笑って暮らせる笑いの国」がないかを探してる小悪党でもある。全然いいやつじゃない。キツネはウサギをつかまえて食べようとしてる。クマもウサギを食べたがってるが、かれはお人好しで、のろまだ。

　ウサギは2度つかまる。

　最初は、キツネが仕掛けた罠に捕まって、吊り下げられる。そこへクマがやってきて、何してるのと聞くので「1分1ドルでカカシの仕事をしてるんだ。代わってやろう」と騙し、罠から抜け、代わりにクマが吊り下がる。

　もう1度は、コールタールの人形に挨拶したが、返事がないので生意気だと殴り（このへんがチンピラ）手が抜けなくなって捕まってしまう。キツネの罠なのだ。ロープでぐるぐる巻きにされる（そのウサギは、スプラッシュ・マウンテン最後の長い登り途中で見られます）。キツネが火で焼くか、皮を剥ぐか、と殺し方を迷ってると「どっちでもいいけど、あのイバラの森にだけは投げ込まないで」とウサギが懇願する。キツネは、よし、とイバラの森に放り込む。ウサギは、うわーと叫んだが、やがてにっこり笑い「ここはおいらが生まれ育ったところさ」と高笑いしてもとの家に戻っていったと、そういう話である。

　スプラッシュ・マウンテンの急落下は、ウサギがイバラの森に放り投げられるシーンを再現してるらしい。だから船が落ちた先もイバラの森だ。

　スプラッシュ・マウンテンのポイントは急落下とそのときに撮られる写真だ。

　カメラは急坂落下直前に、下を見れば見つかる。坂の右側、真ん中よりちょっと下の木の根のところにある。カメラ目線の写真を撮りたいのなら、顔を上げ、右斜め上45度のほうを見てればよろしい。

　写真うつりを考えるなら、一番前に座るのがいい。前に人がいて、両手をあげたりするとそれで顔が隠れることがあるからね。

　一番前に座るには、「何名さまですか」と係員に聞かれたときに「一番前に座りたいんです」と頼めばいい。1台スルーして、次の船で、希望のスペースへ案内してくれる。

　ただ、一番前はめちゃくちゃ濡れますぜ。

　水かぶりが大好きな娘だと喜ぶけれど「化粧が落ちちゃうじゃない！」と怒る女性もいる。一度、一緒の女性に「わざわざ一番前に座るなんて、ちょっと信じられない」と落下直後のびしょ濡れの顔で睨まれたことがあります。びしょ濡れの化粧顔で睨まれるとかなり怖いので、よくよく、彼女の化粧の厚みを計ってから、座る位置を考えたほうがいいです。ずぶぬれになってこそのスプラッシュだとおもうんだけどね。タオルを忘れずに。ハンカチだと間に合いません。

83

クリッターカントリー

BEAVER BROTHERS EXPLORER CANOES
ビーバーブラザーズのカヌー探険
ビーバー兄弟のカヌー探険家たち

　カヌーである。カヌーを本当に漕がされる。ちょっと体力使うけれど、とても楽しい乗りもので、おれは大好きです。

　最初に、櫂の持ちかたと漕ぎかたを教えてもらえる。そのあと、実際に漕がされる。客の力で乗りものを動かしているのだ。

　ただ、子供がすごく多い回もあるし、インド人の団体と一緒になったこともあった。インド人たちはまったく日本語がわからないらしく、櫂の持ちかたや漕ぎかたもあきらかに理解してないようで、みんな、てんでに好きなように漕ぎだして、ちょっと怖かった。聖なるガンジス川をめざしてんじゃないかとおもって、かなり怖かったです。でも帰れた。

　てことは、客がまったく漕がなくても、前と後ろにいる2人のお兄さんの力だけで、じゅうぶん進むようになってんだとおもう。

　だから体育大学ボート部員13人と一緒に乗って、途中からいきなり逆方向に漕ぎだしたらどうなるんだろう、と前から気になってます。お兄さん2人の力で防げるのか、手に汗握る展開だ。そんなことしてはいけません。

　夏はかなり混んでる。冬はすいてますね。しかも、日没終了なので冬の店じまいは早い。3時すぎに「今お並びのお客さままで」と断られたりする。場所も遠い。スプラッシュ・マウンテンの横をすりぬけ奥に進み、ウエスタンリバー鉄道をくぐって、その少し先にある。ここにたどりつくのに、すでに体力がいるってことなのだ。どうですか。がんばってね。

ファンタジーランド

CASTLE CARROUSEL
キャッスルカルーセル
お城の回転木馬

　メリーゴーラウンドです。

　シンデレラの絵物語が屋根んところに描いてある。馬は全部で90頭で、すべて白馬だってのが自慢らしい。自慢のしかたが100年ほど古い。だからかえって感心してしまう。

　お城で催される舞踏会に向かうため、白馬にまたがってる、という設定になってる。でも、同じところをぐるぐるまわってるわけだから、舞踏会にはたどりつかない。つまり、乗ってる連中に対して「あなたたち、本物のお姫さまじゃないでしょう、残念」と悟らせてもくれるわけだ。厳しい現実だ。

　あまり大人が1人で乗るものではない。おじさんは、外でビデオ撮ったり写真撮ったり手を振ったりしてるのが仕事だ。

　カップルも微妙だ。彼女をお姫さまだっこして乗るわけにはいかないし、男が外に立って見守るのも妙だし、別々に乗って「わたしを捕まえてごらんなさーい」「待てえ」なんて叫ばれても困ります。やめなさい。

　ただの乗りものとして乗ってみると、ゆっくりと景色がまわって、こんなもの何年も乗ったことがないから、ちょっと不思議な感覚になります。周りを気にしなくていいのなら、ときどき乗ってみたい。でも、子供とその親で固められてる状況では、あまり楽しめませんね。デートだったら、夜、すいてるときに乗るのは、ちょっと楽しいとおもうけど。

　一挙に多人数をさばけるので、混んでる日でもさほど待たなくて乗れる。がんばれ。

ファンタジーランド **POOH'S HUNNY HUNT**

プーさんのハニーハント
プーさんの蜂蜜狩りの旅と夢

プーさんとともに蜂蜜とりの旅に出てそのままプーさんの脳内をトリップする不思議な乗りもの

2000年9月にできたアトラクションだから20世紀ものである。でも、いまだに人気が高い。

プーさんは、本物のクマではない。そんなことは先刻ご承知の人にとってはしごく当たり前のことだろうけれど、いまだに知らない人もいるとおもうので書いておきます。プーさんはぬいぐるみです。だから風船で空を飛んで、ハチミツを取りに行こうとするのだ。もちろんほかの連中、ピグレットだのティガーだのイーヨーだの、そのへんの連中もぬいぐるみというか、そういう存在でしかなく、主人公のクリストファー・ロビンだけが実在の少年です。

このアトラクションは、プーさんの絵本の中へ入っていくもの。具体的に言うなら「プーさんの妄想世界に入っていく」ものです。だから、意味がわからない。というか、意味がない。ただ楽しい。そういう世界です。

5人乗りのポットに乗って動く。

3台のポットが同時に出発する。この3台が別々の動きをする。不思議で楽しい。3台の動きが違うから、何回乗っても同じように感じない。だから楽しい。

後半はプーさんの夢の中へ入っていって、広い部屋でぐるぐるまわる。そこに「蜂蜜大砲」があって、その前に止まると蜂蜜波動砲で撃たれる。楽しいです。ただ、これは出発時に一番前のポットか三番目のポットが撃たれることになっていて、真ん中のポットは撃たれないようになっている。何回か乗っていて気づきました（乗り場のお姉さんにも確認しました）。真ん中は真ん中のおもしろさがあるけど、3回つづけて真ん中になりそうな

ときなどは、真ん中じゃないほうがいいんですけど、と言うと、変えてくれてます。

簡単なストーリーを紹介しておくと、プーさんはぬいぐるみなので、風船につかまるだけで空を飛べるから、風船を使って木の上のほうのハチミツを取りに行こうとする。

ところがその日は大風で、プーさんは風船ごと飛ばされただけではなく、森の住人たちもみな吹き飛ばされている。これが最初の広いエリアの背景です。

次は飛ぶのが好きなティガーが出てきてジャンプする。かれはハチミツを食べたがおいしくなかったため、腹いせに「ふん、ハチミツなんて、ズオウかヒータチが取りにくるぜ」と悪態をついて、去る。ティガーはまともに喋れないみたいで、ゾウかイタチと言おうとしてズオウ、ヒータチと言ってしまう。プーさんはどんな生き物だろうと恐れつつ寝てしまったので、夢を見る。それが蜂蜜波動砲もある広場の背景。最後はハチミツに囲まれて幸せ気分でおしまい。幸せ気分でおしまいになるところがこのアトラクションの人気の秘密でもある、とおもいます。

前に2人、後ろに3人座るようになっているので、混雑時に3人家族で並ぶと、後ろに座らされる可能性が高くなります。一度前にいた父母子供の3人が後ろに案内され、すぐあとに並んでいたおれたちが前に座らされたことがあって、子供が前がいい前がいいと叫んでいたけど、そういうわけにもいきませんでした。解決策としては、その場ですぐにお父さんが2人に分裂して4人家族になることだとおもいますが、騒動になるので静かに分裂してくださいね。ぢゃ。

ファンタジーランド

PETER PAN'S FLIGHT
ピーターパン空の旅
ピーターパンの飛行

帆船で空を飛び、ネバーランドで海賊と戦う。「子供心を失くさないオトナがすてき」と信じてるおとなたちで混んでる厄介な乗りもの

もっともディズニーランドらしい乗りものだ。ディズニーランドの象徴と言っていいだろう。船に乗って、ピーターパンの物語を追体験する乗りものです。

物語は子ども部屋から始まる。まもなくオトナになってしまうウエンディの部屋にピーターパンがやってきて、弟たちと一緒に彼女をネバーランドへ連れていくのだ。空を飛んで行く。

ピーターパンの話はこの「空を飛ぶこと」にポイントがある。子どもは空を飛べる。オトナは飛べない。子どもは妖精の粉をかけてもらうと飛べるのである。

アトラクションは、子ども部屋の窓から飛び出すところから始まる。ロンドンの夜の空を飛び、ネバーランドへ行く。

よくできた乗りものだとおもう。たしかに少し空を飛んでる気持ちになる。気分もいい。

ただ、とても短い。ロンドン上空を飛び出し、ネバーランドを飛んで、海賊船で戦い、またロンドンに戻ってくるのだが、それが全部で2分。たったの2分。座ってても2分。すげえ早送りだ。

しかも混んでる。いや、ロンドン上空が混んでるんではなくて、このアトラクションが混んでるのだ。2分のために、50分待つとなると、ちょっとつらい。

だいたい、ここの行列場所にはまったく工夫がないからね。すげえ狭いところに押し込められてるだけで、何もない。いちおう、パレードのときは、ここからパレードが見えるという微妙な利点はありますけど。

「オトナになっても子ども心を忘れてないつもりの連中」で混んでる。目を覚ませよ、とおもわなくもないが、そんなこと言うとディズニーランドの存在じたいを揺るがしかねないので、黙ってその後ろに並ぶしかない。

ピーターパンや、その物語を別に好きじゃないオトナでも、いやおれのことなんだけどさ、この乗りものは好きだ。でも並ぶのは40分以内じゃないといやですね。できれば35分待ちくらいで乗りたい。だから、すごく混んでる日はあきらめるか、もしくは夜の9時半を過ぎてから並ぶ。それ以外に、この乗りものとうまくつきあう方法はわからない。

原作映画も、ピーターパンに連れられて、ロンドンに住むウエンディとその2人の弟がネバーランドへと飛んでいく話だ。ピーターパンと一緒に妖精のティンカーベルもいます。彼女は小さいながらピーターパンが好きみたいで、ウエンディに焼きもちを焼いてます。

ネバーランドには人魚とインディアンとみなし子たちと海賊がいる。フック船長ひきいる海賊がピーターパンの敵だ。ウエンディは海賊たちに捕まってしまい、縛られて海に突き落とされそうになる。縛られて、というのが、子ども心に少し興奮します。アトラクションでも縛られて毅然と振るまうウエンディが見られますね。

ピーターパンがやって来て海賊をやっつけ、ウエンディたちを救い、フック船長は「時計を飲み込んだワニ」に食べられそうになるところでゴールです。

ま、空飛んで海賊と戦う話だ。夢と勇気とロマンの物語だ。でも、早くおとなになってくださいねみなさん。いま、社会ではおとなの人が減ってしまって、とても困ってますので、よろしくお願いします。

ファンタジーランド

HAUNTED MANSION
ホーンテッドマンション
幽霊の出る大邸宅

どこまでも西洋の幽霊屋敷。暗闇世界にどこか「ユーモア」が漂う

　開園のときからある古い建物だ。だから幽霊が出るらしい。

　2004年にかなりつまらない映画にされ、その勢いで2005年にファストパスが導入された。開園以来、地道にやっていたのに23年目にいきなりファストパス導入でスター扱いだ。15番人気だったのが、8位にあがった。同時に秋冬にハロウィーンバージョンに模様替えされるのが恒例となり、その時期は人気第1位になることもある。大変なご出世だ。

　秋冬のハロウィーンバージョンとは映画『ナイトメアー・ビフォア・クリスマス』キャラにホーンテッドマンション内が占領されるもの。映画を観てない人にはまず意味がわからない。ただアトラクションとは意味を求めて経験するものではないので、見ていなくても何も問題はない。意味がわからないと不安になるのは、それはおじさんだけである。

　占領しているのは南瓜大王のジャックたち。彼らはハロウィーンを盛り上げる連中で、クリスマスに遺恨を抱いていて、こういう悪戯をするのだ。ま、ハロウィーンのカボチャ野郎の悪戯を見せられてるわけです。万聖節の前日だから10月31日をピークとして作られてるのだが、降誕節の争いでもあるので、年明けまで飾られている。その時期は大人気。

　それ以外の時期は、さほどの人気ではない。すいていると「13分待ち」という不思議な表示が出ることがある。「13」という不吉な数字で脅してるみたい。春夏だと、混雑日でも遅くまでFPを発券してることも多く、FPが取りやすい。遅れて入った混雑日には、ま、取っとくかという感じで取られている。すべりどめの下の方の学校みたい。

　ものは幽霊屋敷です。3人乗りのタマゴみたいな乗りものに乗って動く。2人で乗るのがふつうだけど。

　さほど怖くない。

　暗いところが怖い子供には怖いだろうけど、ふつうのオトナには怖くない。

　愉快な部分もある。アメリカ人とかイギリス人とかは、こういうとこで冗談を言うのが好きらしく、あまり笑えないようなジョークがちりばめられている。

　廊下から書斎、ダイニングに大きなホールと屋敷の中を通って、それから墓地へ出て、幽霊ヒッチハイカーを乗せて戻ってくる。

　まわりにはいろんな幽霊や仕掛けがある。いつも新しい発見がある。楽しい。たしかにこの乗りものは、怖がらせようというよりは、楽しませようとして、作られてるところがありますね。脅かすにしても、なんか、ひょうきんな感じになってます。

　乗り場でも降り場でも、3人乗りバギーは動いたままである。乗る人や降りる人のために止まってはくれない。だから、よく止まる。止めないとうまく乗り降りできない人がいるときには、きちんと止められる。そのとき「悪戯好きの幽霊には困ったものだ」という放送が流れる。すごくよくこの放送を聞きます。そういうものです。

　暗いから、小さい子供は乗せないほうがいい。デートの定番と言われることがあるが、暗いところで二人で座っていても、何か進展するわけでもない。この暗がりで迫ろうというのは、設定が安すぎます。だったらトムソーヤ島の洞窟のほうが一緒に動くぶん、可能性が高いとおもうよ。がんばり。

87

ファンタジーランド

DUMBO THE FLYING ELEPHANT
空飛ぶダンボ
ダンボ麗しく空飛ぶ象

ただぐるぐるぐるぐるまわる乗りもの。なのに混む

　ただ、空をぐるぐるまわるだけの乗り物である。完全にお子様向けだ。
　ところが人気が高い。待ち時間が長い。30分以内ではあまり乗れない。40分から60分待ちが多い。アトラクション人気としてもだいたい10位くらいのところに位置している。
　なんで、と、ときどき聞かれる。
　それは、あなたがおもってるより子供がたくさんここにいるからです。それだけです。ランドには小さいお友だちがけっこういっぱいいるんですよ。あなたの目に入ってないだけです。
　そもそも、小さい子たちは「すべてが見えているもの」が大好きなんです。中に入らないと楽しさがわからないアトラクションではなく、すべてが見わたせるこういう乗り物に乗りたがる。だってやつらは想像しないからね。子供だもん。だから、ダンボを見て、あ、これ、乗りたい、と強く主張するわけです。
　乗りたいとだだをこねられ、でも待ち時間を見ると70分という絶望的な時間なので並んでもいられず、どうしたものかと悩むお母さんお父さんのために、まわらないダンボがすぐ脇に用意されています。地面に1台、ダンボが置いてある。ご自由に乗って、ご自由に撮影してください、というシロモノです。昔はなかった。でもいまはあります。いかにも子供騙しですが、でも3歳の子を本当に騙したい親にとっては重宝です。
　『ダンボ』は1941年製作のアニメ映画。

1941年だから昭和16年で、そういえばスピルバーグの『1941』という映画でアメリカの将軍がこの映画を見て涙するシーンがありました。
　ダンボは、耳がすごく大きいゾウです。
　サーカス団に所属しているが、耳が大きすぎてまともに歩けず、曲芸もできず、みんなにバカにされている。しかし、ネズミのティモシーと、近所のカラスによって、耳を使って空を飛べるようになる。空飛ぶゾウとして、大人気になりましたとさ。そういう話です。
　63分のアニメ。そこそこ長い。
　ティモシーは、アトラクションの真ん中に立ってます。鼓笛隊の赤い衣装を着てます。
　ゾウが空を飛ぶということに、みんなけっこうロマンを感じるんだね。
　待ち時間が長いのは、おもしろいわけでも、スリリングなわけでもなく、一回に処理できる人数が少ないからです。大人が待つほどのものではない。そもそも待つエリアが狭苦しく、アニメの「母ゾウが檻に閉じ込められた気分」を味わわせようとしてるんじゃないか、と邪推したくなる設計です。待ちエリアに工夫がない。だからデート中のカップルや、卒業旅行の高校生は、こんなものに並んでる時間はないぜ。とっととほかのアトラクションに向かいなさい。人生は、きみたちがおもってるよりも短いんだから。
　完全屋外の乗り物なので、雨が降るとすきます。5分待ちになります。ゲリラ豪雨に襲われると、止まります。気をつけてください。

ファンタジーランド
SNOW WHITE'S ADVENTURES
白雪姫と七人のこびと
白雪姫の恐ろしい冒険

毒リンゴで殺される白雪姫の視点で、恐ろしい場面を追体験する乗りもの

恐ろしい乗りものである。ディズニーランドの乗りものの中で、もっとも恐ろしい乗りものだとおもう。小さい子供や、暗いところの苦手な子供などを乗せてはいけません。

白雪姫の視点から、白雪姫のあった恐ろしい体験を追体験するものだ。あなた、白雪姫がどんな目に遭ったか、考えたことがありますか。これに乗ればわかります。

白雪姫は、継母に命を狙われる。魔法の鏡が、世界で一番美しいのは白雪姫、と言ったために、継母は白雪姫を殺すことにした。

継母は部下に、姫を森で殺して心臓をえぐって持ってこいと命ずる。殺す直前に部下は姫を不憫におもい、森に逃がした。それを知った継母は、老婆に姿を変えて毒リンゴを携え、白雪姫を騙し毒リンゴを食べさせ、殺した。白雪姫殺害を知った七人のこびとは、魔女を断崖においつめて落として殺す。そこで、このアトラクションは唐突に終わる。

白雪姫の視点から見せてくれるというのが怖い。「自分が殺されかけている手順と、殺された瞬間」を見せてくれるわけだからね。そのあと犯人の復讐殺害まで見せてくれる。王子さまは出てこない。救いなし。怖いです。

乗ってすぐ、城に入る直前に上を見ると、殺意に満ちた継母と目が合います。怖い。魔法の鏡の部屋があって、骸骨だらけの地下牢を通って、恐ろしい森を抜ける。木が化け物に見えるけど、これは殺されかけた白雪姫が逃げるとき、森のすべてが恐ろしく見えたっていう心象風景を追体験させてくれてんですね。怖いです。そして、こびとの家を見つけて逃げ込む。ここは一瞬ほっとしますね。で

も、あとは、白雪姫が殺され、魔女を殺し、それで終わります。そういう乗りものです。

でも、おれは大好きだ。

ちなみに、このあと白雪姫は、ご存知のように王子さまのキスで目覚めて、王子さまとしばらくは幸せに暮らすわけだ。ずっと幸せだったかどうかは調べてません。原作によると王子さまは、この死んだ状態で初めて白雪姫を見たことになってる。深く考えると怖い。

そうそう、毒リンゴを食べた白雪姫は、仮死状態になったのではなく、死んだんですからね。ディズニーの映画でも、そう言ってる。「死んでもひときわ美しい白雪姫を、こびとたちは土の中などに埋める気になれませんでした」。そして映像は、秋から冬を越えて、春になって、やっと王子がやってくる。うーん。ここも深く考えないほうがいいな。とにかく、美しいけど、死体は死体だ。てことはだ、ロシアのレーニン廟のレーニンの死体とか、中国にある毛沢東の死体とか、あれもたしかに、眠ってるように見える死体ですから、あれにキスして、生き返らせてたみたいなもんなんだねえ。勇気あるよな王子も。しかもキスしたら生き返るという保証があったわけではなく、おもわず死体にキスしたら、たまたま生き返ったってだけだから、あー、これ以上、考えるのはやめましょう。白雪姫は美しいってことで、ここはひとつ。あ、でも、原作では、生き返った白雪姫は、継母に復讐するんだよね。原作では彼女は崖から落ちて死んだりしない。王子さまとの幸せな結婚式のときに、継母に焼けた鉄の靴を履かせて、殺してしまうのでした。いいぞ白雪。

PINOCCHIO'S DARING JOURNEY
ピノキオの冒険旅行
ピノキオの大胆な旅行

ピノキオのお話をトロッコに乗って追体験する。かなり怖い目にあう

　白雪姫ほどではないが、これも怖い乗りものだ。
　ただ原作の映画にかなり忠実に作ってあるので、その怖さは、もとのピノキオの話の怖さなんですけどね。
　ピノキオってどんな話だっけと聞くと「ウソをつくと鼻が伸び、改心して人間になれる」という、間違ってないけどとてもシンプルなストーリーを説明してくれる人が多い。日本人の理解はそんなもんらしい。そのレベルでこれに乗ると、あれ、何だっけ、というシーンの連続なので気をつけてくりたまえ。
　ピノキオは、ゼペット爺さんが作った操り人形だ。動きも喋りもしない、木の人形ですね。子供がいないゼペット爺さんは、この人形が本当の子供だったらいいのになあ、と夢想する。と、ある夜、空から青い妖精がやってきて、ピノキオに命を吹き込んだ。ピノキオは人形のまま動きだし、努力していい子になれば本物の人間になれる、と言われる。翌日からまじめに学校に通おうとするが、でも通学途上で悪いキツネの口車に乗せられ、学校に行かず人形劇を見に行き、そのまま人形劇団に売られてしまう。夜に青い妖精に助け出されるが、またキツネにだまされ、離れ島の遊園地「プレジャーアイランド」へ行く。悪いことし放題のその遊園地は、怠け者の子供をロバにして、売り飛ばす恐ろしい場所だった。半分ロバになったところで逃げだしたピノキオは、ゼペット爺さんがクジラに飲み込まれてることを知る。助けに行ったピノキオは、最後、自分の身を挺して爺さんを助ける。その自己犠牲を見て、青い妖精がやってきて、生き返らせて、人間にしてくれましたとさ。

教訓くさい物語だ。
　でもディズニーランドでは、教訓くさいところを見せるわけではない。そのへんがえらい。見せてくれるのは、人形劇団でのショーと、囚われのピノキオ、それと遊園地プレジャーランドのシーンだ。
　プレジャーランドがこの乗りもののメインと言っていいですね。「怠け者の子供たち」が集められ、悪いことしまくっているシーンだ。タバコ吸って、酒飲んで、お菓子を食べ散らかして、壊していい家をみんなで破壊してる。かなり妖しく楽しそうなシーンだ。一転、暗いシーンになり、みんなロバに変えられてる。こわいこわい。
　ディズニーランドという遊園地で「遊園地で遊びほうけるとロバになるぜ」という怖いシーンをていねいに見せてくれるのが面白い。ほとんどの大人はそういうバックストーリーを知らないで乗ってますけどね。ま、あくまでディズニーアニメ『ピノキオ』の世界を追体験して楽しむアトラクションってことだよ。
　さほど混んでいない。休みの日は少し混む。でも2分の乗りものなので、長く待つと割が合わない。おいらは、すいてる瞬間を見て乗ってます。通りすがりのときにすいてたら、お、ちょっと乗ってこうって感じの、いわば「角の立ち食いそば屋」のようにつきあってます。立ち食いそばはいいよな。いつもコロッケそばに生卵を入れる。あ、でも最近、高田馬場駅の立ち食いそば屋が、必ず座らせるようになったので、入らなくなった。あれは困る。憎んでる。立ち食いそば屋が座らせるな。座って食うならちゃんとしたそば屋に行くよ、おれは。あ、ピノキオそば1つ。卵いれて。

MICKEY'S PHILHARMAGIC
ミッキーのフィルハーマジック
ミッキーの管弦楽団魔法

見るとかなり満足するのになぜかさほど人気ではない飛び出す映画。おれはすごく好き

　飛び出すアニメ映画です。2011年にミッキーマウス・レビューあとにできて、以来、絶賛公開中です。ミッキーの、と銘打たれているが、でも主人公はドナルドです。あの、発音不明瞭なドナルドダック、彼が主人公の飛び出すアニメ映画です。主人公とはいっても、ドナルドは狂言回し役で、帽子を追い求める形で、ディズニーのいろんなアニメ世界をぐるっとまわってまた戻ってくる。

　とっても楽しい。この前に建っていたミッキーマウス・レビューの30倍くらい楽しいですね。そんなのと比べても仕方ないけど。

　しかも大きな劇場なので、一回に450人以上が座れる。回転が早い。さほど待たなくても入れる。それなのに、かなりおもしろい。内容がしっかりしている。室内だから夏涼しく、冬暖かい。ブラボー。すばらしい。

　かつて、カリブの海賊やスター・ツアーズは、「ほとんど待たないのに、かなり満足できるアトラクション」としてとても重宝されていたのだけれど、どちらもリニューアルされて、妙に人気が出てしまった。その代わりになるのが、このフィルハーマジックですな。

　なぜか人気がない。だいたい15分待ちです。長くて20分か30分。入場制限がかかった大混雑状態でも30分待ち。たまーに45分待ちになるけど、だいたい30分待ち。なんでだろうね。いいんだけど。

　たぶん、いつか再び脚光を浴びて、妙に人気復活するときがくるでしょうから、それまでは憩いの場として、静かに放置しておいて欲しいですね。こういう「見ると必ず満足するのに、なぜか人気の薄いアトラクション」があるのが、ディズニーランドの底力です。

　内容は、ドナルドがディズニーアニメ世界を転々としていくもの。まとまったストーリーはない。ミッキーに、触っちゃいけない、と言われた帽子に触ってしまって、ドナルドがいろんなアニメ世界を横断していく。

　美女と野獣、ファンタジア、リトルマーメイド、ライオンキングときて、そのあとピーターパンが登場してからが圧巻です。

　ドナルドはビッグベンの針に乗っかって弾かれたあと、ピーターパン＆ティンクと一緒にロンドンの空を飛ぶ。すごく気持ちいい。雲を突き抜けると、こんどはアラジンの世界でジャスミンとアラジンと並んで空飛ぶ絨毯でぐいぐいと飛ぶ。ここがすごい。ハンパないっす。夢の中で自在に飛んでいる感覚をおもいだす。ここの浮遊感は、ちょっとしびれます。このシーンのしびれが、見終わってもずっと残っていて、また行きたくなる。飛びたくなる。飛べるんだとおもう。飛びます。飛びます。トビッコも食べます。いや、それは食べませんな。

　最後はミッキーのいるところに戻ってきて、オチまであります。ドナルドが飛ばされたらその先も確認しましょうね。約束だよ。うしろです。カラダをひねってうしろを見てください。

　ピーターパンからアラジンへのつながり部分が僕は大好きです。3Dがとても効いて、かなり気持ちいいです。すごく楽しく、すごく気持ちよくて、すごく好き。しかもすいてる。さいこうっす。なんかただのファンの感想みたいになってますが、それはただのファンだからです。このまま見逃されて、いつまでもすいてる状態なのを希望します。はい。

CINDERELLA'S FAIRY TALE HALL
シンデレラのフェアリーテイル・ホール
シンデレラの妖精物語会場

みてまわるウオークスルー。不思議の絵の前で魔法の写真を撮ろう

2011年春にできたアトラクションである。お部屋をみてまわるだけのもの。ウオークスルーと呼ばれてる。シンデレラに関するものを展示してある展示場です。歩いて見てまわるだけなんで何でもないと言えば何でもない。でも楽しみ方次第です。

シンデレラ城ではかつてミステリーツアーが開催されていた。あのツアーはもともと「お城の調度品を見てまわるツアー」だったのだが、緊急事態になりみんなで地下に潜るという設定でした。その、お城の調度品をみてまわる本来のツアーがやっと開催されたのではないか、と私はおもってる。

そこそこの人気ですね。いいタイミングで入ればすごく空いてます。ただワンス・アポン・ア・タイムのショー開催のため、時期によってはかなり早めに終わるので注意してね。

エレベーターに乗って上に行くと、まずシンデレラの前半生が絵にされて壁に並んでいる。「いま振り返るプリンセスの下積み時代の絵物語」ですね。おシン時代です。

奥に入るとこんどは「シンデレラが幸せをつかむまで、人生でもっとも盛り上がった時代」の展示がある。いろんなアーチストによるアート作品がガラスケース内に展示されている。素敵なアートだけど作者がばらばらなので、シンデレラの顔形がひとつずつ違う。どうも落ち着かない。なかにはすごい顔もあって、シンデレラってひょっとしたら不細工だったのとおもってしまう。困ります。

そのあとシンデレラが王子と結婚する絵物語が描かれた場所があって、最後、奥の広間がある。こちらはシンデレラの想い出の品々に自由にさわれるようになっている。ここでいろいろと写真撮影をするのが楽しい。

ひとつはガラスの靴です。右の靴だけ置いてあって椅子もある。ただ足は入れられない。ガラスの靴型の脇に足を置いて撮影をすることになる。足が入れられないから「無理に靴を履こうとしてる意地悪いシンデレラの姉」にしか見えません。

シンデレラが座る玉座があります。そんなにふんぞり返ったら国民が怒るだろう、というぐらいにえらそうなポーズで撮りましょう。

あと、不思議の絵が2つある。シンデレラ城前のと、魔法使いと一緒のもの。ここに立って写真を撮ると、フラッシュをたかないとそのまま写るけど、フラッシュをたくと、あら不思議、魔法の粉が見える。絵の中央に立ってる人に魔法使いが魔法をかけてる瞬間の写真が撮れるわけです。これが人気ですね。すごく楽しい。横を向いて、口から魔法の粉を出してるみたいに撮ったりしてると、とても楽しいっすよ。

混んでいると順に並んで撮影をする。すいてると、自由に撮影できてとても楽しいです。パレードやショータイムがすいてることが多いですね。5分待ちのときに入ると楽しい。

最後はシンデレラ城の途中から外に出て階段を下りていきます。見事な風景です。一度、そこを逆行してきた女子高生三人組とすれ違ったことがあって、なんだここは逆からも入れるのかとおもっていたら、すぐあとから物凄くあせった係員が必死で駆け上がってきて、あきらかに捕まえに行ってました。気をつけてください。逆行して捕まると地下牢に入れられるんじゃないかと、私はおもいます。おシンデレラは怖いんだから。ぢゃ。

ファンタジーランド

IT'S A SMALL WORLD
イッツ・ア・スモールワールド
なんだかちっぽけな世界だぜ

　船に乗って、世界をぐるっと一周してくる乗りものだ。世界各国の民族衣装をまとった人形が楽しそうに踊ってる。「世界はひとつ」と楽しげな音楽が鳴り続けている。子供に最適な乗りものである。すごく楽しいわけではないが、何となく安心する乗りものである。

　おじさんは退屈する。必ずします。

　それにね、深く考えてみると「世界をひとつ」にするためには、現実的にはどうしても戦争しまくって征服し続けるのが早いわけですよ。そういう意味では「世界はばらばら」のほうが世界が平和だぜ、とおもってしまうんだな。「世界はひとつ」の歌を聞くたびにおれは野蛮で遅れたアジア民族を、キリストさまの慈悲を受けられる文化へと変えてあげようとする"悪意のない19世紀的植民地主義"を感じてちょっとげんなりします。深く考えすぎかな。考えすぎですね。すいません。

　ただ、この乗りもの好きな大人の女性も多い。自分が好きな女性がこれを好きだったら行くたびに一緒に乗るし（実際にそうですけど）、彼女が楽しそうなのを見ればいいなとおもうし、そんなことがあって、おれは今はもう熱心なイッツ・ア・スモールワールド信奉者です。悪人も、かわいい女性のお導きで神の国に近づけるって話です。悪人かよ。

　平日はすいてるが、休みの日はベビーカーが並んで20分待ちになることがある。子供が多い日には混みます。年末にクリスマスバージョンになったことがあります。

ファンタジーランド

ALICE'S TEA PARTY
アリスのティーパーティー
アリスのイカレたお茶会

　ティーカップである。

　ぐるぐるまわる。真ん中にあるハンドルを回すと、回転が早くなる。本気で回しつづけると、かなり気持ち悪くなる。悪ふざけにはもってこいの乗りものだ。

　子連れのときはもちろん、カップルで乗っても楽しい。こういうのって子供のときには大好きだったのに、ちょっと大きくなると乗らなくなる傾向があるもんだが、いくつになっても乗ったほうがいいぜ。おれも最近になって彼女と乗ったら、すげえバカ楽しかった。

　不思議の国のアリスは、ウサギを追いかけて不思議の国に迷い込んだアリスのお話である。いろいろと不思議なものたちに会う。お茶会にも迷い込む。かなりいかれたお茶会だ。頭のおかしな帽子屋と、頭のおかしな三月ウサギがお茶を飲んでいる。「今日は誕生日じゃないからおめでとう」というお祝いをやってる。ハッピー・アンバースデイ、だ。

　このシーンをもとにして、このぐるぐるまわる乗りものが出来てるようだ。とは言え、原作のお茶会では、めまぐるしく席を入れ替わりはするが、ぐるぐるまわることはない。だからあまり原作とは関係のないアトラクションだな。原作を知らなくっても、何も困らない乗りもので、ディズニーランドでこういうのも珍しい。

　あまり混む乗りものではないですね。わりと軽く見られてる乗りものだ。だから若いカップルにはぜひ乗ってもらいたい。

93

ディズニーランドでビールが飲みたいとき

　真夏のディズニーランドに朝からいると、昼すぎにはもうビールが飲みたくてしかたなくなる。ビール、ビール、ビール。そういう気分でいっぱいになります。なりませんか。ならない人はここは飛ばしてね。

　ランド内ではビールは飲めない。イーストサイド・カフェの向かいのクラブ33というところでは飲めるらしいが、その存在じたいも秘密のクラブです。また、レストランではときに「キリンフリー」というものを売ってたりする。暑さで判断能力が落ちたときに頼んだことがあるけど、あれはただ、哀しいだけですね。炭酸が弱いし、ビールの代用にはまったくならない。おれにはならないっす。

　外に出るしかないです。

　ホテルで飲めばいい。目の前のホテル、そう、東京ディズニーランドホテルです。

　ランドをいったん出る。出るときは、正面真ん中から出る。再入場のための見えないスタンプを押してもらうことを忘れずに。ランドを出るときは右手、シーを出るときは左手を出す。あ、これはおれの備忘録。ときに、一日でランドもシーも両方出入りすることがあるときは、そのように決めておいたほうがいいよ。出たらまっつぐ進む。まっすぐ、ではなくて、まっつぐ。それぐらい正面。まっつぐ。江戸っ子だってね。おうよ、神田うのの弟よ。はまかーんか。はいはい。モノレールも潜ってまっつぐ、そのままホテルに入ります。階段があるのであがる。左にラウンジが広がっております。ここで飲めます。

　大学生を連れていくと、宿泊客でなくてもいいんですか、とちょっと驚いたりする。もちろん、ちゃんとしたホテルのラウンジは全世界に向かって開かれています。誰が使っても大丈夫です。このホテルはたぶん魔法使いが使っても大丈夫だとおもう。

　ラウンジは広いです。何といっても天井が高い。この天井の高さが、涼しげで、とてもとても居心地がよいです。ここで食事を摂る人もいるので、食事どきは混みますが、それをはずせば空いてます。おすすめ時間は午後3時や4時。一番搾りの生ビールが1杯930円だったかな（増税前は900円ちょうどだったけど少し上がった）。ちょいと高い感じだけど、でも、量はしっかりあるし、この空間の値段も入ってるわけだから、妥当な値段でしょう。ぐびぐびっとひといきで半分飲むのが正しい。おつまみに、プレッツェルを砕いたものを出してくれます。しゃれこけてます。2杯を飲んで30分くらい。2人で2杯ずつ飲むと4000円になっちゃうけどな。ま、しかたない。ゲートまで5分くらいと近いのがいいですね。

　夜9時すぎ、帰る前にビール、となると、こんどはイクスピアリに向かいます（駅下にサイゼリヤがあるけど、けっこう混んでる）。9時を過ぎて飲めるイクスピアリのお店は、「モンスーンカフェ」「トルセドール」「オールド・オウル」「フライデイズ」あたりです。フライデイズはでかいハンバーガーも出るアメリカンな店で、けっこう愛用してます。京葉線に乗って、新木場や八丁堀に出ても、駅前にはビールを飲める店がない。なんかの意地悪かとおもうくらい見当たらないですよ。だから、フライデイズがいいとおもう。トルセドールはゴルゴ13に依頼するのにぴったりな高級感があるお店で、葉巻を吸いたい人向けです。たまに行きます。ゴルゴ8とか9くらいまでなら見たことあります。

　というわけで、ランドで生ビール飲みたくなったら、まっすぐ正面に出てディズニーランドホテルのラウンジで飲むのが心地いいぞというお話しです。幸せな気分になれます。

第5章
ディズニーランドのレストランとショップ

5章であつかっているレストラン（掲載順）

イーストサイド・カフェ ……106	●	110…… ハングリーベア・レストラン
れすとらん北齋 ……106	●	110…… ラッキーナゲット・カフェ
センターストリート・コーヒーハウス ……106	●	111…… ザ・ダイヤモンドホースシュー
リフレッシュメントコーナー ……107	●	111…… グランマ・サラのキッチン
スウィートハート・カフェ ……107	●	111…… ラケッティのラクーンサルーン
グレートアメリカン・ワッフルカンパニー ……107	●	112…… クイーン・オブ・ハートのバンケットホール
アイスクリームコーン ……107	●	112…… キャプテンフックス・ギャレー
ブルーバイユー・レストラン ……108	●	112…… ヒューイ・デューイ・ルーイの
クリスタルパレス・レストラン ……108	●	グッドタイム・カフェ
チャイナボイジャー ……108	●	113…… プラザ・レストラン
カフェ・オーリンズ ……109	●	113…… トゥモローランド・テラス
ザ・ガゼーボ ……109	●	113…… パン・ギャラクティック・ピザ・ポート
ボイラールーム・バイツ ……109	●	114…… そのほかの細かい屋台解説
ポリネシアンテラス・レストラン ……109	●	117…… ポップコーンマップ
プラザパビリオン・レストラン ……110	●	

TDLレストランのレベルとレジ処理問題

レストランには5つの階層があり、レジには罠が仕掛けられている

ディズニーランドには、たくさんのレストランがあって、たくさんの料理が用意されています。早く来てください。どんどん冷えてますよ。冷えても出しますよ。これこれ。

レストランには階層がある。

人にもレベルがあるように、レストランにもレベルがあるのだ。人もレストランも平等ではないんだよ。当たり前だけど。

ディズニーランドでもシーでもかけるお金によって、受けられるサービスに差がでてくるのだ。大きく分けると5段階、レベル1から5まである。順に紹介します。

●レベル5
着席注文（テーブルサービス）
座席に案内され、着席のまま注文する。料理は持ってきてくれるという貴族階級向けのレストラン。座席優先予約できるレストランもここに入る。予約できるところはレベル6（王様レベル）としてもいいですね。

●レベル4
学生食堂ふう（バフェテリアサービス）
お盆を持って、長いカウンターに並べられている料理の前を通り、気に入ったものを自分で取ったり注文して出してもらったりして先に料理を受け取り、そのままレジに進み金を払うという士大夫階級向けのレストラン。席はそのあと自分で探しますが、着席できないことはない。席がない場合は外で並ばせているからです。

●レベル3
先払いレジ方式（カウンターサービス）
レジが手前にあって、そこで注文して金を払うとレシートを渡され、それを持って前に3歩すすみ、カウンターでレシートを示して料理を受け取る上級庶民向けのレストラン。そのあと、席は自分で探す。混んでると席がないことがある。

●レベル2
マクドナルドふう（カウンターサービス）
カウンターで注文してお金を払い、その場で料理が出てくるのを待って受け取る中級庶民向けの食べ物屋。席は申しわけ程度にしか用意されてないところが多い（たくさんあるとこもあります）。マクドナルド風だけど、マックと違って、時間がかかるからって番号札を渡されることはなく、その場でつっ立って待つ。注文の多い人のうしろに並んでしまうと、すげえ待たされる。

●レベル1
屋台（ワゴンサービス）
金と交換に商品を受け取る下級庶民向け食べ物屋。ふつうここでは下級と書かず一般庶民とか言葉を濁すんだよな。ま、屋台です。レベル2と違うのは、まったく席が用意されてないこと、ですねえ。

以上5段階です。

もちろん、レベルが高いほど、金がかかる。レベル5・6で1人2000円ですね。4で1500円、3で900円、2だと750円。高いからうまいわけではないのが、ディズニーランドの困ったところだ。値段と味の関係でいえばレベル3と2あたりが順当だとおもう。

●先払いレジにみる「ディズニーサービスの限界」

さて、困るのが、実はレベル3・上級庶民向けのレジである。

ランドでは5店ある。グランマ・サラのキッチン、ハングリーベア・レストラン、ラッキーナゲット・カフェ、トゥモローランド・テラス、プラザ・レストランの5つだ。

手前にレジがあって、レジのお姉さんに向

96

かって、左右2つの列が作られる。

この列に対して、お姉さんはある1つの原則を守り続けている。それは「何があっても左右交互に接客する」ということだ。オッケーそれで大丈夫だ。公平な行為である。

問題は、それを並んでる客に周知徹底してないということだ。たぶん、そんなこと知らないお客さんのほうが多いとおもう。

だから、すごく不公平なことが起こる。

下図のように左右の列にばらつきがある場合、あなたは何も知らずに長い列につき、その次に来たデブが短い列についたとします。すごく普通に起こることですね。本来あなたは9番目、次のデブは10番目に並んだはずなのに、実際にはデブは5番目に処理してもらい、あなたはずっと先になってしまうのだ。

片方は誰も並んでないことがある。何も知らないと人間は長い列に並びます。でもおれは迷わず誰もいないほうに入ります。お姉さんは何も言わない。彼女の仕事は「左右列を交互に処理すること」だから。

本来「このレジは必ず左右のお客さんを交互に処理しますので、左右平均して並んでください」と、みんなに告知しなければいけない。それができていません。

かつては、まったく告知してないことが多かったが、最近は、近くのお客さんにはレジのお姉さんが言ってくれている。3人列と、0人列になったら、左右均等に並ぶように教えてくれていることが多い。

ただ、少し列が長くなると、もうレジのお姉さんの手には負えない。片側3人、もう一方が10人になってしまったら、その10人列の最後尾までお姉さんの声は届きにくい。ゆがんだまま列は伸びていくばかりです。

まだ不公平が是正されていない。

だから「列は左右均等に並んでください、と案内する係」を置くか、レジ周辺に目立つように書いておくか、パンフレットに注意を喚起するとか、なんか手立てはあるはずだとおもう。何とかしてください。

プラザ・レストランは、よく修学旅行生が固まってやってくるけど、5人で来ると必ず片側に並ぶ。そりゃ並びます。修学旅行生だもん。誰か1人が代表してまとめて買うという知恵もない。修学旅行生だもん。1人ずつ買うと5番、7番、9番、11番と処理されて、レジのすぐ後ろでお盆もったまま仲間を待ってたりして、よけい混乱に拍車をかけてます。頼みます。

■▶●ランドのレストラン一覧　遅くまでやってる店と座席数の多い店

「遅くまでやってるレストラン」閉店時間表

店名	閉店	開店	エリア
閉園までやってる22：00以降閉店の店			
リフレッシュメントコーナー	22:15	8:00	WB
スウィートハート・カフェ	22:00	8:00	WB
センターストリート・コーヒーハウス	22:00	8:15	WB
アイスクリームコーン	22:00	9:00	WB
閉店がやや遅い店　21：30閉店			
グレートアメリカン・ワッフルカンパニー	21:30	8:30	WB
トゥモローランド・テラス	21:30	8:30	TL
プラザ・レストラン	21:30	8:30	TL
パークサイド・ワゴン	21:30	9:00	AL
ハングリーベア・レストラン	21:30	9:00	WL
閉店21：00の店			
ペコスビル・カフェ	21:00	8:30	WL
キャプテンフックス・ギャレー	21:00	8:30	FL
パン・ギャラクティック・ピザ・ポート	21:00	8:30	TL
ビレッジペイストリー	21:00	9:00	FL
ヒューイ・デューイ・ルーイのグッドタイム・カフェ	21:00	9:00	TT
イーストサイド・カフェ	21:00	10:00	WB
れすとらん北齋	21:00	10:00	WB
グランマ・サラのキッチン	21:00	10:00	CC
ブルーバイユー・レストラン	21:00	10:30	AL
閉店20時台の店			
クイーン・オブ・ハートのバンケットホール	20:45	9:30	FL
クリスタルパレス・レストラン	20:45	10:00	AL
スキッパーズ・ギャレー	20:30	8:30	AL
カフェ・オーリンズ	20:30	9:00	AL
ボイラールーム・バイツ	20:30	9:00	AL
チャイナボイジャー	20:30	10:00	AL
プラザパビリオン・レストラン	20:30	10:30	WL
ライトバイト・サテライト	20:00	8:30	TL
ザ・ガゼーボ	20:00	9:00	AL
閉店19時台の店			
ラケッティのラクーンサルーン	19:30	8:30	CC
トゥーントーン・トリート	19:30	8:30	TT
クレオズ	19:30	9:00	FL
スペースプレース・フードポート	19:30	9:30	TL
トルバドールタバン	19:30	9:00	FL
ミッキーのトレーラー	19:00	8:45	TT
ラッキーナゲット・カフェ	19:00	9:00	WL
閉店が19時以前の早仕舞いの店			
ロイヤルストリート・ベランダ	18:00	9:00	AL
スクウィーザーズ・トロピカル・ジュースバー	18:00	10:00	AL
フレッシュフルーツオアシス	17:30		AL

【エリア略称】AL:アドベンチャーランド CC:クリッターカントリー FL:ファンタジーランド TL:トゥモローランド TT:トゥーンタウン WB:ワールドバザール WL:ウエスタンランド

ランドにレストランがいくつあるかというのは、数えようによって違ってくる。公式HPやマップに載ってる店を足すと47店になる。でもこれにはペットボトル飲料しか売ってない店や、ポップコーンのワゴンも入っている。そういう店で買っても腹はふくれない。

47のうち、とりあえず食事ができるところ、および若い男子が食事の代わりにできそうな店を並べると、ざっくり30店というところだろう。男子が、というのは、スイーツしか売ってない店を入れない、という意味である。若い女子はまじにスイーツで一食代わりにしますからね。柔道部男子はそれは無理。

どのレベルの店がどこにあるのか、というのが、右ページの表。座席数つきです。29店舗。中華まんやホットドッグ、春巻き、肉塊などを売っている店は入れてあります。

きちんと座席が確保されているのがAレベル。Bもだいたい席がある。席がないときは外に並んで待たされる。Cレベルの上3店も席が空いてないとレジに案内されないことが多い。Cの下2店は席が無くても食事を売ります。D以下は席がなくてもどんどん売ります。上のほうが金がかかって、下のほうは安くすむ。そういう、きちんと資本主義世界らしい構造になっています。

座席数も出しておいた。もっとも多いトゥモローランド・テラスは1470席。屋外席も入ってますが、すごい数です。ところが混んでる日にはこれでも満席になる。だから目安としてお使いください。

左の表は遅くまでやっているのはどのレストランか、という表である。ただ、ランドの閉園時間は季節によって違う。表にのせたのは、夏22時まで開園してるときの閉店時間である。いつも22時までやってるわけではない。そのへんを考えて、これまた目安とし

レベル別 ランドのレストラン
座席数つき

レベル	スタイル	レストラン	座席数	エリア
AA	予約着席	ポリネシアンテラス・レストラン	230席	AL
		ザ・ダイヤモンドホースシュー	220席	WL
A	着席して注文	イーストサイド・カフェ	240席	WB
		センターストリート・コーヒーハウス	230席	WB
		れすとらん北齋	270席	WB
		ブルーバイユー・レストラン	210席	AL
A	着席ブッフェ	クリスタルパレス・レストラン	450席	AL
B	バフェテリア	プラザパビリオン・レストラン	400席	WL
		クイーン・オブ・ハートのバンケットホール	460席	FL
C	カウンター食堂	チャイナボイジャー	260席	AL
		ハングリーベア・レストラン	710席	WL
		グランマ・サラのキッチン	530席	CC
		トゥモローランド・テラス	1470席	TL
		プラザ・レストラン	730席	
D	半野外席食事	グレートアメリカン・ワッフルカンパニー	120席	WB
		リフレッシュメントコーナー	170席	
		カフェ・オーリンズ	170席	AL
		ラッキーナゲット・カフェ	400席	WL
		キャプテンフックス・ギャレー	210席	FL
		ヒューイ・デューイ・ルーイのグッドタイム・カフェ	430席	TT
		パン・ギャラクティック・ピザ・ポート	590席	TL
E	軽食カウンター	スウィートハート・カフェ	90席	WB
		ザ・ガゼーボ	110席	AL
		ボイラールーム・バイツ	170席	
		ラケッティのラクーンサルーン	0席	CC
F	ワゴン軽食	スキッパーズ・ギャレー	0席	AL
		ペコスビル・カフェ	60席	WL
		チャックワゴン	0席	
		ミッキーのトレーラー	0席	TT

て見てもらいたい。まあ、閉園が早い時期であっても遅くまでやってる店は同じだとおもうけどね。閉店時間が違うので注意。

　遅くまでやってるのは、すべて入口近くワールドバザールの店である。閉園時間まで（なかには閉園時間を越えてまで）やってる店がある。1つはアイス店。がっつり食べるならセンターストリート・コーヒーハウス、簡単に食うなら、リフレッシュメントかスウィートハート・カフェがよいとおもうぞ。

　21時30分までの店になるとトゥモローランドのハンバーガー店や丼店（プラザ・レストラン）、奥地のカレー店などもやっている（こともある）のだよ。帰る間際になって、ああ、腹減ってるなあ、とおもったときは、そのへんの店が頼りになります。あまり舞浜駅周辺にお店ないからねー。駅の立ち食いそばなくなったのがほんと残念ですわ。

TDLレストラン待ち列のねじれ問題

ランドができたのは1983年のことで、うそみたいだけど、日本はまだ貧乏でした。銀行は土曜も窓口があいていた。1985年当時、銀行員の彼女とつきあっていたが、大晦日にディズニーに行こうと誘ったら、大晦日は銀行員は一番忙しい日だ、金勘定が合わなくて泣きそうになる、紅白歌合戦なんて働いてから見たことがない、と言ってたもん。当時の日本人は土曜日もみんな働いてました。週休二日なんて夢の国の話でした。

ディズニーランドが作られた当時、ここまで連日、人がやってくると信じてなかったようなのだ。それはたとえばランドとシーのレストランを見比べてもわかる。レジ前のスペースを見てください。2001年オープンのディズニーシーのカスバ・フードコートとか、ザンビーニ・ブラザーズ・リストランテとか、レジの手前にバスケットボールができるくらいの広さがとってある。ランドはもっとせせこましく作られてます。ランドとシーのあいだには昭和と平成の大きな溝があるんですな。

ランドのレストランでは、ときに、すごく不均衡な列ができてしまう。

以前、00年代には決定的な差ができるレジが4つありましたが、そのいくつかはその後、解消されました。もっともきちんと直ったのはミッキー顔ワッフルの店"グレートアメリカン・ワッフルカンパニー"です。かつてすごくいびつな2列待ちになっていたけれど、いまは1列行列になったので、不公平はうまれません。えらいえらい。

ただいまだに少し列が変になるところは残っている。それは「ふつうに店に近づいたときにレジがどう配置されているか、瞬時には把握しにくいので、手前の列に何となく並んでしまう」という店で起こります。それが起こりやすい店を並べておきます。

●リフレッシュメントコーナー

●スペースプレース・フードポート
●ハングリーベア・レストラン
●トゥモローランド・テラス
●プラザ・レストラン
●ラッキーナゲット・カフェ

入口に近いほうの列だけがすごく伸びて20人待ちと8人待ちの列などができています。だから、混んでるときに混んでるレストランに並ぶときは、落ち着いて、よく全体を眺めてから並んだほうがいい、ということです。でも、これ、そういうのを見る人生を送ってきたかどうかで、気付く人か気付かない人か、もう決まってるんですけどね。気にならない人は、何も気付かない。中学生はいちおう覚えておいたほうがいい。「列はすべて見えているのだが、奇妙な不均衡が起こる」という店もある。

もっとも大きいのは人気のターキーレッグを売っている"チャックワゴン"です。レジが2つあって、ワゴンに向かって左と右に列が分かれていて、その列の長さが必ず違う。何回か数えたところ、店に向かって右（ホーンテッドマンション側）のがすいてることが多い。でも常にそうとは限らない。ときに逆のが短いこともある。そのへんが面倒。

ほかに不均衡が起こる店を並べておきます。
■ペコスビル・カフェ
■ラケッティのラクーンサルーン
■キャプテンフックス・ギャレー
■ヒューイ・デューイ・ルーイのグッドタイム・カフェ

あと、ザ・ガゼーボとカフェ・オーリンズもときどき差ができてるけど、混んでることが少ないからねえ。みんな、混んでいる日の問題です。すいてるときは気にしなくて大丈夫。ぼんやり過ごすのが目的なら、これくらいは気にしなくていいとおもいます。おれは何か気になるんだけどね。

レストランは何時ごろがすいてるのか

レストランは何時がすいているのか。
はい。それは午後3時台です。

ま、そんなこと少し落ち着いて考えればわかるだろうけど、でも確かにそうなのだ。何年にもわたって待ち時間を調べた結果、そういうことがわかりました。調べなくてもわかったような結果だけど、調べてわかったので、心して聞くように。

食事時間のピークは昼は12時、夜は6時である。夜の場合、7時すぎるとパレードが始まるので、6時がピークになっています。

みんなピークを避けようとする。避けるときにも法則があって「前倒しで1時間、後ろにずらして2時間が限度」なのだ。つまり早くて11時、遅くて2時ですね。逆に言うと2時間ずらしたから空いてるだろうと、2時に入っても、かなり待たされることがよくあるわけだ。

だから一食めを10時半から10時55分くらいまでに食べ、次を3時すぎに食べればディズニーではすごく時間を節約できる。それは昼食なのか夕食なのかと聞かれたことがあるが、それは知らない。午後3時の食事だ。3時にレストランに行けば空いている。

10時30分開店という店もあるので、そのころに入園した場合は、何も考えずにまず食事する手もありますね。

でなければ予約。

インターネットで事前に予約するか（それは16pを参照）、当日も予約受け付けてます。厳密には予約ではなく座席優先案内で、レストランのファストパスだと考えるといいです。時間になったら必ず着席できるわけではなく、混んでると待たされることがある、といつも説明される。ファストパスで入ったのに20分かかった、というほど待たされたことはないですけどね。いちおうそういうことになってます。予約できるのは2014年より1つ増えて4レストラン。①ブルーバイユー・レストラン②れすとらん北齋③クリスタルパレス・レストラン④イーストサイド・カフェ。この順に人気です。予約がこの順になくなります。混雑日は全部が開園30分以内でなくなる。かなり本気で取りにいかないと取れません。本気で構えてください。

時間はずらさず、予約もできなかったら、すいてる店に行くしかない。

どこが空いているか。

まず入口でもらったパンフレット「Today」を広げてみよう。そこにこの時期限定のスペシャルメニューが載っている。美味しそうだ。ではまずそこを避けよう。多くの入場者はこのパンフレット情報だけでレストランを選んでいる。それが目当てで来たのでなければ、載っている店は避ける。

あとは以下の空いているお店ランキングを参照していただきたい。

軽食系の店は入れてません。

1 リフレッシュメントコーナー
2 トゥモローランド・テラス
3 カフェ・オーリンズ
4 ザ・ガゼーボ
5 スウィートハート・カフェ
6 ラッキーナゲット・カフェ
7 キャプテンフックス・ギャレー
8 ヒューイ・デューイ・ルーイのグッドタイム・カフェ
9 プラザ・レストラン
10 パン・ギャラクティック・ピザ・ポート

かならずこの順位ではないけど、このへんは空いてます。予約できる店以外で必ず混んでいるのはクイーン・オブ・ハートのバンケットホールです。あすこは、絶望的に混んでるんで混雑日は避けましょう。よろしく。

ディズニーランドでは何を食べればいいのか

　ディズニーランドでは何を食べればいいのか。うむ。全レストランで、あらゆるものを食べた結果、わたしはこう考えます。
　オリジナルのもので、なるたけ安価なものがいいだろう。
　以上です。
　目立つように書いておきます。
　ディズニーランドで何かを食べるなら
●なるべく安価なもの（700円以下）
●ディズニーオリジナル性の高いもの
　そういうものがいい。
　オリジナル性の高い、というのは、完全なオリジナルでなくても、ディズニーぽさの高いもの、ということです。
　代表的なのはチュロス。
　チュロスはディズニーランドが発明した食べ物ではないが、ここで初めて食べたという人が多いとおもう。そういうものを食べるのが、もっとも幸せな気分になれる。
　ほかには。
　スモークターキーレッグ。
　ミートパイ（あったかいやつ）。
　トルティーヤ・チーズドッグ。などなど。
　べつだんディズニーランドでしか食べられないものではないが、でも、そんなにそこら中で売ってるものではない。そういうものがいい。
　だって、楽しいから。
　つまり、ディズニーランドで味を求めても、わりとむなしい気分になる、ということを暗に言っております。暗じゃないか。明に言っております。この場合、明、はどう発音すればいいんだろう。どうでもいいです。
　2ポイントのうち、どっちがより重要かというと「安い」ほう。オリジナルではなくても、安いものだったら、そんなにはずれない。そういう傾向にあります。
　なぜかディズニーランドでは1000円以上すると、まったく値段に見合わない食べ物がでてくるが、700円くらいだったら、楽しくて美味しいものが出てきて、幸せな気分になれる。そういう不思議な法則に支配されている。なんでかは知らない。理由を想像できなくもないが、考えてもしかたがない。すべてのレストランとワゴンで、ほぼすべてのメインメニューを食べて、そういう厳然たる結論をあたくしは得たのであります。結論だけをいただいておいてください。
　ランドでは安いものを食え。
　ま、若者はいつも、安いものしか食べてないけどね。
　ピザとか、ホットドッグとか、ワッフルとかクレープとか肉まんとか春巻きとか、べつにオリジナルじゃなくても、そういう安いものが、いいです。楽しいです。幸せです。
　安いもののなかでは、ふつうのハンバーガーは（トゥモローランドテラスのものを指しています）、ちょっと哀しいです。うまく感じないというか、味を感じません。何なんでしょう。アメリカでの下積み時代、ハンバーガーばかり食べてたからかなあ、なんて、無意味なウソはやめましょうね。アメリカで下積みなんかしてません。そもそもアメリカに行ったことすらないから、下も上も積めませんです。すません。
　高い店は「席にきちんと座れる代金」や「エアーコンディショナーがきちんと効いて居心地のいい空間にいられる代金」が食事代に上乗せされている、と考えるのがいいかもしれません。
　では、ディズニーランドの全レストランで食べた私が、おもいきって言ってしまいます。「ランドではピザを食べているのがもっとも幸せである」。うわー。言ってしまった。ぴざぴざぴざぴざぴざぴざ。じゃこれは何だ。ピッツア。はい。正解。なにそれ。つぎいくよ。

ディズニーランドのおすすめレストランはどこか

ランドでのおすすめレストランはどこか。
うーん。
いま、左のページの最後に言ってしまいましたけどね。
「ランドでは、ピザを熱いうちに食べれば、それで幸せである」。
いやこれはレストランではなくて、おすすめの一品ってことになりますね。
では、レストランのおすすめとなると。
そうですね。デートで行くのにおすすめレストランはどこか、ということで考えてみましょう。
デートで行くなら。
楽しいところがいい。
つまり味ではなく、なんか楽しいね、と彼女が言ってくれそうな（彼が言ってくれそうな）空間で食事をするのがいいです。
となると、まず名前があがるのが、ブルーバイユー・レストランでしょう。カリブの海賊のスタート地点脇にあるレストラン。つまりアトラクションの一部になっているレストラン。暗くてロマンチックです。恋する二人にはぴったりです。
楽しいところといえば、つぎは「クイーン・オブ・ハートのバンケットホール」だな。
ここはバフェテリアサービスだし、料理はさほどうまいと感じないんだけど（いや、ごめんごめん、あくまで個人の感想です）でも、楽しい。ものすごく楽しい。外観から内装まで、ふしぎの国のアリス世界で統一されていて、とても素敵な空間です。圧倒的にうきうきします。ここまで空間が凝ってあれば、どんな料理を食べても、美味しかったという記憶にすりかわってしまいます。吊り橋理論です。ちがうか。吊り橋理論ではないな。ああ、そうだ。割り箸理論かな。なんて、聞いたことないですぞそんな理論。
楽しいといえば。

食事中に、キャラクターがやってくる食事はとても楽しいですぞ。
１つは「ポリネシアンテラス・レストランのランチ」。リロのルアウ＆ファンというタイトルのついている食事です。完全事前予約。しかもものすごく人気が高いので、ふっとおもいついたくらいではとても予約は取れない。かなり事前に、とても入念に計画を立てて、きちんと予約しないと取れない。
でもこれは座席にミッキーとミニーとチップとデールとあと2キャラがやってきてくれる食事です。食事より、キャラとのふれあいメインのイベントです。めちゃ楽しい。チップとデールと触れあえて、めちゃ楽しいっすよ。そのうえ、料理もけっこう美味しい。すばらしい。でも予約が取りにくい。なかなか、世知辛いです。
もう1つ、キャラがきてくれる食事がある。「クリスタルパレス・レストランの朝食」です。開園から90分間、朝食が食べられる。食べてるところへ、ティガー、イーヨー、ピグレット、ラビット、プーが来てくれる。これは予約は要らない。ただ、朝一番にレストランに駆けつければいい。混んでる日は混むけど、すいてるときはとてもすいてます。これも楽しいよ。デートにももってこいだとおもう。ただ、朝一番のすいてる時間帯に、アトラクションに乗らずに、ゆっくり食事する、という覚悟が必要です。そういう覚悟のない人が多いから、比較的すいてるわけですね。
美味いまずいを越えて「楽しい」というポイントで、こういうレストランをあたくしはおすすめします。
あまりランドで味を求めてもしかたない、ということでもあります。味ではなく楽しさを求めよ、というのがランドでは正しい選択だとおもいます。まさにこれが割り箸理論です。だから知りませんってそんな理論。

で、結局ランドのレストランはどこがいいのか

1：混んでる日には私はここに入る

混んでるときに、私はどのレストランへ入るか、というお話です。参考にして下さい。

やはり軽めのものがいい。

なかでもカフェ・オーリンズが好きです。クレープの店。甘いクレープもあれば、総菜クレープもある。総菜クレープは一種のサンドイッチです。そこそこ食べ応えがあってそこそこ美味しいです。それに店があまり混まない。いいとおもいます。

次に好きなのはトゥーンタウンのグッドタイム・カフェ。ここのバーガーやスイーツは美味い。混雑日には列ができるが、少し我慢くらいの時間で買えます。

スター・ツアーズの向かいにあるピザ店は、混雑日はかなり混みますが、カウンターがフル回転してれば、15分くらいで買える。だから並んで、そのへんでピザを食う。ピザは

混んでるときによく使う食事処5	
1	カフェ・オーリンズ
2	グッドタイム・カフェ
3	パン・ギャラクティック・ピザ・ポート
4	ラッキーナゲット・カフェ
5	グランマ・サラのキッチン

いいです。ラッキーナゲット・カフェは少し時間をずらせば空いていることが多いです。リニューアルされたら混みそうですが。

もうひとつはグランマ・サラのキッチンで、ここも混雑日の食事時間は混みますが、中も広いし、奥まった場所にある食堂なので、時間ずらせばさほど待たずに入れます。なんといってもここはいろいろと美味いので、おれは好きです。好みは分かれるとおもうけどね。以上が混んでる日のホリイおすすめ5。

2：すいてる日に入りたいレストラン

待ち時間がほとんどないと仮定したとき、ではどのレストランに入りたいのか、というのを考えてみました。店の雰囲気と、食事の味と両方を考慮してます。個人の嗜好ですが。

1　ブルーバイユー・レストラン：カリブの海賊脇にあるレストランはやはり雰囲気がいい。暗くて料理がよく見えないという部分はあるが、やはり雰囲気はいいし、それに肉料理は美味い。単品料理を選ぶとここは美味いとおもいますよ。高くつくけど。

2　イーストサイド・カフェ：ちょっと高級なファミレスという雰囲気だけど、パスタはきちんとしてる。着席してゆっくり食事できるところとしてわたしは好きです。

3　クイーン・オブ・ハートのバンケットホール：何といっても内装が凝っていて、入るととても楽しい。もっともランドらしい雰囲

すいてるなら入りたいレストラン5	
1	ブルーバイユー・レストラン
2	イーストサイド・カフェ
3	クイーン・オブ・ハートのバンケットホール
4	グランマ・サラのキッチン
5	れすとらん北齋

気のレストランだとおもう。料理は、ちょっと残念な感じのものもあるけど、気にしなければ、ただただ、楽しい空間です。

4　グランマ・サラのキッチン：混んでるときのおすすめにも入れたけど、すいてるときだって入りたいですね。けっこう料理が好きですね。シチューが特に好き。

5　れすとらん北齋：ちょっと高いけど、日本人は日本食が好きです。天麩羅は冷めてて嫌だけどあとはだいたい大丈夫。

3：ホリイの好きなランドの軽食

　ランドの食べ物ではうまいのはやはりスナック軽食類です。私の好きなものを並べます。これはどこまで行っても個人の嗜好ですが参考になるものなら参考にしてください。

1　ペコスビル・カフェのミートパイ：骨付き肉を売らなくなって復活した。あたしゃ、このパイが大好きです。美味いとおもうけど、いろんな人に食べさせると反応が微妙。

2　トルティーヤ・チーズドッグ：スプラッシュ・マウンテンの出口脇にある店。上記のミートパイとこのトルティーヤは、前を通るとどうしても買ってしまう。腹減ってなくても買ってしまう。どんどん太る。でも好き。

3　ミッキーのトレーラーのスプリングロールのエッグ＆シュリンプ味：ミッキーの家前にある春巻き店。いつも列ができてる。すいてたら絶対買ってしまう。2種あるけどおれは圧倒的に絶対的に「エッグ＆シュリンプ」

ランドの軽食　ホリイのすごく好きな順	
1	ペコスビル・カフェの「ミートパイ」
2	ラケッティのラクーンサルーンの「トルティーヤ・チーズドッグ」
3	ミッキーのトレーラーの「スプリングロール　エッグ＆シュリンプ」
4	ラッキーナゲット・カフェの「スモークターキーレッグ」
5	ボイラールーム・バイツの「ミッキーマウスまん」

味です。これは完全に個人の嗜好なのでみんなは両方試してみてください。

4　スモークターキーレッグ：蒸気船乗り場前のワゴンは混んでるので、奥のラッキーナゲット・カフェで買いましょう（ただし2015年秋まで）。

5　ボイラールーム・バイツのミッキーマウスまん：中華まんです。うまいとおもう。

4：ホリイの好きなランドのスイーツ

　ランドはスイーツも美味いです。おれの好きなのを選んだら7つになってしまった。スイーツはけっこう入れ代わるので、いつもあるとは限らないからご注意。甘味一期一会。①グッドタイム・カフェのレモンクリームパイ：かつてはここはエクレアが美味かったんだけど、それがなくなって、でもまた次のスイーツが美味いです。そういうものらしい。クリームパイいい。②グランマ・サラのクリッターカントリーケーキ：ここも前はあったかいアップルパイだったけどそれがなくなって、いまは手作りぽいケーキ。アメリカ南部家庭らしい感じがして好きです。③ソフトクリームミックス：ピーターパンの隣の隣の店のソフトクリーム、そのミックス味が好き。④ソフトランディングのリトルグリーンまん：ここのソフトクリームもいいけど「リトルグリーンまん」がかわいくて、でも3匹の

ランドのスイーツ　ホリイのとても好きな順	
1	グッドタイム・カフェの「レモンクリームパイ」
2	グランマ・サラのキッチンの「クリッターカントリーケーキ」
3	トルバドールタバンの「ソフトクリームミックス」
4	ソフトランディングの「リトルグリーンまん」
5	ビレッジペイストリーの「ティポトルタ」
6	プラザ・レストランの「マイク・和ゾウスキ」
7	トゥーンタウン・トリートの「スウィートクリームチーズ・プレッツェル」

味がそれぞれ違うのがいい。匹じゃないか。⑤ティポトルタ：あまりほかでは味わえない味なのでよいです。列がときどきできてる。⑥マイク・和ゾウスキ：ただの饅頭だけど、その洒落ネーミングと、見た目のかわいさで、おすすめですね。⑦クリームチーズ・プレッツェル：外が塩味で、中がクリームで、ちょっと渋いクリームパン。好きです。

ワールドバザール　レストラン7店

　ランドにはいってすぐのアーケード街がワールドバザールでござーる。うう。ここには7店のレストランがある。「必ず座れる店」が3軒、自分で買って店前の席に適当に座る（混んでると席がない）店が4軒です。順に紹介いきます。

EASTSIDE CAFE
イーストサイド・カフェ
東のほうのカフェ

テーブルサービス
予約可　座席：確保

　パスタのコースのお店。コースしか頼めない。必ず、前菜と飲み物とデザートがついてくる。それで2000円ほど。デザートなしだと1700円ほどで済むが、地上に生息するすべての女性は「デザートは別腹よ」と言うので2000円です。麺はスパゲッティーニ。スパゲッティより細い細麺です。パスタ単品注文はだめだけど、かつては飲み物だけは大丈夫だった。二人で入って一人がコース、もう一人は飲み物だけ、というのがOKだったが、いまはどうだろう。ボロネーゼとか、カルボナーラとか、ファミレスっぽいのが用意されています。味もまあ、ファミレスぽいです。予約できるレストランの中ではもっともすいてます。時間をずらせば、すっと入れます。

RESTAURANT HOKUSAI
れすとらん北齋
葛飾北斎食堂

テーブルサービス
予約可　座席：確保

　和食の店。席が270あって、かなり広い。入口近くに幕末ころの江戸の地図が飾ってあって眺めてると飽きない。江戸が好きならね。予約できて、座れる店なので、高い。鶏焼き丼が1500円くらい、カツ膳1800円、天麩羅膳1800円、海鮮系の丼1900円、ステーキ重2200円くらい。鶏焼きか、海鮮丼をすすめます。ステーキは旨いけど2000円越えは高い。天麩羅は揚げてから時間経ってるんで哀しい。「ドシテモ、日本ノテンプーラ、食ベタイデス」と強く願うスイス人を連れてるとき以外は、勧めません。スイス人限定。ドイツ人やアメリカ人には勧めないぞ。やや冷めてるから。カツも同じ理由で、あまりお勧めしません。高いレストランでは、安めのもののほうが旨いという不思議な傾向があります。すべて素材はいいものを使ってあります。混んでるけど。

CENTER STREET COFFEEHOUSE
センターストリート・コーヒーハウス
中央通り珈琲館

テーブルサービス
座席：確保

　入口からシンデレラ城へとまっすぐ伸びる道がメインストリートで、中央で横切る道がセンターストリートだとおれは理解してます。その交差点を右に曲がったところにあるファミリーレストラン。何たって営業時間が長い。開園早々に開き、閉園後も開いている。閉園時刻22時ちょうどまで入店できる（はず）。22:15までパンのおかわり可、22:20まで飲み物おかわり可、22:30まで店内にいてもよい、と遅く入ったときに説明された。「家に帰っても食べるもの何もないからね！」とお母さんが叱咤してる家族が食事してるのをよく見ます。食べ物もファミレスです。カレーライス、ハンバーグなど子供のころ大好きで、大人になっても楽しく食べられるラインナップが並ぶ。味もファミレスレベルのものが出ます。家に帰っても何もないんだから、黙って食べなさい。

REFRESHMENT CORNER
リフレッシュメントコーナー
元気回復の角の店

カウンターサービス（レジはカウンター内）
座席：自力確保

　ホットドッグの店。便利な場所にあり、開園からあいていて、閉園後22:15まで買える。便利だ。もっとも使ってます。アーケード街からシンデレラ城前広場に抜けきる左角にある。カウンターで買って、近くの空き座席を探して食べる。前の席に座れるとシンデレラ城正面で眺めがいいです。混雑日は人でいっぱいだけどね。ホットドッグは400円ほど。パンにソーセージだけの単純シンプルホットドッグです。飲み物とフライポテトがつくセットだと820円から。それぞれ200円で追加という勘定です。それにチーズやアボカドやラタトゥイユが加わるとまた値段が上がる。おれはアボカド要りません。

SWEETHEART CAFE
スウィートハート・カフェ
恋人のカフェ

カウンターサービス（レジはカウンター内）
座席：自力確保

　パンの店です。かつてはイタリア料理店でした。ここも開園から閉園まで営業してる。ランド内で夜遅く腹減らしたら、この出口近くに戻ってくるしかない。覚えておいてね貴子。パンは自分で選んでお盆に乗せてレジにもっていく街のパン屋さん形式。でもそういう街のパン屋さん的な「できたての香ばしいパン」の香りはしない。残念。そのぶんミッキー型パンや、一つ目メロンパン、骨型パンなどあって楽しい。値段も190円からあって、園内でもっとも安く食べ物が買える店。ちょっと高い400円くらいのサンドイッチもある。そんなに混まない。でも席は少ない。がんばれ貴子。だれ？

GREAT AMERICAN WAFFLE COMPANY
グレートアメリカン・ワッフルカンパニー
偉大なるアメリカのワッフル会社

カウンターサービス（レジはカウンター内）
座席：自力確保

　初期ミッキーの顔型のワッフルのお店。ミッキーものなので人気高く、でも座席は多くないので、よく、離れたところで食べてる人を見かける。大きいワッフルなので、プラスチックのナイフとフォークを使って食べなければならず、ベンチで苦労して切っているのをよく見かけます。楽しいからそれでいいともうけど。ワッフルが昔からずっと「生ぬるいような温かさ」で出されて、ずっと不思議です。あれが適温ってわけじゃないだろ。ワッフルだから、甘い。大人の一食とはなりにくい。女性はこれで済ますことも可能かもしれないが、男は3枚は食べたいですね。うそです。プチワッフルも売っている。

ICE CREAM CORNS
アイスクリームコーン
氷菓子の円錐

カウンターサービス（レジはカウンター内）
座席：自力確保

　アーケード街からシンデレラ城前広場に抜ける右角にある。
　その名のとおり、アイスクリームを売っている店です。シングルで340円、ダブルで440円、以上。あとはサンデーを売ってますな。バナナブラウニーサンデーとか。おれは甘いもの大好きではあるが、この、サンデーまで甘さで固められて甘さで押してこられるとちょっと引きます。あまり食べません。
　ほかは基本、飲み物しかない。だから食事処ではない。甘味処および飲み物処です。冬はあったかい飲み物を買う処です。冬は店内に入るだけで寒いです。エルサが店番すればいいのにね。雪男でもいいけど。

アドベンチャーランド　レストラン7店

　アーケード街を出て左のエリア。欧米人が「探険」を楽しむエリア。ここは飲食店多く、きちんと食べられるレストランが7店あり、それ以外に屋台が5軒ある。合計12の飲食処となる。探険地帯だから多く配置されているかもしれん。現地人にとっては「生活」エリアだけどな。

BLUE BAYOU RESTAURANT
ブルーバイユー・レストラン
青い沼のような入り江食堂

テーブルサービス
予約可　座席：確保

　ランド内でもっともロマンチックで、もっとも高価で、もっとも暗いレストランです。カリブの海賊の乗船位置から右に見える。アトラクションの一部でもある珍しいレストランです。まじ照明が暗く、牛肉のグリルを食べてるんだか、牛肉味のグリコを食べてるんだかわからないくらいです。うそ。でも暗い。コース料理がだいたい3000円台、それを頼むのが無難です。それなりのお味です。単品で頼むと牛肉が3200円くらい。高いけど、注文してから作ってくれたようで、温かい肉が出て、とても旨かったです。ただ人気が高く予約も早く埋まるし1時間待ちもよくある。でも、混雑日でも午後3時に行くとすっと入れることが多いので、それは覚えておいてくださいぽんちゃん。誰？

CRYSTAL PALACE RESTAURANT
クリスタルパレス・レストラン
水晶宮レストラン

バフェテリアサービス
予約可　座席：確保

　食べ放題の店です。いっぱい食べられます。ランドですから「残したら罰金」というセコな貼り紙もありません（でも残さないように）。カレーやオムレツ、海老フライ、ハンバーグなんかが食べ放題で、子供や子供舌のおれみたいな大人は大喜びです。大人用の料理は、なんか南方系の味で、色が茶系統で、肉と野菜が一緒になっていてあきらかに子供の苦手そうなものなので、おれも苦手でそっちは取りません。ジュースの種類が少なくて残念だけど、スイーツは10種類あって、これはとても嬉しい。海老フライとケーキが食べられれば幸せな人向きです。まあ、食べ放題で味を問題にしてはいけません。イベントだから。イベント好きが集まる休みの日は混みます。
　朝はプーさんが席に来てくれるキャラクター朝食をやっている。開園から1時間半ほど。これは楽しいよ。時間あったらぜひ。

CHINA VOYAGER
チャイナボイジャー
中国航海冒険者

カウンターサービス（レジはカウンター内）
座席：緩やかに確保

　ラーメン店である。どんぶり持って、ベンチで抱え込んで食べるわけにはいかないので、席は緩く確保されている。席が空かないと店に入れない。だから外に長い列ができやすい。でも30分待ちですと言われて9分で着いたこともある。ラーメンは三種。醤油、味噌、塩。いまどきの"家系ラーメン"に慣れた舌で食べると、物足りない。早稲田の濃いラーメン慣れした学生数人に食べさせたら全員「味がしない」と言った。でも一般人はみんなうまいと言って食べてます。きちんと温かければうまいと判断していいでしょう。濃い味に慣れてる人には、醤油を勧めます。味噌と塩は味が薄い。味噌ラーメンの味が薄いってことを覚えておいてください。ただ1杯約1000円。ランドの食べ物は高いってことを実感する。高田馬場だとこれは500円です。夏の冷やし中華は、うまい。おすすめします。

CAFÉ ORLÉANS
カフェ・オーリンズ
オルレアンの茶処

カウンターサービス（レジはカウンター内）
座席：自力確保

　オーリンズだとフランス中部にあるオルレアン地方のことになるので、正しくはニューオーリンズ、アメリカ南部の都市名である。クレープのお店。畳まず丸めてあるので、葉巻みたいな形をしている。甘いスイーツなクレープだけではなく、総菜系のクレープも売っている。だから軽い食事代わりになる。だいたい400円台。総菜系はチキンや海老の入ってるクレープです。海老は、ニューオーリンズ料理のケイジャン味になってる。デートなどで、オーリンズだからケイジャンなのだよと説明してあげるとよいでしょう。たぶん、うざがられます。座席はおしゃれで、空いてるときお茶するのもおすすめっすね。

THE GAZEBO
ザ・ガゼーボ
四阿のような見張台

カウンターサービス（レジはカウンター内）
座席：自力確保

　GAZEBOは「あずまや」だと英和辞典に載ってます。広大な庭にある屋根だけの休み処。
　カリブの海賊向かいにあってちょっとわかりにくい。比較的すいている。
　売る物がころっころと変わる。前はポークライスロールを売っていて、そのあとアイス、冬はおかゆを売っていた。いまはとりあえずブレッドコーンを売ってる。パンの中に具が入ってる。具はシーフードチャウダーかチリコンカン。チリコンカンって変換すると地理根幹と出てきて、そんなものは食べられません。豆と挽肉の煮込みです。ほっとできる軽食というところ。でも日ならずして絶対売る物が変わるとおもう。それが楽しみでもある。

BOILER ROOM BITES
ボイラールーム・バイツ
汽罐室の食べ物

カウンターサービス（レジはカウンター内）
座席：僅少

　ここもよく売り物が変わってたが最近はミッキーまんで落ち着いている。
　ミッキーマウスまんとミニーマウスまん。ミッキーのはポーク＆チキンで、これはうまい。ミニーはストロベリー＆ミルクで、これはあまい。甘いんです。肉まんと甘いまんなわけだけど、ミニーまんはすんごく甘いもの好きな人向けですね。おれは甘いもの好きだけどここまで甘いとちょっとつらい。
　ミッキーまんは、かなりうまいですよ。どちらも約400円。混んでることはほとんどないので、さくっと買ってさくっと小腹を満たすにはもってこいです。座席はないものだとおもったほうがいい。

POLYNESIAN TERRACE RESTAURANT
ポリネシアンテラス・レストラン
ポリネシア庭園食堂

テーブルサービス　座席：確保　予約のみ
（インターネット予約。空席あれば当日予約可）

　事前にインターネットで予約してクレジットカードで先払いが基本。空いてる場合のみ、当日、携帯から予約する。昼と夜があって、内容も食事も違う。ショーを見て、食事をする。料理は選べない。席は、ステージに近いほど値段が高くなる。わかりやすいシステムだ。前菜盛り合わせが出て、メインは昼は鶏肉、夜は豚肉。それで少し値段差がある。ランドの料理にしては、かなりボリュームがある。まあ3000円以上かかってるわけだからね。分量も味もそこそこになっている。味としては、かなり私は好きです。ただショーやグリーティングがあるので食事1回1時間以上かかるのが難点。

ウエスタンランド　レストラン4店

　ウエスタンランドにはレストラン系の食べ処が4つある。そのうち1つは予約しないと入れない先払いショーレストラン。あと3つ。奥地だからやや少ない。屋台は3つある。

PLAZA PAVILION RESTAURANT
プラザパビリオン・レストラン
大広間の大テント食堂

バフェテリアサービス
座席：ほぼ確保

　シンデレラ城の近くにあるファミレス的レストラン。どうもコンセプトが中途半端です。場所がわかりにくく、名前がプラザ・レストランとかぶっていて、料理も他に似たようなものを出す店が多くある。なんか中途半端。ハンバーグ定食、海老フライ定食、グリルチキン定食（←私の勝手な呼称です）など1300円くらいする。味はふつう。腹減ってるときにがつがつ食うとうまく感じるとおもう。腹減ってないときにだらだら食うと…そういうときは入らないようにしてください。こぎれいな外観のレストランです。室内にも席はあるが、外のテラス席が多く、春や秋の気候のいいときそこで食べると心地いい。このレストランの一番の魅力はそこですね。真夏や真冬は死ぬけど。城も近いし、前の子供ショーや、パレードなどもテラス席から食事しつつ見られます。ただ、パレードは食事を終えてもっと近づいて見ることをおれはお勧めします。

HUNGRY BEAR RESTAURANT
ハングリーベア・レストラン
飢えた熊の食堂

カウンターサービス（レジは手前）
座席：自力だが穏やかに確保

　カレーライスの店。カレーしかだしてないのに席が700席以上ある。それでもときに待ち時間がでる。そんなに待たされないけどね。チキンカレーに野菜が入っていて720円くらい。おてごろ価格です。カツカレーを頼むと、カツがどんとのっているだけで、他に何ひとつ入っていない。山奥の湖のように、ルーが静かに横たわっているだけです。かつて駅前の立ち食いカレー店でよく見かけたスタイルの素カレーだ。最近はスチームベジタブルカレーも出してる。蒸した野菜が盛られている。おれが子供だったらぜったいに食べたくない"具が野菜だけ"という悪夢のようなカレーです。野菜を煮込んでないところが、日本に慣れてない感じが出ています。事情があるのでしょう。家庭カレーの味です。街中の飲食店ではあまり味わえないほっこりする味なので、おれはすごく好きです。

LUCKY NUGGET CAFE
ラッキーナゲット・カフェ
幸運の金塊の飲食場

カウンターサービス（レジは手前）
座席：自力確保

　もっとも奥地にある。比較的すいている。ただ、座席の多くが露天なので、気候の厳しいおりはつらい。屋根も少しあるけど風は防げない。フライドチキンの店です。フライドチキン1つ240円。3つ650円。ターキーレッグ700円。この二つが基本です。ターキーレッグは、ここの手前にある屋台（いつも長い行列ができている）と同じものです。セットもあって、フライドチキンとポテトとコールスローなどがついて約1000円。油たっぷりだから、満腹します。デートや女性同士だと二人で1セットで間に合うかもしれない。目の前にアメリカ河が流れていて眺めはいいがそこからカモが飛来して、チキンの切れ端をもらって食べて太っている。鳥が鳥肉を食べるのを神は許されるのかとちょっと哲学的思考に入ってしまう空間である。ま、気にするな。2015年秋リニューアル予定。

THE DIAMOND HORSESHOE
ザ・ダイヤモンドホースシュー
金剛石の馬の蹄鉄形レストラン

テーブルサービス　座席：確保　予約のみ
（インターネット予約。空席あれば当日予約可）

　事前予約でしか入れない。大人一人だいたい4000円くらい。いい席のほうが値段が高くなる。ここは席格差が大きいので、どうせなら高い席を勧めます。料理は、荒くれ西部の街だから、テーブル人数ぶんの料理をまとめてフライパンに盛って運んでくる。しかも給仕するスタッフが踊りながらやってくる。ショーの一部です。ランチは鶏肉と豚肉と海老が盛られている。ディナーは鶏肉に骨付きソーセージと海老とホタテ。バーベキューで豪快に焼いたあと豪快に盛って豪快に運んできた、という演出です。おかげで4000円払ってるけど各自のぶんを取り分けないといけない。兄弟で肉を分ける争いが起こってそうです。パンがついていて取り放題。女性は充分でしょうが、食べ盛り男子はたぶんパンをいくつか食べないと足りない分量です。弟の肉を盗らないように。楽しいショーがある。

クリッターカントリー　レストラン2店
　スプラッシュ・マウンテンとカヌーしかないクリッターカントリーには、食べるところが2つある。どちらも小動物の名前が冠されているところがクリッターの国らしいっす。

GRANDMA SARA'S KITCHEN
グランマ・サラのキッチン
サラおばあちゃんの台所

カウンターサービス（レジは手前）
座席：自力だが緩やかに確保

　やや安めの洋食の定食屋さん。おれはここ好きだなあ。スプラッシュのファストパス発券機の隣にあります。穴蔵に入る感じ。ちょっと暗い。オムライスやドリア、ハンバーグ定食、シチュー定食などがある。ドリア単品930円、ハンバーグのライス付き980円と、園内でもっとも安くハンバーグが食べられる。飲み物とサラダが付くセットにすると400円ほど高くなるがおれは断固サラダ要らないし、水でいいから980円。ここのシチューが大好きです。あとケーキもまさにおばあちゃん手作りという感じで、うまいです。クリッターカントリーケーキは、ただホール型なので一人で食べるにはちょっと大きい。でも、ほかでは味わえないもので、おれはすごく好きです。田舎ぽいんだけど、いい。おれはサラおばあちゃんが大好きということみたい。よろしく。

RACKETY'S RACCOON SALOON
ラケッティのラクーンサルーン
ラケッティのアライグマ酒場

カウンターサービス（レジはカウンター内）
座席：僅少自力確保

　ラケッティは密造酒を造っていたアライグマ、という設定。スプラッシュの出口脇にある店。すごく奥まってるんで、基本、すいてます。チュロスとソフトクリームを売っているが"トルティーヤ"も売っている。トルティーヤは薄皮のパンみたいなやつ。ここでは太いソーセージの「持つ部分」に巻かれている。トルティーヤと呼ばれながらも食べてるのは大きなソーセージです。ソーセージを直接持つと脂がつくから、その脂除けにトルティーヤが巻かれている。おれはソーセージが大好きなんで、人が並んでないと（平日昼だとよくあります）ふらふらっと寄ってさほど腹も減ってないのに食べてしまいます。だから痩せないんだよ。あくまで軽食ですね。腹いっぱいになるには3本は食べないと足りないです。3本くらいならおれは一気に食べられます。だから、食べるな。

ファンタジーランド　レストラン2店

　ランドの精神的中心地であるはずのファンタジーランドにはレストランは2つしかない。屋台が3つ。意外とレストラン数が少ないエリアである。ピザ買うしかない。

QUEEN OF HEARTS BANQUET HALL
クイーン・オブ・ハートのバンケットホール
ハートの女王の宴会場

バフェテリアサービス
座席：ほぼ確保

　おそらくランドで最も人気の高いレストランである。外観も内装も凝っている。アリスのティーパーティーがあまりアリス世界を再現してないぶん、こっちのレストランが「不思議の国のアリス」世界を忠実に再現している。入って座ってるだけで楽しいです。だから人気です。味は、ふつう。ハンバーグはハート型で王冠型の添え物もついていたり、シーフードフライのホタテもハート型だったりして、見た目もかわいい。パンかライスをつけて1500円前後。何も考えずに食べていると、ひたすら楽しい。でも味を探求して食べていると、ロティサリーチキンに悲しみを見つけたりするので、探求しないように。必ず浮かれてうわーという雰囲気で食べきりましょう。楽しい空間ですから。でも並ばされます。

CAPTAIN HOOK'S GALLEY
キャプテンフックス・ギャレー
フック船長の厨房

カウンターサービス（レジはカウンター内）
座席：僅少自力確保

　ピザのお店。大きなピザを八等分したものを売っていて、だいたい500円足らず。すべてのレストランで食事したあとにおもうのは、ランドではこのピザを食べているのが一番幸せなんじゃないかということである。温かいし、そんな高くないし、ピザだから当然うまいし、間違いがない。そこそこ腹にたまる。ただ、冷えるとちょっと哀しい味になるから、なるべく買ったらすぐに食べよう。テーブル席が近くに用意されているが、パレードルート脇ということもあって何かいつも混んでいるので、気にせず、そのへんのベンチに座って食らいましょう。ここのセットは飲み物がついてくるだけです。パレード待ちのときにもこれを買って食べているのが、たぶん正しいとおもう。定番2種に季節もの1種売っているのがふつうですね。チーズがのっていればどれでもいいとおれはおもうよ。

トゥーンタウン　レストラン1店

　しっかり食事ができるのは1店だけ、残りはスナック類を売っている6店。

HUEY,DEWEY AND LOUIE'S GOOD TIME CAFE
ヒューイ・デューイ・ルーイのグッドタイム・カフェ
ドナルドの三人の甥がやっている楽しいカフェ

カウンターサービス（レジはカウンター内）
座席：自力確保

　かつてはすべて座席が露天だったが、いまは屋根がつけられた。ここに座って食事をしているとパレードの最後の部分が見られます。けっこうのんきなお店で好きです。売っているのはエビカツのバーガーと、チキンパオのバーガー。ミッキー型ピザも売っている。どれも好きです。ランド内で気軽に食べられてしかもどれもオリジナルぽく、美味しいという点で、この店はとてもすぐれているとおもう。おすすめです。プルートが好きそうなソーセージや、クリームパイというスイーツも売っていて、これもいいんだなあ。特にクリームパイが美味いです。絶賛だなあ。絶賛です。この店がかなり好きだからね。ハロウィーンの季節は黒いミッキーピザを売っていたけど、黒いピザはあまり美味くはなかった。

トゥモローランド　レストラン3店

このエリアも入口に近いので3店舗の食事処がある。ただ、座席がきちんと確保される店はなく、休憩したまま居眠りしてる人もよく見かける。未来世界は厳しいのである。

PLAZA RESTAURANT
プラザ・レストラン
大広間食堂

カウンターサービス（レジは手前）
座席：自力確保

　入口に近く、しかも座席に自由に座れるので、いつも無意味に混んでいる。そぼろごはん、カレー丼、ドリアに焼肉ナムル丼、チキンバーガー（ミッキーの手の形）などが売られている。だいたい600円から700円あたりでお手ごろです。料理ラインナップにも何ら統一性がなく、ファミレスやサービスエリアの食堂のようなメニューです。まさにランドの大衆食堂。でも、それぞれ、きちんと美味いんだよね。丼は"ボウル"という名前で、紙の丼なので安っぽいが（カレーも紙丼に盛られている）、おれ、けっこう好きです。ランドの食事はやはり1000円以下のところに本領が発揮されるとおもう。もっとも売れるゾーンだからでしょう。時間ずらせば空いてるから、不慣れな人はぜひここで食事されるのをおすすめします。朝10時半とか午後3時くらいがすいてます。

TOMORROWLAND TERRACE
トゥモローランド・テラス
未来国の高台

カウンターサービス（レジは手前）
座席：自力確保

　ランドで最も席数が多い。ハンバーガーの店。でも空いてるってイメージはない。屋内休憩所としてみんなだらっとするための空間と化してる。外のテラス席は比較的空いてます。味は基本三種。肉にチーズ。肉にエッグ。あとはチキン。季節によってもう1種加わったりする。だいたい600円。飲み物ポテト付きだと約1000円。高い。けどしかたない。バンズはミッキー型です。味は、ふつうです。冷えるとかなり厳しい味になるので、熱いうちに食べてください。これで牛丼2杯ぶんかよとおもったら負けです。ふつうのハンバーガーよりやや味が劣るように感じるのは何だろうね。混雑時にはレジ前はごった返すが、カウンター数が異常に多いので、さほど待たされない。どんなに混んでいても30分は待たないとおもうので、さくっと買ってさくっと食べるのに向いてます。

PAN GALACTIC PIZZA PORT
パン・ギャラクティック・ピザ・ポート
全銀河向けピザの港

カウンターサービス（レジはカウンター内）
座席：自力確保

　ピザの店。以前はここでも「直径40センチピザの八等分」を売っていたが、いまは「包みピザのカルツォーネ」と「直径21センチの円形ピザ丸々」を売ってます。

　カルツォーネは熱々で、美味しいんだけど、中がとろとろのため皮が分厚く、食べ始めてしばらく味のしない部分を食べるのがおれは少し退屈です。円形ピザまるまる1つはちょっと感動的です。だってピザまるまるだから。ただ八等分ピザは400円台だけど、こちらは値上がって600円から700円台に上がってしまった。それが残念。安いピザが欲しいときはピーターパン脇に行きたまえ。

　イタリア系宇宙人がカウンター上にある全自動ピザ機械でピザを作り続けてくれています。

　半野外だけど席数は多い。リトルグリーンまんを売っている。うまくて、かわいい。

そのほかの細かい屋台解説

パークサイドワゴン	「公園脇の荷車」。アドベンチャーランド。カリブの海賊の前で、昭和の昔からチュロスを売っている。いまでこそチュロスはふつうに街中でも買えるけれど、昭和の昔はここでしか売ってなかった。ここで、チュロスを買って食べると、ああ、外国製の遊園地に来とるのお、と心震えたものです。このクルマはクラシックバスかとおもってたら、トラックだそうです。入口に近く、だから人気の売り場です。ときどき、ものすごく長い列ができるが、売ってるのはチュロスだけなので、列はどんどん進みます。並びましょう。チュロスっておれは棒ドーナッツと呼んでます。
ロイヤルストリート・ベランダ	「王室通りのつきだし縁」。アドベンチャーランド。ロイヤルストリートは、ルイジアナ州ニューオーリンズにある通りの名前らしい。だから王室通りと訳してもあまり意味はない。骨董通りのがいいかもしれん。名前は大仰ですが、店は地味です。カリブの海賊の入口と出口のあいだの角にある。飲み物しか売ってない。いちおう前に座席はあります。でも店仕舞いも早いので、気付くと閉まってる。イースターの時期に、卵探しのシートをここで売っていたことがあって、そのとき行列ができてるのをみて、すごく驚いたくらい、いつも静かなロイヤルな店です。
スクウィーザーズ・トロピカル・ジュースバー	「巻き付きヘビ・スクウィーザーの熱帯的ジュースバー」。アドベンチャーランド。ジャングルクルーズ＆ウエスタンリバー鉄道前の広場にある濃いめのジュースのお店。スクウィーザーはヘビだそうで、お店の看板の上にいます。帽子かぶってサングラスかけてます。果実に巻き付いて果汁を搾ってくれてるらしい。ありがとう、と声をかけてみよう。グアバジュースとかタピオカ入りマンゴージュースなんかを売っていて、真夏の暑い盛りに飲むと、おれは（う、炭酸にすればよかった）とおもってしまう。すまぬ。うまいけど。夏はマンゴーのソフトクリームが人気。
スキッパーズ・ギャレー	「ジャングルクルーズ船長の厨房」。アドベンチャーランド。ジャングルクルーズのすぐ前にあるいつも長い列の出来ている屋台。ジャングルクルーズで船長をやっていた男が、船長業務があまりにつらいのでやめて、こういう屋台を始めた。のじゃないかなとおもうけど、よくわからない。スキッパーは小型船の船長のこと。売ってるのは照り焼きのチキンレッグ。甘めのタレで味付けしてあって400円少々。美味いけど、楽しみにして食べると、あっという間になくなる。男子はこれだけでは食事にはならないとおもう。でも2本連続して食うと途中で飽きるしな。うーむ。
フレッシュフルーツオアシス	「新鮮果実の砂漠の水場」。アドベンチャーランド。トロピカル・ジュースバーとスキッパーズとこの店が固まったようにあります。ジャングルの中で開けている場所ってことでしょうね。フルーツを売っている。カットしたフルーツがカップに入っていて美味そうだけど、それが400円くらいするので少々躊躇します。入ってますのはメロン、アップル、オレンジ、グレープあたりですね。フルーツ串刺し単品も夏は売ってるはず。パインアップルやアップルやバナナや冷凍フルーツ。ハウス食品関係らしいのでフルーチェもふる一ちぇに、普通にあります。
チャックワゴン	「料理の幌馬車」。ウエスタンランド。ビッグサンダー・マウンテンに向かう手前右にある。蒸気船マークトウェイン号とカントリーベア・シアターの間。スモークターキーレッグを売っている。1本500円少々。すごい人気です。いつも並んでる。たしかに周辺で鶏肉にかぶりついてる人をみると、あ、おれも、食べたいとなりますね。幌馬車からの列がマークトウェイン号乗り場くまでよく伸びています。左右2台の馬車で売ってる。向かって左のほうがすいているが必ずではない。また、この奥にあるラッキーナゲット・カフェでもまったく同じターキーを売っていて、食事時分でなければ、そっちがすいていることが多いので確認してから並んだほうがいいよ。
ペコスビル・カフェ	「伝説のカウボーイ"ペコスビル"のカフェ」。ウエスタンランド。マークトウェイン号からシンデレラ城へ向かう道の途中、右の角にある。前はポークリブを売ってたがそれはやめたみたいで、そのあとミートパイを売っている（再販売）。個人的におれがランド&シー内でもっとも好きな食べ物です。すてきであったかい、すてきにさくさくしていて、食べて幸せになれるおれはね。チュロスも売ってる。よくチュロスもパイも買って二つ食べます。「まずパイより始めよ」とパイから食べさせます。うまいっす。角店だけど混雑日でもあまり人が並んでない。かなり穴場店。
キャンティーン	「軍事砦の酒保」。ウエスタンランド。いかだに乗ってトムソーヤ島に渡って、左のほうに進んでサムクレメンズ砦の中にあるお店。一般人が行くところではないとおもう。キャンティーンという語も「軍事施設内にある販売所」という言葉らしい。ここはアメリカ国軍騎兵隊が原住民の襲撃に備えて構えている砦です。すぐ脇に墓とインディアンのテントがあるけど、どういうつもりなんだろう。飲み物と、アイスクリームやメイプルボール（ベビーカステラみたいなやつ）を売っている。いや、あらためて紹介するほどの店ではない。島にいるときに飲み物を買う場所です。
トルバドールタバン	「吟遊詩人の居酒屋」。ファンタジーランド。ピザ店の隣に隠れるようにあるので、わかりにくい。なんでこんなところに吟遊詩人のための居酒屋があるんだろう。酒も売ってないし。パレードがぐるっと大きく曲がるときの角にある店です。飲み物とソフトクリーム類しか売ってないので、まず混まない。ピザ店の一部のように見えるので存在じたいに気付いてない人も多いとおもう。大丈夫です。問題ないです。夏、飲み物が買いたくてときどき寄るくらいです。ソフトクリームはうまいとおもうけどね。カップかコーン。冬はオリジナル温かい飲み物もあります。

114

クレオズ	「クレオの」。ファンタジーランド。ピノキオの前に2つある屋台のうち、ウエスタンランド寄りのほう。イッツ・ア・スモールワールドの入口すぐ前とも言える。クレオは「ピノキオ」に出てきた色っぽい金魚。ゼペット爺さんが飼ってた金魚です。お店のてっぺんや看板にいます。ちらっと見てみましょう。売っているのは夏はアイスで、冬は「もなか抹茶ラテ」など。もなかは懐中もなかで、溶けるとお麩みたいなものが出てきます。なんか楽しい。もなかをそのまま食べないように。飲み物を売っているスタンドです。隣の屋台と比べてわりとすいていることが多い。
ビレッジ ベイストリー	「村の焼き菓子屋」。ファンタジーランド。ピノキオの前に2つある屋台のうち、プーさん寄りのほう。イッツ・ア・スモールワールドの時計の前。もとは「人形劇を演じていた馬車」を改造して作った屋台という設定。ピノキオが売られた店の仲間かしら。売っているのはティポトルタ。むかしから売ってますが、この店以外であまりおれは食べたことがない。細長いパイ生地の中に甘い餡が入っているあったかい食べ物。ほかで食べたことないから、すごく美味しく感じます。そこそこ列ができます。夏は冷やしたクールティポトルタを売っている。おすすめの一品です。
ディンギー ドリンク	「小型ヨットの飲み物」。トゥーンタウン。トゥーンタウン入って、左方向ロジャーラビット施設方向に進んだときに、土産物ワゴンの次にある。青と白のパラソルが立ってます。ドナルドの小型ボートを改造したワゴンだそうで、たしかにドナルドが乗ってそうな小さめのボートが牽引車に乗ってる。ペットボトルの飲み物を売ってる。何でもない普通の屋台。こういう飲み物スタンドはそこら中にあるんだけど、トゥーンタウン内のこの店だけ名前が付けられてしまったので、紹介することにめなった。似たような店は園内そこら中にあります。船がかわいいだけです。
アウト・オブ・ バウンズ・ アイスクリーム	「ゴルフコース外の氷菓子」。トゥーンタウン。ディンギードリンクの奥にキャラメルポップコーンのトゥーンポップがあって、その奥にあるワゴン。トゥーンタウンには "トゥーンタウン・ティーズ" というゴルフ場があって、その傍にあるゴルフカートだという設定。ＯＢ（アウトオブバウンズ）球がたくさん飛んでくるんだと思う。カートが改造されてアイスクリームが売られている。まわりに妙なゴルフ道具がいっぱいあります。ここもただのアイス売り場。これまた園内どこにでもあるアイス売り場のひとつです。売り場がかわいいんで名前が付いてるだけ。
トゥーントーン・ トリート	「トゥーンなトーンのご馳走」。トゥーンタウン。タウン内に入って右、グーフィーの家の前にある。トラックです。ペンキのバケツに、ローラー、ブラシ、はしごが積み込んである。売っているのはプレッツェルです。固い塩味パンですね。ドイツ料理だと、突き出しのようにドイツビールのつまみに食べます。でもここのは中にチーズクリームが入っていて、中は甘い。外は少し塩辛い。言ってしまえばクリームパン少し塩味ですね。けっこう好きです。夏は飲み物とアイスクリームを売っていたはず。あまり混んでないんでおすすめの店です。プレッツェルはいい。
ミッキーの トレーラー	「ミッキーマウスの牽引車」。トゥーンタウン。ミッキーの家の出口前にある。いつも少し行列ができてますね。キャンプ好きのミッキーがキャンプ用品を満載にして出かけるトレーラーです。台車ですね。大八車。ちがいます。スプリングロールを売っている。つまり春巻き。味は二種類「ピザ味」と「エッグ＆シュリンプ味」。1本300円くらい。1996年の開店以来（トゥーンタウンができた年)、私の永年の楽しみのひとつ。個人的な嗜好で申し訳ないけど、圧倒的にエッグ＆シュリンプ味が好きです。ピザ味はふつうに好き。あくまで個人の意見です。
スペースプレー ス・フードポート	「宇宙広場の食糧の空港」。トゥモローランド。ぐるぐるまわる日航のスタージェットの根元にある。スタージェットはダンボとちがってデートで絶対乗ったほうがいい乗り物だからね。昔はサンドイッチや肉まんなどを売っていたが、いまはスイーツ店になった。昔からここで軽食を買っていたので、まだ慣れない。サンデーを売ってる。あの、ソフトクリームやら何やらがのった冷たいスイーツ。冬はちょっと変わったホットチョコレートも扱える。ミッキー饅頭は売ってない。飲み物も売ってます。ここで食べ物扱ってないのは不思議。軽食店に戻って欲しい。
ライトバイト・ サテライト	「軽い食べ物の人工衛星」。トゥモローランド。宇宙空間から地球に送り込まれたワゴンで、宇宙から発信された光線を受信してチュロスを作ってるらしい。宇宙光線って、大丈夫か。チュロスの店。トゥモローランドの道は広くて、そのまん中にどーんとあるお店です。まあ宇宙人が勝手に送り込んできたから、そういう場所にあるんでしょう。むかしはレモン・チュロスを売っていたけど、いまはストロベリー・チュロスを売っている。冬はアナとエルサ仕様のホワイトチュロス（バニラシュガー）を扱ってました。アナ雪は宇宙でも話題になっているらしい。すごいな。
ソフト ランディング	「軟着陸」。トゥモローランド。二階にあるからほとんど知られていない。パン・ギャラクティック・ピザ・ポートの二階脇にある。スター・ツアーズから出てきて突き当たりを右にいくとある。スター・ツアーズからやってきた客しか気付かない店。スター・ツアーズの宇宙船がうまく軟着陸できた、ということを踏まえているらしい。ソフトクリームを売っている。カップもあるがコーンもある。ピーチ味とミルク味。だいたい300円。リトルグリーンまん3個360円も売ってる。まあ宇宙だからリトルグリーンメンもそのへんを飛んでるんでしょう。かわいいです。

115

ランドのポップコーン状況

　ディズニーランドでは13カ所でポップコーンを売っている。公式MAPを大きく広げると左右に場所と味が書いてある。

　味は7種類。ただ種類数は変わる。2009年には5種類だったし、2014年の春には8種類あった。2014年夏から7種類で落ち着いてるが、いつ変動するかわからない。ポップコーンの味はどんどん変わるとおもってもらいたい。最近は実験的な味を出してすぐ引っ込めることを繰り返していて、ときどき実験されているサルのような気分になるが、楽しいのでかまわない。でも覚えていられない。

　おれは1960年代に少年だったから、ポップコーンといえばソルトだが、ランドの基本はキャラメルである。しかたない。いっとき6カ所で売られていたこともある。いまは4カ所。これはすぐにはなくならない。

　2025年になっても売ってそうな味は（つまり10年ではなくならない定番は）キャラメルのほかは、ハニーとソルトだろう。トゥモローランドのポッピングポッド⑬では、キャラメル味とソルト味2種類を売っていて、別々にも買えるが「キャラメルとソルトを混ぜてください」と頼むと混合味で出してくれる。変わり種で、美味しい。ソルト味はさほど人気ではないが、この混合および、昭和の定番として残るんではないかとおもってる（少し希望）。ハニーはプーさんものとしてハニーハント前⑨のが残り続けるはずだ。定番化しそうなのは、あとは、カレー味。もう長年チキルーム近くで売ってる。けっこう人気がある。でも、まだ私には新参に見えるし、私個人がカレーポップコーンはあまり食べないので、10年残るとは言い切れぬ。

　しょうゆバターはすでに6年を越えて残っているので定番化しそうではあるが、保証はない。いつ消えてもおかしくないとおもう。

　それ以外は、ほんと入れ替わりである。ストロベリーやチョコレートなどが適当に出ている。いっとき⑦と⑪が、季節によって味を変えるという無茶な店に指定されていた。春にコーンポタージュとクリームソーダ、夏にハラペーニョ＆チーズ、秋はホワイトチョコレート、冬にオレンジマーマレードと、くるくると変わっていた。スパイか。ちがいます。スパイスです。そうか。頻繁に変わりすぎてMAPに味は記載されず（季節によって変わると書かれていた）マニア以外の客はついていけず、いつも誰も並んでなかった。あたりまえです。スパイなんだから。その実験も終わり、いまはただのすいてる店に戻りました。

　13カ所あるから、混んでる店とさほど混まない店がある。ただ味が変わると混雑状況がすぐ変わるので、絶対ではないけどね。

　アーケード街抜けて、右に少しいったところのキャラメル味店①は、かなり混む。キャラメルはいまはポリテラ前④が比較的空いてる（すぐに状況変わりそうだけど）。またスペース・マウンテンFP発券機向かいのしょうゆバター⑫も異様に混む。しょうゆバターは他店で買うのが正解（いまはカフェ・オーリンズ前③）。キャッスルカルーセル前⑧も混む。すべて立地場所の問題です。ただカルーセル店は味によって混み具合が変わる。キャラメルのときは大混雑でした。チョコではふつう。

　すいているのはまずポップ・ア・ロット・ポップコーン⑪とマークトウェイン号前⑦、および、ソルトの店⑥と、カフェ・オーリンズ前③とザ・ガゼーボ横②です。ガゼーボの横はいつもすいてます。大雑把にいえばアドベンチャーランドのポップコーンはなぜかすいている、ということになる。

ランドの全ポップコーン店の混雑度

No	場所	味（2015春）	混雑度
①	スウィートハート・カフェ前	キャラメル	混雑（69人）
②	ザ・ガゼーボ横	カレー	余裕（23人）
③	カフェ・オーリンズ前	しょうゆバター	余裕（39人）
④	ポリネシアンテラス・レストラン前	キャラメル	（45人）
⑤	トレーディングポスト横	カレー	（45人）
⑥	チャックワゴン横	ソルト	余裕（29人）
⑦	マークトウェイン号乗り場前	しょうゆバター	余裕（37人）
⑧	キャッスルカルーセル前	チョコレート	混雑（93人）
⑨	プーさんのハニーハント前	ハニー	（45人）
⑩	トゥーンポップ	キャラメル	やや混（56人）
⑪	ポップ・ア・ロット・ポップコーン	ストロベリー	余裕（00人）
⑫	トレジャーコメット横	しょうゆバター	混雑（73人）
⑬	ポッピングポッド	キャラ&ソルト	やや混（52人）

「混雑度」欄の（　）内は混雑日の平均待ち人数

味の変遷

2014春	2013春	2012春	2009春
キャラメル			
ストロベリー	キャラメル		しょうゆバター
しょうゆバター		チョコレート	キャラメル
キャラメル		しょうゆバター	ソルト
カレー			
ソルト			
クリームソーダ	キャラメル		カレー
キャラメル	ハニー	チョコレート	ハニー
ハニー			
キャラメル			
コーンポタージュ		キャラメル	
しょうゆバター			
キャラ&ソルト		キャラメル	

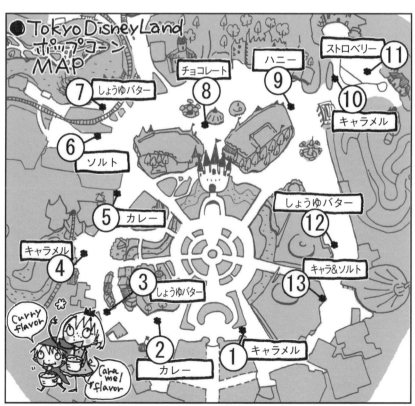

117

ランドの土産店はどこで買えばいいか

　ランドにあるショップは47店。そのうちワゴンが6店だから、ふつうのお店は41店。
　どこで土産を買えばいいのか。ざっくりガイドする。
　ランドの場合、入口近くのアーケード街"ワールドバザール"の土産店充実ぶりがハンパないので、そこで買うのがいい。そんなことはランドに3回も行けば気付くだろうけれど、全47店のすべての棚を見て回って、あらためてそうおもうのだ。しかたない。
　総合店グランドエンポーリアムは、小物および季節ものが揃っていて、中高生から大人まで自分のものを買うにはいい。夜はおそろしく混むが、レジは空いてるレジが必ずある。並ぶ前に見渡そう。
　その向かいにあるお菓子専門巨大店ワールドバザール・コンフェクショナリーには、ほぼすべての菓子類が集められている。ここも異様に混むがレジが工夫されているので、混んでいてもここで商品を見るのがいい。レジに並ぶ部屋の手前壁にキャラ菓子が並んでるので、そこも見落とさないように。ふつうのお土産ならこの2店で間に合います。
　家具雑貨食器類は、カリブ海賊斜め前のホームストアが充実している。どれも混む3店だけれど、でも洩れがないのも確か。
　お菓子も小物も売っている総合店としてもう1つ勧めるならトゥーンタウン奥にあるギャグファクトリー。ここは混んでないし品揃えも豊富。ただ入口まで遠い。
　あとは、専門店がいい。
　文房具類およびそれに関する小物はハウス・オブ・グリーティング。そこそこ広い。
　女性の装飾品ならハリントンズ・ジュエリー＆ウォッチかガラスの靴。
　ラ・プティート・パフュームリーでは石鹸、香水、入浴剤、アロマキャンドルなどを売っ

ていて、私はかなり愛用してます。
　ディズニーギャラリー内の売店では他にはない品物が置かれていて、ときどきチェックするようにしてます。ときどき買う。
　パシフィック・エクスポートでは和ものが揃っていて、サファリ・トレーディング・カンパニーでは化石とか切手があって、買わないけど見てるのが好き。同じくまず使わないけど手品グッズが置かれているマジックショップも見てると楽しい。
　ベビーマインは0歳児からの子供服が揃っていて該当年齢の子供がいると便利です。
　ゴールデンガリオンには海賊グッズが並んでいて、気を抜くとつい買ってしまう。
　キャラクターものは、それぞれのアトラクション近くの店に揃えられている。
　何といっても「プーさんコーナー」のプーさんグッズ充実ぶりはすごいとおもう。ぼんやり入ると絶対なにか買ってしまいます。あそこはいい店だとおもう。
　キャラクターを揃えているのは、モンスターズ・インクものはモンスターズ・インク・カンパニーストア、バズ・ライトイヤーものはプラネットM、ウッディものはトレーディングポスト、スティッチはトレジャーコメット、チップ＆デールはなぜかフート＆ハラー・ハイドアウト（そんなにないけど）、などである。専門店は細かいものの品揃えが違います。
　何でもいいから土産を買いたいときは、アーケード街をまわるのがいい。欲しいものが決まってる場合は専門店がいい。
　それ以外の店は、中途半端にいろんなものを揃えているお店です。すいているところが利点。狭いと品揃えが少ないです。
　というわけで、ショップの性格を見分けて利用するといいとおもうぞよ。

ランドの全47お土産店紹介

★はワゴン店

● ワールドバザールの土産店

グランドエンポーリアム	入口入ってアーケード街の右手前ブロックを占める巨大総合お土産店。3部屋に分かれ、ランド入口近くの大部屋は膨大な中高生向け携帯グッズ、あとはキッチン雑貨、ぬいぐるみ、文具、玩具。まん中の部屋は季節限定ものを置く。特に限定お菓子の揃えは抜群。奥の部屋はあらゆる衣料と装飾品。ただ装飾品は品数少なく別店がお勧め。お土産買うならこの店がいい。
ワールドバザール・コンフェクショナリー	入口入ってアーケード街左手前ブロックの半分を占める巨大"お土産用お菓子"専門店。4部屋に分かれる。園内で売られる100余種のお菓子がほぼ揃う。シンデレラ城側の手前の部屋は時期限定ものや和菓子や缶入りクッキーなど、中の部屋は最近のものや袋菓子、レジ手前空間にはキャラクターに特化したお菓子類。最奥はレジ部屋。3つめの部屋のキャラものがおすすめ。
ペイストリーパレス	アーケード街の右奥（西南）ブロック、れすとらん北斎の奥でアイスクリームコーンの手前の店。お菓子専門店。コンフェクショナリーと品揃えは同じでこちらのほうが店が狭い。でも必ず空いてるとは言えない。混雑時は似たようなもので「お菓子の宮殿」という名のとおり上品な内装になっている。
ハリントンズ・ジュエリー＆ウォッチ	ペイストリーパレスとつながっている（北斎とペニーアーケードの後部を通って行き来する）。ジュエリーの店。ウォッチは少し。頭・耳・首飾り類が豊富です。10万円のミッキー型ダイヤネックレスも売ってます。バッグ、財布、指輪、ネクタイとピンもある。耳飾りと頭飾りはここで探すのが絶対にいい。
タウンセンターファッション	ハリントンズとつながってアーケード街中央の四つ辻に面してる。右奥（西南）角の店。2部屋ある。角部屋にかぶりものが目立つように置かれTシャツやバッグなど今ランド内で使いたいものを売る。奥の部屋はキャラがうるさいくらい並んだ衣料各種がずらり。子供用も豊富な園内最大衣料店です。
トイ・ステーション	タウンセンター3部屋目とおもうくらいすんなりつながっている。出るとすぐモンインFP発券所。おもちゃ専門店だが専門店ではなく季節のお菓子、携帯グッズ、キーホルダーなどもかなりある。でもおもちゃの品揃えはたぶん園内一番なので子供向けおもちゃはここで買うのがいい。UNOもあります。
ホームストア	アーケード街左奥（東南ブロック）いきます。シンデレラ城とカリブの海賊に面した東南角にある雑貨店。かなり広い。食器や台所用品、弁当箱などが網羅され充実。掃除用品、洗面用品、カー用品、風鈴、写真立て、耳かき、鏡、ブラシ、爪切りなどが揃う。お菓子もあるがかわいい雑貨が揃えてある店だ。
ディズニー＆カンパニー	ホームストアからリフレッシュメントコーナーを通りぬけつつ右に曲がるとこのにつながる。キャラを集めた雑然とした品揃え。ぬいぐるみ、帽子、キーチェーン、文具、タオル、靴下、ボクサーパンツ、食器、扇子、ハンドクリームと脈絡がないがかわいい。なぜかペア携帯ストラップが目立つ。
ディズニーギャラリー	上のカンパニーから入口方向に移動すると「お絵描き教室受付」があり、その2階。一角で展示品を売ってて写真撮ると怒られる。リトグラフだけが34万円くらい（今はない）。900円ほどの絵皿も売ってます。他では売ってないものだけの芸術的中身で穴場のお店でおれは気になるいくつか（安いもの）買ってます。
シルエットスタジオ	ギャラリー1階を通り抜けるとハウス・オブ・グリーティングの1つめの部屋で、その窓側エリアで行われている切り絵サービス。独立した店の名前ではないです。「ハウス・オブ・グリーティングの一角でやってるサービス」を指してます。椅子に座るとささっと1～2分で横顔を切ってくれる。観光地にときどきあるやつです。安くて1000円くらい。キャラ横顔もつけると高くなるシステム。
ハウス・オブ・グリーティング	シルエットスタジオの部屋と奥の部屋がこの店。シルエットのあるほうは、絵本とCDとDVDを揃えてある。CDは視聴できます。絵本はもちろんディズニー絵本。ぬり絵もある。奥は文房具専門店。筆記用品がヤケのようにおいてある。ノート、付箋など定番ものすごく置いてある。ハンコ、マスキングテープ、ジグソーパズルあるよ。見てるだけで楽しい。よく買います。
マジックショップ	上のグリーティングの突き当たりの秘密の通路みたいなところを潜るとこのやや暗い店に入る。手品グッズ専門店。基本の実演販売もやってます。ディズニーキャラ手品グッズもあれば、ふつうの手品もたくさん売ってる。マジック本、知恵の輪なんてものも売ってます。少年心をくすぐる店ですな。
カメラセンター	入口からアーケード街に入らず右側グランドエンポーリアムのさらに右。園内で撮られた写真を受け取る所。プリントサービスやカメラ関係ものを売る。
メインストリート・デイリー★	アーケード街入って左、コンフェクショナリー前にあるワゴン。パスポートホルダー、ミニー耳カチューシャがメイン。レジャーシートなども売ってる。

119

●トゥモローランドの土産店

プラネットM	バズ・ライトイヤーのアストロブラスターの出口にある店。通らなくても外に出られるが、ぼんやりしてるとこの店に吸い込まれてしまう。正面口はショーベースの向かい。トイ・ストーリーを中心としたピクサー映画キャラものや玩具を多級扱う。季節限定ものお菓子や、文具や衣服、タオル、かわいい小物も少し置いてある。総合店ぽいがメインはトイ・ストーリーのグッズ。
コズミック・エンカウンター	スター・ツアーズ入口の向かいあたり、道沿いに開けた店。ストラップとかキーリングに名入れすると行列ができる。限定ものがあると行列ができる。それ以外はトートバッグや帽子、サングラスなどワゴンで扱うものを売ってる。スター・ツアーズ的ライトセーバーミッキーのキーチェーンもあった。
モンスターズ・インク・カンパニーストア	モンスターズ・インク "ライド&ゴーシーク！" の出口にある店。時期限定ものが少しある以外はほぼマイクとサリーがデザインされたものばかりだ。提灯にお菓子、ぬいぐるみ、帽子、アクセサリー、文具、Tシャツなど各方面のものがある。内装が凝っていてディスプレイを見てるだけで楽しい空間です。
トレジャーコメット	合成写真館だったところが、スティッチアトラクション新設に伴い、スティッチグッズを中心に売る店に変わった。まだアトラクション開設前だからスティッチものばかりではない。小物に文具など各種おいてあってプラネットMとの差異がわからぬ。試着室があるのが珍しい。400円のガチャポン機械もあった。
ソーラー・レイズ・ライトサプライ★	各エリアにワゴンが１つあるが、トゥモローランドのものはグランドサーキット・レースウェイの前にある。もと火星探査機が改造されたらしい。光るものを多く売ってる気がする。ワゴンです。

●トゥーンタウンの土産店

ギャグファクトリー/ファイブ・アンド・ダイム	天井でギャグ製造機が動き続けてるなど異様に内装に凝ってる店。季節限定お菓子やなかなか派手なかぶりもの、Tシャツや文具、玩具、食器、装飾品、家具、雑貨とほぼ満遍なく揃えている。総合店。しかも、かなり充実してるとおもう。入口にあるグランドエンポーリアムほど豊富ではないが、遜色ない。しかもすいている。土産物店として本格のお勧め店。入口から遠いけどね。
トゥーンタウン・デリバリー・カンパニー★	トゥーンタウンに入ってすぐ左にあるワゴン。タイヤがひしゃげている。パレードルートすぐ脇にある。光るもの、かぶりもの、レジャーシート、サングラスなどワゴンらしいものを売ってる。

●アドベンチャーランドの土産店

ゴールデンガリオン	カリブの海賊出口右脇にある店。海賊ものを売ってる。「パイレーツ・オブ・カリビアン」グッズもある。ドクロマークの入った海賊衣装などいろんなものを売ってる。あまりディズニーぽい土産はない。剣や銃や指輪がたくさんある。修学旅行生男子はこの店で無意味なものを買ってしまうのでご注意。
パイレーツ・トレジャー	カリブの海賊出口左脇にある店。ロイヤル・ストリート・ベランダとカフェ・オーリンズのあいだの道をロイヤルストリートと呼ぶらしく店が並ぶ。最初にあるのが上のゴールデンガリオン、次がこの店、その次がレストランのブルーバイユー。ここはもと黒ひげ写真館で、いまは海賊ぽいピンバッジとスーベニアメダルを売っている。あと玩具類。それがこのへんの海賊の宝らしい。
クリスタルアーツ	ブルーバイユーの隣の店。このあたりからあまり知られていない店になる。ガラス製品店で肖像をガラス玉の中に刻むクリスタルレーザー・ポートレートを作ってくれるが魔法でガラスに閉じ込められたに見えて少し不気味。グラス類が数多く揃えられ名入れサービスもある。つい買いたくなる店。
ラ・プティート・パフュームリー	クリスタルアーツの隣がトイレでさらにその先の最も奥にあるお店。この店はいいよ。香水に石鹸、シャンプー類、入浴剤など、それがみなディズニーキャラものなので女子への土産買うのにすごくよく使う。すいてるし。知られてないし。香水とお風呂ものに特化したお店。いつもいい匂いがします。
パーティグラ・ギフト	上記４店がロイヤルストリート左にあり、右はカフェ・オーリンズでその奥の店。正面はオーリンズ劇場。おしゃれな雑貨屋。イヤリングから携帯付属品、ぬいぐるみに文具、キーホルダー、財布、化粧ポーチ、あと食器と雑貨などかわいいものが揃ってる。女子向け店です。昔でいうなら小間物屋だな。
パシフィック・エクスポート	オーリンズ劇場とジャングルクルーズの間にお店が４軒ある。いちばん劇場寄りの店。かつての千葉物産館。その流れでディズニーキャラ「和風」ものを多く置いてる。食器や根付け、鈴、祝儀袋、饅頭、煎餅、飴、お茶漬けの素など。でもふつうのキャラ文具や小物も入口近くにはあるよ。電池もある。
サファリ・トレーディング・カンパニー	旧千葉物産館隣。千葉の隣はアフリカです。アフリカものの店。ジャングル探険のお土産店、らしい。キャラもの皆無。動物のぬいぐるみやアフリカ民芸・装飾品を売ってる。レジ周りで使用済み切手と琥珀とアンモナイトの化石を売っている。まじに意味ないから。見てると行く。見てると楽しい。
チキ・トロピックショップ	路上脇に帽子がたくさん置かれ種類は豊富。よく買う。その奥に屋内店があり、担当は太平洋州。ハワイを含めた太平洋の島々もの。スティッチグッズは文具、玩具、食器などかなり充実してる。あとはふつうのアロハやレイやウクレレ、ハワイ装飾品もある。スティッチ以外のディズニー色は薄い。

アドベンチャーランド・バザール	上の店との境界がわかりにくい。完全な民芸品店。キャラものは一切置いてない。ひたすら民芸品。中南米と東南アジアものらしい。メキシコにペルーに東南アジア。まじ意味わからない。かなり広く民族衣装や太鼓、装飾品とたくさんุ置いてある。ここで買ったものはまずディズニー土産には見えない。
ル・マルシェ・ブルー★	ザ・ガゼーボの横にあるワゴン。斜め前がカフェ・オーリンズ。店名が仏語なのは旧仏領ルイジアナ州ニューオーリンズの店だから。かぶりもの、光ものなど品揃えはふつうの屋台。

●ウエスタンランドの土産店

トレーディングポスト	アドベンチャーランドから西部の街に入ってすぐ左にある。カレー味ポップコーンの先。ウッディやジェシーという西部劇キャラの玩具や文具、雑貨が多くある。ほかにミッキーのブロンズ像1万2000円やティアラ3万円などを売ってる。キーチェーンにTシャツなどの衣料類、帽子と切手と傘に使い捨てカメラを置いてる。脈絡がない。ビリー・ザ・キッドの銃はもう置いてません。
ウエスタンランド写真館	上の店の中で西部開拓時代のコスプレで写真を撮るところ。簡易着脱できる衣装を着て撮影する。3000円くらいだけどランドなんだからそれぐらい出しましょう。全身着替えのほうがお勧め。カップルでも楽しい。一種の有料アトラクションだとおもう。店内の客に物珍しそうに見られるのもお代の内。
ゼネラルストア	トレーディングポストの隣にある店。お菓子専門店です。すごく目立たないお店で、すいてる。お土産用お菓子をここで選ぶのはいいとおもう。広い店内ではないお土産にいいお菓子が整然と棚に並べられている。ディズニーものではないドライフルーツとビーフジャーキーもあってそれは少し浮いてた。
ウエスタンウエア	ゼネラルストアの先がカントリーベア・シアターでその隣。キャラものはなく西部の服と装飾品を売る。西部帽に西部ブーツ、西部ドレスにガンベルトまであった。西部劇ショーに出るならこの店でだいたい揃う。それ以外に誰が買うのかよくわからない。西部劇小物はすこしいいとおもうけど。
フロンティア・ウッドクラフト	ビッグサンダーFP発券機と鶏肉ワゴンの間にぽつんとある。革製品に名前を入れてくれる。名入れには30分以上かかる。限定ものを売ってるとすごい行列になる。最近は少し落ち着いてる。1000円～1500円くらいでオリジナルのストラップやバッグタグなどが作れて中高生あたりの誕生日プレゼント向き。
カントリーベア・バンドワゴン★	西部エリアのワゴンはカントリーベア・シアター近く。シアターのバンドメンバーがツアー移動で使っていた馬車らしい。かぶりもの、耳に玩具など、品揃えは普通。場所がいいんで混んでます。

●クリッターカントリーの土産店

フート&ハラー・ハイドアウト	スプラッシュ・マウンテンを出て戻るときに洞窟を通るが、その洞窟内片側にある店。とても落ち着かない。とはいえすごく多くの人が通る通路脇にものを置いた露天店みたいな感じ。露天ではないけどね。かぶりもの、耳、傘、レインコートポンチョとワゴン的なものが多く、言い訳程度にお菓子、バッグ、文具を置いてる。なぜかチップ&デールものがけっこう充実してる。
スプラッシュダウン・フォト	スプラッシュ・マウンテンで撮られた写真を買う店。レジ脇に兎、狐、熊の小さいぬいぐるみと、使い捨てカメラを売ってる。レジに小さい扉があるのでこれ何ですかと聞くと説明してくれます。

●ファンタジーランドの土産店

ファンタジーギフト	西部側からくるとピザ店があってピーターパンがあってその隣。カウンター店で扱ってるのはワゴンで売ってる商品。レジャーシートやサイン帳が目立つ。帽子、派手な耳、パスポートホルダー、タオル、日焼け止めなどを売ってる。お菓子やぬいぐるみはない。すぐ使えそうな実用的なもの中心のお店。
キングダム・トレジャー	メリーゴーラウンドからシンデレラ城裏へ向かうと、城の手前左右にお店がある。こっちはシンデレラ城裏に向かって右の店。ウエスタンランド寄りのほう。マリーやアリスやエルサや白雪姫などのヒロインキャラグッズが充実してる。アリスの紅茶とか、アリスのチョコ、白雪姫の鏡、マリーの掃除用品、アナとエルサの文具などなど、ファンタジーもの中心のお店ですね。
ベビーマイン	城裏に向かって左の店。フェアリーテイル・ホール入口のすぐ後ろ。ベビー用品・子供服店。玩具などもあるがやはり服がメイン。すごくたくさんある。ディズニーキャラ子供服は見ているだけでめちゃかわいい。すごい小さい靴とか靴下とかすごく並んでる。0歳児ものも充実。出産祝袋まで売ってた。
ガラスの靴	シンデレラ城内の通路にある。フェアリーテイル・ホールに並ぶ列の脇が入口。そこそこ広い。ガラスの靴を売ってて名前を入れてくれる。いろんな形のガラス製品もあって高いものは10万円以上してます。ガラス製動物やワイングラス、首飾りや指輪も売ってる。ぴかぴかしたものばかり売ってる店。
ハーモニーフェア	ベビーマインから角を曲がるとフィルハーマジックその隣の店。フィルハーマジック付属施設内。フィルハーの出口近くに魔法の帽子やドナルドの口やフィルハーグッズが少しだけ置いてある。もと帽子店だった流れを汲み、かぶりもの類が充実。アクセサリー、Tシャツなどもあるがお菓子類はない。

プレジャーアイランド・キャンディーズ	フィルハーの出口の隣にある店。その先のピノキオの付属施設ぽい作り。プレジャーアイランドはピノキオにでてくる遊園地。お菓子専門店。一通りのお菓子類は売ってるとおもう。ディスプレイが楽しい。すいてればお菓子選びをするのは楽しいとおもうよ。でもけっこう混んでたりする。混むと狭い。
プーさんコーナー	ハニーハントから出てきて強い意志を持たないと入ってしまう店。1キャラ店として異様に広い。英国の邸宅風造りが素敵。品揃えも多い。ぬいぐるみがこれでもかと置かれていて雑貨、文具、衣装、書籍、装飾品すべてプーさんとその仲間。もちろん蜂蜜たっぷり菓子もある。素敵なお店です。
ストロンボリズ・ワゴン★	ピノキオの冒険旅行前にある。ストロンボリはピノキオに出てくる人形芝居の親方。怖い人。そのワゴン。売ってるのはかぶりものやパスポートホルダー、カチューシャ、サングラスなどだよ。

第6章

ディズニーランドのショーとパレード

6章であつかっているショーとパレード（掲載順）
「ワンス・アポン・ア・タイム」の研究……126
昼のパレード「ハピネス・イズ・ヒア」の研究……128
エレクトリカルパレードの通過時刻表……130
エレクトリカルパレードはどこで見るべきか……132
腹に響く音と火薬の匂いが花火だ……134
ワンマンズ・ドリームⅡ ザ・マジック・リブズ・オン……136
ミニー・オー！ミニー……136
リロのルアウ＆ファン……137
ミッキーとミニーのポリネシアン・パラダイス……137
ホースシュー・ラウンドアップ……138
ザ・ダイヤモンドホースシュー・プレゼンツ "ミッキー＆カンパニー"……138
スーパードゥーパー・ジャンピンタイム……139

ランドのショーとパレードと花火の開催時刻を見る

　ディズニーランドで行われてるレギュラーパレードは2つである。昼のパレードと夜のパレード。夜はエレクトリカルパレードで固定されている。昼のパレードは最近は5年代わりです。25周年でジュビレーション！になってそれから5年、30周年でハピネス・イズ・ヒアになって、たぶんそれが5年（2018年まで）。そのペースで変わっています。それ以外に「季節のパレード」が行われている。いつも行われてるわけじゃないが、行われてることが多い。2015年の真冬にやっていたアナと雪のパレードは異様な人気だったのでたぶん冬のパレードとして高齢化するでしょうね。うん。恒例化かな。高齢化もするだろうけど。夏は暑いんで、しかも暑さに耐えられない日本人が増えたので、昼のパレードを夕方にやって、ほかのパレードをやらずに水を撒いてるってことが多いですね。

　それ以外にやってるレギュラーショーは3つ。シアターオーリンズと、ショーベースと、プラザパビリオン・バンドスタンド。場所が3つですね。

　シアターオーリンズではミニーたちがラテンの踊りを見せてくれる「ミニー・オー！ミニー」のショー。ショーベースでは、ディズニー映画のいろんなキャラクターが名シーンを再現してくれて、最後ミッキーを称えて終わるショー「ワンマンズ・ドリームⅡ」をやっています。成人の日の昼は浦安市の成人式をやってますけど、浦安の成人って毎年千人くらいなので気にしないでいいです。この2つのショーは2004年ごろから始まって10年を越えるロングラン。2010年代に入れ代わりがあるはずです。

　プラザパビリオン・バンドスタンドでやっているのは「スーパードゥーパー・ジャンピンタイム」という子供ショーで、これも2005年からやってますね。

　これがレギュラーショー。

　それ以外にレストランショーがある。ポリネシアンテラス・レストランと、ザ・ダイヤモンドホースシューというレストランで、だいたい昼3回、夜3回ずつやっている。これは食事付きで有料（1人3000円〜4000円）、しかも事前にインターネットで予約しないと入れないので、右のレギュラーショースケジュールからは、はずしました。一応、席が空いてる場合は、当日、携帯から予約ができます。混雑日でなければ、けっこう空いています。

　レギュラーショー、および季節のスペシャルイベントがざっくりどのような時間帯で行われているか、右にタイムスケジュール表を作ってみた。これは、実際にある1日に行われたショー時間をそのまま表にしたもの。年によってイベントが違うし、そもそも同じ時期でも曜日によってショータイムが違うのがふつうです。あくまで目安でみてください。

　こうやってみると、ショーだけを一日で全部見るのは可能なんだなというのがわかる。パレードやビッグイベントと劇場のショーはあまり重ならないようにやられているようである。何回か行われてるショーは1回みればいい。つまり似たような時間に開催されているミニー・オー！ミニーとワンマンズ・ドリームⅡをうまく選べば、ずっとショーを見続けて生きていくことも可能なわけですね。あいまにショーレストランを入れれば、一日、ショーだけ見て過ごせます。楽しいのか。まあ、楽しいか。ただ、真冬は寒いからやりたくないな。外のショーは風が強いと中止になることもあります。日没時間によって、ショーやパレードの時刻は変わるんだな、ということが四季の表からはよくわかります。

ランド四季別レギュラーショー&パレードタイムスケジュール

時刻	春 イースター 5月バージョン	夏 夏祭り 8月バージョン	秋 ハロウィーン 10月バージョン	冬 クリスマス 12月バージョン
8:00				
9:00				
9:30	スーパードゥーパーJT			
10:00		水撒きイベント	スーパードゥーパーJT	スーパードゥーパーJT
10:30	ミニー・オー! ミニー			
11:00	イースターパレード			クリスマスパレード
11:30			ミニー・オー! ミニー	ワンマンズ・ドリームII
12:00	ミニー・オー! ミニー／ワンマンズ・ドリームII	水撒きイベント		スーパードゥーパーJT
12:30		ワンマンズ・ドリームII	スーパードゥーパーJT	
13:00	スーパードゥーパーJT		ミニー・オー! ミニー／ワンマンズ・ドリームII	ミニー・オー! ミニー／ワンマンズ・ドリームII
13:30	ミニー・オー! ミニー／ワンマンズ・ドリームII		昼のパレード ハピネス・イズ・ヒア	昼のパレード ハピネス・イズ・ヒア
14:00	昼のパレード ハピネス・イズ・ヒア	ワンマンズ・ドリームII		ミニー・オー! ミニー／ワンマンズ・ドリームII
14:30		水撒きイベント	スーパードゥーパーJT／ワンマンズ・ドリームII	
15:00				スーパードゥーパーJT
15:30	スーパードゥーパーJT／ワンマンズ・ドリームII	ミニー・オー! ミニー／ワンマンズ・ドリームII	ミニー・オー! ミニー	
16:00	ミニー・オー! ミニー			クリスマスパレード
16:30			ハロウィーンパレード	ミニー・オー! ミニー／ワンマンズ・ドリームII
17:00	イースターパレード	昼のパレード ハピネス・イズ・ヒア	ミニー・オー! ミニー／ワンマンズ・ドリームII	
17:30	ミニー・オー! ミニー／ワンマンズ・ドリームII	ミニー・オー! ミニー／ワンマンズ・ドリームII		ワンス・アポン・ア・タイム
18:00			ワンス・アポン・ア・タイム	ミニー・オー! ミニー／ワンマンズ・ドリームII
18:30			ミニー・オー! ミニー／ワンマンズ・ドリームII	
19:00	ワンマンズ・ドリームII	ミニー・オー! ミニー／ワンマンズ・ドリームII		
19:30	エレクトリカルパレード	エレクトリカルパレード	エレクトリカルパレード	エレクトリカルパレード
20:00				
20:30	花火	ワンス・アポン・ア・タイム	花火	花火
21:00	ワンス・アポン・ア・タイム	ミニー・オー! ミニー	ワンス・アポン・ア・タイム	ワンス・アポン・ア・タイム
21:30		ワンス・アポン・ア・タイム		
22:00	ワンス・アポン・ア・タイム			

「ワンス・アポン・ア・タイム」の研究

2014年の梅雨の前から始まった"野外映画ショー"です。シンデレラ城の壁面をスクリーンにして、ディズニー名作アニメを流し、ところどころ、花火やレーザー光線などを入れて盛り上げる。城のシルエットやでこぼこにも合わせた映像を流す"プロジェクション・マッピング"で、シンデレラ城そのものが揺れたり、崩れたりしてるように見えるから、そのへんは見事である。とても楽しいショーです。ただし、きちんと見られれば。

まず、内容を簡単に紹介します。
『美女と野獣』のポット夫人が、子供のチップにねだられて、寝る前にお話をしてあげる、という形で、ディズニー作品が7つ紹介される。魔法の力によってティーポットとティーカップの姿に変えられている母子です。もとは人間。ずっと前に物の怪になりました。

最初は『ふしぎの国のアリス』。
アリスにハート女王にチェシャ猫が出ます。
2作品めは『塔の上のラプンツェル』。輝く金色の花から、無数のランタンが飛ぶロマンチックなシーンになり、ライダーとラプンツェルが船上でキスしそうになったところで、ハートの形が浮かび上がり、小さい花火が2つ揚がる。すげえロマンチック。

3つめは『シンデレラ』。妖精によって美しく変身して舞踏会に出かけるところ。シンデレラの物語をシンデレラ城に投影しているわけだから、そりゃ合います。

4つめは『ピーターパン』、ロンドンの時計台から上空を飛んで、これは少し短い。

5つめが『白雪姫』。こびとたちと楽しく過ごしてる夜が流れます。

そのまますぐ6つめの『くまのプーさん』にはいる。サイケデリックなゾウ（ズオウ）がいっぱい出てきます。

そして最後7つめが『美女と野獣』。ポット夫人が「あなたもよく知ってるお話よ」とチップに言う。知ってるというか、その野獣王子のせいで魔法にかかっている当事者です。魔法進行中。王子がなぜ野獣になったのかの由来から始まり、美女ベルと野獣が仲良くなるところ、悪役ガストンに襲われ野獣が倒れ、ベルの涙で生き返るところまでやる。4分ちょっと。そのあとエンディングが1分少々あって、最後、花火がポンポンあがり、おしまい。だいたい18分30秒足らずです。

アナと雪の女王バージョンでは「白雪姫」と「プーさん」部分を削除して、「アナと雪の女王」が入っている。

内容は楽しいが鑑賞にかなり障壁がある。
シンデレラ城前に専用鑑賞指定席がある。だいたい2000席ほど。これは抽選です。なかなか当たりません。倍率は平均で10倍程度ではないかとおもう。この指定席から見られれば、問題はない。当たらなければ（それがふつうです）、かなり厳しいショーである。パレードやほかのショーと違い「何をやっているのか、まったく見えな

「ワンス・アポン・ア・タイム」取扱作品と時間		
経過	作品	所要
0:00	開始	1:32
1:32	ポット夫人とチップ登場	0:48
2:22	ふしぎの国のアリス	2:18
4:40	塔の上のラプンツェル	1:44
6:44	シンデレラ	2:28
9:12	ピーターパン	0:50
10:14	白雪姫	1:12
11:26	くまのプーさん	1:10
12:56	美女と野獣	4:04
17:00	エンディング	1:22
18:22	終了	
スペシャルエディション アナ雪バージョン		
10:14	アナと雪の女王	3:18
13:42	美女と野獣	4:04
17:46	エンディング	1:22
19:08	終了	

季節別（月別）ワンス公演時刻		
	1回目	2回目
6月	20:50	21:40
7月	20:35	21:35
8月	20:35	21:35
9月	20:50	21:40
10月	17:45	20:50
11月 12月	17:30	20:50

い」ということが起こる。混雑日には、見たいとおもってる人の半分以上がきちんと見られてないとおもう。困ったショーです。

指定席でなければ、そのすぐ後ろが見やすい。しかしここの場所取りは激しい。混雑日だと2時間前では話になりません。おそらく5時間以上並ばないと難しいでしょう。

問題はまず「正面から見ないと、わかりにくい」というところにある。シンデレラ城前はかなり広いが、樹木や何やらが邪魔になり、パレードルート上ではほとんど見られないのだ。無駄きわまりない。シンデレラ城からアーケード街へとつながる一直線上にほとんどの観客は立つことになる。もう1つの大きな問題は、お話の中心画像が、シンデレラ城の下部に映し出される、というところにある。城のすそが見えてないと、何が起こっているかわからない。ポットとチップが喋ってるのか、チップとデールが喋ってるのか、わからない（最初のとき、本当に私がそうでした）。

城を正面に見るエリアは、アーケード街のかなり深くまで人が立つ。ただ前の人との距離をあまり詰めない。それはシンデレラ城の全体像を見ようとするからで、背の低い人は前の人との距離を置いて見ようとする。それが正しいです。ただ開演時間が近づくと人が増え、その「何となく空いている」空間に人が立つ。それは止められません。152センチの女子の前に173センチの男子が3人並ぶと、それでアウトです。まず見えない。男女数人グループで、どう、ダメだわ、こっちに来なよ、「いいよ、あとでユーチューブで見るから」と言う哀しい女子のセリフを私は2度聞いてます。現場にいるのに、映像内容はあとでインターネットで見るという。とても哀しい。混雑日には、背の低い人は切り捨てられているショーです。

混雑日の対策はあまりない。すいてる日にいく。みんなが見飽きる2018年くらいに行く。何とか抽選で当てる。何人かで行ったときはジャンケンで予選をやって勝ち抜いたやつに引かせるほうがいい。いやまじで。ギャンブルとはそういうものです。

早くから並ぶ、というのはすすめない。いちど混んでる日にパートナーズ像あたりで2時間前から並んだけど、ろくに見えなかった。3時間でも変わらないとおもう。ものすごい混雑日に身長が160センチ以下の人と一緒に行って、抽選に落ちたら、諦めるように説得します。ないしは雰囲気を楽しむだけになると説明します。あとは身長が伸びる体操しかない。いや、すいてれば何とかなる。たとえば両斜めの橋の上は少しすいているから、内容は少しわからないが、でも楽しい。

野外の映画ショーなので、暗くならないと始められない。だから季節によって開始時間はまちまちです。2回目のほうがやや空いています。比較の問題だけど。きちんと見られれば、かなり楽しいショーです。健闘を祈る。身長伸張も祈る。

昼のパレード「ハピネス・イズ・ヒア」の研究

　2013年に30周年パレードとして始まった。その前の「ジュビレーション！」が25周年から5年間やっていたから、これも2018年3月まででではないかとおもわれる。このパレードは止まりません。止まって踊りくるう、というイベントはない。しかも、横切らせてくれない。夜のパレードは途中、山車の間隔を広くして、向こう側に渡らせてくれるが、これはパレードがいったん通ったら最後、通り終わるまで列は横切れない。

　さて、ハピネス・イズ・ヒアは、幸せはここにあるってことらしい。だから悪役が出てきません。パレードの特徴は各グループの先頭のキャラが「メリーゴーラウンドの馬がはずれてそのまま飛び出してきてしまった」ところにあります。あまり指摘がないですが、これは1964年の映画『メリー・ポピンズ』がモチーフになってます。彼女とバートと子供二人とメリーゴーラウンドに乗ってる最中に「遠乗りしましょうか」と声を掛けると、馬がはずれて森の中を駆け出します。そのシーンから来てますね。メリー・ポピンズとバートが最後のパートの先頭に出てくるのは、そういう由来からだとおもう。馬ごとにグループに分けると、それぞれが通過する時間は以下のようになります。グループ先頭と最後尾が目の前を通る時間経過。

1「グーフィー」　　0分〜4分
2「リロ＆スティッチ」　4分〜6分
3「ジーニー」　　7分〜8分
4「ラプンツェル」　9分〜11分
5「アリス」　　12分〜13分
6「ラビット」　　14分〜15分
7「メリー・ポピンズ」　15分〜18分

　7グループが18分少々かけて、通りすぎてゆきます。先頭のグーフィーが、最後、トゥーンタウンの奥地に消えていくのは、だいたい出発して24分後くらい、最後の「docomo」山車が消えるのが42分後くらいである。およそ45分間、かれらは我が物顔に、あらゆるものの動きを止めて、ただひたすらまっすぐに進んでいくのである。

　さて。パレードはどこで見るのがいいか。ふつうに混んでる日、開始15分前に並ぶとしたらどこがいいか、で考えてみます。

　出発点から少し進んで、蒸気船マークトウェイン号近くで大きく曲がる「大曲（おおまがり）」（←わたしの命名）の外側が広く立見場所を取りやすいとおもう。ここがまずおすすめ。次いでその少し先、「スルーフットスーのダイヤモンドホースシュー劇場」の前あたり、そのへんは比較的「立見の一番前」が取りやすい。向かいの白雪姫の祈りの井戸周辺も、後ろに壁が迫ってないところは、立見場所がとれます。でも、ダイヤモンドホースシュー前のほうが取りやすいとおもう。

　このあとのシンデレラ城前の「プラザ」周辺はだめです。混みます。15分前では無理。

　その先、トゥモローランド・テラスからスタージェットのあいだが、場所によっては少しすき間があることがある。そこからトゥーンタウン入口までのあいだも少し空いてます。トゥーンタウン内はけっこう混んでるので、プーさんFP発券機前もふくめて、探すと少し見やすい場所がある。はず。なかったらごめん。超混雑日は15分前だとないですよ。

　おすすめなのはファンタジーランドの端っこからウエスタンランドエリア（マークトウェイン号乗り場から白雪姫祈りの井戸あたりまで）ということになります。シンデレラ城をバックに見たいという気持ちはわかりますが、まあ、慣れてないならやめたほうがいいよ。シンデレラ城以外のところで見ようという提案です。はい。

『ハピネス・イズ・ヒア』通過する山車（フロート）とダンサーの一覧およびその通過時間（14時発）

	乗物	山車、ダンサー、キャラ	『出演作』	ダンボ	正面	終
1	馬型	グーフィー		14:00	14:10	14:24
2	▲	白雪姫と2人のこびと（肩車）	『白雪姫』	14:01	14:11	14:25
3	山車	三匹の子ぶたが曳くミッキーの山車	『三匹の子ぶた』	14:01	14:11	14:25
4	▲	クララ＆ホーレス（牛）とティンパニー・ダンサー		14:02	14:12	14:26
5	山車	ピノキオとこびと2人	『ピノキオ』	14:02	14:12	14:26
6	▲	こびと3人	『白雪姫』	14:03	14:13	14:27
7	▲	キャット・ダンサー		14:03	14:13	14:27
8	山車	マリー、トゥルーズ、ベルリオーズ	『おしゃれキャット』	14:04	14:14	14:28
9	馬型	リロとスティッチ	『リロ・アンド・スティッチ』	14:04	14:14	14:28
10	▲	ギルとニモ		14:05	14:15	14:29
11	山車	ペリカンのナイジェル、マーリン、ドリーの人形	『ファインディング・ニモ』	14:05	14:15	14:29
12	▲	"マインマインのカモメ"とクラゲ・ダンサー	『ファインディング・ニモ』	14:05	14:15	14:30
13	山車	ジェシーとウッディとバズ	『トイ・ストーリー』	14:06	14:16	14:30
14	▲	カウガール＆カウボーイ・ダンサー	『トイ・ストーリー』	14:06	14:16	14:31
15	馬型	ジーニー	『アラジン』	14:07	14:17	14:31
16	▲	三色のランプの精	『アラジン』	14:07	14:17	14:31
17	山車	アブーの変身したゾウに乗るアラジンとジャスミン	『アラジン』	14:08	14:18	14:32
18	▲	アラビア・ダンサー		14:08	14:18	14:32
19	馬型	ラプンツェル（パスカルの人形付き）	『塔の上のラプンツェル』	14:09	14:19	14:33
20	▲	みにくいアヒルの子とフラワー・ダンサー	『みにくいアヒルの子』	14:10	14:20	14:33
21	山車	オーロラ姫とベルとシンデレラ	『眠れる森の美女』『美女と野獣』『シンデレラ』	14:10	14:20	14:34
22	山車	ティンカーベルと妖精（前の山車と連結）	『ピーターパン』	14:10	14:20	14:35
23	▲	"八本手のイモムシ"とテントウムシに乗った妖精		14:11	14:21	14:35
24	馬型	アリス	『ふしぎの国のアリス』	14:12	14:22	14:36
25	▲	マッドハッター・ダンサー	『ふしぎの国のアリス』	14:12	14:22	14:36
26	山車	マッドハッターが曳く『三月ウサギとマッドハッター』	『ふしぎの国のアリス』	14:12	14:22	14:36
27	▲	ハートのキングと"トゥイードルダムとトゥイードルディー"とボールを持ったトゥイー・ダンサー	『ふしぎの国のアリス』	14:12	14:22	14:37
28	山車	巨大なハートのクイーン型の山車	『ふしぎの国のアリス』	14:13	14:23	14:37
29	▲	トランプ・ダンサー	『ふしぎの国のアリス』	14:13	14:23	14:37
30	馬型	ラビット	『くまのプーさん』	14:14	14:24	14:38
31	▲	ゾウとミツバチ・ダンサー	『くまのプーさん』	14:14	14:24	14:38
32	山車	ティガーとプーさんとはちみつポット	『くまのプーさん』	14:15	14:25	14:39
33	馬型	メリー・ポピンズとバート	『メリー・ポピンズ』	14:15	14:25	14:40
34	▲	三匹のペンギン・ダンサー	『メリー・ポピンズ』	14:16	14:26	14:40
35	山車	ドナルド＆ディジー、プルート、チップ＆デール		14:16	14:26	14:40
36	▲	モップ・ダンサー		14:17	14:27	14:41
37	山車	気球型山車にミッキー＆ミニー		14:17	14:27	14:41
38	山車	「docomo」		14:18	14:28	14:42

▲ダンサーなどの名称はここで勝手に付けたものです

ハピネス・イズ・ヒア　開始時刻

※1月は不定

13時20分開始	11月、12月	14時00分開始	2月、3月、4月、5月
13時25分開始	10月	15時00分開始	3月、6月、11月、12月
13時35分開始	9月、10月	16時00分開始	9月
		16時45分開始	7月、8月

129

■「エレクトリカルパレード」の通過時刻表

　東京ディズニーランド・エレクトリカルパレード・ドリームライツは夜のパレードです。
　7時30分に始まる。
　だから日曜の夜は、5時半に笑点が始まって、6時半にサザエさんが始まって、エレクトリカルパレードが7時半に始まるわけである。どうだ。どうでもないです。毎日です。
　ただ一年中いつも必ず7時半ではない。冬1月や2月は5時50分からだったり、イベントの多い夏の夜は少しずれたりする。
　でも7時半に始まることが多い。
　7時半に始まって、8時すぎには終わる。長さもサザエさんとだいたい一緒である。
　パレードは、ホーンテッドマンションの横から出てくる。ビッグサンダー方面に動いて、ビッグサンダーに行かずにそこで「大曲り」してシンデレラ城前に向かい、プラザをぐるっとまわって、トゥーンタウンへ入ってその奥へ消えていく。トゥーンタウンの奥で休んで、翌日の夜になるとまたホーンテッドマンションの横から出てくる。たまにはアメリカ河からびしょ濡れのブルーフェアリーが這い上がってきたり、武蔵野線の中から光の騎士が舞浜駅に降りてきたらおもしろいとおもうけど、いまのところは起こっていません。
　先頭はすごく大きい青い妖精だ。青い妖精埠頭に見える。彼女は7時30分にホーンテッドマンション脇に現れ、7時46分すぎにトゥーンタウン奥に消える。一番最後に出てくるのは「UNiSYS」という山車と2人花ダンサーで、彼女たちが出てくるのが7時52分くらいで、消えるのが8時08分だ。
　ひとつ処に留まって見てると、青い妖精からユニシスまで全部見て22分くらい。
　スタート地点では7時30分から始まって7時52分に終わる。シンデレラ城正面に見えるところで先頭は7時38分、終わるのが8時くらいである。一番混む場所です。最後のところトゥーンタウンの奥地は7時46分開始、8時08分に終了。
　「あ、エレクトリカルパレードが始まってる」と途中で気が付いたら、たとえばアーケード街で気付いたときシンデレラ城前プラザに出るのもいいけど、真剣に見たければトゥモローランドを駆け抜けて（ゆっくり駆けてください）トゥーンタウン入口に行くと、たくさん見られるってことです。イッツ・ア・スモールワールドあたりにいたら、ホーンテッドマンションでなく、プーさんのハニーハントのほうへ行ったほうがいいってことですね。ダンボ脇で見てたら、終わってハニーハントへ行くと、第二グループくらいから見られるはず。ホーンテッド前は抜けにくいから、これをやりたいならダンボ脇で見ること。
　ランドの夜のパレードは1985年からエレクトリカルパレードが始まって、1995年にいちどファンティリュージョンに変わったけどまた2001年から現行のエレクトリカルパレード・ドリームライツになって、そのまま続いてます。30年で3つ2種しかやってないんですね。というか、1985年以来、悪のファンティリュージョンに占領された6年を除いてずっとエレクトリカルなパレードをやってるってことになる。悪も面白かったけど。リニューアルはしている。2007年に一度変わって、バグズライフが消された。2011年にもう一度変わって、こんどは七人のこびとが消された。いや、細かいところも変わってるんだけどね。目立ったところで消されたのは彼らです。2015年夏に3度目のリニューアルがある。常に変転しつづけています。アナ雪、ベイマックスがヒットして山車に乗る候補は増えるばかりで、微妙なキャラは戦々恐々としてるでしょう。芸能界みたい。

東京ディズニーランド・エレクトリカルパレード・ドリームライツ
通過する山車(フロート)とダンサーの一覧およびその通過時間

	キャラクター(山車、ダンサー)	『出演作』	種類	山車の形	①ダンボ前	②カントリーベア・シアター前	③クリスタルパレス前	④バズの先の橋前	⑤トゥーンタウン門
1	ブルーフェアリー				19:30	19:34	19:38	19:42	19:46
2	光の騎士 5騎				20秒後	19:30	19:34	19:38	19:42	19:46
3	グーフィーとミッキーとミニー		相乗り山車	蒸気機関車	1分後	19:31	19:35	19:39	19:43	19:47
4	テントウムシ				1分後	19:31	19:35	19:39	19:43	19:47
5	フラワーダンサー 3人	『ふしぎの国のアリス』	▲		2分後	19:32	19:36	19:40	19:44	19:48
6	チェシャ猫の背にアリス	『ふしぎの国のアリス』			2分後	19:32	19:36	19:40	19:44	19:48
7	バタフライ・ギャル 2羽		▲		3分後	19:33	19:37	19:41	19:45	19:49
8	赤のカタツムリ				3分後	19:33	19:37	19:41	19:45	19:49
9	青のカタツムリ				3分後	19:33	19:37	19:41	19:45	19:49
10	ピートとドラゴン	『ピートとドラゴン』			4分後	19:34	19:38	19:42	19:46	19:50
11	白雪姫	『白雪姫』	相乗り山車	木	5分後	19:35	19:39	19:43	19:47	19:51
12	ピーターパンとウエンディ、フック船長とスミー	『ピーターパン』	相乗り山車	海賊船	5分後	19:35	19:39	19:43	19:47	19:51
	ブレイク(2分ほど)				5分後	19:35	19:39	19:43	19:47	19:51
13	ジーニー	『アラジン』			7分後	19:37	19:41	19:45	19:49	19:53
14	アラビア・ダンサー 6色6人		▲		8分後	19:38	19:42	19:46	19:50	19:54
15	ジャスミンとアラジン	『アラジン』	相乗り山車	宮殿	8分後	19:38	19:42	19:46	19:50	19:54
16	プーさんとティガーとイーヨー	『くまのプーさん』	相乗り山車	森	9分後	19:39	19:43	19:47	19:51	19:55
17	ローラースケート・ミツバチ・ダンサーズ				9分後	19:39	19:43	19:47	19:51	19:55
18	ウッディとジェシーとバズ	『トイ・ストーリー』	相乗り山車	おもちゃ箱	10分後	19:40	19:44	19:48	19:52	19:56
19	ニモ	『ファインディング・ニモ』			11分後	19:41	19:45	19:49	19:53	19:57
20	クラッシュ	『ファインディング・ニモ』	相乗り山車	海中	11分後	19:41	19:45	19:49	19:53	19:57
21	マイクとサリーとブー	『モンスターズ・インク』	相乗り山車		12分後	19:42	19:46	19:50	19:54	19:58
	ブレイク(1分55秒ほど)				12分後	19:42	19:46	19:50	19:54	19:58
22	シンデレラとフェアリー・ゴッドマザー	『シンデレラ』	相乗り山車		14分後	19:44	19:48	19:52	19:56	20:00
23	シンデレラに求婚する王子	『シンデレラ』	相乗り山車	時計台	15分後	19:45	19:49	19:53	19:57	20:01
24	シンデレラの舞踏会	『シンデレラ』	相乗り山車	舞踏会場	15分後	19:45	19:49	19:53	19:57	20:01
25	妖精ダンサー 3人		▲		16分後	19:46	19:50	19:54	19:58	20:02
26	ティンカー・ベルと妖精たち	『ティンカー・ベル』	相乗り山車		17分後	19:47	19:51	19:55	19:59	20:03
	ブレイク(1分55秒ほど)				17分後	19:47	19:51	19:55	19:59	20:03
27	スモールワールド人形ダンサー5人		▲		19分後	19:49	19:53	19:57	20:01	20:05
28	ヒューイ&デューイ&ルーイと三匹のこぶた		相乗り山車	外輪船	19分後	19:49	19:53	19:57	20:01	20:05
29	チップとデール		相乗り山車	飛行船	20分後	19:50	19:54	19:58	20:02	20:06
30	"リロ&スティッチ、ピノキオとゼペットとコオロギ"	『リロ・アンド・スティッチ』『ピノキオ』	相乗り山車	月	20分後	19:50	19:54	19:58	20:02	20:06
31	ホセ・キャリオカ(緑)とパンチート(赤)、ブルート、マリー	『三人の騎士』『おしゃれキャット』	相乗り山車	太陽	21分後	19:51	19:55	19:59	20:03	20:07
32	UNiSYSの山車				22分後	19:52	19:56	20:00	20:04	20:08
33	フラワーダンサー 2人		▲		22分後	19:52	19:56	20:00	20:04	20:08

※①から⑤までのポイントは133ページの地図で確認してください。

「エレクトリカルパレード」はどこで見るべきか

パレードはどこで見ればいいのか。

もっとも混んでるのは、シンデレラ城を正面に見られる位置だ。なんかそこがもっとも混んでます。右地図で言うと③エリア。シンデレラ城を正面に見つつパレードを楽しみたいっていう妙なこだわりの人と、アーケード街から出てきたらここだったからここでいいやって人と、人がいっぱいいるからここがいいって人と、風と雲と虹とが混じってしまって、大変な混雑になってる。

でもね、夜のパレードにシンデレラ城は関係ないっすよ。夜は城までよく見えませんから。何もそんな混むところで見る必要はない。③エリアは不思議ちゃんたちにまかしといて、おれたちは別のところへ行きましょう。

次に混んでるのが②エリア。

最初にパレードがカーブする周辺だ。トルバドールタバン（アイスクリーム店）の前からダイヤモンドホースシューあたりです。混んでいるけどうしろが広いので途中から見るにはおすすめエリアでもある。

⑤のあたりは少しすいてる。トゥモローランド・テラスの奥、スタージェットの向かいあたりです。基本的にトゥモローランドからトゥーンタウン周辺は、ほかよりもすいてます。

それから④。シンデレラ城前の円形ルートの中では、このトゥモローランドより周辺が最後まですいてますね。日によるけど。

①のダンボ周辺は、ふだんはマニアで混む。たまにすくこともあるが、まあ混んでます。

座って見る場合は、3列目くらいで十分だし、5列目くらいでも何の問題もないですよ。すごくこだわってないのなら、開始30分前になってから、座れるところにいけば、どこだって大丈夫です。2人くらいのスペースだったら、よく探すと、シンデレラ城前だってあいてることがあります。「すいません、そこいいですか」と言う勇気があるかどうかだけです。

ちなみに、エレクトリカルパレードのすごいところは音だとおもう。

かなり大きな音量で、山車が来る前にからだの芯に響いてくる。暗闇で大きな音楽を聴かされると、ふつう興奮します。そこへ、目にも鮮やかな青い妖精がやってくる。巨大な妖精だ。これはもう、してやられますね。

映画を映画館で見ると楽しいのと同じですね。映画って、家で見たって、まったく意味ないですからね。軽い映画ほど、映画館で見ないと興奮しない。家ん中で映画を見ると頭で見てる。映画館だと、身体で見てる。身体で見たほうが楽しいに決まってまさあな。

ディズニーのパレードはそういう人間の基本をつかんでますね。音がすごい。

おれは先頭の青い妖精で感動して、続く光の騎士たちの動きに驚き、ミッキーとミニーの汽車で楽しくなって、チェシャ猫の点滅を見て幸せな気分になって、ここまでがすごくいいですね。すごいなあ、とおもう。音と光に包まれて、幸せな時間です。

でもね、このあと、てんとう虫、かたつむりと出てきて、おれは必ずここでトーンダウンしてしまう。ただのハリボテじゃん、とおもってしまう。夢覚めて正気に戻ってしまいます。残念だ。たぶんちょっと間違って性的興奮を感じてたのを、見事に冷まされるからでしょうね。いったん、ハリボテかよ、と覚めてしまった気持ちは、ちょっと元に戻らなくて、このあとは、光ってるお姉さんたちの踊りを見て、無聊を慰めてます。

腹に響く音と火薬の匂いが花火だ

　花火は8時半である。
　笑点が5時半で、サザエさんが6時半で、エレクトリカルパレードが7時半で、花火は8時半。はい。わかりました。
　ただ、風が強いと揚げない。
　あ、花火は「揚げる」って書くんですね。
　ときどき、風が強いだけで何故やらないのかという疑問を持たれるかたがいらっしゃいますが、花火は風が吹くと、横に流れるわけですね。きちんと上まで揚がらなかった火薬が、風で横に流されて、みなさまの頭上30メーターあたりで散開したらどうなるでしょう。はい。とても身近で迫力あってすごいうえに、髪の毛や服がぼうぼう燃えてしまいますね。だから揚げないの。わかりましたか。
　雨でも花火は揚げられますが、風が吹いたらぜったい揚げません。それが花火です。だからよく中止になってます。冬場はほとんど揚げてないんじゃないかってくらい中止になってますね。そういうもんだとおもっておいてくださいね。大雑把な印象だと、いままで行ったうち65%くらいしか花火が揚がってないとおもう。ま、そんなところだってことで。
　その花火はどこから見ればいいのか。
　ディズニーランドの場合、園内どこでもほぼ見られます。屋根のないところならね。だからまあ、どこでもいいんじゃないかな、とおもいます。おもうよ。
　ある夏、アーケード街を出たところで花火を見てたら、横にいた若いお父さんが、感に堪えかねたように「ああ」と息を洩らしてたのが印象的だった。遠いエリアから見ても、花火を見慣れてない人はこれくらい感動するのかと、その姿を見ておれが感動しました。
　でも、おれはとにかく近くが好きだ。
　花火は、火薬の匂いがしないと花火じゃないね。それから打ち揚げる瞬間の、ずぼっという音、筒から花火が揚がっていく瞬間の音が聞こえるほうがいい。上で散開したときのバーンじゃなくて、下のずぼっという音ね。普通の花火好きじゃないんで申し訳ない。
　ただ近くのエリアは立入禁止になるので（花火のカスが落ちてきます）ビッグサンダーの前からマークトウェイン号のあたり、スプラッシュの近くが迫力を感じられるエリアです。
　花火が揚がるのは、ラッキーナゲット・カフェのむこう、トムソーヤ島の奥のほうです。
　そこまで近くじゃなくていいって人にすすめたいのが「ジャングルクルーズ、ウエスタンリバー鉄道乗り場の前の広場」と、「ピーターパンとホーンテッドマンションのあいだ」です。どっちも広場で、空が広い。空が広いのがいいやねえ。
　あまりシンデレラ城越しに見るのがいいとはおれにはおもえません。
　それから、花火に向かって歩くのもいい。
　動きながら見る花火って、これもなかなか素敵なのだ。やったことがない人にはぜひおすすめしたいです。ただ、あまり混んでる日にやらないようにね。
　ルートとしては、カフェ・オーリンズの前あたりから、ジャングルクルーズ前を通って、蒸気船マークトウェイン号方面へか、ダンボの前あたりからビッグサンダー・マウンテン方向なんてのがいいですね。自分の目が映画のカメラになってる気分になって、新鮮ですよ。「ものを食べながら、見る」というのは、2つの喜びを同時に味わいたい欲望からおこなわれてることだとおもいますが（花見とか芝居見物とかね）、花火の場合は「動きながら、見る」というのが快感ですね。むこうも動いてるからですね。ただ花火から遠ざかりながら見るのはむずかしいので、近づいて行ったほうがいいってことです。無理しないでね。

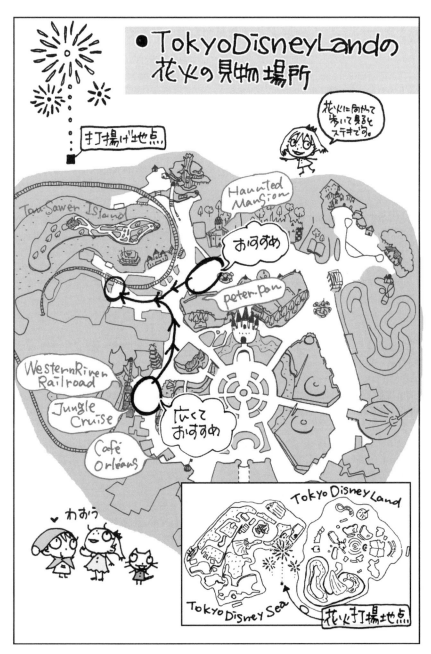

ショーベース　ワンマンズ・ドリームⅡ　ザ・マジック・リブズ・オン

　スペース・マウンテンの手前の劇場ショーだ。混んでる日は座席は抽選になる。落ちたら見られない。但し第1回公演だけ早いもの順。

　白黒のミッキーから始まる。ミニーがキスすると色がつく。見事なオープニングです。

　そして、ディズニーアニメのショーと踊りが始まる。最初はサルだ。ジャングルブックのキングルイとターザンのタークが踊る。

　続いてアリです。バグズライフ。アリが並んでラインダンスを踊る。アリの中が男だったらやだなあ、なんてよこしまなことを考えていると、海賊船の登場だ。ウエンディが海賊に捕らえられ、マストに縛りつけられる。ちょっとなまなましい。ピーターパンが海賊を退治し、ウエンディと空を飛んでいく。

　すると白雪姫の継母の魔女があらわれ、悪い連中があらわれて、炎の中、悪踊りを踊る。かっこいい。次々と悪役が出てきたあと、お姫さまを王子さまがキスで起こして、そのままプリンセスたちの舞踏会になる。ああ、なんてすてきなんでしょう、とおもってると、こんどはドナルドとチップ＆デール、グーフィーのどたばた映画撮影だ。スラップスティックです。そのあとハリウッドでのパーティとなって、最後はみんなでミッキーを称えて歌い踊る。ミッキー独裁国の首長さま万歳パーティだ。人間は、実は独裁者に支配されるのが好きなんだよなあってことをうっすらと感じさせてくれながら、ショーは終わる。

　見終わったら、ああ、ショーを見たなあと満足します。上にあげたアニメをどれっくらい好きかによって、満足度は違うとおもいますが、まったく見てなくても楽しいですよ。

 ## シアターオーリンズ　ミニー・オー！ミニー

　シアターオーリンズでのショーだ。カリブの海賊からジャングルクルーズに向かう途中、左手にある劇場です。

　ラテンミュージックのショーだ。ミニーが主人公のダンス歌謡ショー。

　ストーリーはない。背景になってる物語もないとおもう。ただ、みんなが歌って踊ってるだけだ。ラテンです。ラテンって、陽気で何も考えず勢いで攻める、という意味でしか使ってないけど、そのラテンです。

　女神姿で出てきたミニーが舞台上で早変わりして、艶やかなドレス姿で踊る。そのあと、ひたすらラテンの陽気なミュージックでのダンスだ。グーフィーとドナルドが出てきて踊って、チップ＆デールが出てきて踊る。ダンサーもいっぱい出てきます。みんなすごい派手な衣装。そのかっこうで法事に行ったら、あと三千年は親戚から呼ばれなくなるだろうって衣装です。法事に着てかないようにね。

　15分ほどたつとミッキーが出てくる。そのあと、みんなで踊りましょうと立たされて振り付けを教えられる。子供がほほえましく覚えてる横で、もう、ばりばり完全に覚えてるお姉さんグループが踊ってたりして、ディズニーランドのショーで完全に振り付けどおり踊れる女性は不幸になる、まちがいない、と大きな声で言いたくなるのを抑えてると、またダンサーの人が出てきて踊って、日本語で歌ってくれて、劇場の上に何かが広がって盛り上がって、終わりだ。ひたすら騒がしくて楽しいです。いやー、何だったんだろうね え楽しかったねえ、という気分になる。情熱的なラテン男性に口説かれると、こういう雰囲気のまま、身を任せてしまうんでしょうね。

リロのルアウ&ファン　ポリネシアンテラス・レストラン昼のショー

　2005年2月から始まった食事ショー。

　リロは女の子の名前で、ルアウはハワイ語でパーティのこと。リロちゃんのパーティとファンだ。ファンはミッキーたちが食事席に来てくれるってことです。1分ほど独占できる。だいたい握手して一緒に写真を撮ります。

　6人来てくれます。ミッキー&ミニー、チップ&デール、リロ&スティッチ。この6人というか6体が、すべてのテーブルにやってきてくれる。店員さんは忙しそうにしてるので、カップルだと「彼女とスティッチ」「おれとスティッチ」の写真をお互いに撮るはめになる。なんで忙しそうなんでしょう。

　始まってすぐにリロたちが出てきて、すぐに引っ込みます。食事を始めてるとリロたちが客席をまわり始めます。食事しつつ6体と写真撮るわけですね。チップを「デール！」と呼んだりデールに「あ、チップ」と言うと、どっちもすねるからおもしろいよ。かつてうちのバイト娘がミニーに面と向かって「ミニーって化粧、濃いよね」と言ったらあのニコニコした顔のままバイト娘の側頭部を手でぐーっと押して離れて写真に一緒に写ってくれたことがあって、楽しかったです。

　終盤、みんなで一緒にフラを踊る。振りを教えてくれるので、フラダンスを踊るのだ。志ん生の話し方を教えてもらって、独特の口調を真似るわけではない。そのフラじゃない。そもそも落語家のフラは真似られるもんじゃないさ。何を言ってんだ。最後はミッキーたちが並んで踊ってくれて、それでおしまい。ま、見るショーのほうはおまけですね。一緒に写真を撮るのがメインのショーです。60分以上かかるショーです。

ミッキーとミニーのポリネシアン・パラダイス　ポリネシアンテラス・レストラン夜のショー

　ポリネシアンテラス・レストランの夜のショー。予約は昼のルアウ&ファンと同じくインターネットでの事前予約のみ。当日受付は空いてるときのみ「携帯・スマホ」でできる。

　ポリネシアの歌と踊りのショーですね。ポリネシアって、てきとうに言うとハワイあたりです。詳しく言うと太平洋の東に浮かんでる島々ぜんぶですね。ハワイはほんの一部で、サモアやタヒチ、イースター島などもポリネシアです。おれは和歌山と高知もポリネシアに入れてもいいんじゃないかとおもってるが、誰も入れてもいいとは言ってくれません。紀伊と土佐の海辺の民は、同じ文化圏だとおもうんだけどなあ。夜のこのショーでは、ミッキー&ミニーは出演するけど、席をまわってはくれない。チップとデールもまわってくれない。彼らはダンサーでしかない。

　このショーの主人公は、ミッキー&ミニーではなく「南太平洋の雰囲気」なのだ。音楽と歌と踊りと料理で、何とかポリネシアにいる気分にさせようとしてくれてるんです。

　ミッキーとミニーは何だか白っぽい服を着ていて、引退した金持ちが世界周遊の途中で立ち寄ったみたいな雰囲気です。チップ&デールが地元リスっぽいのとは好対照ですね。

　後半はみんなも踊りに参加します。最初はフラダンスを教わり、そのあとはタヒチのダンスを教わります。なかなか楽しいです。

　ただ、料理をふつうのウエイトレスのお姉さんたちが踊りながら給仕してくれるところがあって、彼女たちが少し照れて踊ってるのを見ると、こっちも少し照れますね。いや、だから何だってことじゃないが照れます。好きだけど。

ホースシュー・ラウンドアップ　ザ・ダイヤモンドホースシューの昼のショー

　西部の街、ダイヤモンドホースシューでやっている昼の食事付きのショーである。
　予約はこれもインターネットでの事前予約だけになった。ディズニーリゾートの公式ホームページからアクセスして予約する。詳しいアクセスのしかたは17pに載せてあります。精算はクレジットカードなので、カードを持ってない人は予約できません。しかも事前の精算なので、当日行かなかったり、入場制限で入れなかってもお金は返ってこない。そういうシステムになりました。それが21世紀の日本社会なんですね。ふふふ。
　しっかりしたショーだとおもう。ポリネシアはいるだけでもリゾートだけど、アメリカ西部の外は砂漠でしかなく、ショーはきちんと作られなければいけないという背景を大事にしてるんだろう。見事なものです。

　『トイ・ストーリー』のウッディとジェシーが出てくるが、彼らだけのショーではない。スルーフットスー姉さん一座のショーです。彼らは客席をまわってくれるので握手はできます。写真を一緒には撮ってくれません。
　ショーは舞台上だけじゃなく、広く客席のあいだまで出ていって行われる。
　歌と踊り以外に、少し物語仕立てになっていて、盗賊が砂金を盗みに来る。身軽な女盗賊の立ち回りが見ものだ。その盗賊をウッディがやっつける。捕まえて改心させると歌いだし、客も立たされて一緒に踊り歩かされます。改心したとは言え、さっきまで盗賊がいたところで、財布や荷物を座席に置いたままで大丈夫かなあとおれはいつも心配になります。席に戻って、ああ、財布は大丈夫だとおもったら、それでおしまいです。ハウディ。

ザ・ダイヤモンドホースシュー・プレゼンツ "ミッキー＆カンパニー"

　ショーレストランの夜の出し物では、こちらの劇場のほうがしっかり楽しいですね。食事はポリネシアのほうがおれは好きだけど。
　レストランの女オーナー、スルーフットスーと、彼女の幼なじみでこの店で働くジャックのお話。ジャックはスーに恋しているが、気持ちを打ち明けられない。もらったバンダナで観客たち（ぼくたちです）は花の形を作り、ミッキー＆ミニーも協力して、彼の告白を後押しする、というのがショーの基本の枠組みです。スーは外人だけど、ジャックはどうみても日本人なのが気になる。
　サラダと飲み物だけ用意されてるときジャックが出てきて、細かい手品を見せてから、物語背景を説明して、バンダナでの花の作り方を教えてくれる。そのあと、この店に招かれたエンターテイナー一座としてミッキーと

ミニーとドナルドが登場する。ドナルドが料理を作ることになり、どたばたショーがあって、各座席にメインディッシュが配られ、同時にミッキーとミニーが客席のあいだをまわってくれる。一緒の写真は撮れません。
　そのあとしばらく食事時間になる。食べてるときにスーが全座席をまわってくれる。彼女とは写真撮れます。食事が出て30分経つと後半のショーが始まる。ミッキー＆ミニーが、きれっきれのダンスを見せてくれる。細かい手品や楽器演奏もある。スーの歌もあり、めちゃ楽しい。客も一緒に踊り（着席のまま手を振る）スー＆ジャックの恋が成就すると、ミッキー一座は揃ってアップテンポで踊り続けて、圧倒されているうちに、あっという間にショーが終わります。ずっと楽しいです。ダンスがとにかくみものです。

スーパードゥーパー・ジャンピンタイム

 プラザパビリオン・レストランの前で繰り広げられる完全子供向けショー

　プラザパビリオン・レストランの前にある"プラザパビリオン・バンドスタンド"でおこなわれる子供ショーです。

　シンデレラ城を背にすると右手すぐ奥、スイスファミリー・ツリーハウスの奥ともいえる。でもウエスタンランドエリア内になるらしい。

　屋外劇場です。雨降るとやりません。

　舞台すぐ前のアリーナ席は「小さい子供向け」専用エリアになっている。舞台に向かって右から入ります。見ると1歳から5歳くらいまでの子が多い。小学生ぽい子も見たことはある。そのへんが「このエリアに入れる子供」の限界らしい。このアリーナ席後ろにベンチがあって、そこが保護者席。人気高いので早めにいかないとここは確保出来ません。入れなかった親は枠外で見守ります。

　ショーは完全にお子さま向けです。"笑顔が顔にはりついたまま取れなくなったようなお兄さん"が現れ、うそくさい笑顔を（人によりますけど）振りまきつつ、「みんな元気かなー、挨拶から始めよう、こんにちはー！」と声を掛けて、耳のうしろに手をかざして返事を促す、というようなことの繰り返しです。

　最初、猿2匹とお兄さんが出てきて、声出し練習があって、そのあとはディズニーキャラが躍り込んできます。出てきますキャラは、つゆしら、違います、ミッキーとミニーとドナルドとチップとデールです。あと猿2匹。この猿2匹が、やがて地球を猿の惑星に変えてしまうんじゃないかと、私は懸念しております。目を離さないでください。

　まず、チップとデールの早口言葉コーナー。生麦生米生団栗、赤団栗青団栗黄団栗。チップとデールはどんぐりかわいいです。

　次はパペットショー。奇妙な人形ショーです。ミッキー以下、全キャラが自分の人形を持って出てくる。もとよりかれらは着ぐるみで、その着ぐるみがさらに小さい人形を操って劇が進行します。着ぐるみの着ぐるみ人形劇。奇態です。子供が小さいから、より小さいミッキーやミニーを出してるんだとおもう。

　晴天続きで元気のなくなったカエルさんのために、ミッキーとミニーが雨雲さんを連れてきて雨を降らし、そのあと虹ができるお話。途中、チップとデールたちが、虹の作り方を間違ってカエルさんを七色にしたりする。

　次は猿の惑星を夢見るモンキー2匹と一緒に福笑いゲーム。ドナルド顔の福笑い。隣に風船が置かれて、蜂の針が時計のように回転して風船を破裂させそうになる「スーパードゥーパー・バルーンクラッシュ福笑いゲーム」です。風船が割れそうになって子供たちは大騒ぎします。ばっかじゃ、ない、です。

　それが終わるとミッキー以下全キャラクターが舞台に並んで、踊ります。踊ったあと、もっと友だちになりたいな、と言ってアリーナ席におりて子供たちと触れあう。子たちだけです。大人は遠く見守る。舞台は無人です。後ろのほうに立ってると何が起こっているかわかりません。ふれあいは3分ほど。フィナーレはその場でのジャンプです。ミッキーたちは舞台に戻らず子供と一緒にジャンプします。巨大な布で子たちとミッキーらが覆われ、ジャンプします。ああ、だからジャンピンタイムか、とここで納得します。再び舞台に戻ることなく子供たちとふれあいながら、ミッキーたちは去ります。猿も去る。かれらは地球征服の会議に入る予定。

　楽しいショーです。アリーナに入れる子供（小学校低学年まで）がいたらぜひ参加しましょう。ひとりっ子でも旅をさせるんです。

ランドのお得な「ガイドツアー」について

ランドにもシーにも「ガイドツアー」がある。指揮棒みたいなのを持ったお姉さんにぞろぞろついてまわるツアー。有料です。「ディズニーではお金を出すほうが、よりいい目を見られる」法則のひとつである。

高いディズニーホテルに自分で予約して宿泊する客だけが、事前にこちらも予約できる。ホテルに泊まらない一般人は、当日、開園と同時に「メインストリート・ハウス」へ駆け込んで、申し込まないといけない。すぐに売り切れるので、混雑日には一般人はなかなか取れません。

ツアーには二種類ある。「安いツアー」と「高いツアー：プレミアムツアー」。

高いほうが人気が高く、すぐ売り切れる。ひどいと、開園前に売り切れている（事前予約と15分前入園によって売り切れる）。開園10分そこそこで売り切れることも多い。私が取りにいったのは平日だったけど、開園2時間前から並んで、それでも2番手でメインストリート・ハウスにたどり着いて、取りました。ま、昼まで残ってる日もありますけどね。

安いほうのツアーは大人1人3600円。これは、すぐ売り切れる日もあれば、午後まで残ってる日もある。日によります。12人くらいでまわるツアー。3人で参加申し込むと、あと8人9人くらいの見知らぬ人と一緒になる。おれが3人で参加したときは、大阪からきた二家族と一緒でした。楽しかった。

安いほうの特典。ツアー中にアトラクション3つに優先乗車（スモールワールド＋ビッグサンダー＋スターツアーズとか）。ツアー後のパレードの座席（見る場所）を確保してくれる。並ばずにパレードがいいポイントから見られる。なかなかいい。アトラクションも、FPルートから余り並ばずに入ります。スモールワールドは混んでると出口から逆行するという荒技で入りました。まわるルートはだいたい決まっていて、客の希望はあまり取り入れられない。2時間半かかる。2時間半とられるのは少し痛いがパレードやショーの座席の確保はありがたい。見知らぬ家族とまわって、おれはすごく楽しかった。いい想い出になります。家族連れなどではおすすめ。あまりデート向きではないですね。二人の性格によるけどね。

高いほう。プレミアムツアー。

これは「ガイドお姉さん買い切り」ツアーです。参加者は何人でもいい。最大10人。ツアー金額2万1600円。6人参加で等分すれば1人3600円と安いツアー並。1人で全額払ってガイド独占も可能です（けっこういるらしい）。7人以上は1人3090円ずつ追加。ツアーは3時間で、客の要望どおりにまわってくれる。ただし1アトラクションは1回のみ乗車。でもすべてFPルートから入る。身も蓋もなく言えば「金を出してFPを買うツアー」です。

実際にわれわれはどう乗ったか報告します。数字はツアー開始からの時刻表示。

0:12モンスターズ・インク→0:39スペース・マウンテン→1:01バズ・ライトイヤー→1:40スプラッシュ・マウンテン→2:07ビッグサンダー→2:35プーさんのハニーハント

以上。人気のアトラクション6つ乗れた。すごい。あいだに「隠れミッキー」をいっぱい教えてもらいました。ランドのプレミアムツアーはものすごくお得です。ツアーで6つ乗れれば、あとFPを使って、人気アトラクションは全部、乗れます。混んでいてもね。だから大人気です。なかなか取れない。取れるなら取ったほうがいいね。申し込みのメインストリート・ハウスは、入って左なので左寄りのゲートに並ぶのがいいです。

第7章
ディズニーシー攻略法

ディズニーシーの入口から火山へ向かうとき海を右回りしたほうが近いか、左回りが近いか……右回りが近いです

入口から火山の下のセンター・オブ・ジ・アースに急ぐときは、右回りのほうが近いです。ただ左回りのほうが景色はいいので、お急ぎでなければ左回りで。

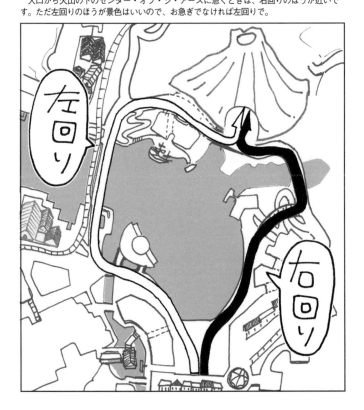

シーのアトラクションのおもしろい順位

　シーのアトラクションの具体的な待ち時間推移を右ページに載せた。ただ、待ち時間の長いものが必ずしも面白いわけではない。そこで「おもしろい順」をランキングしておいた（いちおう待ち時間人気を考慮してある）。

　やはり1位はトイ・ストーリー・マニア！。これは繰り返し乗っても楽しめるので、人気が高い。2位グループに絶叫系4台。「とにかく絶叫系に乗りたい」という若者が多いので人気が高い。春休みが特に混む。ついで、穏やかな乗り物ないしはショー形式で、とてもおもしろいものが5つ。ランドもシーもディズニーはやはりショーの質は高いです。どれも見事。その次に、さほど混まないけど、なかなか楽しい5つ（日によってはかなり混むものもあります）。このグループをどう入れてくるかが、楽しくまわるポイントになる。「何でもないけど本気で遊ぶとおもしろい遊び場」が2つあって、フォートレス・エクスプロレーション（ザ・レオナルドチャレンジ）とアリエルのプレイグラウンド。楽しいです。

　あとは、子供向けの乗り物が5つ。残りは、車と船と電車、これはただの移動するだけのものです。

　絶叫系に30回以上乗ってる私が、個人的に好きなアトラクション順位もつけておきます。待ち時間が少ないのに評価が高いのはシンドバッド、待ちが長いけどさほど満足しな

ディズニーシーアトラクション　おもしろい順

圧倒的1位	1	トイ・ストーリー・マニア！	(1)
絶叫系人気の4つ	2	センター・オブ・ジ・アース	(2)
	3	タワー・オブ・テラー	(3)
	4	インディ・ジョーンズ・アドベンチャー	(8)
	5	レイジングスピリッツ	(9)
ゆるめだけどおもしろい人気の5つ	6	ストームライダー	(5)
	7	タートル・トーク	(4)
	8	マジックランプシアター	(6)
	9	海底2万マイル	(10)
	10	マーメイドラグーンシアター	(11)
なかなか楽しい5つ	11	シンドバッド・ストーリーブック・ヴォヤッジ	(7)
	12	ヴェネツィアン・ゴンドラ	
	13	ジャスミンのフライングカーペット	(15)
	14	フランダーのフライングフィッシュコースター	(14)
	15	アクアトピア	
自力で楽しむもの	16	フォートレス・エクスプロレーション	(12)
	17	アリエルのプレイグラウンド	(13)
子供向けです	18	ワールプール	(18)
	19	ジャンピン・ジェリーフィッシュ	(16)
	20	ブローフィッシュ・バルーンレース	
	21	スカットルのスクーター	
	22	キャラバンカルーセル	
ただの移動するもの	23	ビッグシティ・ヴィークル	(17)
	24	エレクトリックレールウェイ	
	25	トランジットスチーマーライン	

（　）内はホリイの好きな順

いのはゴンドラ、アクアトピア（水が大量に
かかるアクアトピアは大好きです）。あとは
何でもなさすぎるフォートレスやプレイグラ
ウンド、ジャンピンジェリー、ヴィークルは、

とても好きですね（売れない落語家が好きだ
という感覚に近い）。すきがあったら乗りた
いっす。

ディズニーシーの待ち時間推移にみるアトラクション混雑ランキング

	(以下一部略称です)	混んでる日 3月連休土曜				すいてる日 11月の平日			
		9時	11時	13時	17時	9時	11時	13時	17時
1	トイストーリーマニア	210	250	170	220	80	130	90	100
2	センター・オブ・ジ	180	200	160	170	50	90	70	70
3	レイジングスピリッツ	150	230	180	160	10	60	90	80
4	インディジョーンズ	210	170	170	150	25	70	60	休
5	タワー・オブ・テラー	200	140	110	140	70	70	50	60
6	ストームライダー	40	60	80	80	10	70	55	60
7	マジックランプシアター	20	110	120	100	15	15	20	15
8	タートルトーク	110	75	80	75	25	40	30	40
9	海底2万マイル	50	95	85	95	5	20	15	5
10	フランダーのコースター	30	50	55	45	0	20	25	20
11	バルーンレース	15	50	55	50	0	20	20	25
12	アクアトピア	40	50	40	30	休	15	15	15
13	ワールプール	10	40	45	45	0	15	15	15
14	スカットルのスクーター	25	40	40	40	0	15	5	15
15	ジャスミンのカーペット	15	40	35	30	5	10	20	15
16	ジャンピンジェリー	15	35	40	40	0	15	15	10
17	ヴェネツィアンゴンドラ	25	30	35	25	5	5	5	30
18	電気レールウェイ（米）	20	15	20	20	5	15	15	10
19	キャラバンカルーセル	10	10	20	20	0	10	10	10
20	シンドバッドⅤ	5	15	15	15	5	5	5	5
21	電気レールウェイ（ポ）	5	5	15	20	5	5	10	15
22	スチーマーライン（ロ）	5	5	15	25	5	5	5	5
23	スチーマーライン（米）	5	5	5	10	5	5	5	5
24	スチーマーライン（メ）	5	5	5	10	5	5	5	5
25	ビッグシティヴィー	休	休	休	休	休	5	5	5
26	レオナルドチャレンジ	休	5	20	15	休	0	0	休
	マーメイドシアター	大改装中でした				大改装中でした			

＊アリエルのプレイグラウンドは待ち時間表示なし

以下常設グリーティング

	ダッフィー	100	80	70	60	50	45	40	40
	ミッキー	45	55	35	50	30	35	35	45
	アリエル	休	45	80	休	休	45	50	休
	ドナルド	35	45	30	35	休	35	40	35
	ミニー	40	35	40	45	25	35	30	40
	グーフィー	20	30	30	35	15	20	15	25

ディズニーシーのまわりかたの基本

 おぼえておきたいFPの取りかた

シーのまわり方を考えます。

シーは、ランドより歩く距離が長い。トイ・ストーリー・マニアからインディ・ジョーンズまで歩くと900メートル以上あります。ほぼ1キロ。シーはもっとも奥地まで向かうとだいたい1キロあるということは覚えておいたほうがいい。往復すると2キロです。トイマニからインディ、つぎにタワテラ、そしてレイジング、その次にタートル・トークと動いてると4キロ動いてますぜ。考えて動きましょう。すいてる日なら船（トランジットスチーマーライン）や電車（エレクトリックレールウェイ）などを使えばいい。混んでると電車に乗るのに25分待ったりするから、それは歩いたほうが早い。

さてシーのまわりかたを考えるとき、ポイントになるのは「トイ・ストーリー・マニア！」である（26pも参照のこと）。2012年製のこのアトラクションだけが飛び抜けて人気で、数年経ってもまだ「異様な人気」である。ファストパスがあっと言う間になくなり、ふつうに並ぶとだいたい2時間待ちになる。これを諦められれば早い。これさえ諦めれば、少々混んでいる日でも、他のアトラクションはだいたい乗れるだろう。諦めないなら、とにかく開園前から並んで、ファストパスを取るしかないですね。開園1時間でなくなるとおもっていたほうがいい。開園2時間前から並んで、必死に走って取ったけど、昼14時のものだった、ということがあるんで、そのつもりで取るしかないです。開園より1時間経ってから入ってなおかつ乗りたいのなら、2時間ちょっとは並ぶ覚悟を持つしかない。だから朝一番から行けない場合は、できれば諦めてもらいたい、というのが案内係としての本音ですね。60分待ちという表示だったら、並んでいいとおもう。それはかなり空いてます。

このトイマニに続く人気なのが4つ、センター・オブ・ジ・アースとインディ・ジョーンズ・アドベンチャーとタワー・オブ・テラー、それにレイジングスピリッツです。レイジングはこの中ではもっとも人気が低い。残り3つは同じくらいの人気。

以上5つはすべてFPが出ている。それ以外に3つFPが出ていて海底2万マイルとストームライダーとマジックランプシアターだけれど、この3つはそれほどの人気ではない。

人気アトラクションを続けて乗りたいなら、最初のFPを8時過ぎに取って、そのあと10時、12時と2時間ごとにきちんと取っていかないといけない。人気上位5つのうち3つをFPで乗って、2つは並んで乗る、というのが人気ベスト5を混雑日に征服する方法ですね。人気薄のFPは午後も残っているので、2時、4時と取る。夕方6時すぎまで残ってる日もけっこうあるので、そこまで取ることもできる。「朝から本気でまわる日はFPを5回取る、うまく行けば6回取れる」。そのためには「常に次のファストパスが取れる時間を意識しておく」ことが大事です。FP時間になったからって喜んでそのFPを使ってアトラクションに乗ってるようではいけません。FP使える時間になったら、まずとにかく次のFPを取ること、それを考えて行動すると、シーだと人気アトラクション全制覇がけっこう可能になってきます。

シーに行き慣れてない人を連れていくとわかるのは「人気の有名アトラクションしか知らない」ということですね。表で言うと特AとA、あとBの一部までしか乗ったことがなかったりする。それ以下のアトラクションや

ショーや、グリーティングがまったく未経験なのだね。だから、まわりかた指南としては、表のCやE、F、G、Hを適当にかいつまんで入れていく。Dは移動でうまく使う。そのように使っていくと、豊かなシー体験ができます。豊かなねえ。はい。豊かですよ。

ショーは2015年春現在、昼の海上ショーが再開されておらず、またハンガーステージのショー（ミスティックリズム）も15年春で終わって一年休演ですね。夜のファンタズミックと花火、それ以外の定小屋公演がいま3つですね。ハンバーガーを食べながら見るマイ・フレンド・ダッフィーまで含めても3つなんで、ちょっと少ない。丸々一日いる日ならこのショーもひとつ入れておくといいね。夏や冬だと、ちょっとした避難休憩にもなる。

マイ・フレンド・ダッフィーはケープコッド・クックオフというハンバーガーショップ内で見られるショーなので“食事＆ショー鑑賞”が可能です。それと、ホライズンベイ・レストランの右側は座席までミッキーたちが来てくれる「キャラクターダイニング」をやっていて、これがあまり知られていない。だからあまり教えたくないからこっそり教えるが、ここだと「食事＆ミッキーとミニーとグリーティング（一緒に写真を撮れる）」が可能です。午後3時ころいくとあまり待ちません。次ページからのまわりかたでは、このどちらもかなり活用させていただきました。

というわけで、以下のまわりかたを見るときは、そのまんままわるのでもいいですが、この表をもとに同じグループの違うアトラクションものたちと入れ替えしてみて、あなたならではのオリジナルメニューを拵えてみられてはいかがでしょう。まあ、がんばれ。

シーのアトラクションとショーとグリーティング42		
特A 異常人気の特異アトラクション（1）		普通日の待ち時間
FP	トイ・ストーリー・マニア！	140分
A FPのある人気アトラクション（4）		
FP	センター・オブ・ジ・アース	78分
FP	インディ・ジョーンズ・アドベンチャー	70分
FP	タワー・オブ・テラー	72分
FP	レイジングスピリッツ	60分
B そこそこ人気アトラクション（4）		
FP	海底2万マイル	25分
FP	ストームライダー	25分
FP	マジックランプシアター	27分
タートル・トーク		38分
C ふつうの人気アトラクション（4）		
アクアトピア		18分
マーメイドラグーンシアター		18分
ヴェネツィアン・ゴンドラ		17分
シンドバッド・ストーリーブック・ヴォヤッジ		6分
D ただ移動するだけのもの（6）		
トランジットスチーマーライン　アメリカ発		12分
エレクトリックレールウェイ　アメリカ発		11分
エレクトリックレールウェイ　ポート発		10分
トランジットスチーマーライン　ロストリバー発		12分
トランジットスチーマーライン　メディテレーニアン発		7分
ビッグシティ・ヴィークル		5分
E もともと子供向けのもの（7）		
フランダーのフライングフィッシュコースター		21分
ブローフィッシュ・バルーンレース		18分
ワールプール		17分
ジャスミンのフライングカーペット		14分
スカットルのスクーター		13分
ジャンピン・ジェリーフィッシュ		12分
キャラバンカルーセル		10分
F ただの遊び場（2）		
フォートレス・エクスプロレーション		7分
アリエルのプレイグラウンド		0分
G グリーティングもの（7）		
ヴィレッジ・グリーティングプレイス（ダッフィー）		52分
グリーティングトレイル・ミッキー		36分
グリーティングトレイル・ミニー		30分
サルードス・アミーゴス！（ドナルド）		32分
アリエルのグリーティンググロット		25分
グリーティングトレイル・グーフィー		18分
ホライズンベイのキャラクター食事		40分
H レギュラーのショー（7）		
マイ・フレンド・ダッフィー		20分
テーブル・イズ・ウェイティング		
ビッグバンドビート		
ミスティックリズム		
（昼の海上ショー）		
ファンタズミック！（夜の海上ショー）		
ハピネス・オン・ハイ		

FPの発券終了時刻						
	少混雑	普通日			少混雑	普通日
トイ・ストーリー・マニア！	9:15	10:00	レイジングスピリッツ		15:30	18:15
センター・オブ・ジ・アース	13:12	14:30	マジックランプシアター		18:10	昼終了
インディ・ジョーンズ・アドベンチャー	13:28	17:20	海底2万マイル		19:10	昼終了
タワー・オブ・テラー	15:00	17:20	ストームライダー		19:50	昼終了

145

混んでる日に人気のものを制覇するまわりかた

 17アトラクションにショー3つの本気

　混んでる日に、本気だして、シーの人気のモノを制覇する計画を立てたので聞いてくれ。

　8時開園だから7時より前にシー前に着いておきます。混んでる日は7時めやすで集合する人が多く、それより何とか10分とか15分前に着くのがポイントですね。

　それでも8時開園で8時04分くらいに入園してそれからトイ・ストーリー・マニアのFP発券機にたどり着いても、でもなぜか取れるFPは14時台のものだったりする。負けた気がするけど、それが現実。そして事実。落胆してないですぐに**インディ・ジョーンズ**へ向かう。同行者を先に向かわせておくのがよい。足の遅い彼女なら同行する。トイマニからインディは約1キロあるから、走らず早歩きでいきましょう。8:25に着ければ25分待ちくらいで乗れるはず。出てきたらすぐ近くの**レイジングスピリッツ**に並ぶ。たぶん50分待ちくらい。360度回転して出てきたらだいたい9:30すぎ。そのままアラビアエリアに向かいチュロスかチャンドゥテールなどを食べつつ**シンドバッド**へ乗ってしまう。

　次いでセンターオブのFPを取り、**タートル・トーク**を並んで見て、そのまま**ゴンドラ**に乗ってゴンドラの歌を歌う。命短し恋せよ乙女。それじゃないです。12時越えて3枚目FP取る。今度はタワテラ。そのあと隣の**ドックサイドステージのショー**を遠巻きに立見。

　このあと、暢気にも**フォートレス・エクスプロレーションのレオナルドチャレンジ**に挑戦します。1時間ほどで何とかゴールしよう。ここでこの暢気を入れてるところがわれながらすごいや。2時に**トイマニ**に乗り、マジックランプのFPを取りにいき、そのまま**空飛ぶ絨毯**に乗り、3時に**ホライズンベイのキャラ食事**に並ぶ。そんなに並ばないはず。食事と

ミッキーのグリーティング。

　そこを出て向かいの**アクアトピア**に乗り、そのあと**センターオブ**に乗り、ストームライダーのFP取り、**マイ・フレンド・ダッフィー**を見る。次は**マーメイドラグーン**内で過ごしてから2万マイルのFPを取って、**マジックランプシアター**見て、ビール飲みつつ**夜のショー**を見学して、あとはFPで**タワテラ、ストライ、2万マイル**に乗り、9時半なのであと**レイジングスピリッツと2万マイル**に乗る。以上。17アトラクションに乗って、3つショー見ました。FPを2時間毎にきちんと6枚取るのがポイントですな。これだけまわれば今度は勝ち戦さだったと言えるの、官兵衛。

混んでる日に人気のモノ制覇

時刻		内容
6:50		気合い入れて1時間以上前からシーゲート前に並ぶ
8:10	FP取り	トイ・ストーリー・マニア！のFPを取る「13:50-14:50」
8:25	25分待	インディ・ジョーンズ・アドベンチャーに並んで乗る
8:50	50分待	レイジングスピリッツに並んで乗る
9:40	10分待	チュロスを食べてシンドバッドに並ぶ
10:10	FP取り	センター・オブ・ジ・アースのFP取る「16:00-17:00」
10:15	60分待	タートル・トークに並ぶ
11:35	30分待	ヴェネツィアン・ゴンドラ並ぶ
12:15	FP取り	タワー・オブ・テラーのFP取る「20:50-21:50」
12:25		隣のドックサイドステージでのショー立見
13:00	5分待	レオナルドチャレンジに挑戦する
14:00	FP使	FPでトイ・ストーリー・マニア！に乗る
14:20	FP取り	マジックランプのFPを取る「18:30-19:00」
14:25	30分待	ジャスミンのフライングカーペットに乗る
15:05	15分待	ホライズンベイ・レストランのキャラクターダイニング
15:40	25分待	アクアトピア並んで乗る
16:15	FP使	FPでセンター・オブ・ジ・アース乗る
16:30	FP取り	ストームライダーのFP取る「20:50-21:50」
16:35	10分待	「マイ・フレンド・ダッフィー」を見つつスイーツ&茶
17:30	40分待	マーメイドラグーンシアター（ないしはラグーン内乗り物）
18:30	FP使	海底2万マイルに乗る「20:50-21:50」
18:40	FP使	FPでマジックランプシアターを見る
19:00		ビール買って飲む（ザンビーニとか櫻脇とか）
19:55		夜のショー（ファンタズミック！）鑑賞
20:30		移動しつつ花火を見る
20:50	FP使	FPでタワー・オブ・テラーに乗る
21:00	FP使	FPでストームライダーに乗る
21:20	FP使	FPで海底2万マイル乗る
21:35	15分待	レイジングスピリッツにまた乗る
21:58	0分待	海底2万マイルにもう一度乗る

混んでる日にショー中心にゆったりと見てまわる

子連れやデートにつかえるまわりかた

混んでる日に、左ページほど本気出さないで、でもそこそこ頑張ってまわる方法ゆきます。左ページのまわり方は、完全に戦いですからね。戦闘態勢で攻めないと、ここまではまわれない。子連れではちょっとむずかしい。こっちは子供でも可能な組み合わせです。ないしはゆっくりまわるデートプランです。

到着は、8時開園の少し前、7時50分に着いたら、すでにすごい列です。びっくりしてないで並びましょう。開園20分くらいでやっと中に入れて、いちおうトイマニのFPを取りにいく。FP発券機前にものすごい列ができてるけど、何も考えないで並ぶ。FPの列はすごく長くても何も考えないで並びましょう。それがディズニーの鉄則。

トイマニの夕方のFPを取って、まず最初に乗るのは**ストームライダー**。15分待ち。続いて火山を潜って**マーメイドラグーン**に入る。そこでゆるゆるっとしたものに乗る。午前中はここはすいてます。11時前に次のFPを取るので、そこまでこの人魚世界で遊びます。デートでもこういうのはいいとおもいますよ。デートは意外性で攻めないとね。

11時前に次のFP取る。センターオブを取りますね。取ったらその近くで、とりあえずなんか食べる。チュロスとか、ギョウザドッグとか、肉とかね。ビールも飲みたいっすねえ。午前中からビール。いいっすねえ。

そのあとこのエリアの**レオナルドチャレンジ**で地図をもらって、このあたりをゆっくりまわる。こういうのは子供でも、デートでもいいとおもうよ。おれは楽しい。

そのあと再びアメリカエリアでビール買って飲んで、飲みつつ、**船脇でのショー**を見る。そのあと奥地へ行ってレイジングのFPを取り、向かいの**ハンガーステージのショー**を(やっ

ていれば)見る(2015年後半は休んでます)。そのあと**マイ・フレンド・ダッフィー**を見にいきます。ここではお茶でよろしく。海底2万マイルのFP取ってから**ホライズンベイのキャラ食事**を摂ります。このへんは左の戦闘まわりとけっこう似てます。**シンドバッド**に乗って**空飛ぶ絨毯**に乗る。ここで夕方5時くらいですね。あとは取ったFPを連続して使います。**トイマニ。センターオブ。2万マイル。**あいだに**ブロードウェイ劇場**でショーも見るよ。**タートル・トーク**も見て、**夜のショー**も見て、**レイスピ**に乗ったら**マジックランプ劇場**も見て、最後、**インディ**乗りますか。なんだかんだでいっぱい乗ってます。ショーを中心に見てまわった一日でした。ありがとう。

		混んでる日にゆっくりまわる
7:50		開園直前に到着
8:40	FP取り	トイ・ストーリー・マニア!のFPを取る「17:00-18:00」
9:10	15分待	ストームライダーに乗る
9:50	20分待	マーメイドラグーン内のワールプールに乗る
10:00	待なし	アリエルのプレイグラウンドで遊ぶ
10:45	25分待	外のフランダーのコースターに乗る
10:50	FP取り	センター・オブ・ジ・アースのFPを取る「18:00-19:00」
10:55		リフレスコスでチュロスなど(肉塊orドッグ)食す
11:10	5分待	レオナルドチャレンジに挑戦
12:00		レストラン櫻外orバーナクルビルズでビール飲む
12:20		ビール飲みつつドックサイドステージのショーを待つ
12:30		ドックサイドステージを見る
13:00	FP取り	レイジングスピリッツのFPを取る「19:30-20:30」
13:15		ハンガーステージに移動してショーを見る
14:15		「マイ・フレンド・ダッフィー」でお茶
15:05	FP取り	海底2万マイルのFPを取る「18:10-19:10」
15:15		ホライズンベイ・レストランのキャラ食事
16:10	10分待	シンドバッド・ストーリーブック・ヴォヤッジに乗る
16:50	30分待	ジャスミンのフライングカーペットに乗る
17:10	FP使	トイ・ストーリー・マニア!をFPで乗る
17:30		ブロードウェイ・ミュージックシアターに並んで見る
18:25	FP使	センター・オブ・ジ・アースをFPにて乗る
18:40	FP使	つづいて海底2万マイルをFPにて乗る
19:30	45分待	タートル・トークに並んで参加
19:45		ポンテヴェッキオ橋の火山よりで夜ショーを見る
20:25	FP使	ショー終了少し前にレイジングスピリッツをFPで乗る
20:50	20分待	マジックランプシアターを並んで見る
21:15	30分待	インディが30分待ちなんでさくっと乗る
21:45		インディから下りてぶらぶら帰る

やや混んでいる日の優雅なシーデートのまわりかた

 写真など撮りながらゆるゆる歩いて楽しむ

あまりシーに慣れてない者同士のゆるやかなデートを考えてみました。

事前にレストランを予約しておこう。ここはすごく頑張ってマゼランズの夕方を予約する。マゼランズの午後はまず取れます。2人で1万円くらいしてしまいますが、大丈夫ですか。11時に入園するような待ち合わせ設定でいきます。7時半集合とか指定すると女子は4時半に起きなきゃいけなかったりするんで、それはきつすぎますからね。

どんなに混んでる日でも11時にはまだファストパスはいくつか残ってます。とりあえずセンターオブのFPを取りましょうか。タワテラを苦手な女子ってけっこういるから。

このデートは、ゆるゆる歩いて、そこらで写真などを撮りながら動くのを楽しむような作りにしてます。がつがつしません。

まず軽食で腹ごしらえして、アラビアンコーストに出て、**シンドバッド**に乗る。おりたらゆっくり散歩ペースでアメリカエリアへ。ここで、**タートル・トーク**に並ぶ。45分くらいは待つけど、まあ、そこは頑張る。

そのあと、隣の**ドックサイドステージでショー**が始まりそうだったら、見る。それからマジックランプシアターのFPを取り、**ハンガーステージ**か**マーメイドラグーンのショー**をみる。そうすると**マジックランプ**のFP時間になるので、見る。そして海底2万マイルのFPを取って、そのあとは**レオナルドチャレンジ**か、**マイ・フレンド・ダッフィー**。レオナルドがけっこうデートでも楽しいとおもうので元気なら是非チャレンジして。

終わったら、マーメイドラグーンに入って、カップルで密着するチャンスである**ワールプール**に乗ります。これは知られざるデート定番なので、ぜひ乗ってください。続いて**フラ**ンダーのコースターに乗りましょう。子供向けっぽいけどデートでも盛り上がるはずです。

そのあとFPで**センターオブ**に乗り、予約していた**マゼランズ**に入る。ゆっくり優雅な夕食を取る。食後に**海底2万マイル**に乗って、そのあとは**夜のショー**を見て、最後、**ストームライダー**に乗ります。けっこうたっぷりめ充実の一日になったとおもうけど、どうでしょう。絶叫系好きだと不満があるかも。

劇場類は、シアターに入るときに大人数でどっと入るので、はぐれそうになる。手をつなぐチャンスなんですね。手がつなげなくても、どこかをつかまないとはぐれるから密着チャンスなので、劇場系統を多くしました。それがシーのデートの眼目です。

		やや混んでる日の11時からデート編
前日		前日までにインターネットでレストラン「マゼランズ」予約
集合		舞浜駅前集合は避ける（せめてモノレール改札内）
11:00		シーの入口到着の設定
11:10	FP取り	センター・オブ・ジ・アースのFPを取る「17:00-18:00」
		チュロスか肉塊か肉まんなど食べつつアラビアへ
11:30	5分待	シンドバッドに乗る
		ミステリアスアイランドからポートディスカバリーと散歩
12:30	45分待	タートル・トークに並び鑑賞する
12:50		隣のドックサイドステージで遠巻きにショーを見る
		（余裕あればバーナクル・ビルズでビール買って飲む）
13:25	FP取り	マジックランプシアターのFPを取る「14:30-15:00」
13:40		ロストリバーをぶらぶら歩きつつハンガーステージへ
14:00	15分待	ハンガーステージのショーを少し並んで見る
14:50	FP使	マジックランプシアターをFP使って見る
15:25	FP取り	海底2万マイルのFPを取る「18:30～19:30」
15:30		元気なら「レオナルドチャレンジ」に挑戦
		休みたいならマイ・フレンド・ダッフィー見つつお茶
16:45	20分待	マーメイドラグーンでワールプール乗る
17:00		フランダーのコースターかスカットルのスクーターに乗る
17:35	FP使	センター・オブ・ジ・アースをFPにて乗る
17:45		予約していたマゼランズに入り、豪華な夕食を食べる
		安くしたいなら「レストラン櫻」の予約でいいかな
		1時間かけてゆっくり食事。ワインも飲むわいん
19:10	FP使	FPにて海底2万マイルに乗る
19:25	5分待	時間あればスカットルのスクーターにさくっと乗る
19:45		15分前から待機して20時からの夜のショーを見る
20:30	5分待	エレクトリックレールウェイに乗ってポートディスカバリーへ
20:50	15分待	最後にストームライダーに乗る
		お土産ものみて帰るときに手は握っておく。がんばりー

148

混雑日に珍しいものに乗って楽しむまわりかた

人気のモノを避けてまわるの巻

人気アトラクションにあまりこだわらないでまわる方法を考えてみやした。

ただ、どんなまわり方を考えても「午後3時にホライズンベイ・レストランのキャラクターダイニングで食事しつつ、ミッキー&ミニー（と飼い犬）と写真を撮る」というのと、その前後に「ケープコッド・クックオフでマイ・フレンド・ダッフィーのショーを見つつ、お茶を飲む」というのを入れてしまう。おれはね。ダッフィーはともかく、ホライズンベイに午後3時に入るのは、これはやはりすごいおすすめなんですね。食事とミッキーグリーティングが一緒に済ませられるというのは魅力的だし、午後3時だと（すごい混雑日でないかぎり）15分待てば入れるところが（もっと混んでることもあるけど）、おすすめなんす。

11時にゆっくり入園。最初に乗るのは電車です。**アメリカエリアから電車**にのって発見の港へ。ストームライダーのFPを取って、**アクアトピア**に乗ります。少し軽く何かを食べて、マジックランプシアターのFPを取って、**ストームライダー**にFPで乗る。

マジックランプをFPで見たあとは、では**レオナルドチャレンジ**に挑戦してみましょう。30分で終わればいいけど、ちょっとむずかしいから、30分経ったら中断してFP取りにいきます。ひとつくらいは絶叫系のものに乗っておくのもいいかということで、タワー・オブ・テラーかレイジングスピリッツのFPはどうでしょう。ではタワテラで。

そのあと例の**ホライズンでのキャラ昼食**になります。**ミッキー、ミニーとぐりぐり**しましょう。食事も摂ります。食事終わったら、**レオナルドチャレンジ**の残りをまわります。そのあとは隣のケープコッド・クックオフで、**ダッフィーのショー**を見ます。ショーのあとは**ダッフィーのグリーティング**に並びます。これはちょっと人気高いものですけどね。続いて**ブロードウェイ・ミュージックシアター**に並んで二階席でショーを見ます。けっこう眠れます。起きてれられればしっかり見ましょう。

それからは**シンドバッド**に乗って**キャラバンカルーセル**に乗る。マーメイドラグーンに移って、**ブローフィッシュ**に乗り、**スクーター**に乗る。このへんはマイナーながらけっこう楽しい乗りものだとおもう。

そのあとFPで**タワテラ**に乗って、それだけ乗ればもういいだろうってんで、**テディ・ルーズヴェルト・ラウンジ（かマゼランズ・ラウンジ）**でブランデーをソーダで割って飲む。いい気分になったところで、帰るよ。

人気のものを避けて楽しむの巻

10:30		舞浜駅前集合（すいてるから大丈夫）
11:00		11時にゆっくり入園
11:20		エレクトリックレールウェイにアメリカから乗る
11:35	FP取り	ストームライダーのFPを取る「12:20-13:20」
12:00	20分待	アクアトピアに乗る
12:15		軽食を食べつつアラビアエリアへ
12:25	FP取り	マジックランプシアターのFPを取る「13:10-13:40」
12:35	FP使	ストームライダーにFPで乗る
13:20	FP使	マジックランプシアターをFPで乗るというか見る
14:00		レオナルドチャレンジの地図を受け取り少しまわる
14:30		チャレンジ中断して、FPを取りにいく
		絶叫もので残ってるのがあるはずだから
	FP取り	タワテラ「20:00-21:00」かレイジング「19:30-20:30」のFP
15:00		ホライズンベイでキャラクターダイニング食事
15:45		レオナルドチャレンジの残りをやりとげる
16:30		ケープコッド・クックオフでショーを見つつお茶
18:00	45分待	ヴィレッジ・グリーティングに並びダッフィーと写真撮る
18:45	15分待	ブロードウェイ・ミュージックシアターのショーを見る
19:30	5分待	シンドバッド・ストーリーブック・ヴォヤッジに乗る
19:50	15分待	キャラバンカルーセルに乗る
20:05	15分待	ブローフィッシュ・バルーンレースに乗る
20:15	5分待	スカットルのスクーターに乗る
20:30	FP使	FPでタワー・オブ・テラーに乗る（ないしはレイジング）
20:45		テディ・ルーズヴェルト・ラウンジでブランデーなど飲む
21:20		いい気分になって帰る

とにかくすいている日に存分に乗りまくる

 とてもすいた6月の平日に26アトラクションを攻める

　9時開園のすいてる日に存分にまわる計画です。モデルとしては6月の天気のいい平日。とても気持ちいいよ。6月の平日って実はすごく狙い目なんだよね。さて、空いてる日に本気でまわるから、9時開園にもかかわらず6時50分から並びます。前から3列目までに並ぶ。9時00分15秒には中に入れる位置です。まずトイ・ストーリーのFPを取って、そのままずぐに**トイマニ**並んで乗ります。トイマニは今日は3回乗る予定。

　まだすいてる**インディ**まで急いで移動して乗る。そのまま**レイジング**にも乗る。**海底2万マイル**乗る。2枚目トイマニFP 取ってから1枚目 FPで**トイマニ**乗ります。次は**ストームライダー**に**タートル・トーク**さくっと乗って、食事はホットドッグであっさり済ます。センターオブFP取って**センターオブ**に並んで乗る。次いで**タワテラ**並んで乗ってタワテラFPを取る。

　その次に**センターオブ**にFPで乗り、**タワテラ**並んで乗る。**インディ**並んで乗って、**レイジング**も並んで乗る。そしてセンターオブFPをまた取り、そのまま**センターオブ**に並んで乗る。そして**マジックランプ**に乗って、そのあと隣で**カリー**を食べます。

　カリーのあと、**インディ**に並んで乗り、そのまま**レイジング**乗り、**シンドバッド**にあまり待たずに乗る。

　ここで7時すぎ。FPで**センターオブ**の4回目乗り、続いてFPで**タワテラ**3回目に乗る。そのまま並んで**タワテラ**4回目。いちおう**夜のショー**も何となく見ます。ただセンターオブに近いところに移動しつつ見ます。ショーが終わる少し前から**センターオブ**に並んで5回目乗る。そのまますいてきた奥地へと出向いて、ほとんど人がいなくなっている**インデ**

ィに2回連続乗ります。これでインディも5回乗車。急ぎアメリカへ戻って**タワテラ**に並んで乗る。タワテラ5回。最後、FPで**トイ・ストーリー**の3回目乗ります。以上。結局、トイマニは3回、センターオブとタワテラとインディにそれぞれ5回、レイジングは3回、それ以外に5アトラクションに乗って全部でのべ26アトラクションに乗りました。これが限度でしょう。これだけ乗れれば満足です。

すいてる日に人気のもの乗りまくるの巻

時間	状況	内容
6:50		開園の2時間10分前にゲート前で待つ大本気モード
9:00		開園9:00
9:07	FP取	トイ・ストーリー・マニア!FP❶ゲット「11:00-12:00」
9:30	20分待	そのままトイ・ストーリー・マニア!①に並んで乗る
10:00	20分待	インディ・ジョーンズ①に並んで乗る
10:30	30分待	レイジングスピリッツ①に並んで乗る
10:50	5分待	海底2万マイルに並んで乗る
11:03	FP取	トイ・ストーリー2枚目FP❷ゲット「20:55-21:55」
11:05	FP①	FPでトイ・ストーリー・マニア!②乗る
11:25	10分待	ストームライダーにあまり待たずに乗る
12:15	30分待	タートル・トークに並んで乗る
12:45		ビールとホットドッグorソーセージ
13:05	FP取	センター・オブ・ジ・アースのFP❸取得「14:30-15:30」
13:50	40分待	センター・オブ・ジ・アース①に並んで乗る
14:30	45分待	タワー・オブ・テラー①に並んで乗る
14:35	FP取	タワー・オブ・テラーのFP❹を取得「19:00-20:00」
14:40	FP③	センター・オブ・ジ・アース②にFP❸で乗る
15:30	40分待	タワー・オブ・テラー②に並んで乗る
16:10	25分待	インディ・ジョーンズ②並んで乗る
16:35	15分待	レイジングスピリッツ②並んで乗る
16:50	FP取	センター・オブ・ジ・アースのFP❺取る「19:00-20:00」
17:20	30分待	センター・オブ・ジ・アース③に並んで乗る
17:45	10分待	マジックランプシアターにあまり待たずに乗る
18:00		その隣(カスバ・フードコート)でカリーを食う
18:40	15分待	インディ・ジョーンズ③に並んで乗る
18:50	待なし	レイジングスピリッツ③にほぼ並ばずに乗る
19:05	待なし	シンドバッドにまったく並ばずに乗る
19:10	FP⑤	FP❺でセンター・オブ・ジ・アース④に乗る
19:30	FP④	FP❹でタワー・オブ・テラー③に乗る
20:00	35分待	そのまま並んでタワー・オブ・テラー④に乗る
20:10		何となく夜のショーをみつつ火山方向に移動
20:45	25分待	センター・オブ・ジ・アース⑤に並んで乗る
21:00	待なし	インディ・ジョーンズ④ほとんど並ばずに乗る
21:10	待なし	そのままほぼ並ばずにインディ・ジョーンズ⑤に乗る
21:35	20分待	タワー・オブ・テラー⑤に乗る
21:55	FP②	FP❷でトイ・ストーリー・マニア!③に乗る
		さすがに疲れたので帰る

混んでる日の午後からの攻略法

 混んでる日に遅くついてしまったあなたのために

混んでる日だけど、昼から入ったらどうまわればいいのかの巻です。

待ち時間モデルはゴールデンウイーク5月3日。年によっては入場制限は掛からず、でもかなりの混雑になります。その待ち時間から作った。

12時30分に入ります。さすがに昼飯は食べてきてください。この時間から入って食事2回は時間的にきついんで。

混雑日に昼すぎに入っても、シーはトイマニ以外のFPが残ってます。12時半、14時半、16時半とうまく3回取ることと、30分から45分くらいの待ち時間のものを2つ3つ、それから人気アトラクションベスト5の1つを70分ほど並ぶ覚悟だけは決めて、入ります。よろしく。

さて12時40分にまずセンターオブのFPを取る。そのまま**タートル・トーク**に並んで乗る。45分だけどそれぐらいは並びましょう。

そのあと**ブロードウェイのショー**を見ます。二階席は並ぶと入れます。出てきて**昼の海上ショー**を（やっていればですけど）見ます（やってなかったらほかのショーなど見ます）。

ここですでに14:40すぎてるので2つめのFPを取る。それはタワー・オブ・テラー。ぎりぎりです。そのあと**アクアトピア**に並んで乗る。そのままお隣のケープコッド・クックオフへ移動して、少し並んで、ハンバーガーを食べながら**ダッフィーのショー**を見る。しっかり食べましょう。ビールは出ません。

そのあとマジックランプのFPを取ります。そのまま近くの**シンドバッド**に乗り、そのあと**ストームライダー**に並びます。これは30分待ちですね。

ストームライダーに乗ったらここでひとつ、ちょっと長く並ぶことにして**インディ・ジョ**ーンズに並ぶ。75分待ち。頑張りましょう。乗って出てきたらもう夜です。**夜の海上ショー**を待機して見ます。

ショーを見たら、そのあとすぐ**マジックランプ**をFPで見ます。出てきたら、隣の**キャラバンカルーセル**はもうすいているので、10分待ちで乗ります。21時すぎて、**センターオブ**をFPで乗って、お隣の**海底2万マイル**が10分待ちになっているので、これも乗ってしまいます。最後、**タワテラ**にFPで乗って、それで22時すぎちゃいました。

混んでる日の昼からだけど10のアトラクションと、4つのショーを見てるから、かなりの満足感を抱いて帰ります。帰りにイクスピアリ4階でビールを飲んで帰ってもいいな。はい。ういーっす。

混んでる日の午後からの攻略
（ゴールデンウイーク5月3日モデル）

		さすがに昼飯は済ませてから集合してください
12:30		入園
12:40	FP取り	センター・オブ・ジ・アースのFPを取る「21:05-22:00」
13:30	45分待	タートル・トークに並んで入る
13:50		ブロードウェイ・ミュージックシアターに並んでショー見る
		（ドックサイドステージorハンガーステージのショーでも）
14:20		昼の海上ショーを（やっていれば）見る
14:50	FP取り	タワー・オブ・テラーのFPを取る「21:30-22:00」
15:35	40分待	アクアトピアに並んで乗る
15:45		ケープコッド・クックオフでショーを見つつハンバーガー
16:50	FP取り	マジックランプシアターのFPを取る「20:15-20:45」
17:00	10分待	シンドバッドに乗る
17:20	30分待	ストームライダーに並ぶ
17:50		ストームライダーに乗る
18:15	75分待	インディ・ジョーンズに並ぶ
19:30		インディ・ジョーンズに乗る
19:45		夜のショーを15分前から待って見る
20:30	FP使	マジックランプシアターをFPで見る
20:55	10分待	キャラバンカルーセルに乗る
21:10	FP使	センター・オブ・ジ・アースにFPで乗る
21:25	10分待	海底2万マイル並んで乗る
21:45	FP使	タワー・オブ・テラーにFPで乗る
		10アトラクション、4ショーに満足してスキップで帰る

小さい子供連れのときのまわりかた

幼児と一緒のときのディズニーシーのたのしみかた

ディズニーシーはもとはがっちり大人向けに作られていたけれど、小さい子連れでも楽しめます。問題はトイ・ストーリー・マニア。これは小さい子供が乗ってもすごく楽しい。できれば乗せてあげたいが、ファストパスは開園1時間でなくなるし、並ぶと2時間待ちになる。やはりここでは諦めてもらって、そんなものはなかった、ということで進めます。

シーはランドに比べて広いので、子連れであっちこっち移動してると疲れます。「マーメイドラグーン」と「アラビアンコースト」に子供向けが集中してるので、そのへんを中心に動くのがいい。ファストパスはできればお父さんが単身取りに行ったりするのがよいです。そこそこの人数で動くときは、本隊と「ファストパス取り隊」を別にするのが、行動の基本でもあります。

さて入園は午前10時。そんなもんでしょう。けっこう早めに動いても、子連れだと入れるのはそんな時間になってしまいます。

腹減ってたらパンを買って、とりあえずアラビアエリアへと向かいます。

マジックランプシアターのFPを取って、すぐ隣にある**メリーゴーラウンド（キャラバンカルーセル）**に乗ります。そのあと奥にある**シンドバッド**に乗って、**ジャスミンのフライングカーペット**も乗りますね。そうすると**マ ジックランプのFP**の時間になってるので、飛び出すショーを見る。というふうに、午前中はアラビアンコーストで過ごします。

昼すぎに海底2万マイルのFPを取りにいく。子たちは**ロストリバーから船**に乗って移動するのがいいかもしれない。

次は**フォートレス・エクスプロレーション**で遊びます。子たちが少々大きければ（年長くらい）**レオナルドチャレンジ**の地図をとっ

て、謎を解いてまわるのも楽しいでしょう。遊んでまわると一時間くらい過ごせます。

そのあとはアメリカエリアへ行って、ショーを見ます。**ドックサイドステージのショー**。終わったら、**タートル・トーク**を並んで見ます。お父さんが先に並べるなら並んでるのがいいかも。これも45分ほどの待ちになりますが、ここはがんばりましょう。見終わったらFPで**海底2万マイル**いきます。深い海の底へは本当はいきません。そんな夢のない情報はいいですか。そうですか。その次、やっと

4歳児とのまわり方プラン
FPはまずマジックランプシアターを取って ついで海底2万マイルを取る

時刻		内容
10:00		入園
		食事は午後3時に取る予定
		腹減ってたらマンマ・ビスコッティーズでパンを食べる
10:30	FP取り	マジックランプシアターのFPを取る「11:15-11:45」
10:45	10分待	キャラバンカルーセルに乗る
11:00	10分待	シンドバッドに乗る
11:30	20分待	ジャスミンのフライングカーペット乗る
11:45	FP使	FPにてマジックランプシアターを見る
12:10	10分待	ロストリバーデルタへ移動して船に乗る
		お父さん別行動可能なら海底2万マイルFP取りにいく
	FP取り	一緒なら移動してから2万マイルFP「14:00-15:00」
12:20		フォートレス・エクスプロレーションにていろいろ遊ぶ
		レオナルドチャレンジに挑戦もあり（子供次第）
13:30		ドックサイドステージに移動してショーを見る
	45分待	お父さん単独行動可能ならタートル・トークに先に並ぶ
14:15		タートル・トークに入って子供ショーを見る
14:30		昼のショーをやっていたら遠巻きに見る
14:50	FP使	FPにて海底2万マイル
15:10	20分待	ホライズンベイ・レストランのキャラクターダイニング
		食事をしながらミッキー＆ミニー＆プルートと写真撮る
16:15		マーメイドラグーン内のアトラクション次々乗る
		ジャンピン・ジェリーフィッシュ、ワールプールやブローフィッシュ、スカットルのスクーターなど
16:30		父単独でアリエルかダッフィーのグリーティングに並ぶ
17:00	30分待	アリエルかダッフィーとグリーティング＆撮影
17:30		ケープコッド・クックオフに入ってケーキ食べる
		ケーキ食べつつダッフィーショーを見る
18:40	20分待	アクアトピアまで移動して並んで乗る
19:00		電車でアメリカエリアに出る
19:10		S.S.コロンビア号のデッキなどで遊ぶ
20:00		元気あれば夜のショーを見ましょう
		こんなものでどうでしょう
		帰る前にお父さんにビール飲ませてあげてね

ディズニーシーの乗りものとショーはどれが子供向けか

	乗り物・ショー名		寸評	制限
アトラクション	フォートレス・エクスプロレーション	◎	子供向け場所。チャレンジは小学生以上向け	
	アリエルのプレイグラウンド	◎	子供の遊び場なのでぜひ行きましょう	
	スカットルのスクーター	◎	すいてるタイミングで乗りたい楽しい乗り物	単独座
	ジャンピン・ジェリーフィッシュ	◎	すいてるときに乗っておきましょう	単独座
	マーメイドラグーンシアター	◎	さほど待たないなら子供も楽しいショー	
	ワールプール	◎	子供向けで楽しい。すいてればおすすめ	
	ジャスミンのフライングカーペット	◎	子供向けで楽しいのですいてるタイミングで	単独座
	キャラバンカルーセル	◎	子供の好きな二階建てメリーゴーラウンド	
	エレクトリックレールウェイ	◎	電車に乗るのが好きな子供は多いです	
	シンドバッド・ストーリーブック・ヴォヤッジ	◎	すいてるし船だから乗りましょう！	
	トランジットスチーマーライン	◎	移動手段としても有効に活用しよう	
	タートル・トーク	◎	子供向けショーだけど待ち時間がネック	
	マジックランプシアター	◎	５歳児くらいからなら楽しめるのでぜひ	
	トイ・ストーリー・マニア！	○	子供も楽しいけどFPでないとつらい	単独座
	海底２万マイル	○	すいてOK、混んでる日はFPで	
	アクアトピア	○	混んでなければ楽しいのでぜひひぜひ	単独座
	ブローフィッシュ・バルーンレース	○	子供向けで楽しいが混むと待ちがつらい	
	ビッグシティ・ヴィークル	○	遊覧車なので楽しい。すいてれば是非	
	ヴェネツィアン・ゴンドラ	△	楽しい船だけど並び時間長くそこがつらい	
	フランダーのフライングフィッシュコースター	△	子供向けコースター。混んでるとつらい	90cm
	ストームライダー	×	小さい子にはむずかしいかも	90cm
	インディ・ジョーンズ・アドベンチャー	×	暗くて怖くて揺れます。幼児は無理	117cm
	センター・オブ・ジ・アース	×	暗くて怖く急上昇急降下。幼児は無理	117cm
	タワー・オブ・テラー	×	落下系に強い不思議な子でないと無理です	102cm
	レイジングスピリッツ	×	360度回転は小さい子は絶対無理	117cm
グリーティング	ホライズンベイ・レストランのキャラクターダイニング	◎	楽しいよ。午後3時ころが狙い目です	
	ヴィレッジ・グリーティングプレイス	○	楽しいが待ち時間が長いとつらい	
	グリーティングトレイル	○	楽しいが待ち時間が長いとつらい	
	"サルードス・アミーゴス！"（ドナルド）	○	楽しいが待ち時間が長いとつらい	
	アリエルのグリーティンググロット	○	楽しいが待ち時間が長いとつらい	
ショー	マイ・フレンド・ダッフィー	◎	子供向けで。時間ずらせばすぐ入れるので	
	テーブル・イズ・ウェイティング	◎	楽しい野外ショーなので真冬真夏以外はぜひ	
	ファンタズミック！（夜の海上ショー）	◎	子供向け場所取りが大変だがいられるならぜひ	
	ミスティックリズム	○	まあ、何となく楽しいです	
	ハピネス・オン・ハイ	○	花火です	
	（昼の海上ショー）	○	昼のショーは楽しいですよ	
	ビッグバンドビート	×	子供向きではない。休憩にはなる	

食事ゆきます。**ホライズンベイ・レストラン**で、ミッキーたちに会う食事。こればっかりですいません。でもミッキーとミニーが席に来てくれるとやはり嬉しいっす。

そのあとはマーメイドラグーンで過ごす。子供向け乗りものいろいろあるんで、いくつか並んで乗ります。もしダッフィーやアリエルなどと写真を撮るのがいいなら、後半はそっちに並びましょう。そのあと、**ケープコッ**ド・クックオフでダッフィーのショーを見ます。ハンバーガーを食べる必要はないです。お菓子だけ、もしくは飲み物だけで大丈夫。

そのあとは**アクアトピア**がさほど混んでなければ、乗りましょう。そして電車に乗ってアメリカに帰って、もしまだ元気なら**夜のショー**を見る。もういいなら、帰る。できればお父さんにビールを飲ませてあげてください。クルマじゃないならだけどね。

ダッフィー攻略法　会える所・買える所

　ディズニーシーにはオリジナルのクマのぬいぐるみが生息していて「ダッフィー」と呼ばれている。ダッフルバッグに入っていたからダッフィーという名前だそうだ。

　めちゃめちゃ人気です。私は正直、ここまで人気がある理由がよくわからないけど、人気の現場はずっと見続けてます。2005年ころから出現していたらしいが、目立つようになったのは、2009年だったとおもう。2010年には、ダッフィーの彼女（と覚しき）シェリーメイというクマが出現し、2014年には猫のジェラトーニも出現した。ジェラトーニは、イタリアの街角で「あ、服にジェラートがついてますよ」と近寄ってきて悪さをする連中の手先ではないか、とおれは個人的にはおもっているんだけど（だから好きです）個人的な見解なので気にしないで下さい。

　さてダッフィー一味に会えるところと買えるところを紹介する。かれらは限定されたところでしか会えず、買えず、それが人気を煽っているようである。

ダッフィーに会えるところ
① ヴィレッジ・グリーティングプレイス
　アメリカエリアの田舎エリア（ケープコッドエリア）にある船（トランジットスチーマーライン）の出発場所の脇にある。ダッフィーに会える施設。いわゆるグリーティングの場所、つまり一緒に写真撮るところです。
　かなり人気が高い。混むと100分待ちを越える。つまり約2時間待ち。45分待ちだとラッキーだとおもっておれは並んじゃいます。だいたいほぼ一日中ここで会えます（出演ショー時間帯に抜けることあり）。

② ケープコッド・クックオフ
　レストランです。同じケープコッドエリアにあるハンバーガーショップ。レジから左の席はふつうの席。右のほうがマイ・フレンド・ダッフィーのショーをやっているエリア。こちらでダッフィーの出るショーが見られる。混むと30分くらい待たされる。そんな待たされないことも多い。ただあくまでレストラン内のショーなので、何かしらの飲食物を買わないと見られない。ハンバーガーセットで700円少々。コーヒー290円だけでも大丈夫です。もっとも安いのでミルク190円。座席は係の人の案内で決められるので、運がいいと前のほうだけど、後ろのほうになることもある。夕方5時に終わる日もあるので、そのへんはチェックしてから行きましょう。ここではまだジェラトーニには会えません。

ダッフィーを買えるところ
　ダッフィーとその仲間は、基本ディズニーシー内でしか買えない（例外はあります）。これも異様な人気を生み出している原因ですね。かつてはアンペグの店1軒だけしか売っておらず数百メートルにおよぶ列ができたりした。それから2軒増えて混まなくなった。

●ガッレリーア・ディズニー
　入口すぐにある。地球儀を背に火山を正面にみてすぐ左。ふつうの土産物店ぽいけどダッフィー一味のものだけを売っている。そこそこの広さです。帰りに買うのに便利。

●マクダックス・デパートメントストア
　アメリカエリアに入ってすぐの角にある。広い。ここがもっとも大きく、もっとも品揃えがいいとおもう。私が買うときにはここを利用することが多い。

●アーント・ペグズ・ヴィレッジストア
　アメリカエリアの最深部にある。ケープコッド・クックオフの隣。灯台の手前である。ダッフィー発祥の店だと私は認識している。
　以上の5つ以外ではあまりお目にかかれないようになっている。敵もサルものクマのものである。よくわからんが。

第8章
ディズニーシーの全34乗りもの解説

8章であつかっているアトラクションの登場ページ（50音順）

アクアトピア……164
アリエルのプレイグラウンド……175
インディ・ジョーンズ・アドベンチャー:クリスタルスカルの魔宮……167
ヴェネツィアン・ゴンドラ……158
海底2万マイル……166
キャラバンカルーセル……171
ジャスミンのフライングカーペット……171
ジャンピン・ジェリーフィッシュ……175
シンドバッド・ストーリーブック・ヴォヤッジ……170
スカットルのスクーター……173
ストームライダー……163
センター・オブ・ジ・アース……165
タートル・トーク……162
タワー・オブ・テラー……159
ディズニーシー・エレクトリックレールウェイ……164
ディズニーシー・トランジットスチーマーライン……157
トイ・ストーリー・マニア！……160
ビッグシティ・ヴィークル……158
フォートレス・エクスプロレーション"ザ・レオナルドチャレンジ"……156
フランダーのフライングフィッシュコースター……173
ブローフィッシュ・バルーンレース……174
マーメイドラグーンシアター……172
マジックランプシアター……169
レイジングスピリッツ……168
ワールプール……174

メディテレーニアンハーバー　FORTRESS EXPLORATIONS "THE LEONARDO CHALLENGE"

フォートレス・エクスプロレーション "ザ・レオナルドチャレンジ"

秘密の要塞、大冒険！　レオナルド・ダ・ヴィンチからのミッション

要塞と埠頭と船からなる遊び場に隠された溶岩コントロールステーションを見つけろ

もともとは遊び場である。

遊具のある公園と同じで、自分たちで勝手に遊んで楽しむエリアである。要塞、埠頭、船、と3つのエリアがある。

要塞はルネッサンス大航海時代が舞台で、錬金術の部屋や、人力飛行機、地球の自転を証明する部屋など、かなり凝った部屋がある。

埠頭は水が飛び出たりする、これは完全に子供向けの遊び場。

海に浮かんでるのがガリオン船だ。ガリオン船とは、船首より船尾のほうが高い軍艦、のことだそうだ。この軍艦と要塞には大砲が備え付けられていて、撃てる。楽しい。

ここに「ザ・レオナルドチャレンジ」という新しいアトラクションが始まった。マゼランズというレストランの前に入口がある。最初に入口を見たとき、ここから入ると奥が深い洞窟になってい、レオナルドに導かれて謎を解いてどんどん奥深くへと入っていくのかと、おもっていた。ちがいました。

並ぶと、地図を渡される。中に入るとレオナルドが「地図に書かれた謎を解け」とだけ指令を出して、すぐに外に放り出されます。すごく落胆した。いや落胆するとこじゃないけど、おれは洞窟の奥深くへ行きたかったから、放り出されて落胆したのだ。

地図には、場所と謎が書かれている。

大雑把な地図にZと記された場所が示されており「Z地点の中庭の街灯を見て、そのランプを吊り下げてる生き物は次のうちどれか確かめよ」というような謎が出されている。答えは三択になっている。現場に行って街灯ランプを確かめると、正解はすぐにわかる。正解すると次に行く場所と謎が示される。そういうのを3回繰り返すとゴールである。ゴール地点で地図を台に差し込むと、レオナルドにほめられ、ゴールの刻印が地図に押せる。それで全部です。ゴール地点で同行していたスタッフが「あ、波平さんだ」と言ったから同じ声なんだとおもう。運がいいと「こら、カツオ、宿題をやらんか」という声が聞こえたりしちゃったりなんかして。いえ、ただの妄想です。

もともとあった冒険エリアを楽しむために、謎解きという要素を加えられたのである。見事な再生計画だ。だからおれのように、前からフォートレス・エクスプロレーションが好きだった人にしてみれば、ちょっと、なーんだ、とおもってしまう部分があるんだけど、でもまあそれはちょっとだけで、やってみると楽しいです。

ただこのエリアは迷路のようになっているから、迷いやすい。土地勘のない人が、中途半端な地図をもとに歩いてると、なかなか目的地に着けない。30分以上かかることもある。「意味わかんない」と半泣きになって歩いてるカップルも何組か見ました。「迷ってもなんか楽しい」という余裕がないと、ちょっとつらいアトラクションだとおもう。初めてディズニーシーに来たカップルは無視したほうがいいでしょう。

地図（指令書）さえもらえれば、制限時間はない。だから、たとえば朝一番にすいてるときに地図だけもらっておいて、あと、あいた時間にまわる、というのもありだとおもう。朝はほんと、すいています。ただ夕刻には終わってしまうので注意が必要です。時間に余裕のあるとき向けアトラクションです。

DISNEYSEA TRANSIT STEAMER LINE
ディズニーシー・トランジットスチーマーライン
ディズニーの輸送汽船航路

メディテレーニアンハーバー⇔ロストリバーデルタ。アメリカンウォーターフロント

　船です。小型の蒸気船だ。小型ってもいちどきに50人くらい詰め込めるんですが。
　乗り場は3つある。
　地中海（下図A）とアメリカ（C）とインディ・ジョーンズ前（B）の3つ。
　地中海（A）のは、火山の手前右の、メディテレーニアンハーバーにある。ザンビーニ兄弟のレストランの前です。ここから奥地・ロストリバーデルタ（B）まで行く航路だ。
　もう1つはその逆。ロストリバーデルタのインディ・ジョーンズの向かい（B）から出て、メディテレーニアンハーバー（A）へと戻ってくる。
　3つめはアメリカ海岸にある（C）。
　アメリカ海岸の奥のほう、灯台のあるケー

プコッドというエリアから出ている。この航路は、ここから出てここへ戻ってくる。
　つまり乗り場が3つで航路も3種。
　乗ると案内放送が流れる。右に見えますのは山、左に見えますのは私の手、そして私は山田邦子、なんて案内をしてくれるのだ。いつの時代だ。
　でも、何も起こらない。船に乗ってサメに襲われたい向きは、大阪の西九条の先の遊園地にでも行ってくだされ。
　A→B、B→Aは移動に使うのには便利です。
　水に近いから、夏は涼しく、冬は寒い。冬は芯から冷えるので気をつけてください。

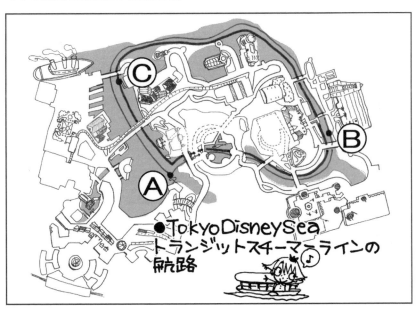

157

VENETIAN GONDOLAS
ヴェネツィアン・ゴンドラ
ベニスの小舟

　もっとも入口から近い乗りものだ。待ち時間案内板の少し先を左に抜けると、ヴェネツィアになっていて、そこにある。
　ゴンドラは乗り合い船である。16人ほど一緒に乗る。うしろのお兄さんが1人でせっせと漕いでくれて、前のお兄さんが楽しく解説をしてくれる。ディズニーランドのジャングルクルーズと同じで「小劇場のような」乗りものだ。"役者の出来"と"観客の質"およびその相性によって、おもしろさが違ってくるのだ。ちなみに、お兄さんの質より、客の質のほうに開きがある。客もどんどん参加しなきゃダメだぜ。頼むから、みんな、声だしていこうな。
　途中、お兄さんが撮影ポイントを教えてくれる。火山を撮るなら今です、なんて言ってくれる。
　真夏の昼はつらい乗りものだ。一度乗ったことがあるが、日陰がないのがつらい。10分あまり真夏の素敵な直射日光に当てられると、声も出ず、乗客全員がぐったりしてしまい、ちょっとした難民船みたくなってしまいました。
　そういえば一度、客のおじさんが帽子を海に落っことしてしまい、それを後部で漕いでいるゴンドリエが間一髪、身を乗り出してすくい上げたことがあった。乗客全員で大拍手、そのあとお兄さんが話すたびに乗客が一体となって反応して、とても楽しかった。客が一体となると、すごく楽しさが増す乗りものなんだよ。みんな、よろしくな。

BIG CITY VEHICLES
ビッグシティ・ヴィークル
大きな町の運搬車

　クルマだ。アメリカンウォーターフロント内をうろうろしてる昔のクルマである。いくつかの種類がある。
　立派なクラシックカーがあるかとおもうと、荷台に乗せられるクルマもある。消防車もあれば、すてきなオープンカーもあり、警察の犯人護送車まである。窓に格子がはまっていて、これに乗ると、護送されているみたいだ。乗せられてから警察車だと気づいて、暴れてはいけません。
　ゆっくりゆっくり進んでる。早く歩くと抜けますね。運転手さんに女性が多い。きれいな運転手さんが、ゆっくりとクルマを動かしてるのをじっと見てると、ぷっぷーとクラクションを鳴らされます。ま正面で立ち止まって見とれてはいけません。
　停留所は4つ。
　「リストランテ・ディ・カナレットの前」2カ所
　「S.S.コロンビア号の手前」
　「ケープコッド・クックオフの奥」
　手前のほうがニューヨークの都会で、奥のケープコッドは漁村だ。
　ケープコッドに行くときには、ハドソン橋を渡って楽しい。橋のむこうにちょうど夕陽が落ちるんで、夕方はきれいだぜ。いやべつにヴィークルに乗らなくったって夕景はきれいなんだけどね。冬の夕焼けどきには富士山が見えることがある。おいらは一度みた。ちょっと感動した。あしたからまじめに生きようと思いました。酒のんだら忘れました。

アメリカンウォーターフロント

TOWER OF TERROR
タワー・オブ・テラー
恐ろしい高層ホテル

22人乗りのエレベーターで、高いところから落ちる。また上がって落ちる。
昇降落差は小さいが暗いので怖い

　2006年秋にできたアトラクション。落ちるアトラクションだ。フリーフォール。苦手な人も多い。フリーフォールだから自由落下だ。「おれは自由だ！」と叫んだ瞬間に足元からすべてが崩れ落ちていく人生だ。ちがいます。そんな人生はみんな苦手です。箱ごと落ちていく乗りものだ。ジェットコースターは先の動きが目で追えるので次の怖さを予測できるが、フリーフォールは突然にやってくるので怖い。いきなり人生の崩壊。突然の奈落への転落。だから苦手な人が多い。

　何回か落ちるが、一回ずつの落下距離はさほどではない。だから華厳の滝から落ちるようなスリリングさを求めて乗ると、何だもう終わりかよと落胆して厭世的になるので気を付けてください。ホレーショでも救えません。

　物語がある。

　明治32年の大晦日、第二次山県内閣時代、ニューヨークの自分のホテルのエレベーターで大富豪ハイタワー三世が行方不明になる。シリキ・ウトゥンドゥという偶像を最上階の自室へと運ぼうと乗ったエレベーターが落下したのだが、遺体がなかった。偶像シリキ・ウトゥンドゥの呪いによる落下だったのだ。ハイタワー三世は異空間にさまよいこんだ。それから4年後の明治36年藤村操は華厳の滝に身を投げ、さらに9年後の1912年、ホテル保存運動が起き、廃墟になっているホテルを見るツアーが計画される。そのツアーにうかうかとついていってしまうのが、おれたちってことです。エレベーターに乗ってシリキ・ウトゥンドゥの恐さを知る。コンゴのムトゥンドゥ村の守り神で呪いの神だったのだ。

　アトラクションとしては、最初、ちょこっと仕掛けを見せて、また並ばせるという二重構造をとっています。

　スタンバイで延々並んだあと（ファストパスで比較的すいすいと進んだあと）ホテルのカウンター脇からウエイティングルームへ入り一度足止めされてから、また隣の広い書斎へ案内される。ここで1899年大晦日のハイタワー三世の記者会見の録音を聞き、シリキ・ウトゥンドゥ偶像も見る。ステンドグラスが光り、不思議な光景を見る。この不思議さゆえにもうアトラクションに参加してる気分になるが、このあとエレベーター前で待たされるのだな。長いと20分くらい待ちますね。ファストパスを使おうと、それぐらい待たされるわけだ。でももうアトラクションに入ってる気分満々なので、仕方ないとおもってしまう。このへんの構成がうまいです。

　22人乗りのエレベーターに乗る。エレベーターはいきなりずずっと後退して、少し上昇、そこでハイタワー三世の忠告を聞き、みんなで一反木綿になったあと、暗くなり上昇する。で、扉が開く。ディズニーシー全景が見えます。おお、とおもった瞬間に写真が撮られ、落下する。人生を落ちてゆくのだ。人生を落ちる直前の写真は下で売られてます。

　暗い中を落ち、再び上がって、落ちて、また上がって落ちて、ま、そんなもんです。上下の幅はそんなに大きくないけど、暗い中、落ちるのか上がるのかわからないのが怖い。途中、もう一度、外の風景を見られる。

　一番最初に乗ったときは、あら、もう終わりか、こんなもんか、短いなとおもったけど、何回か乗ってるうちに、こんなもんが、どんなもんかわからなくなり、けっこう怖いです。

159

アメリカンウォーターフロント

TOY STORY MANIA!
トイ・ストーリー・マニア！
熱狂のトイ・ストーリー射的場

自動でくるくるまわる「トラム」に乗って次々と出てくる
「3Dアニメ射的」のマトを撃ってゆく。高得点を狙え

　2012年製の大人気アトラクションです。2012年夏にできたのに数年経ってもファストパスは1時間で消失してます。とびぬけて大人気です。たぶんいまだに開園前に並んでる人の8割くらいがトイ・ストーリー・マニアに殺到している気がする。ちょっと異様な人気だ。2年以上たってもこの人気ってことは、たぶん一番人気状態はまだまだ続く。2016年も似たようなものでしょう。3016年にはおさまってるとおもう。すごくおさまってるはずです。あなたも私も世界も冥王星も。

　シューティングゲームです。

　卵当て。ダーツ。皿割り。輪投げ。ゴム矢。ウッディが喜ばれていた時代の、古き良き射的の世界です。ブラッドベリ的何かが道をやってくる異世界がバックにある（とはいえ直接のモチーフはゲーム盤ですね）。でも、それをきれいに3Dでコーティングしてみました。飛び出すアニメ画像にしてあります。3D画像です。3D眼鏡をかけて、くるっくるっと回転するトラムという乗り物に乗って、射的画面の前までくるくるまわりつつ運んでくれるので、そこで撃つ。自分の前にある銃で撃つ。引き金はなく、紐を引っ張ります。引っ張ると、それに対応して画面上に弾が当たる。点数が書かれているのでそれを狙って撃つ。打つ。討つ。鬱。あ、考え込まないで。

　点数がどんどん加算されていく。高得点を目指す。5つの場所で5つの射的をやって、さいご得点が発表されます。以上です。

　楽しいのかって、楽しいよ。5時間待っては乗りたくないけど、2時間くらいなら我慢してもいい。楽しい。やはり得点を競うもの

はそそられます。アメリカのエリアにある。いままで何もなかったところが切り開かれ、トイビル・トロリーパークと名付けられ、このアトラクションができた。シーはまだまだいろんなところに広がっていく可能性があるみたいだ。フロンティアスピリッツだよ。

　ファストパスの列は、ブロードウェイ劇場の方向に、かなり太い列を作って並ばせています。太いので、そんなに長くならない。

　ものすごく大きな顔のウッディが入口になっていて、その口を潜って入る。と、まわりは大きなおもちゃでいっぱい。つまり、中に入ったとたん、われわれのからだが小さくなって、主人公アンディのおもちゃ箱の中に忍び込んでしまった、という設定になっている。ベッドやコンセントが巨大で、おもしろい。

　トラム（乗り物）は背中合わせに4人が乗り、それが2台くっついて動きます。二人で並んで乗る。二人は協力して敵にあたっていく。敵じゃない的か。テキじゃなくてマト。

　トラムは、乗る場所によって、銃の色が違う。銃の色が違うと、飛び出てくる玉の色も違ってくる。おれは青＆赤が見やすいんだけど、人によっては黄＆緑のほうが見やすいという人もいる。よくわかんない。

　的が3Dアニメです。当たるとこっちに飛んできたり、風に舞ったりして、楽しい。

　ゲームは5つある。5画面ですね。1つ終わるとトラムがぐるぐるまわりながら次の画面の前まで運んでくれて、合計5つの画面前で撃ちまくることになるわけっす。

　最初は卵を動物に当てていくもの。ブタがモチーフ。次は風船にダーツを当てるもの。恐竜がモチーフ。3つめが皿を割っていくも

の。あの、両足が固定された緑の兵隊さんがモチーフ。4つめはエイリアンに輪を投げていくもの。リトルグリーンメンの輪投げですね。最後5つめは西部の的に矢を当てていくもの。ウッディやジェシーの世界です。そのあとにボーナスステージがあって、これは5の西部世界の延長です。だからこの世界は5つでできてるってことになります。ボーナスステージが終わると、ごとごとっと運ばれて、最後、点数が発表されます。自分の得点のほか、トラム内のベストスコアや、一時間以内のベストスコア、今日のベストスコア、今月のベストスコア、第二次大戦以降のベストスコアなども表示される。ような気がします。ワーテルロー以来だったかな。なわきゃない。そこそこにこなして10万点、すごく狙って頑張って頑張って何とか20万点というところでしょうか。おれ、まだ20万点に到達してないんだよなあ。未熟者です。すんません。混んでるからねえ。まだ20回くらいしか乗ってないんでそんなに点数稼げていません。そんな未熟な18万点のおいらが教える高得点を狙う方法。

　それはずばり「高い得点の的を射ろ」ですね。あたりまえか。でもあたりまえだけど、これ以外は方法がない。心の目で撃て。あ。うそです。よく見て撃ってください。

　100点と200点が目立つ場所に出ている。真ん中あたりですね。でも端っこのほうに500点というのが出ている。動いて撃ちにくい場所に1000点や2000点が出てくるので、これを狙う。最初の動物への卵投げのときは、ずっと下のほうを薙ぎ倒すように撃ちます。ただ、高得点の的は、当てにくい。ほとんどすべてはずれてしまって、すごい哀しい気分のままトラムが動きだしてうなだれてしまう、ということもよく起こります。「1000点とか2000点とか、そういう夢みたいなものばかり追っておらず、着実に100点の的を撃っていけばよかったんじゃ

ないか、おれは人生の選択を間違ったんじゃないか」なんてね、本気でしょげかえったりしちゃいますが、反省なんかしてちゃいけません。人生を振り返るな。ここはディズニーの世界、プレジャーランドですぞ、一攫千金を狙っていきましょうや。

　だから、ひたすら高得点を狙ってください。

　もうひとつ、点数を上げる方法は、バディと協力して、つまり一緒に乗っている二人で協力して、ボーナスステージを駆け上がり、そしてスターの座につくことだ。行くわよ、ミー。わかったわ、ケー。はいはい。

　2つめの恐竜のステージ、ここのうしろには火山があって、そこから「500点の溶岩」が流れている。これを協力して、すべて撃ちきってしまうと、火山が爆発して、高得点の火の塊が飛び出してくる。2000点の塊がばらばら出てきてそれを撃てばいい。爆発してから終了まで、すごく短いから急げ。

　こういう「二人で何かを全部片付けると、高得点の的が並ぶボーナスステージに変わる」というのがある。もう1つ、おれが気づいたのは、リトルグリーンメンの輪投げ。グリーンメンに輪をかけて全部飛ばしちゃうとボーナスステージが現れる。5つめの西部も、箱を当てて、ばらばらっと的を出して、その的を全部片付けると高得点が出て来たような気がする。そういう世界です。並んで乗ってる二人で協力して片付ければ、より高得点をめざせるわけです。たぶん、各ステージでそういうボーナスステージがあるんだとおもう。二人で協力してがんばれ。

　ただまあ、なかなか最初からうまくいくもんじゃないですけどね。おまえは右を撃て、おれは左だ、というふうに、叫びながら撃つと楽しいよ。トミーとマツだ。誰だそれ。

　連射つづけてると、とても手が痛くなります。腱が痛くなる感じ。でも、紐を短めにもって、がんがん引っ張り続けるのだ。健闘を祈ります。おれもがんばる。じゃ。

アメリカンウォーターフロント

TURTLE TALK
タートル・トーク
カメが喋る！

アニメのカメ・クラッシュが画面に現れ、質問すると答えてくれる。劇場型の子供ショー！ 大人も楽しめます

　2009年に始まったアトラクションだ。

　子供ショーである。カメのお兄さんが出てきて、子供たちに話しかける、ついでに後ろにいる大人たちにも話しかける。そのやりとりがとっても楽しい爆笑トーク子供ショー！ただ、カメのお兄さんが、本当のカメである。本当というかアニメのカメ。あにかめ。あにら葛飾区亀有公園前派出所。ちがいます。映画『ファインディング・ニモ』で、ニモの父マーリンを遠く運んでくれたウミガメである。マーリンの恩人というか恩亀。150歳。まだまだ若い（本人亀はそう言ってる）。

　カメのクラッシュはアニメのくせに、客に語りかけ反応して、当意即妙の応対をしてくれる。アニメが、ふつうに反応するのだ。小さい子供にとっては不思議でならないだろう。大きな大人にとっても不思議でならないもん。

　巨大な客船SSコロンビア号の船尾にある。船尾がガラス張りで、海が見える、という設定になってる。そこへカメのクラッシュがやってきて、やりとりがあるというわけだ。クラッシュとやりとりするのは、海底展望室だ。その手前にホールがあって、いったんここに入り簡単な説明を受ける。ここでは係の人による「ハイドロフォンの構造に関する言い立て」があるので、聞いてあげよう。クジラ語を少し練習して、海底展望室へと案内される。

　展望室は前3列が子供席、あとはみんなの席となっている。

　係員が呼ぶと画面にクラッシュが現れる。まず、元気そうな大人男子が選ばれて、両方のヒレを上げる練習から始まる。「最高だぜ！」「うおう！」というのがこの展望室の基本の挨拶。最高だぜ。

　クラッシュの喋りが最高に楽しいですね。ノリのいい舞台芸人です。そのクラッシュから質問がある。「人間は泳げるのか」「きみはどこから来たのか」「小さい子供に質問されて困ったことのある親はいないか」「わるいごはいねえがぁ」それはなまはげ。クラッシュが指名する。「こっちの後ろのブロック、二列めの三番目の男性、口のまわりに海苔を付けてる素敵な男性だ」てな具合に指名すると、係員のお姉さんがマイクを持って駆けつける。そこでクラッシュと会話する。アニメのカメとのやりとりが成立する。すごいねえ。

　後半、ドリーが出てくる。青い魚の室井滋。ナンヨウハギ。とにかく物忘れのひどい魚だ。彼女が最初通りすぎると、クラッシュが気づかずに、子供が「うしろ！うしろ！」と叫ぶところは、子供ショーならではですね。一緒に「志村！ うしろ！うしろ！」と叫びましょう。ドリーが出てきて、そのあと巨大なクジラが出てきて、みんなでクジラ語を喋り、それでだいたいひとつのショーになってます。室井滋は毎回呼べないから、ドリーのセリフはたぶん毎回同じ。

　圧倒的に楽しいですね。私は、こういう「同じパターンを繰り返すトークショー」というものが大好きです。もちろん客の回答はそのたびに違う。でもクラッシュはそのトーク技術によって、いつもだいたい同じくらいの楽しさと笑いをもたらしてくれる。プロです。えらい。疲れるだろうなあとおもうけど、たぶん、どんどん入れ替わってるんでしょう。そんな夢のない想像はいいです。アニメのカメとやりとりする楽しいショーです。大人も子供も楽しめるぜ。おう。

ポートディスカバリー

STORMRIDER
ストームライダー
嵐に飛び込む飛行船

台風に突入する飛行船の乗客になって台風爆破を体験する体感型映画館。夏向きですね

ディズニーランドで言うと、スター・ツアーズにあたる。劇場型体感アトラクションだ。椅子に座ってシートベルトをしめて映像を見てると、椅子やら劇場やらが揺れ、本当に飛行船に乗ってるような気分になる。たまに気分が悪くなる人がいるけどね。

おもしろい。おれはとても好きだ。結婚を前提としないのならつきあってもいいぐらいだ。それは卑怯だぞ。別にいいじゃん。

何だかおれは、椅子が揺れる映画が大好きなんだよな。スター・ツアーズも好きだし。

いちおう言っとくと「ストーム」って「嵐」のことだからね。あー、日本ではだいたい台風と呼んでる嵐です。建物に入ると、説明係の人が出てきて「ストーム」「ストームライダー」「ストームディフューザー」について説明してくれる。説明はしてくれるが「ストームは、いわゆる台風やハリケーンのことです」とは言ってくれない。あくまで「巨大なストームが来ます」「ストームを消滅させることが任務です」とストームはストームで押し通す。

一度、おれの目の前にいた中学生の女の子たちが、小声で「ス、ストームてなに？」「し、し、しらないっ」と、短く、激しく、やりとりしていた。教えてやれよ、ディズニー。途中、これがストームです、と竜巻が家を吹き飛ばす映像を見せてくれる。あれ見ると、ストームって竜巻だとおもっちまう。「日本では台風と呼ばれる巨大な熱帯性低気圧のことです。二百十日ともよばれますねサノヨイヨイ」くらい言ってやれって。

とにかく巨大な低気圧の渦に、飛行船に乗って飛び込んでいくわけだ。

飛び立つときの雰囲気がいい。一号機に抜かれるときの、腹に響くような振動がぞくぞくするし、台風に近づいて上昇していくところが、なんだか天空の城ラピュタに近づいていってるみたいで、おれは好きです。リーテラトバリタウルス、アリアロスバルネトリール。呪文は唱えなくていいですよ。飛行石が光り出してしまいます。

おれが乗ると、いつもデービスの2号機になってしまって、大変な目にあうよ。へへ。混んでいると、左右に分かれて、2機に分乗する。いちど、かわいく愚かしい娘と乗ったとき「私たちは2号機だったけど、むこうで1号機に乗った人たちは、どんな目に遭ってたんでしょうねえ」ときらきらした目で話されたことがあった。うーん。ほんと、どんな目に遭ったんでしょうねえ。

ちなみにここで登場する「ストーム」は925hPaだ。ヘクトパスカル。台風は、気圧の数字が小さいほど規模が大きい。高校の授業で"940hPaの台風"てのが（当時はミリバールでしたが）とてつもなく大きな台風だと教わった。940hPaの台風が来ると、かなりの被害が出るそうです。つなみに1934年の室戸台風が911mbで当時の世界記録だったらしい。つなみじゃなくて、ちなみ。ストームライダーの嵐は925hPaで、これは昭和36年の第二室戸台風と同じくらいですね。だから何かってえと、待ってるあいだにこういう話をしてると時間が持つってことなんだよ。おれはもう11人くらいの娘に話してやってるよ。誰も感心しないけどさ。

ま、本物の超巨大台風がディズニーシーにやってきたら、ストームライダーは飛ばずに、休むとおもいますよ。

163

ポートディスカバリー

AQUATOPIA
アクアトピア
水トピア

　水の上でくるくるまわる乗りものだ。楽しそうだ。外から見てると、とても楽しそうだ。暑いときは特に楽しそうである。
　でも、乗ったらさほどでもなかった。おれはそうですね。とても残念だ。見ていておもしろそうだとおもってたときが、おれとアクアトピアにとって一番幸せな時代だったのだ。
　くるくると水上をまわり、予想外の動きをする。ただ予想外の動きをするってことは、事前に傾く方向にからだを寄せることができないってことで、へたすると酔います。
　ときどきちょっと止まって、何か考え込んでるのかとおもうと、バックする。必ずバックする。どうも、アクアトピアとアメリカザリガニは困るとバックするようだ。捕まえるときは前から追って、うしろに網をかまえてればいいですね。ただ、アクアトピアを捕まえて持って帰ってもお母さんに怒られますよ。
　乗り場は左右、ふたつに分かれる。夏には「びしょ濡れコース」ができる。
　2005年から始まり、当初は、ふつうのコースかびしょ濡れコースかを選べるようになっていた。途中から、どっちもびしょ濡れコースになった。そのへんの仕様は、年ごとに変わる可能性があるので、たしかめてください。びしょ濡れ、という名前どおり、尋常じゃない濡れかたをします。1メートル前からバケツ2杯ぶんくらいの水をおもいっきり浴びせられる、という感じです。めちゃ楽しいです。下半身はずぶ濡れ。笑うしかない。

DISNEYSEA ELECTRIC RAILWAY
ディズニーシー・エレクトリックレールウェイ
ディズニーの電気鉄道

　鉄道です。もう、見てそのまま、乗ってそのままの鉄道だ。
　古きよきアメリカの高架鉄道ということになっている。20世紀初頭の、古きよき時代のアメリカの電車を再現してるらしい。そうか、100年前のアメリカの電車には冷房はついてなかったんだなあ、ということを実感できる電車です。
　真夏の昼に乗ると、実感できるよお。暑くて暑くてね。いかに「電車は冷暖房完備だ」と強くおもいこんでるか、気づかされますね。乗る距離が短いからいいけど、この電車で夏の京都まで行ってくれと言われたら、おれは断固ことわるぜ。岐阜まででもいやです。
　動いてるのは、アメリカンウォーターフロントとポートディスカバリーのあいだだ。"レストラン櫻"と"ホライズンベイ・レストラン"を結んでるとも言える。
　そういえば一度、この電車に乗ってる最中に、ポンテヴェッキオ橋のまん中あたりで止まったことがあったが、外を見ると橋の上に線路が敷かれているだけなので、乗客をここから降ろすことになったら、すごい騒動になるなあとおもいました。それが高架鉄道だ。ああ高校三年生。なにを言ってる。ま、3分くらい止まっただけで動き出しましたが。でも橋を歩いてる人たちが、半笑いでこっちを見てるのがいやだったなあ。

ミステリアスアイランド
JOURNEY TO THE CENTER OF THE EARTH
センター・オブ・ジ・アース
地球の真ん中への旅

退屈な地底探険後に急上昇急降下する。でもスリリングな時間は一瞬だけです

　人気のセンター・オブ・ジ・アースである。トイ・ストーリー・マニアには負けるけれど、でもきちんと2番人気をキープしている。

　激しさでは一番だ。あとからできたタワテラやレイジングスピリッツよりも、一瞬の激しさでは上で、だから人気が衰えない。それがセンター・オブ・ジ・アース、地球のまんなかへの旅だ。

　最初はちんたらと地底を旅行するばかりである。『海底2万マイル』の「海底世界」と同じ「説得力のない擬似世界」が展開していく。擬似世界って、日本語でいうとウソの世界ってことです。ディズニーワールドでそれを言っちゃおしまいだけど、でももともと作り物であるピーターパンやプーさんの世界ならまだ騙されようもあるんだが、海底や地底のウソの世界は、ちょっと対応に困ってしまう。海底2万マイルは、その擬似世界だけを周遊して終わってしまうので、乗った人が怒ってしまうのだけど、こちらは最後にお楽しみがあります。

　ぐぐぐぐーとスピードアップして上り、どーんと落ちる。落ちるのは一瞬だ。でもまっさかさまに落ちてるような一瞬だ。楽しい。一瞬で満足できない人はインディ・ジョーンズのほうがいいとおもう。おれはこっちが好きだ。

　席は一番前が一番こわい。夜と昼とでは昼が怖い。がーっと上りきったところで外に出るから、外の景色が見える昼のほうが怖い。夜は一瞬の夜景がきれいだよ。外に出た瞬間に右側をごらんになりますと、ちかちかと灯りのきれいな園内が一望できまする。一望できるけど、1秒もないです。だから夜は一番前の右側がおすすめ席なのだが、初めて乗るときは、そんなものを見る余裕はないですね。夜景を見る余裕ができるのは、5回以上乗ってからでしょうね。

　最後の急上昇急降下だけじゃなくて、その前の地底世界もちょっとは楽しいけどね。最初の、不思議な虫植物が出てくるところは、どうしたらいいかわかんないけど、突然、ベルが鳴ってやばい事態だという雰囲気になって地底湖が見えるあたりから、どきどきする。少し楽しい。

　原作はジュール・ヴェルヌの『地底旅行』だ。原作だと主人公はリデンブロック教授で、ネモ船長は登場しないのだが、ディズニーシーでは海底2万マイルとともに、ネモのものねだ。ものです。ネモが作った地底走行車で、地底探険に行くのだ。なんか、地底探険というより、石炭を掘りに行くような走行車だけど、地底の探険だ。ジュール・ヴェルヌの時代は歩いてったはずだから、ずいぶんと便利になったもんだ。歩かないから変なところへ入り込んでしまうんじゃないか。

　地底走行車に乗る前にテラベーターに乗ります。これに乗って地底深くに降ります、と係員は騙してるが、どう考えたって上がってますよね。どっちでもいいんだけどさ。「システム調整」となって止まることがけっこうある。急上昇、急降下で帽子やマフラーやカバンやパンプスやかつらを飛ばしちまう人が多いらしい。荷物はしっかり前の袋に入れて、帽子は脱いでカバンにしまって、かつらのフックはきっちりと止めておきましょう。

　か、かつらだったのおお。

　こんな不幸な叫びを地球の真ん中で聞きたくありません。

165

ミステリアスアイランド

20,000 LEAGUES UNDER THE SEA
海底2万マイル
海の底の3万2186km

小型の潜水艇で、作り物の海底風景と、さらに深い作り物の深海風景を眺めて帰ってくる

不幸な乗りものである。

待たずにすっと乗れれば、けっこう楽しい乗りものだとおもうよ。

海底探険をして、危ない目に遭いながらも無事戻ってくる、という物語になっているのだ。2004年に改造を加え、ネモ船長の声もよく聞こえるようになり、ずいぶんとわかりやすくなった。小さい子からおとなまで楽しめる、わりといいアトラクションだとはおもう。ほんとうはね。

でも、なかなかそういうふうにはおもわれないですね。

ほかのところでも書いたが、不幸の原因は「ディズニーシー」の「海底2万マイル」という名前にある。この2つの魅惑的な単語がつながることによって、多くの日本人の頭の中には「本当に海に潜るんだろう」「すごい冒険をするのにちがいない」という妄想が広がるのである。

どっちも悪くない。妄想する人も、妄想させる言葉も。

不幸というのはそこんところを言ってます。
海には潜りません。
揺れません。どきどきしません。

そう大きく書いて入口に貼っておけばいいんだけどね。ま、そんなわけにもいくまい。

われわれはネモリ徹船長の遠隔操作によって、小型潜水艇で海底を探険するのである。ネモリ徹ってつまり江守徹が声を担当しているネモ船長です。ネモ船長は海の底での自給自足を考えている、ちょっとおかしな科学者で、ミステリアスアイランドというのは地図に載ってないネモ船長一派の秘密の島なのである。ま、おっきな秘密基地ですね。

小型潜水艇は、ネモによって遠隔操作されている。ネモが海底に作ってる農園やら沈没船を見てまわる。イッツ・ア・スモール世界の人形の踊りを見てまわるのとかわらない。

限界深度まで達し、ネモが引き上げようとしたとき、海の魔女アースラに襲われる。そのままネモも知らないさらに深い深海に潜ってしまい、そこで未知の文明と未知の生物に遭遇するのだ。驚きにつつまれる小型潜水艇内だが、このままでは地上に戻れない、命があぶない、そんな僕たちの明日はどっちだ！上です。

ま、結局、無事戻ってくるんだけどね。

潜水艇は妙な6人乗りになっている。2人席が3つある。前と右と左の席で、座った位置によって、見えるものがちがう。前の席が見晴らしがよさそうだなあ、と左右の席からはおもうんだけど、でも前の席って前の潜水艇も見えてしまうんだよな。つまり、前に並んでいた6人が乗ってる潜水艇が見えるわけで、これはちょっと興ざめだ。「すごく深い海におれたちだけなのか」と思いこむことができないからね。だから、左右どちらかの席のほうが、おれは好きですね。

ただまあ、左右の席は窓が微妙に低い位置にあって、オトナは見にくい。座高が2mある人はかなり苦しいとおもう。座高ありすぎ。

初めて乗ったときでも「あ、これ本当は潜ってないな」と気づいてしまう。ふつうのオトナは気づきます。だからと言って、横で無邪気に驚いてる恋人に「潜ってないよ」と言わないように。人にはそれぞれの人生があるのだよ。大きな声で言わないように。こんど言ったら、海の底に放り出しますよ。

166

ロストリバーデルタ　INDIANA JONES ADVENTURE:TEMPLE OF THE CRYSTAL SKULL

インディ・ジョーンズ・アドベンチャー:クリスタルスカルの魔宮
インディ・ジョーンズの冒険

すごく荒っぽい運転のクルマで、洞窟を移動するスピーディでスリリングなお化け屋敷

インディ・ジョーンズが主人公の映画は3作あって、『レイダース　失われた聖櫃』『インディ・ジョーンズ魔宮の伝説』『インディ・ジョーンズ最後の聖戦』の3本だ。このアトラクションは、第一作『レイダース』の冒頭部分をもとにしたんだとおもわれる。

墓に入って宝物を盗み、建物が崩壊し始め、大きな球が転がってくるのは、レイダースの冒頭のシーンだからね。ちなみに映画ではインディアナ・ジョーンズ博士と呼ばれていた。

この乗りものの特徴は「ジェットコースターじゃない」というところにある。上下左右に揺さぶられるが、それは乱暴な運転のクルマに乗ってるような揺れなのだ。Gがかからない。重力を感じない。つまり落下しないのだ。「ジェットコースターはだめだ」という人でも大丈夫です。さんざん音で脅かされるけどね。大きな音に弱い子供には無理です。

おどかしかたも、突然前にあらわれて「うわっ！」というタイプのおどかしかたですね。お化け屋敷みたいなものだ。クルマに乗ってスピーディに移動しながら、次々とおどかされる素敵なお化け屋敷です。骸骨に虫に吹き矢にミイラがお出迎えだ。

考えてみればここは神殿の内部だからね。インディアナ・ジョーンズ博士の助手だったお調子者のパコが、なぜか神殿の内部をおんぼろクルマで走りまわる「若さの泉を発見しよう魔宮ツアー」を始めてしまって、おれたちはそのツアーに参加してしまってるのだ。

パコは「水晶の髑髏を怒らせちゃだめだよ」と見送ってくれるが神聖なる殿の内部をクルマで走りまわって、髑髏さまが許してくださるはずがない。なんとなくクリスタルな髑髏の怒りによって次々と怖い目に遭うのである。

最後、巨大な石が転がってくる。

この石ころがりの直後に、写真を撮られる。ディズニーランドのスプラッシュ・マウンテンと同じだ。ただ、撮られるタイミングがわかりづらく、暗やみでいきなりフラッシュがたかれるので、どこを見ればいいのか、よくわからないのだ。

綱にぶらさがったインディアナ博士に、あぶないと叫ばれ、大きな玉がこっちに転がってきて、少しバックしたかとおもうと、ちょっと落ちた瞬間、そのときに撮られる。でも、2mも落下してないとおもう。スプラッシュ・マウンテンのときのように「すごい落下の瞬間を撮られる！」とおもいこんでると拍子抜けしたうえに、変な顔で撮られます。気をつけてね。前こごみになってしまうと、顔が写らないので悲しいよ。だから大きな玉が転がってきたら、できる限りそっくり返っていてくれたまえ。並んでる途中に、写真の見本が飾ってあるけど、よく見てごらんなさい。写ってる全員とても不自然に反ってます。さすがモデルさんたちだ。不自然に見えようが、とにかく顔を伏せないのだ。見習ってくれたまえ。

ただ、スプラッシュ・マウンテンが2人掛け4列の8人写真なのに対して、こっちは4人掛けの3列で12人写真なのだ。僕と彼女とYシャツと平松愛理以外にも知らない人がいっぱい写ってるのだ。クリスタルスカルの写真立ても一緒に買って部屋に飾ってみたけど、知らない人がいっぱい写っていて、なんか落ち着かないです。全体写真と一緒に2人のアップ部分の拡大入れ込み、というサービスくらいやってくれると嬉しいぞ。

167

ロストリバーデルタ

RAGING SPIRITS
レイジングスピリッツ
えらい怒ってはる神さん

2度小さく落ちてから360度回転するジェットコースター。あっという間に終わります

　2005年7月にできたアトラクションだ。あまりにもあっさりした乗りものだ。360度回転垂直ループだわーいわーい、というのが売り物であるが、でもディズニーにはそれだけじゃダメみたい。何かしらのストーリーがついてるといいんだけど、それがない。それにコースターが貨車で味も素っ気もなく、しかもずいぶん狭いエリアに建てられていて、隙間に建てられたビルみたいだ。三遊亭白鳥が「せせこましいコースター」と言ってたが、まさにそのとおりだ。

　しかもオープン直後入口で、さかんに「新アトラクション、レイジングスピリッツは104センチ以下ではなく140センチ以下の人は乗れません」と説明していた。チケット売るときに言ってたもんな。195センチ以上もダメらしい。かなりの子供が乗れない制限になっている。背の高いオランダ人も乗れないし。オランダ人にかぎらんけど。

　今は117センチ未満が不可、になっている。

　肩の上からがしっと押さえる安全バーを装着して乗る。最初、かたかたかたと昇って、そこでシーの風景がよく見えて、2回小さく落ちて、3回目に360度くるりんぱと回転して、そのあとは左右に振られて、霧がもうもうしてるところへ突っ込んで、急停車して終わり。2分たらず。すげえあっさりしてます。

　ただ、おれ、一番最初に乗って360度回転したとき、メガネが落ちてあせった。メガネがないと視力が0.01くらいなので、西川きよしにどつかれた横山やすしみたいに、メガネメガネと底を探ろうとしたが、がっしり固められてるので手が伸ばせず（やばっ、もう1度くるりと回転したらメガネは遥かアク

トゥリクトゥリへ飛んでっちまう）とすごくあせりました。ま、そのあとは左右に揺れるだけなので、きちんと足元から回収できましたが。何だかんだといっても、それっくらいの迫力、西川きよしのどつきくらいの迫力はあるってことです。ちなみに若いころのやすしきよしは、どつき漫才として（正統派じゃない漫才として）批判されてた記憶があるよおれ。

　火の神と水の神を向かい合わせにしてしまったので、えらい怒らはった神さんにレールが360度に曲げられてしまったという、どうでもいいバックストーリーがある。ほんとってつけた話だ。

　向かい合って怒るってのが、意味わかりません。気にしなくていいです。

　ディズニーには珍しい純粋なコースターだとおもっていいです。この神は日本と同じ八百万の神ですね。だから京都弁ふうに訳すと「えらい怒ってはる神さん」となる。なんか京都弁で訳すといいかなとおもったんで。ファストパスは並ばずに取れることが多い。

　ちなみに「ファストパスが発券されているアトラクション」のスタンバイ（ふつうに並んで乗る）待ち時間が15分だった場合、それはほとんど待たないで乗れる、てことですよ。場合によるけど、でもだいたいすっとファストパスとの合流地点まで行けることが多い。スタンバイ5分待ちだったら（夜の海底2万マイルやレイジングでたまにあります）それはほぼ誰も並んでいないという状態です。日によるけどさ。ま、参考までに。

　あ、でもおれ、レイジングスピリッツ、かなり好きですよ。よく乗ります。

アラビアンコースト

THE MAGIC LAMP THEATER
マジックランプシアター
魔法のランプ劇場

実演の楽しいマジックショーと魔法のランプからジーニーが飛び出す3D映画

　そういえば、かつて『かわいい魔女ジニー』というアメリカのドラマが放映されてた。同じ時期にやっていた『奥様は魔女』よりは色っぽくて、おれは好きだったなあ。ジニーが色っぽかった。

　ディズニーの『アラジン』の魔人はジーニーだ。かわいい魔女はジニーで、こっちは、かわいくない魔人ジーニーだ。2人はたぶん同じ地方の出身なんでしょう。

　ジーニーが大活躍するのが、魔法のランプの劇場です。かなり楽しい。とても楽しい。

　建物に入ると、広間になってる。ここは劇場ではない。魔法のランプの中でもない。控えの間だ。奥に本物の劇場があって、そこに入るまで待たせておく場所なのだ。待ってるあいだ、酒は出ないが蛇が出る。部屋の真ん中の壺から、コブラのベキートが出てきて、これから見る芝居のあらすじを教えてくれる。「主人公はアシーム少年。彼は魔法のランプのジーニーと友だち。師匠はせこい魔術師のシャバーンだ。せこ魔術師シャバーンはランプの力で有名になれたのだが、いまは魔人に嫉妬してランプを封印している」

　蛇の話は、まあそんなものだ。

　ベキートの話が終わると、劇場に案内される。入り口からみて"奥の右のほう"が劇場だ。カーテンがかかってる。

　劇場に向かうとき、左側の列に並ぶと前のほう、右側の列に並ぶとうしろのほうの席になる。前のほうがいいとおもうぜ。つまり、左よりの列に並ぶべきなんだな。

　最初はマジックの実演ショーである。助手のアシームは少年と呼ばれてるが、どう見たって女の子だ。斉藤ゆう子みたいな子だ。斉藤ゆう子って、だから昔セブンイレブンのCMに出ていた子だよ。覚えてないかも。

　マジシャンのシャバーンが、楽しく話をしながらマジックを見せてくれる。シャバーン役のお兄さんは何人かいるわけだけど、みんな楽しい。毎回、少しずつ喋りが違っているので、何回見ても飽きないようになっている。なかなか優れたショーだとおもう。

　後半、アシームが「魔法のメガネをかけて！」と言うとそこから3D映画と実演の合体ショーになる。3Dって、だから飛び出す映像ですよお母さん。あらまあじゃあ赤と青のセロファンのメガネをかけるのかしら、なんて言ってちゃ、21世紀は生きていけませんぜ。いまどきそんなメガネはメガネ猿だって使わない。何だか黒いようなグレーのようなメガネをかけます。大丈夫です。年とってたって飛び出して見えますって。

　飛び出す映画も楽しいよ。

　ジーニーは、マシンガントークのスタンダップコメディアンだ。機関銃のようにギャグを飛ばしまくる。その機関銃トークにあわせて、映像が飛び出してくるわけだ。細かい仕掛けもあって、なかなか楽しいです。

　そう、飛び出す映画が始まってシャバーンが消されたあと、アシームは、空飛ぶじゅうたんに乗って、舞台の上で少し飛ぶんだよね。一瞬だし、端っこだし、飛び出す映画が始まってるからあまり注目されてないんだけど、ぼくはすごく好きです。だって、空飛ぶじゅうたんをナマで見られるんだもん。かつて、ファンティリュージョンでも見られたんだけど、いまはここだけさ。空飛ぶじゅうたんマニアにはたまりませんぜ。舞台の左のほうです。

169

アラビアンコースト

SINDBAD'S STORYBOOK VOYAGE
シンドバッド・ストーリーブック・ヴォヤッジ

シンドバッド物語みたいな一航海

**船に乗ってシンドバッドと世界の海を航海する。
但し、神秘も恐怖もない世界だけど**

　かつてはシンドバッドの「セブン」ヴォヤッジというアトラクションだったが2007年春に「ストーリー・ブック」ヴォヤッジに変わった。似たような内容だけど、歌と、それから基本的な思想ががらっと変わりました。一種の"転向"ですね。

　今度の航海は、ずっと音楽が鳴り響いている。荘厳で明るい音楽だ。

　「人生は冒険だあ。地図はないけれどお、宝物を探そうお」そういう歌詞です。そのあとよく聞き取れなくて「信じて、コンパでフォーリンラブ」と聞こえた。そっかー、シンドバッドもコンパか、それっそれっ、とおもったけど、ちがいました。コンパス、オブユア、ライフ、だそうだ。よくわかんねえや。

　とにかく明るい音楽が鳴り響いてるなか、シンドバッドは冒険に出て、苦難に遭うが、いろんな人やら魔物やらに助けてもらって、無事に航海から帰ってくるという話になっている。いったい、いつ、誰がそんな話にしたのかとおもうが、まあ、そうなっているのだ。ずっと明るい音楽が流れているから、大丈夫な航海なんだろうなあ、という気分で見ていられます。ちょうどディズニーランドの「イッツ・ア・スモールワールド」と同じテイストに仕上げてある。細かいことはわからないけど、何だか楽しそうなのだ。子供が楽しめるアトラクションとして、前の「7つの航海」より、よくなったとおもいます。

　おもいますがね、あたしゃ、リニューアルされたこの「物語みたいな航海」に最初乗ったとき、あまりの改竄ぶりに、唖然としました。前の7つの航海は、原作を知ってないと、ちょっと意味のわからない部分が多く、その

点あまりいいアトラクションではなかったんだけど、でもあれはあれで「世界は謎に満ちていて、危険がいっぱいだ。自然は怖い」という前近代らしいメッセージがあって、おとなが楽しめる乗りものだったんだよ。

　それが徹底的に改竄された。

　どう変わったのか。

　1「ウツボ女により海で迷う」→「人魚が海路を教えてくれる」。2「卵を食べようとして親鳥と戦う」→「悪党が卵を食べようとしてるので親鳥と共に戦う」。3「財宝を盗もうとして人食い鬼と戦う」→「悪党に閉じこめられた鬼を救い歌を歌う」。4「凶暴な猿に襲われ船を奪われる」→「猿と歌う」。5「島と間違え鯨に乗り多くの仲間が溺死」→「友だち鯨の背中に乗り港へ帰還」。

　以前は、シンドバッドは昔の人らしく自然を畏れてたが、いまのは自然を支配してるつもりになってますね。特に「黒ずくめの盗賊団」という悪が設定されて、彼らが敵、自然界の魔物（巨大な鳥、巨大な人食い鬼、頭がおかしい凶暴な猿たち、小島ほどの巨大な鯨）は味方という不思議な構図ができています。ま、簡単に言ってしまうと「自然は支配できる。敵はおれたちの仲間ではない誰かだ」と言ってることになっている。そんな意図はないだろけど、でも中世の物語を近代から傲慢に読み替えたのは事実ですね。「原住民を殺した罪を正当化したくて戦争を続ける国アメリカ」という岸田秀の話をついおもいだして怖いんだけど、ま、みんなはあまり気にするな。コンパでフォーリンラブだ。

　あ、そうそう、航海に出てすぐ、嵐の海では本当に雨を降らせててちょっと驚いた。

170

[アラビアンコースト]

JASMINE'S FLYING CARPETS
ジャスミンのフライングカーペット
ジャスミンの庭園の空飛ぶ絨毯

空飛ぶ絨毯です。

2011年にできた乗りもの。アラビアの海に面したところにある。ジャスミンが住んでいた王宮の庭が少し再現してあり、そこを絨毯型ライドに乗って飛ぶ。映画『アラジン』では、空飛ぶ絨毯は主人公のアラジンのもの（というか、彼の友人）なので、べつにジャスミンのものではない。だから正しくは"ジャスミンの庭園を彼女の望みに従って飛んでいるフライングカーペット"ということなんだとおもう。どうでもいいけど。

入口には彼女の飼い虎が鎮座している。その名は李徴。若くして天才と呼ばれたが、性狷介、賤吏に終わるのをよしとせず虎になってしまった男、ちがいます。そんな哀しい山月記な話ではない。ラジャーです。脇には展望台がある。映画のジャスミンの庭を再現していて、なんか楽しい。夜になるときらきら綺麗です。冬はちょっと寒そうだけど。

乗りものは、ダンボなどと同じ、少し高いところにあがってくるくるまわる旋回型アトラクション。見たとおりのものです。

二人席が2つくっついて1絨毯4人乗り。前席のレバーを動かすと高く飛んだり低く飛んだり、後席のレバー操作で絨毯が前傾斜したり後ろ傾斜したりする。子供向けだけど、大人が乗っても何か楽しいですね。ただ混雑時は見知らぬ二人と同じ絨毯に乗せられて世界を飛ぶことになるので、すいてるときがお勧めです。フライングしてるカーペットです。

[アラビアンコースト]

CARAVAN CAROUSEL
キャラバンカルーセル
隊商のメリーゴーラウンド

カルーセルって、メリーゴーラウンドのことです。アラビアの砂漠をゆくメリーゴーラウンド、どんなゴーラウンドなんでしょう。

二階建てである。こういうのはだいたい二階に行きたがる人のほうが多いから、二階のほうが混むといえば混むが、でもまあそんなに驚くほどの差があるわけではない。

アラブのメリーゴーラウンドなので、乗るものも砂漠っぽい。らくだにゾウ、ウマ、そのほかにも「胴がライオン、頭が鷲」という遺伝子組み換え動物グリフォン、空飛ぶ絨毯にランプの魔人ジーニーらが用意されている。

なかではジーニーが人気である。二階に5ジーニー、一階に4ジーニーと9台しかないので、かつては人気が集中していた。オープン間もないころは「ジーニー待ち」まであった。ふつうに待てば5分、ジーニー待ちは20分。でもそれもオープン5年くらいまで、その後は見かけない。ごくたまに、壊れたような日に、一瞬15分待ちになることがある。待ち時間調査をしてると、そういうのを見るのがすごく嬉しく、それは昆虫好きがものすごい珍種の虫を見つけたようなもので、「隊長、さっきキャラバンカルーセル15分待ちでありました！」「うげーっ、そんな混んでるんか今日は」なんて会話になります。それぐらいすいてます。夜になるとこの建物じたいが幻想的で眺めてると素敵です。花火がこのカルーセルの真後ろに上がるので、この前で花火を見るのは私は大好きですね。

MERMAID LAGOON THEATER
マーメイドラグーンシアター
人魚の珊瑚礁劇場

「アリエルの迷い」が終わり、「海底王宮でのコンサート」が始まる。続報を待て

　２０１５年４月２４日からリニューアルされた。この単行本は５月発行だけど、本文原稿は何が何でも４月１７日中に仕上げてください、仕上げないと地球が滅びます、と脅されたので、残念ながら新ショーは見られていません。見次第、あたらしい内容を報告します（とはいえ、増刷のときにしか、原稿を入れられないんだけどね）。

　開園以来２０１４年まで行われていたショーは、「リトルマーメイド第一作前の、アリエルの迷い」でした。

　人間に憧れる人魚アリエルが、海の魔女アースラに「人間になりたいか」と取り引きを申し込まれるが、とりあえずやめときます、と断るショーでした。あらすじを書いてると何だそりゃ、て気持ちになりますね。

　もともとアンデルセンの「人魚姫」と違い、ディズニーアニメ『リトル・マーメイド』は、人魚姫アリエルは、声を引き替えに足をもらって、しっかりと王子さまの愛を勝ち取り、人間として幸せに暮らす、という物語です。アンデルセン童話の悲劇的な最後を知っていると、ちょっと信じられないような展開ですね。公開当時、一緒に観に行った娘が、湯気が出るほど怒っていたのが印象的でした。たしかに「なぜ、アリエルが幸せを獲得できたのか」という部分は、あまり、同意できなかったですからね。

　さて、２０１５年春から始まった新しいショーは「海底王宮でのコンサート」になっている。主役のアリエルがなかなか見当たらない、という粗筋しか知りません。あらすぎますよね。でも知らない。

　アリエルが、人魚として、幸せに暮らしていた時代をまた見せてくれるらしい。つまりアリエルの結婚は失敗だったってことを暗示してるのでしょうか。なわけないか。

　映像と音楽とパフォーマンスが一体となったショーなりよ。おたのすむ。以下、詳細は次号を待て（雑誌かよ）。

【マーメイドラグーン】

FLOUNDER'S FLYING FISH COASTER
フランダーのフライングフィッシュコースター
飛び魚のジェットコースター

　マーメイドラグーン、つまり人魚たちの海は「海上エリア」と「海底エリア」に分かれる。こっちは海上エリア。人魚語でアバブ・ザ・シー。飛び魚やカモメのエリアですね。
　フランダーの飛び魚のコースターって言うけど、フランダーは、飛び魚じゃないよ。アリエルのともだちの魚だ。見た目はフグっぽい。"フランダー"は辞書を引くとヒラメ類だけど、ヒラメには見えないんだよな。ま、アメリカ人には魚の種類なんかかなりどうでもいいだろうから、何でもいいです。白身の魚だってことで。
　フランダーが、ともだちの飛び魚たちにコースターをやらせている。よくわかんないが、とりあえず代表はフランダーで、実際に働いてるのは飛び魚くんです。労使問題が起こったら、そこを理解してあげてくださいね。
　小さいジェットコースターだ。座席も落下も恐さも小さい。ほとんどGがかからない。子供でも乗れるコースターです。
　ただ、子供向けだからか、椅子が小さい。オトナ2人で乗ると密着度がとても高いのだ。そう、実はカップル向きなのだ。もし男女混合グループで来たときは、ぜったい好きな彼女彼氏と一緒に乗り込むように画策したほうがいいぜ。小さいから、実際のスピードよりも速く感じるからね。意外と、若き恋人たちにおすすめの乗りものなのだ。混んでるときはやめたほうがいいけど。乗ったらすぐ終わるしね。密着タイムは1分だけだよ。

  【マーメイドラグーン】

SCUTTLE'S SCOOTERS
スカットルのスクーター
かもめのスカットルのスクーター

　これも海の上にある乗りものだ。
　やどかりに乗って、ぐるぐるまわるアトラクションです。やどかりに乗る、と係の人が説明してくれてるので、何も知らないと"スカットル"が"やどかり"だとおもってしまいますが、違いますね。
　スカットルは『リトル・マーメイド』にでてくる知ったかぶりのカモメです。「やどかりは英語でスカットルだ」なんて、妙な知ったかぶりしてるあなたがスカットル。
　フランダーと同じく有名になったスカットルも、名前だけ貸して、実際にはやどかりに働かせているわけだ。それがマーメイドラグーン世界の実体なのだ。別にいいんだけどね。
　少し上下しつつ、ぐるぐるまわる乗りものである。子供向けだよなあ、とばかにして乗ると、意外なスピード感に驚く。すいてるときを見計らって、カップルで乗ると楽しいとおもうよ。ま、子供向きだけどね。
　途中で順に1台ずつ180度回転する。1台ずつなので、前に乗ってる2人組と一瞬向き合うことになる。新幹線でカップルでDE席に座っていたら、突然、前の2席が回転してしばらく向き合ってる、というような状態ですね。あんなに近くないけど。どうしていいかわかんなくて、緊張します。ま、少しの時間だけなので、がまんしてください。子供なら手を振ってあげてください。ダチョウなら尻を振ってあげてください。ダチョウはできれば乗らないでください。よろしく。

THE WHIRLPOOL
ワールプール
渦巻き！

コーヒーカップである。つまりぐるぐるとまわる乗りものだ。

自分でまわせない。ディズニーランドの"アリスのティーパーティー"はまん中のハンドルをまわすとどんどん加速するが、これはまわせません。きわめて受動的な乗りものです。波に揺られるまま、渦に巻れるまま、くるくるまわる乗りものだ。答えはただ、渦に巻かれているだけ。何ですかそれは。

でも渦に巻かれてるだけあって、カップは予想外の動きをみせる。あっちだとおもえばこっち、でっちだとおもえば番頭、おもわぬ動きを見せてくれる。

早く動かす方法もある。乗るときに教えてくれる。「遠心力でまわりますので、まわしたいときは固まってお乗りください」だそうだ。つまりカップルで乗った場合は、向かい合って座るんじゃなくて、並んで密着したほうがよくまわるよと教えてくれるのだ。素晴らしい。「並んで乗ろう」と言いだしにくい相手でも、「おおお、案内の人が言ってくれてるんだから、重なって座らねばならんぞおおお！」と叫べるわけである。叫ばないように。重ならないように。並んで座りなさい。

たしかにひっついてると、ぐあーんとまわる。調子こいてると「ぎ、ぎぼぢわるい〜」てことになるから気をつけてな。白鵬と大鵬と3人で乗るときは、きちんと3方向に展開して乗るようにね。どういう企画なのかわかんないけど。大鵬さんはいません。

BLOWFISH BALLOON RACE
ブローフィッシュ・バルーンレース
河豚の風船レース

ブローフィッシュはフグだ。愛嬌のある顔をしている。フグに貝殻が吊されていて、そこに乗ってぐるぐるまわるのだ。

マーメイドラグーンのまん中で、ぐるぐるまわっている。けっこう目立つ。この海底エリアに入ってきたとき、どうしても目がいってしまって、あ、あれ乗りたいなあ、とおもってしまう。おとなでも子供でも。

だから混みます。混んでる日は60分待ちになってしまう。さすがに1時間近く待って乗るほどのものじゃないけどね。

でも、乗るとやはり楽しいよ。ぐるんぐるんとけっこう速い速度でまわる。おもったよりもまわるので、乗ると、あー、うわー、おおーとおもわず声が出てしまう。犬を乗せたら興奮して吠え続けるとおもう。犬を乗せないように。けっこう高い位置でまわるのでマーメイドラグーン内をよく見渡せる。なかなか楽しい乗りものだ。

マーメイドラグーンは、一種の避難所となってるから混むのである。夏の暑いさかり、ここにさえ入れば、とりあえず冷房が効いているからね。だから昼前後が混んでる。部屋に居られないのでコンビニに涼みにきてる貧乏学生と変わらない。

子供もたくさん来ている。ま、もともと人魚の海っていう架空の世界だから、お子さま向けふうに仕上がってるからね。だから混むのだ。フグと鉄砲は当たると死ぬよ。何だよ急に。

マーメイドラグーン

JUMPIN' JELLYFISH
ジャンピン・ジェリーフィッシュ
跳ね飛ぶくらげ！

　ジェリーフィッシュってくらげのことなのだ。以上おわり。
　いや、おわりじゃないけどさ。
　ま、くらげに乗って、ただ上がって下がる乗りものだ。上がって下がる。上がって下がる。上がって下がる。以上おわり。
　いや、ほんとに、それ以上なにもないよ。見たままの乗りものだ。乗ると徐々に上がっていって、それから徐々に下がってきて、さて、何が起こるんだろうとおもってたら「お忘れ物ないようにお降りくださいませ」だ。うわい。私の、何か楽しいことが起こってくれ、という希望が忘れられてます。地方のデパートの屋上に残ってる悲しい乗りものみたいだった。とても小さいお子さま向けだとおもう。ひょっとしたら人間向けじゃないのかもしれないぜ。
　でも、これでも並ぶのだ。20分待ちなんてことが起こっていて、意味がわかりません。トリトンの王国を正面から入ってくると、一番最初にある乗りものだから混んでるんだとおもう。ちょっとくらくらする。
　ただ、マーメイドラグーンは、夜になると、うそみたいにすいてくる。特に、夜のショーが終わった9時ころにくると、すかすかである。平日の夜、すべての乗りものに誰1人並んでないことがあって「え、終わったの？」と聞いたことがありました。終わってませんでした。おれたちだけのために動かしてもらいました。ちょっと怖かったです。

マーメイドラグーン

ARIEL'S PLAYGROUND
アリエルのプレイグラウンド
アリエルの遊び場

　人魚姫さまのアリエルの遊び場だ。
　フォートレス・エクスプロレーションにもここにも、地面がぶよんぶよんした遊び場があって、そこでは本当に水が噴き出してくる。
　アリエルは海の底に落ちている「人間のもの」が大好きで、父王に秘密で隠し持っているんだけど、その「アリエルの宝物を隠してる部屋」とか、アリエルの美しい声と交換に人間の足を与えた海の魔女アースラの部屋、アリエルがフランダーと一緒にいるときに鮫に襲われた沈没船の中、なんてところが見られるのだ。フランダーは、家来のような友達の魚です。それぞれ仕掛けがあって楽しい。
　アースラの部屋では鏡台があって、貝のボタンを押すとアースラが映るんですね。骨の通路をくぐっていけばいいです。あとは海草迷路がある。中に入って30分は出てこれない迷路、なんかじゃなくて3分で出てこれます。お子さま用です。
　階段があるので何だろとおもって登るとそこは網の通路だ。吊り橋みたいになってる。歩いて進んでも別に何もなくて、ただ歩きにくいだけの通路だ。そこが楽しいんだよ。子供はこういうのが楽しいんだよなあ。
　それから不思議の影のエリアがある。ときどきピカッと光るところだ。壁にくっついてると自分の影がそこに写る。なんだかとても楽しいです。カニのセバスチャンの影が浮かんでくることもあるよ。それはあなたの心がセバスチャンだからだ。よくわかんないけど。でも、めちゃ楽しいエリアだとおもう。

175

シーのキャラクターグリーティング状況

キャラクターグリーティングは、ざっくり言えばキャラクターと触れあうこと、ですね。

大きく分けて2種類ある。

予告なく、突然、そのへんにキャラクターが現れるもの。"突然グリーティング"と名付けます（いまここでおれが）。ピノキオや白雪姫＆こびと、アリス、三匹のこぶたなどのクラシックアニメキャラから、クルエラ・ド・ヴィルにジャック・スパロウなども出現する。どのアニメから来たか即座に判断できないサルたちとかも出てくる。突然グリは、予告なく、場所もわからないので、待ち構えようはない。見られればラッキーとおもうしかない。一緒に写真撮れるかどうかはかなり微妙。キャラが逃げることもあれば、大勢の人がたかりすぎて撮影がむずかしいこともあり、無理に撮っても知らない人が一緒にいっぱい写ってたりする。

そうです、グリーティングのキモは「キャラと一緒に写真を撮ること」にあります。一緒に撮れないんだと、ショーでキャラを見てるのと変わらないからね。

だからもう1つの「整列グリーティング」が用意されている。これは整列して待って、自分の順になるとしばらく（30秒から長くて1分半）キャラクターを独占できる。握手、ハグ、お話もして（声は出さないけどジェスチャーで丁寧に反応してくれる）サインしてくれて（サインNGのとこもある）、最後、一緒に写真を撮る。

どの場所にどのキャラがいるか、HPなどで明示されており、何時から何時までかは現場に掲示されていて、並びさえすれば確実に一緒の写真が撮れる（見知らぬ人が入ってない写真）。そういう施設です。けっこう人が並んでる。「なんで着ぐるみと写真撮るのに2時間並ぶの」と考えた時点で、ディズニー的にアウトなので口に出さないように。

整列グリーティングにはさらに2種類ある。

1つは、アトラクションのようにきちんと施設が作られ、待ち時間がスマホで確認できる常設もの。一年中いつでもやってます。とりあえず「常設」グリーティングと呼びます。

もう1つは、HPに場所と時間は発表されているが、「出てくるキャラクターはお楽しみ」などと表記されており、待ち時間がスマホなどで発表されていないもの（現場では掲示されてます）。基本、アウトドアでやっているので、雨が降るとやらないし、日没前に終わります。そのへん、気をつけないといけない。これを「野外」グリーティングと名付けます。その2種類がある。

「常設」は4カ所7体。

①ダッフィーとシェリーメイ（ヴィレッジ・グリーティングプレイス）

②アリエル（アリエルのグリーティンググロット）

③ドナルド（"サルードス・アミーゴス！"グリーティングドック）

④ミッキーとミニーとグーフィー（ミッキー＆フレンズ・グリーティングトレイル）

「野外」は4カ所。

〔1〕入口（ディズニーシープラザ）：ミッキーかミニーかどっちかがいることが多い。

〔2〕タワ・テラ前の公園ウォーターフロントパーク：いまはシェリーメイ。

〔3〕ケープコッド・クックオフ裏：前はシェリーメイがいて、そのあと「オズワルド」がいたんだけど、いまはやっていない。哀。

〔4〕アラビアンコースト：シンドバッドの前、サルタンズ・オアシスの前でもある。左右に分かれて片方がデイジーダック、もう一方にスティッチと彼女（エンジェルです）のことが多い。アラブスタイルで出てくる。

シーの常設グリーティング

さて、常設の屋根のあるグリーティングの紹介をしておきます。

● 「ヴィレッジ・グリーティングプレイス」のダッフィー

場所はダッフィーのショーのケープコッド・クックオフを出て左、「トランジットスチーマーライン」の乗り場脇でやってる。乗船場の一部を改造してグリーティングやっているという感じ。まわりの壁に手紙やら写真やら、ダッフィー関係のものが貼り付けてある。いまのところもっとも並ぶグリーティングですね。混んでると2時間待ちになる。ダッフィーはサインしてくれません。

● 「アリエルのグリーティンググロット」のアリエル

マーメイドラグーンエリアからアラビアエリアに壁沿いに向かう途中にある。滝があってその前にアリエルがいる。これができるまえは、のどかに休める滝エリアだったのだが、あるとき突然、アリエルによってグリーティング場所となってしまった。ここは終わるのが早い。日没ころに終わる。

アリエルは、欧米系の美人が、座って迎えてくれる。人魚は立てないからね。足が欲しいらしいし。人魚足をぴょこんと跳ね上げて迎えてくれるのはすごく嬉しいが、でもずっと英語で喋りかけてくるんで、ちょっと萎えます。秋田弁とかの人魚がおれはいいとおもうんだけどどうだんべか。だめっすね。だんべは秋田じゃないだろう。はい。待ちエリアにはあまり工夫がなく、待ちは長く感じます。

● 「"サルードス・アミーゴス！"グリーティングドック」のドナルド

メキシコ料理店の「ミゲルズ・エルドラド・キャンティーナ」の隣にある。最初はミッキーのグリーティング場所だったが、ミッキーがインディ・ジョーンズ脇に引っ越したので、ドナルドが入った。グリーティングは場所は固定されてるけど、出てくるキャラクターが入れ代わることがよくあります。

ドナルドは1944年の『三人の騎士』という映画で、メキシコの鳥と、ブラジルの鳥と一緒にラテンアメリカを紹介したので、それ以来「ラテンアメリカ=中南米」担当キャラとなっている。だからこのメキシカン場所にいるようだ。トランジットスチーマーラインの乗船場の脇でもある。建物の地下部分という感じで、並ぶエリアがちょっと暗い。あとここだけ中休みあるので注意。

● 「ミッキー&フレンズ・グリーティングトレイル」のミッキーとミニーとグーフィー

インディ・ジョーンズのアトラクション脇にラテンのピラミッドが建ってますが、すぐその脇のエリア。入口に、ミッキー、ミニー、グーフィーの写真が貼ってあり、その下に待ち時間が掲示されてる。エリアへの入口はひとつ。中に入ると、何となくロープで3つの入口が区切られているのだが、わかりにくい。ミニーに並ぼうとしてグーフィー列に入ってしまって、途中で戻ってきたことがあります。

ミッキーは「発掘サイト」、ミニーは「自然観察サイト」、グーフィーは「神殿調査サイト」にいる。ミッキー発掘サイトでは、ドナルドに似た何かを発掘したみたいで、地図やら写真やらも飾ってある。ミニー自然観察サイトは、途中に発見されたディズニーデザインの虫が展示されてます。羽を広げるとミッキー模様になる蝶が三羽いるので、探すと楽しいです。ここは、ミッキーとミニーが人気で、グーフィーはややすいてる。ふつうの日曜午後で、ミッキー45分、ミニー40分、グーフィー25分くらいが標準待ち時間。ミッキーがほかのところにくらべて、かなり短い待ち時間で会えるところだとおもうよ。

シーのお得な「ガイドツアー」について

　シーにも、安いツアーと高いツアーがあります。事前に申し込んで、指揮棒を持ったお姉さんにくっついて、解説を受けながらいろんなものに優先的に乗ります。ガイドツアーと聞くと、由来やらバックストーリーばかりを説明するものだとおもって敬遠してる人がいそうだけど、ディズニーのガイドツアーは違います。はっきり「金を払ってアトラクションやショーを優先的に乗ったり見たりするもの」です。金がすべての世の中です。

　シーの安いツアーは「ディズニーマジックの海へ」という名前（だけど、変更されることあるので要確認）。高いのは「プレミアムツアー」です（140pも読んでね）。

　ランドのツアーと同じ。ディズニーホテルへの自力予約宿泊客のみが、事前にこちらも予約できる。宿泊しない一般ボンビー客は、入園後、入口近くの「ゲストリレーション」へ駆け込んで、訴えるしかないですね。「ツアーに参加させてくださいませ、お代官さま」。はい。

　安いツアーの特典は、まずアトラクション3つに優先して乗れる。シンドバッド、電車、タートル・トークとちょっとしょぼい。そのぶん「ミッキーマウスと写真を撮る」サービスがある。これは嬉しい。夜のショーの座席も確保してもらえます。所要時間は2時間半です。12人ほどで催行されるので、見知らぬ人たちと仲良くなりつつ、まわります。

　高いほうのプレミアムツアーは、ランドと同じく2万1600円で、ガイドさん独占。6人までは2万1600円で、7人以降は1人3090円プラス。最大10人。おれたちが行ったときのガイドのお姉さんは春風亭昇太にそっくりでした。ちょっと笑っちゃった。これこれ。

　ツアーは3時間で、客の要望どおりにまわってくれる。人気アトラクションにつぎつぎとファストパス・ルートから入っていきます。ただ1アトラクションにつき利用は1回だけです。がまんしてください。

　では、われわれはこのプレミアムツアーでどうまわったか。乗ったのはこうでした。
0:10タワー・オブ・テラー→1:00トイ・ストーリー・マニア→1:25移動のため電車→1:50インディ・ジョーンズ→2:27センター・オブ・ジ・アース→2:50移動のため電車

　タワテラ、トイ・ストーリー、インディ・ジョーンズ、センター・オブと4つしか乗れていません。あいだ、エレクトリックレールウェイに乗ってますが、それは移動のためで、あまりアトラクションに乗った気分にはならない。これを無理に入れるとアトラクション6つ体験だけど、いやあ、乗ったのは4つだね。ただ、電車も少し混んでたので、脇からすっと入れてくれて、そのへんはプレミアムツアーらしくて、楽しかったです。

　ランドに比べて、人気アトラクションの距離が離れてる、というのがシーの特徴です。だから「ファストパスを金で買うプレミアムツアー」も、あまり効いてこない。早い話、トイ・ストーリーとインディ・ジョーンズが離れすぎていて、行って帰るだけで、時間くっちゃうので、数を稼げない。そういうことです。ランドのプレミアムツアーが、ものすごくお得だと感じたのに比べて、シーのは「なんか、もうちょっと、何とかなったんじゃないか」という気分が残りました。でも、これが限度なんだとおもう。昇太もがんばってくれました。シーも隠れミッキー教えてもらったけど、あまり吃驚なのは少なかったなあ。なんかガイドツアーはランドのほうがお得だって気がしましたが、でも、楽しいんで、金と時間があまってたらどうぞ。

第9章
ディズニーシーのレストランとショップ

9章であつかっているレストラン（掲載順）
マゼランズ……184
マゼランズ・ラウンジ……184
リストランテ・ディ・カナレット……185
カフェ・ポルトフィーノ……185
ザンビーニ・ブラザーズ・リストランテ……185
マンマ・ビスコッティーズ・ベーカリー……186
リフレスコス……186
S.S.コロンビア・ダイニングルーム……187
テディ・ルーズヴェルト・ラウンジ……187
セイリングデイ・ブッフェ……188
レストラン櫻……188
ケープコッド・クックオフ……189
ニューヨーク・デリ……189
ホライズンベイ・レストラン……190
ミゲルズ・エルドラド・キャンティーナ……190
ユカタン・ベースキャンプ・グリル……190
カスバ・フードコート……191
サルタンズ・オアシス……191
セバスチャンのカリプソキッチン……191
ヴォルケイニア・レストラン……192
ノーチラスギャレー……192
そのほかの細かい屋台解説……194
ポップコーンマップ……197

シーのエリア別全レストランのレベル

ディズニーシーにレストランは21ある。プラス軽食の屋台が8つ。合計29の食べ処があります。それ以外に6カ所のスイーツ屋台があるけど、ここのは食べてもあまり腹の足しにはならない。だから食べ処は29だとおもっていただいていいです。

レストランの種類というかレベルは7つに分けられる（というか私が分けた）。
①テーブルサービスの店（予約受付あり）
②バフェテリアサービスの店
③カウンターサービスⒶ橋頭堡型の店
④カウンターサービスⒷマック型の店
⑤ラウンジ（酒飲み場所）の店
⑥ワゴン（屋台）Ⓐ軽食の店
⑦ワゴン（屋台）Ⓑスイーツの店

ちょっと細かく割ってあります。

それぞれの数はテーブルが5、バフェテリアが3、カウンター橋頭堡7、カウンターマック4、ラウンジ2、軽食屋台が8です。
①テーブルサービスの店がいちばん上等です。基本、座席に案内されてからメニューを渡されて注文して席に料理を運んできてくれる。お代は食べたあと。この上等レベルが5店舗。すべて事前の座席予約ができます。だから予約してないと混んでる日は1時間以上待たされたりする。そういう店です。地中海エリアに2店。アメリカエリアに3店。火山より奥にはこのレベルの店は1軒もありません。
②バフェテリアサービスは料理がカウンターにずらっと並んでいて、その前をお盆をずらしつつ、これください、これくださいと指してお盆をいっぱいにして、カウンターの最後で金を払う方式。学生食堂ぽいやつです。これは3軒だけ。地中海と、ミステリアスとポートディスカバリー。ちょっと珍しい形式です。座席は基本、確保されている。
③カウンターサービスのⒶの橋頭堡型は（キョートーホは客のほうにレジカウンターが突き出ている形を指してます）もっとも一般的なレストランで、レジで金を払ってそのレシートを持って前に行って受け取る形のもの。席は自分で探す。ゆるやかに確保されている店もある。満席になると人を入れない店もあれば、テイクアウトが可能なので、満席でもどんどん売っていく店もあります。よく見定めてください。各エリアにあって7店。
④カウンターサービスⒷマックふうというのは、マクドナルドのようにカウンターで頼んで、その場で金払ってそこで待って料理を受け取る店。これは席はあまり用意されていない。テイクアウト主体。各エリアにある。
⑤ラウンジってのは、シーにしかないバーっぽいところ。つまみぽい軽食が出るので食事もできる。マゼランズとコロンビア号食堂の付属施設です。テーブルサービスの店。
⑥と⑦のワゴンはどっちも同じ屋台だけど、食事がわりになる軽食系（甘くないもの）を売ってる店と、チュロスなどのお菓子系統を売ってる店を分けました。スイーツは別腹ですから。これもあちこちにある。

こうやって表にすると火山の手前の地中海エリアとアメリカエリア（欧米ですね）に上等のレストランが固まってるのがわかる。そもそもエリアで食事処数が違う。アメリカ9、地中海7で、あとはポート3、ミステリアス3、ロストリバー4、アラビア2、マーメイド1。きちんと食事したいなら火山手前の欧米エリアが充実してるってことです。奥地は野蛮エリアなので、きちんとしたサービスの店は用意されてない。冒険のための空間ってことです。シーは文明エリアと非文明エリアにきちんと分けられているのですよ。奥地できちんとした食事は出さないようになってるので、そのつもりで探険せよ。てことで。

180

エリアとランク別　ディズニーシーのレストラン

手前エリア

エリア名	メディテレーニアンハーバー	アメリカンウォーターフロント	ポートディスカバリー	ミステリアスアイランド
テーブル席	マゼランズ / リストランテ・ディ・カナレット	S.S.コロンビア・ダイニングルーム / レストラン櫻 / セイリングデイ・ブッフェ		
バフェテリア	カフェ・ポルトフィーノ		ホライズンベイ・レストラン	ヴォルケイニア・レストラン
カウンター	ザンビーニ・ブラザーズ・リストランテ	ケープコッド・クックオフ / ニューヨーク・デリ		
マックふうレジ	マンマ・ビスコッティーズ・ベーカリー / リフレスコス			ノーチラスギャレー
酒飲み場所	マゼランズ・ラウンジ	テディ・ルーズヴェルト・ラウンジ		
食べ物屋台		デランシー・ケータリング / バーナクル・ビルズ / リバティ・ランディング・ダイナー	シーサイドスナック / ブリーズウェイ・バイツ	リフレッシュメント・ステーション
スイーツ屋台	ゴンドリエ・スナック	ケープコッド・コンフェクション / ハイタイド・トリート / パパダキス・フレッシュフルーツ		

奥地エリア

エリア名	ロストリバーデルタ	アラビアンコースト	マーメイドラグーン
テーブル席	なし	なし	なし
バフェテリア	なし	なし	なし
カウンター	ミゲルズ・エルドラド・キャンティーナ / ユカタン・ベースキャンプ・グリル	カスバ・フードコート	セバスチャンのカリプソキッチン
マックふうレジ	なし	サルタンズ・オアシス	なし
酒飲み場所	なし	なし	なし
食べ物屋台	ロストリバークックハウス / エクスペディション・イート	なし	なし
スイーツ屋台	トロピック・アルズ	オープンセサミ	なし

エリア/形式別　レストラン（食べ処）数

エリア/形式	テーブル席	バフェテリア	カウンター	マックふうレジ	酒飲み場所	食べ物屋台	合計	スイーツ屋台
メディテレーニアンハーバー	2	1	1	2	1	0	7	1
アメリカンウォーターフロント	3	0	2	0	1	3	9	3
ポートディスカバリー	0	1	0	0	0	2	3	0
ミステリアスアイランド	0	1	0	1	0	1	3	0
ロストリバーデルタ	0	0	2	0	0	2	4	1
アラビアンコースト	0	0	1	1	0	0	2	1
マーメイドラグーン	0	0	1	0	0	0	1	0
合計	5	3	7	4	1	8	29	6

TDSのおすすめレストラン・ランキング

　29ある食べ処で、ではいったいどこで食べればいいのか。

　シーでは食事を選べる。値段は高くかかるが居心地いいレストランでゆっくり食べるか、そこそこの料理をさくっと食べるか、選べる。

　どっちがいいのかって、それはあなたの時間と金の都合によります。時間に余裕のあるときは、おれはS.S.コロンビア、マゼランズ、ディ・カナレットなどでワインをしこたま飲んでゆっくり食事をするのが好きだし、さくっと済ますならザンビーニのパスタやNYデリのホットサンドがいい。以上。以上ってことはないか。シーの高いレストランの魅力は、味よりその空間の造りにある。味は、特にステーキ肉は、高いわりになんだこりゃなものが出てきますが、でもS.S.コロンビアで食事してると、それだけで幸せな気分になります。そこがいいとおもう。

　ちなみに地中海エリアにはイタリアンの店が3店もあって、レベルが違う。パスタで比べると上等のリストランテ・ディ・カナレットで1600円、真ん中のカフェ・ポルトフィーノ1200円、安い店ザンビーニ・ブラザーズ・リストランテが700円となってる。いちど、40分のあいだに連続してこの3つのパスタを食べ比べたことがあるが（バカなのかって、バカですけどいちおう調査です）、納得できる値段差でした（外の普通のイタリアンのおよそ1.4倍くらいの値段だとはおも

うけど）。きちんと、高い値段のもののほうが美味いというふうに作られています。

　レストラン人気を比べるため「座席の予約＝プライオリティ・シーティング」が何時に締め切られるかチェックしてみた。

　一年中調べてみてわかるのは、日によって人気が変わってくるってことです。たしかに言えるのは「マゼランズの夜は予約しなくても空いてることが多い」というぐらいのものです。マゼランズは基本、すいてます。なかなか予約が埋まらない。埋まらない日も多い。

　残り4店は同じような人気です。強いていえば、イタリアンのリストランテ・ディ・カナレットが一番人気の日が多い。二番をあげるならS.S.コロンビア・ダイニングルームだろうね。食べ放題のセイリングデイ・ブッフェは夏休みとか、紋日になると一番人気になったりするが、ふだんは四番人気のことが多い。レストラン櫻もときどきトップになるが、三番が多いかなあ、というところです。年間通しての明確な順位は付けられません。混雑日は、みんな開園30分以内になくなるので、1つに絞って走って予約したほうがいいですよ。できるなら前日までにインターネット予約がおすすめっす。

　さて、では、混んでる日にはどのレストランに入ればいいのか、そのおすすめランキングが右の上の表だ。シーには席数の多い店がたくさんあって、そこを狙うといいです。座

予約レストランの予約終了時刻と順位

	入場制限の日	混雑日	ふつうの日	空いてる日
リストランテ・ディ・カナレット	8:05	8:20	9:30	10:30
S.S.コロンビア・ダイニングルーム	8:20	8:25	9:25	11:15
セイリングデイ・ブッフェ	8:15	8:32	11:04	17:30
レストラン櫻	8:20	8:45	9:50	11:00
マゼランズ	9:05	14:00	20:45	20:45

って食べる店でのおすすめは上から5つ。ユカタン・ベースキャンプ・グリルは奥地にあって、すいてることが多い。ザンビーニ・ブラザーズ・リストランテは、隣にもパスタ店があるので、二階席が狙い目。ケープコッド・クックオフはショーの見られない左エリアがすいている。ミゲルズ・エルドラド・キャンティーナも奥地にあるメキシカンの店なんですいてます。メキシコ料理はそんなに求められてません。カスバ・フードコートはカリーの店で人気だけど、800席以上あるので、わりと何とかなります。以上が混雑してる日に「座って食事したいとき」に狙い目のお店です。ただいつも必ず空いている、というわけではないからね。日によって変動はあります。でもいちおう実測による平均を出しての結果なので、うまく利用してください。

　どの店が美味いですかと聞かれるのなら、やはり人気の高いお店です。選ぶなら、イタリアンのディ・カナレット、コース料理のマゼランズ、豪華客船レストランのS.S.コロンビア、この3つですね。値段も高い。ただ、グリルした牛肉だけはおれはまったく美味くおもえません。なぜかわからない。嗜好が偏ってるのかもしれないが、でも焼いた高い肉は勧めません。煮込んだ肉は美味い。レストラン櫻の天麩羅もやめたほうがいい。櫻は安いほうの定食が美味いです。食べ放題の店は、当然のことながら美味くも何ともありません。S.S.コロンビアの下と、マゼランズの上にあるラウンジはうまいです。あとブリーズウェイ・バイツのパイが大好き。

　最後に、おれが個人的に好きな店をあげておきましたが、いろんな店に何回も何回も入り続けて10年を超えると、もう、味じゃないですね。連れていった同行者が「うわー」と言う空間、そこで食事するのが楽しいです。ディズニーの食事とはそういうものです。S.S.コロンビアとマゼランズは特に空間の非日常性（ほかではない空間）なところがい

いですね。カナレットはイタリアンとしてわくわくできるくらいには美味い、バーナクル・ビルズは、夏の夕暮れ、外で飲むビールが美味いから、です。うん。夏のビールはいいよお。

混んでるときおすすめレストラン15

1	ユカタン・ベースキャンプ・グリル
2	ザンビーニ・ブラザーズ・リストランテ
3	ケープコッド・クックオフの左側
4	ミゲルズ・エルドラド・キャンティーナ
5	カスバ・フードコート
6	エクスペディション・イート
7	デランシー・ケータリング
8	リフレスコス
9	ニューヨーク・デリ
10	マゼランズ
11	テディ・ルーズヴェルト・ラウンジ
12	ノーチラスギャレー
13	サルタンズ・オアシス
14	ブリーズウェイ・バイツ
15	マゼランズ・ラウンジ

食事として美味しいところ

1	リストランテ・ディ・カナレット
2	マゼランズ
3	S.S.コロンビア・ダイニングルーム
4	レストラン櫻
5	テディ・ルーズヴェルト・ラウンジ
6	マゼランズ・ラウンジ
7	ブリーズウェイ・バイツ

イベント性の高い楽しいところ

1	ケープコッド・クックオフ（右側）
2	ホライズンベイ・レストラン（右側）
3	S.S.コロンビア・ダイニングルーム
4	マゼランズ

私の好きなレストラン

1	S.S.コロンビア・ダイニングルーム
2	リストランテ・ディ・カナレット
3	テディ・ルーズヴェルト・ラウンジ
4	マゼランズ
5	レストラン櫻
6	ザンビーニ・ブラザーズ・リストランテ
7	バーナクル・ビルズ

メディテレーニアンハーバー　レストラン7店

シー入ってすぐの食事処充実エリアで、ちゃんとしたレストラン5つに軽食店2つあります。

マゼランズ
マゼラン提督の

**テーブルサービス
着席して注文・予約可能**

コース料理の店。ランドも含めもっとも高級なレストランです。昼はコースでなくても大丈夫。豚肉のカツレツだけをつまみにビールを飲んだことあります。夜はコースだけです。金も時間もかかります。

コース料理は昼で3000円と3500円くらい、夜は5000円と6000円と8000円くらい（百円台切上げ）。めちゃ高い。入るときに「70分から90分かかりますが」と念を押される。食事に1時間以上かけられるかとの確認です。だからすいてることが多いです。

前菜と（サラダまたはスープと）肉か魚料理とデザートという簡単なコース。昼はスープのところがない。値段差は肉の差ですね。牛肉は高く、鶏肉だと安い。わかりやすい。

ワインは豊富に揃えてある。1本4000円くらい。「シュヴァリエ・モンラッシェ5万6000円」もメニューにあった。意味がわからない。グラスワインで900円ほど。

料理はうまいかというと、うまい。でも値段相応ではない。やや高い。しかたない。

おれはかなり好きなレストランです。店内の雰囲気がいい。重厚でありつつどこか楽しい感じがする。ゆっくりできます。ここでビール飲んでワイン飲んでゆっくり食事するのが好きです。絵もたくさん飾られていて、店員さんに由来を聞くと楽しいですよ。

コース料理は、ワインを飲まないで食べても意味がないとおもうので、飲まない人にはあまり勧められません。また昼に入って肉料理1品とビール2杯飲みたいなあ。早く夏にならないかなあ。

マゼランズ・ラウンジ
マゼラン提督の娯楽室

**テーブルサービス
着席して注文**

マゼランズの上にある。同じ店の1階と2階が分けられているというわけ。下が200席あるレストランで、こちらはそれを見下ろすように廻廊になってるバー。70席。

おれの理解では酒を飲むところです。

マゼランズを予約して、早めに着いたとき、あいていれば2階のラウンジに入って、ビールやワインを飲んで席があくまで待つ、ということができます。やったことあります。飲みさしのビールは下に運んでくれます。ウェイティングバーとして使うってことですね。

スイーツ盛り合わせと称して5つほどの甘いものを載せた皿が2000円足らずで用意されてることもある。お茶＆お菓子の店としての利用も可能だけど、高いです。

レストランが満席でも、ラウンジはあいてるってことが多い。すいてる店だとおもう。

料理は牛頬肉赤ワイン煮込みや、海老と帆立のマリネなどがある。下のレストランで出るものの一部が出されている。あくまでボリュームのあるつまみというレベル。食事処ではない。真夏の暑い盛りにビールを飲む場所だとおもう。ビール飲んで、ブランデーのソーダ割りも頼んじゃって、楽しいです。

花火が揚がると、音が聞こえるので、外に出ると、この店の正面に見える。5分間外でぼんやりと見て、また、店に戻ってくると「おかえりなさい」と言ってくれました。のんきにまわる日に、ないしはのんびりしたいときにいい店だとおもう。

RISTORANTE DI CANALETTO
リストランテ・ディ・カナレット
画家"カナル"の食堂

**テーブルサービス
着席して注文・予約可能**

　イタリアン3つのうち、もっとも高級店。パスター皿で1600円くらい。それにデザートとサラダがついて2500円。夜は、少なめパスタに肉料理ともろもろ3800円のコースもある。昔はもっといろんなメニューが用意されていたようにおもうが、地方客がメインだと、そんな都会的雰囲気はぶっとばされるんでしょう。地方の店ふう、わかりやすい品揃えになってます。

　でも、パスタは充実してる。東京のちょっとしたイタリアンでないと見かけない凝ったパスタが食べられます。「豚肉とポルチーニのタリアテッレ」とか「牛肉のリングイネ」とか、麺もソースも凝ってます。比べてピッツァはシーフードかソーセージかマルゲリータと、かなり大雑把。うまいけどね。凝ってない。そのへんがこの店の特徴です。

　ワインは3000円から8000円くらいまで揃えてる。スパークリングも三種ある。食後酒グラッパも用意してあってそのへんに意地を感じます。素敵なお店だよ。がんばり。

CAFE PORTOFINO
カフェ・ポルトフィーノ
港湾カフェ

**お盆を持って移動しつつ
料理を選ぶサービス**

　イタリアン中級の店。中途半端な店だとも言える。でもシー入口からもっとも近いので混む。駅前の店みたい。

　ここもイタリアンというよりはパスタの店ですね。パスタ1200円見当。スープと飲み物つけると1800円。ラザニアもあります。ラザニアはラザニアです。ラザニアってある年齢から飽きてしまうので熱く紹介できません。すまぬ。いちおう一品料理として、ロティサリーチキンとハム類があって、すごく"作り置き感"が出てますが、なにより生ビールがない（いつか出すかも知れんので要確認）。イタリア瓶ビールしかなく、ちょっと残念。

　料理に、かなり作り置き感が出る。最近、パスタはあとで出すようにしているので少し温かい。並んでまで食べるレベルの店じゃないとおもう。テラス席（屋外席）があり海上ショーが見えるが、見るなら店を出て見たほうがいい。

ZAMBINI BROTHERS' RISTORANTE
ザンビーニ・ブラザーズ・リストランテ
ザンビーニ三兄弟の食堂

**レジで金を払ってから奥の
カウンターで受け取る方式**

　イタリアンでもっとも下級の店。下級って言わないか。大衆的な店。広いし生ビールも出るので、おれはすごく使ってます。使い勝手がいいです。パスタは700円。ピッツァもだいたい700円。それなりの味です。上記二店と続けざまに食べ比べると、ああ、一番安い味だなとわかるが、ふつうそんなことしないとおもうんで、これで充分だとおもうサイゼリヤ。生ビールとつまみがあります。海老とゴボウのフリット（唐揚げ）とか、パスタをあげたやつ（パスタクリスプ）など、まさにビールにぴったりつまみが300円くらいで用意されていて、いや、ありがたいっす。客席が多いので、時間を少しずらせば、まず席があります。ちょっとビール飲むとか、軽くパスタを食べるとかでよく使います。ドリアもある。ここを知ってればカフェ・ポルトフィーノという中途半端な店を使わなくて済みます。知っておきましょう。もしくは秘密にしておきましょう。無理。

9章　ディズニーシーのレストランとショップ

185

MAMMA BISCOTTI'S BAKERY
マンマ・ビスコッティーズ・ベーカリー
ビスコッティー夫人の焼きたてパン屋

パンを自分でお盆に乗せて並んでレジで精算する方式

海前の広場に入ってすぐ、右の突き当たりにある店。シー入口からもっとも近い店である。だいたい開園からやっていて閉園時間まで開いてる。そこは便利。焼きたて風パン屋さんふうです（そんなに焼きたてではないとおもう）。街にあるベーカリーと一緒で、お盆とパンはさみを持って好きなパンを自分で取って、レジまで運んで精算する。

入ると正面にスイーツが置いてある。これは少し高い。そのあと左右に列が分かれてどっちに行ってもいい。いろんなパンが用意されてる。いまは少しは違うだろうけれど、かつて見かけたラインナップを紹介すると、ソーセージのクロワッサン250円、ベリーカスタードデニッシュ330円、チョコレートブリオッシュ190円、クルミとレーズンのブレッド170円、チョコチップとクルミの

バナナマフィン190円、スウィートポテトパイ250円、チャーシューのフォカッチャ270円。豊富だ。クロワッサンにデニッシュ、ブリオッシュにブレッド、マフィン、パイ、フォカッチャと、意地になってるようなバリエーションである。安い。ふつうのクロワッサンは190円くらいで、街のパン屋より安いくらいだ。飲み物が240円から300円くらい。ミルクは190円。

ただ座席は店内になく、店前の屋外にある。真冬や真夏はつらく、雨の日は座っていられない。安くて開店時間が長く、便利な店のはずだが、おれはあまり使ってません。たぶん席の問題と、あと、パンがそんなに好きじゃないからだね。ごめんね。パン好きは集まれ。パンがなければブリオッシュを食べればいいじゃないの。おまえはマリーか。

REFRESCOS
リフレスコス
スペイン風元気回復

カウンターで頼んで金払って食べ物を受け取る方式

火山の真下にある。レストランのマゼランズの向かいです。なんか秘密の店っぽくて見つけにくいところにある。

探険してまわるアトラクション「フォートレス・エクスプロレーション」の一部にある食べ物店だともいえます。「長々と議論してしまう探険家や冒険家たちが、移動しなくても軽食がとれるように中庭につくった店」とホームページにも紹介されている。「きみはベネズエラを奪いたまえ、おれはコロンビアを取るよ、うはは」とか大声で話すのはどうでしょう。はいはいはい。近づかないで。

売っているのは軽食。屋台っぽいです。チュロスとギョウザドッグとビールを売っている。座席も60席ある。でもなんか通りすがりのおばちゃんがいつも座っていて混んでるような気がする。でもまあ、生ビールや

ビアカクテルがさくっと買えるのはいいですね。この店は混雑日でもそんなに混んでないことが多く、ちょっとした穴場です。

でもまあ、売ってるのは軽食だけどね。

かつてはポークリブを売ってたのだけれど2014年の秋に売るのを止めた。ランドでも止めた（ペコスビル）。どうも「園内では骨付き肉塊は売らない」と2014年秋に決まったみたいだ。すんごく好きだったし、ビールに合うから、いまだに残念です。少々形を変えていいから復活してもらいたいんだけど、どうなるかわかりません。でもここでギョウザドッグを売ってるのはどう考えても変則で、一時的な処置に見えるから、再び別の何かが売られるとはおもう。刮目して待て。てほどじゃないか。カツサンドを食って待て。はい。よろしくお願いします。

アメリカンウォーターフロント　レストラン6店

もっとも充実エリア。座って食べる店6店のほか、食べ物屋台3店、甘味屋台3店ある。

S.S.COLUMBIA DINING ROOM
S.S.コロンビア・ダイニングルーム
蒸気船コロンビア号一等客室専用正餐食堂

テーブルサービス　着席して注文・予約可能

豪華客船S.S.コロンビア号の3階にあるレストラン。「一等客室専用」のレストランとなってるから二等や三等の客は入ってはダミですよ。贅沢そうな空間です。その雰囲気が最近の私のお気に入りです。10回以上入ってからすごく好きになった。そういう味わいのある空間です。

ただ海側の窓際の席に座ると、モノレールとその外の一般道が見えて、ちょっと幻滅する。陸側の席のほうが上席です。

コース料理は3000円から5000円くらい。単品でも頼めます。生ビールと魚のグリルだけなんてのがおれは好きですねえ。鶏や魚のグリルはふつうに美味い。2000円くらい。牛肉煮込みもすごく美味い。でも店が推してるのはローストビーフで、まあそれなりに美味い。けど高い。大盛だと4000円以上する。そこまでの味ではない。値段不相応。その金で叙々苑いったほうがいい。また、3000円ほどするサーロインステーキが、美味くも何ともない。おれの舌が変なのかと、繰り返し行って、ミディアム、ミディアムレア、レアと焼き方も変えて食べたけど、まったくだめでした。サーロインだけ繰り返し1万円以上食べたけど、堅くておれにはちょっと無理です。何なんだろう。残念です。

パンはおかわり自由です。無限パン。ワインはカリフォルニアワインが用意されてる。でもビールの合う料理ですね。一番搾り生ビールもいいけど、アメリカのエールビール"サミュエル・アダムス"があって、これは濃くて、おれは締めに飲むのが好きです。はい。

THE TEDDY ROOSEVELT LOUNGE
テディ・ルーズヴェルト・ラウンジ
26代セオドア"テディ"ルーズヴェルトのラウンジ

テーブルサービス　着席して注文

S.S.コロンビア号の2階にある。つまりダイニングルームの下の階の酒飲み処。ただマゼランズとそのラウンジと違い、入口は別だし、料理もまったく違うものを出している。ここはかなり徹底して酒飲み処です。

食事ぽいのはサンドイッチ。ハムサンドか海老フライサンド。1200円以上する。フライドポテトがたっぷりのってる。ふつうに腹はふくれるが、大学の重量級柔道部員だと足りません。そんな人連れてこないで。ハムのほうが圧倒的にお勧めです。あと、チキンとソーセージなどの盛り合わせもあるが、ビールかハイボールを飲まないでこれを食べて美味いだろうか、おれにははなはだ疑問です。お酒を飲まない人が、この店に並んで食事しようとするのは、かなりの間違いだとおもう。外でホットドッグ2つ買って食べたほうがいい。メニューにはカクテルが200種類以上載っていて、ちょっと笑ってしまいました。何を頑張ってるんだろう。圧倒的酒飲み処っす。

ちなみにテディ・ルーズヴェルトはいまでもアメリカで人気の高い26代大統領。日露戦争の講和仲介してくれた。テディは彼のあだ名。狩猟でクマにとどめをささなかった逸話から、クマのぬいぐるみをテディ・ベアと呼ぶようになったなど、アメリカ人が大好きな彼に関する逸話が前提で作られてる空間です。「セオドア・ルーズヴェルト」「テディ・ベア」情報をググってから入ると楽しい。セオドアのほう。フランクリンじゃないからね。

SAILING DAY BUFFET
セイリングデイ・ブッフェ
出航の日の食べ放題処

バフェテリアサービス　着席して注文・予約可能

　食べ放題の店。大人約3000円。「コロンビア号出航の日パーティにようこそ！」と迎えられる。ソフトドリンクは料金の内に入ってるが、ビールなどの酒類は別料金です。

　この店も「ローストビーフ」を売り物にしている。これだけはその場で係の人に切ってもらう。別格扱いである。でもおれはロースト派ではないので、有難味がわからない。肉だなあとおもって食べるばかりです。

　料理コーナーは4つに分かれている。まずサラダ・スープのコーナー。おれはサラダを進んで食べる習慣がないので、コーナー自体の意味がわかりません。でもこういうのを喜ぶ女性が多いのはわかる。その強制から逃げて生きるばかりです。男子はみんな逃げろ。

　あとは子供料理コーナーと大人料理コーナーとデザートコーナー。子供料理コーナーはフライドチキン＆ポテト、カレーライス、ミッキー型ボローニャソーセージ、海老フライなど。大人料理はチキンクレオール、ポークソテーのピクルスソース、赤魚の唐揚げのチリソースかけ、塩やきそば、春巻きなど。色味が地味。美しくない。この分け方ではおれは子供コーナーもので充分です。子供コーナーものでビールぐびぐびが正しい。

　この店でもっとも感心するのはデザートだ。小さめのケーキ類が10種用意されていて嬉しい。しかも「ソフトクリームマシーン」まである。マシーンを自分で操作する。ソフトクリーム盛り放題だ。めちゃ興奮する。これだけで1000円払っていいよ。うん。早い話が、ソーセージと海老フライとソフトクリーム食べ放題ってところがおれはとても嬉しいってことです。子供か。子供だなあ。

RESTAURANT SAKURA
レストラン櫻
日系アメリカ人経営の櫻食堂

テーブルサービス　着席して注文・予約可能

　日系アメリカ人が経営してるという設定の日本食のレストラン。クラムチャウダーに味噌をいれた変なものが用意されてたりする。要らぬ。魚市場だった建物を改装したらしい。そこそこ値段の定食店だ。ざっくり紹介すると、「うどん定食」「鶏照焼き定食」1800円、「煮魚か焼魚定食」1900円、「天麩羅定食」「豚カツ定食」「ちらし寿司」2000円、「ステーキ重」2500円。ご飯、小鉢、味噌汁、漬け物が、だいたい、ついてる。

　安いほうを奨めます。鶏の照焼きか、魚定食がいい。定食ってのは私が勝手に付けてる呼び名。魚肉や鶏肉はしっかりした濃い味付けになっていて、ご飯が進みます。少々取り置いてあっても味の印象は変わりません。

　「作ってからずいぶん時間が経っている総菜感」がこのお店の問題なんだな。うどんは夏に食べたら麺が稲庭うどんのように細く、冷たいうどんだったから、美味かった。

　天麩羅は奇妙に生温かく、豚カツも揚げて時間が経っている。スーパーに置いてある冷めた総菜を私は大好きですが、でも2000円する定食の主菜が冷たいのは哀しい。避けたい食べ物です。大学生を連れていくとそういうのを気にしてないらしく、ひたすらうまいうまいと食べてます。個人差があるので各自判断してください。ステーキ重の感想は「うまい、でも2500円は高い」ですべてです。津つ井じゃないんだからこの値段は高すぎ。前菜には豚角煮や串揚げがあって、ビールに合う。デザートが和菓子で嬉しい。酒は長野産のワイン、日本酒、焼酎、梅酒がある。日本酒があるのがおれはとても嬉しい。カラフェで出すとこも含めて日本酒が好きです。

CAPE COD COOK-OFF
ケープコッド・クックオフ
タラの岬の「料理大会」の店

レジで金を払ってカウンターで料理を受け取る方式

　ハンバーガーのお店。カウンターから左の座席はただハンバーガーを食べるところ。右は「マイ・フレンド・ダッフィー」のショーが見られる。こっちは混みます。食事とショー鑑賞が同時にやっつけられるので便利です。アルコール類は扱ってない。酔っ払いにダッフィーは見せられないってことらしい。残念。「村人が集まって料理の一番を決める料理大会"クックオフ"の日」という設定になっている。一等にはブルーリボンが付いている。それがたぶんスペシャル料理ですね。基本のハンバーガーは4つ。ハンバーガー320円、チーズバーガー350円、チキン竜田バーガー400円、フィッシュバーガー380円。プラス410円でポテトと飲み物が付く。

　ハンバーガー320円というのはディズニー内だからすごく安い。安いものの味をどうこう言ってもしかたない。そういう味です。もう何十回も食べてるけど、何の印象も残ってない。申し訳ない。ただ、個人的な好みとしては、フィッシュバーガーは、タラのフライらしいが、なんかすごく魚フライ感が出ていてちょっと苦手です。バーガーにはさまったフライに、おれはあまり魚性を求めてないんでね。あくまで個人的な嗜好です。チキン竜田は、ひと口めはおお、うまい、とおもうんだけど、食べ進めるとその気持ちが消えて行くのが不思議です。まあ、すごく安く食事を済ませられる店だってことでお願いします。

　サイドメニューはスープにサラダにポテトにナゲット。デザートにはダッフィー型のハッピーフレンズがあって、ショーを見るとき、お茶でこのお菓子を食べるというのはすごく和みます。幸せです。よろしく。

NEW YORK DELI
ニューヨーク・デリ
新ヨーク市のお総菜店

レジで金を払ってカウンターで料理を受け取る方式

　入口にわりと近いところにあるサンドイッチのお店。ビールも売ってるので、入口近くでビール欲しいときはここへ駆け込むのが吉。

　かなり広い店だけど、でも人の多いエリアにあって、比較的リーズナブルなので、混みます。そこが少し難点。

　レギュラーのサンドは4つ。ローストビーフ＆チキンの「マイルハイ・デリ・サンド」920円、「ハーブチキン・チャパタサンド」700円、海老と鮭の「シュリンプ＆サーモントラウト・ベーグルサンド」640円、コンビーフとチーズの「ルーベン・ホットサンド」770円。なかで、おれは圧倒的にルーベン・ホットサンドが好きです。ここではもうこれしか頼まない。めっちゃ好き。東京中のサンドイッチの中で一番好きなくらい。何といってもあったかいからね。ほかの3つは冷たいもん。それとバンズ（パン）の主張が強くない。だから好きです。残り3つはパンの主張が強くておれはそこが残念です。パンの主張が強いほうが好きな人もいるんでしょうね。そのへんは各自判断してください。

　マイルハイは1マイルの高さのサンドイッチということらしい。それを半分に切ったらいきなり10cmくらいに縮んだのでそれを売ってくれてます。このパンはちょっとぱさぱさっとした感じ。具材はめちゃうまい。値段も高くて920円。残り2つのチャパタとベーグルは、パンの主張がものすごく強い。パンの味7に対して具材3くらいしか感じられず、おれはちょっと得じゃないです。あとはスイーツが充実してます。店内は、総菜店、紳士服店、写真館を改造して作った店っていう設定になってるので確認しよう。

ポートディスカバリー　レストラン1店

レストランは1つしかない。あとはスナック類を売る屋台的な店が2つだけ。

HORIZON BAY RESTAURANT
ホライズンベイ・レストラン
水平線湾の食堂

お盆を持って移動しつつ料理を選ぶサービス

ポートディスカバリー内で唯一、座って食事のできるところ。入って左がふつうのレストラン。右が「キャラクターダイニング」になってる。こっちは座席にミッキー&ミニー&飼い犬がやってきてくれて一緒に写真が撮れます。しばらくいるなら2回撮れます。「しっかり食事ができてミッキーと一緒に写真を撮れる」のはとてもいいとおもうよ。大人3020円、子供1730円。キャラサイドは

酒類は出ません。料理は作り置きをカウンター越しに受け取っていく方式。グリルドビーフ、ビーフシチュー、サーモンと海老から選ぶ。左サイドでは、それにポークカツ、海老フライ、チキンソテーなどが加わる。シチューが作り置きが最も気にならない。グリルが一番、哀しい。肉が固いです。あまり味に期待しないでください。座って食事ができるだけでありがたい、という空間です。はい。

ロストリバーデルタ　レストラン2店

レストランは2つ。あとはスナック軽食屋台が2つとスイーツ屋台が1つ。

MIGUEL'S EL DORADO CANTINA
ミゲルズ・エルドラド・キャンティーナ
マイケルの黄金郷の酒場

レジで金を払ってカウンターで料理を受け取る方式

メキシコ料理の店。インディ・ジョーンズの川を隔てた向かいにある。広い。メキシコのコロナビールがあって、嬉しい。タコスとトルティーヤがある。トルティーヤは2枚で800円、タコスは610円です。あとはメキシカンライスと具材の載ったメキシカンプレートもある。この、メキシカンライスが、色はケチャップ色なんだけど、味がほとんどしない。おれの舌がおかしいのかとおもったけ

ど、なんか味がしないですね。ちょっと哀しい。トルティーヤホットサンドは、そのメキシカンライスに牛肉または海老をまぜたものを薄皮でくるんである。味があまりしない。タコスは野菜と肉を薄皮で巻いたメキシコふうサンドイッチ。こっちをすすめます。タコス&コロナビールがメキシコの真髄でしょう。コロナの口に刺さってるライムは中に落として飲みます。齧ってもいいけどね。

YUCATAN BASE CAMP GRILL
ユカタン・ベースキャンプ・グリル
ユカタン野営本部の焼肉部

レジで金を払ってカウンターで料理を受け取る方式

インディ・ジョーンズとレイジングスピリッツのあいだにある。入口手前で左右を見渡すと発掘中の遺跡が見られます。発掘現場での料理なのでざっくりしてます。赤いライスの上に肉の塊と野菜をのっけて1皿で出てくる。肉は豚肉、鶏肉、魚肉。すべてスモークされてる。あとスモークハンバーグが用意さ

れてることも多い。どの肉もけっこう分厚い。一種の丼ものみたいな料理です。豪快です。野営地らしい。肉をがっつり食べるお店ですね。肉の味は、まあ、ふつうです。めちゃ美味いわけではないが、怒るほどまずくもない。ミゲルズが軽めで、こっちはたっぷり食事の店だとおもう。お酒もあります。

アラビアンコースト　レストラン2店

食べ処は2つあります。カリーと中華まんの店。あとはチュロス屋台1店。

CASBAH FOOD COURT
カスバ・フードコート
アラブ砦の食べ物中庭

レジで金を払って
カウンターで料理を受け取る方式

チキンとビーフと海老の三種類のカリーがある。それぞれ、ライスもナンもついている。三つが少しずつの三種のカリーは1020円。ビーフ単品カリーも1000円近くする。なぜかビールがない。アルコール類は売られていない。ポークカリーがないということもふくめて、いきなりイスラム圏ぽい。なんでしょうね。カリーは、香りと、そして見た目がすごくうまそうです。でも食べると、いつも残念な気分になる。何というか、味がぼんやりしている。これがライスにすでにぶっかけてあればがつがつ食うんだけど（そういうものです）、ルーが分けられてるので、味わおうとして、毎回、裏切られる。残念です。多くの人にぼんやりとは受けるのかもしれない。でも、おれはもういいです。三つのなかだとまだチキンが少しシャープさがあるので、どうしてもというのならチキンだね。

SULTAN'S OASIS
サルタンズ・オアシス
アラブ王の水の湧く場所

カウンターで頼んで金払って
食べ物を受け取る方式

ジャスミンの父王の名前がサルタン。そのオアシス。座席はあるが、あまりしっかりしたものを食べられるところではない。「チキンクリームまん」を売ってる。「チキンクリームシチュー」の中華まんです。なんか美味そうでしょう。美味いです。おすすめ。でも商品名は「チャンドゥテール（チキンクリーム）」410円となっていてわかりにくい。チャンドゥは、シンドバッドの乗り物に出てくる小さい虎。その尾の形をしている中華まん。色もオレンジと茶のまだらで、あきらかに食べたら危険な色です。どうかとおもう。でも食べると美味い。冬はあったかくて嬉しい。

メイプルクリームボールもある。ベビーカステラみたいなやつです。ソフトクリームをのっけてくれるのもある。そういうお店。

マーメイドラグーン　レストラン1店

海底エリアにそこそこ広いレストラン1つあって、それで全部です。

SEBASTIAN'S CALYPSO KITCHEN
セバスチャンのカリプソキッチン
セバスチャンのカリブ音楽のキッチン

レジで金を払って
奥のカウンターで料理を受け取る方式

アリエルの監視役カニのセバスチャンの店。カウンターの左にも右にもかなり広めの座席が用意されている。お子さま向けエリアのお子さま向けのレストランです。だから酒は売ってない。シーフードかソーセージのピザが700円。これは直径20cmくらいの小さめのピザが丸々一枚出ます。味はまあふつうだねえ。おれはソーセージのほうが好き。シーフードはぼんやりした味になってる。あとはホタテクリームコロッケサンドがあって、これはサンドというよりコロッケバーガー、550円。このコロッケサンドは美味い。おれは好きです。パンの部分がホタテ貝の形になってる。楽しいです。座席は奥行きが深く、手前で満席に見えても奥はけっこう空いてたりするので、よく探しましょう。

ミステリアスアイランド　レストラン2店

レストランは2店、ただし1店は半野外で寒い。もう1つギョウザドッグの屋台がある。

VULCANIA RESTAURANT
ヴォルケイニア・レストラン
秘密基地ヴォルケイニア島の食堂

海底2万マイルの隣の洞窟をくり抜いたように作られているレストラン。中は薄暗い。

あらためて全レストランチェックをすると、この「バフェテリア」方式のレストランはただ哀しいだけだなあ、とじっと指を見つめたくなります。ネモ船長秘密基地のレストランで、火山の地熱を利用した中華料理店です。中華料理の基本は「強い火を使う」だとおもうんだけど、それを地熱で料理したら、はい、こんな味になってしまいました。う〜ぬ。

中華料理店だけどラーメンはない。あるのは五目あんかけ焼きそば。それからチャーハンがある。卵とチャーシューのチャーハン。つまり「ふつうの」チャーハンってことです。卵を使わずチャーハン作るのってかなり珍奇ですからね。どちらも980円です。このど

お盆を持って移動しつつ料理を選ぶサービス

っちかを頼むの楽ですね。単品料理は、エビチリソース、麻婆豆腐、鶏の唐揚げ、白身魚のフライなど。すべて980円。値段統一されてます。でもライスを付けないと食事になりにくいのでプラス210円かかりますね。セット料理は、焼きそばに料理一品ついて1700円くらいする。いや、おれはいいです。

熱々ではない中華が食べられる。6月から8月夏季限定で冷やし中華が出ますが、これは火を使わないから、街中で食べる冷やし中華と同レベルのものが食べられます。つまり、うまいです。夏にビール＆冷やし中華というのが、この店の正解ですね。それ以外はおれは少し哀しくなります。でも、熱さを気にしないなら、素材はちゃんとしてるんで、大丈夫です。各自判断してください。ラジャー。

NAUTILUS GALLEY
ノーチラスギャレー
潜水艦ノーチラス号料理室

潜水艦ノーチラス号のすぐ脇にあるお店。ギョウザドッグのほうに曲がらず、その先の岩壁にわかりにくく入口がある。そこから薄暗い階段を下りないといけない。秘密基地ぽい。海に面していて、そっちには壁がないので、冬は寒いです。半野外の店。

売っているものはビールとターキーレッグとギョウザです。冬はホットワインも売ってる。ビール飲みつつちょっと休みましょうかという気分に適した場所。きちんと食事したいってときに利用するところではない。ま、ギョウザを33コも食えば腹いっぱいになるだろうけど、やめたほうがいいよそれは。

「焼きギョウザ」は3個380円で、焼きギョウザと明記してるわりに、まったく「焼き」

カウンターで頼んで金払って食べ物を受け取る方式

感がない。「ずいぶん前に焼いたものを、何となく温めてました」というギョウザが出ます。すげえ平たいギョウザで、棒ギョウザというのか板ギョウザって呼べばいいのか、そういう形です。窓口でお金を払ったらすぐ出てくるから「焼いてあったお土産用ギョウザを買う」のだと考えてください。それをそのまま食べるのは独身者のわびしい夕食ぽくて、哀しいです。しかも1個100円以上する。やはりここはターキー700円を食べるのが正解だ。ランドの蒸気船前で売ってるのと同じなので、これは間違いないです。

とはいえ、結局この2つしかないので、入るとギョウザも頼んでしまうんだよね。頼んで哀しい気分になっています。はい。

TDSビール飲める店・飲めない店

ランドでは酒類は売られてませんが、シーでは酒が飲めます。むかしは、買った店内だけで飲むようにと規制されてたけれど、いまは外に持ち歩いて飲んで大丈夫です。

ただ、どの店でも売ってるわけではない。東京では、コンビニで売ってますが、シーではそういうわけにはいかない。考えてみるとコンビニさえ見つければ24時間酒が買えるというのは、ちょっとすごいことだな。

ちゃんと座って食べるレストランは飲めます。早い話が、料金の高い店は飲める。安い店は飲めない。例外もあります。

予約できる「テーブルサービスの店」では飲めます。お盆に料理を乗せてずれていく店（バフェテリアサービス）も飲める。ただ、ホライズンベイの右側、ミッキーたちに会えるキャラクターダイニングでは出ません。

カウンターサービスの、レジが前に出てるところも、ビールを出してるところが多い。でも出してないところもある。

出してないところはまず、ダッフィーのショーが見られるケープコッド・クックオフ。子供向けのショーだからね。次いで子供エリア内のセバスチャンのカリプソキッチン。子供エリアだからでしょうね。もう1つはカリー店のカスバ・フードコート。これはカリー店だからって、いや違います。街のカレー店にはビールありますからね。理由は不明。

この3店が酒類を売ってない店。

逆にあまり売ってるレベルではない店で売ってるのは2つ。通りすがりに気楽に買える店ってことになります。ひとつは火山の真下にあるリフレスコス。もう1つは豪華客船の前にあるバーナクル・ビルズ。

それからレストラン櫻と、ホライズンベイ・レストランの2つの店は、夏は屋外席、つまりテラス席では生ビールを販売するようになった。これは嬉しいですね。

表を見ると、アラビアエリアとマーメイドエリア、その2エリアはどこでも酒類を売ってないことがわかる。この2つが「シーの中の子供エリア」ということなんでしょうね。

TDS ビール飲める店・飲めない店

メディテレーニアンハーバー	
マゼランズ	○
マゼランズ・ラウンジ	○
リストランテ・ディ・カナレット	○
カフェ・ポルトフィーノ	○
ザンビーニ・ブラザーズ・リストランテ	○
♡リフレスコス	○
マンマ・ビスコッティーズ・ベーカリー	×
ゴンドリエ・スナック	×

アメリカンウォーターフロント	
S.S.コロンビア・ダイニングルーム	○
テディ・ルーズヴェルト・ラウンジ	○
レストラン櫻	○
セイリングデイ・ブッフェ	○
ニューヨーク・デリ	○
♡バーナクル・ビルズ	○
▼ケープコッド・クックオフ	×
デランシー・ケータリング	×
リバティ・ランディング・ダイナー	×
ケープコッド・コンフェクション	×
ハイタイド・トリート	×
パパダキス・フレッシュフルーツ	×

ポートディスカバリー	
ホライズンベイ・レストラン	◐
シーサイドスナック	×
ブリーズウェイ・バイツ	×

ロストリバーデルタ	
ミゲルズ・エルドラド・キャンティーナ	○
ユカタン・ベースキャンプ・グリル	○
ロストリバークックハウス	×
エクスペディション・イート	×
トロピック・アルズ	×

アラビアンコースト	
▼カスバ・フードコート	×
サルタンズ・オアシス	×
オープンセサミ	×

マーメイドラグーン	
▼セバスチャンのカリプソキッチン	×

ミステリアスアイランド	
ヴォルケイニア・レストラン	○
ノーチラスギャレー	○
リフレッシュメント・ステーション	×

♡はビール飲むのにおススメ、▼は食べ処だが酒なし、◐は一部で飲める。

そのほかの細かい屋台解説

ゴンドリエ・スナック	「ゴンドラ船頭さんの軽食堂」。メディテレーニアンハーバー。入口から入ってアメリカエリアへ向かうとき緩やかな坂を登っていくことになるが、その坂に登らない左にある。もともとゴンドリエたちがコーヒーを飲んだり弁当を分けたりする休憩所だったところを改装したらしい。ジェラートと飲み物の店。ジェラートの味はバニラ、チョコ、キャラメル、ストロベリー、ティラミス、巨峰、ブラッドオレンジ、ブルーベリーヨーグルトが用意されてる。時季限定ものも加わる。いちおう猫のジェラトーニはこのへんの出身のようでジェラトーニものを売ってたりします。座席も用意されてますが半野外です。夏は人気ですが、冬は寒いよ。見てるだけで寒いです。
ケープコッド・コンフェクション	「タラ岬の砂糖菓子」。アメリカンウォーターフロントのケープコッドエリア。新しい店です。わかりにくい。レストランのケープコッド・クックオフ左側の外壁に窓口が作られ、そこでスイーツを売っている。村の消防団が作った自慢のスイーツだそうです。売っている自慢のものは「ハッピーフレンズ」、400円少々する。ダッフィーとシェリーメイをかたどった洋風まんじゅうです。冷たい鯛焼きというか、もちもちっとしたスイーツ。何というのかわからん。語彙が少なくてすまぬ。隣のレストランのクックオフでも売ってる。こちらは通りすがりの人のための窓口販売所です。なんかものすごく甘いです。甘いもの大好きな人にはたまらん味。ビールには合いません。
デランシー・ケータリング	「デランシーの仕出し店」。アメリカンウォーターフロントNYエリア。エレクトリックレールウェイの高架下にあるホットドッグの店。駅前店。ホットドッグは英字新聞に包まれて出される。「欧米か」と突っ込みたくなるけど、欧米です。米のほうです。ミッキー漫画なんかも載ってる英字新聞です。ホットドッグ400円くらい。これ1品しか売ってないので、少々行列できていてもすぐ買えます。あとペットボトル飲料も売ってますけどね。こういう単品店は混雑日には便利です。ホットドッグだから軽い食事代わりになるんで、けっこうおれは買ってますね。自分でケチャップ＆マスタードを塗る。逆に持つと顔にかかるので注意。いや、そういうこともあるのよ。
ハイタイド・トリート	「高潮あとのお菓子」。アメリカンウォーターフロント。わかりにくいところにある。火山の左脇を通って、ポートディスカバリーへ下りていく坂の途中にある。まわりには何もない。ぽつーんとある。大昔、ここが高潮＝ハイタイドに見舞われたときにできた窪地に立ってるんで、こういう名前らしい。高潮に襲われたんだねぇ。高潮って、場合によってはものすごく被害を与えるんで、のんきそうなネーミングだけど、気をつけてくださいよ。ここでは、クリームチーズブラウニーを売っている。濃い味のケーキ。300円少々のお値段で、やや小ぶり。ハッピーフレンズも売っていた。冷たいダッフィーもちもちスイーツ。他のスイーツ売ってることもある也。
バーナクル・ビルズ	「フジツボの勘定書」。アメリカンウォーターフロント。バーナクル・ビルズとは、船乗りの敬称、らしい。「誇り高く勇敢な船乗り」をそう呼んだと、HPに書いてある。豪華客船コロンビア号の前の漁船用船着き場にあるお店。もともとはビールを飲むための施設です（開園当初は尖ったパンを売ってたけど）。海に突き出した桟橋でビールを飲めます。バドワイザーの生ビールを売っています。ソフトドリンクもありますが、まあ、ビール売り場です。夏はビアカクテル、冬はホットワインもある。そして、骨付きソーセージを売っていて、これが、何ともうまいんだなぁ。なんでだろう。すごくうまく感じる。野外でビール＆ソーセージというのがいいんでしょうね。幸せだ。
パパダキス・フレッシュフルーツ	「パパダキス家の新鮮果実」。アメリカンウォーターフロント。タートル・トーク入口そばにあるワゴン。食べ放題のお店セイリングデイ・ブッフェの前にあるとも言えます。ギリシャからの移民パパダキス一家が栽培したフルーツを売っている、という設定だそうです。だれっすかパパダキスさんって。ママダキスもいるのかしら。ランドのジャングルエリアでフルーツ売ってる店の真似っぽいともおもう。売ってるものも同じです。カップに入ったカットフルーツ。ジャングルだとフルーツがうまそうだけど、ここで売ってるのはさほどそうない。だからいつも眺めるばかりです。冬は温かい飲み物も売っています。パパさんがんばれ。ダキスさんもな。
リバティ・ランディング・ダイナー	「自由な陸揚げ食堂」。アメリカンウォーターフロント。レストラン櫻の脇にある店。船エンジン修理工場の奥さんが始めた店だそうです。以前売っていたちらし寿司や寿司ロールも最近、見なくなった。いまあるのは「ポークライスロール」。豚肉ライス巻きです。おにぎりっぽいけど、おにぎりではない。中の米がぎゅうぎゅうに潰されている。最初食ったとき、なんじゃこりゃ、と言ってしまった。おにぎり真似っぽいというてもダメだろ、とおもったけど、おにぎりとは書かれてない。ライスロール。だから、おれはこれはちまきだとおもっている。ちまきに豚肉を巻いたもの。うまいけど、なんか、ちょっと残念な食感です。はい。ちらし寿司復活希望。
レストラン櫻のテラス	アメリカンウォーターフロントのレストラン櫻にはテラス席がある。半野外の席ですね。外だけど屋根はあります。冷暖房外は効いてません。夏はここに「ビール売り場」ができる。冬はなくなってました。夏の復活を希望します。以前はビールとフローズン生ビールでした、あと、鶏肉も売っていた。「あられ照り焼きチキンレッグ」480円くらいでした。ぶぶあられがついてるチキンです。ただ焼いてなくて、煮込んでました。ちょっと歯ごたえがなくて残念だ。店に沿ったテラス席はそう多くないけど、奥の海側にいっぱい席があります。屋根はついてないですけどね。ビール売り場だけど、チキンだけを買うために女子高校生が並んでたりします。今年もあるといいな。

194

シーサイド スナック	「海辺のスナック」。ポートディスカバリー。アメリカ地区の端に灯台があって、すぐその先にある。この店からポートディスカバリーエリアになる。地面の色が変わります。気象コントロールセンターの実験成功フェスティバルのおりに作られた屋台だそうだ。設定の意味がまったくわかりません。売っているのは「うきわまん（エビ）」です。メニューにかっこエビと書いてある。エビ味肉まんです。浮き輪の形、つまりドーナツ型で、白地にピンクが入っていて救命浮き輪っぽいデザインです。かわいい。ピンク部分はハムかと期待してしまうが、色がついているだけです。皮です。けっこう熱い。シーの肉まんはみんな温かいとおもう。このエビ味肉まんはおれは好きです。
ブリーズウェイ・バイツ	「そよ風の通り道の軽食」。ポートディスカバリー。電車駅の前にある。ないしは、センター・オブ・ジ・アース前からポートディスカバリーに出てきてすぐ右。パイを売っている。甘いのと、甘くないの。甘いのが「アプリコットメイプルシロップ」。甘くないのが「人生なめんなよ」パイ。違います。ミートパイです。人生なめていいです。300円少々。税が上がると値も上がるよ。飲み物も売ってる。おれは、このパイが大好きです。シー1好き。特にミートパイのほう。メイプルのパイもうまいが、ミートパイ、最高だぜ。パイ生地がさくさくで、食べるとぼろぼろこぼしてしまう。でもこぼした屑を鳥に食べられないよう蹴散らしてます。人生もパイも甘くないのだ。
ホライズンベイ・レストラン外	ポートディスカバリーのホライズンベイ・レストラン、その野外に作られた店。2014年春オープン。夏は、ビールを売っていた。一緒につまみセットも売っていた。このエリア唯一のトイレ入り口の脇だからトイレに行く人がけっこう気が付きます。夏の午後に、ここで一杯飲もうかな、と行ったら、買うには並ばないけど、テラス席は満席で、近くのベンチでビール＆揚げ物つまみを食べました。知られてない店のはずだけど混むときは混みます。目につく店ってことでしょうね。ここは冬になっても営業していたけれど、冬はビールは売ってなかった。チュロスとあたたかい飲み物を売ってた。気温4℃の野外では生ビール売らないんだね。まあそうか。おれも買わないし。
エクスペディション・イート	「探険隊の食べ物」。ロストリバーデルタ。インディ・ジョーンズ・アドベンチャーのファストパス発券機の前にある。「探険隊が捨てていったトラックを現地人が改造して作ったお店」という設定です。探険隊がやってるのではない。このひとひねりは何なんでしょう。ユカタンソーセージドッグを売っています。ホットドッグです。ただパンはフランスパンぽく、中をくり抜いてソーセージが差してある。パンはソーセージを直接持たないための取っ手にも見えます。食べられる取っ手。フランスパンにしっかりしたソーセージというのは少し珍しく、おすすめです。おれはソーセージがやたら好きってのもあります。400円少々。前を通るとつい買ってしまいます豚。
トロピック・アルズ	「おしゃべりトゥーカン鳥の店」。ロストリバーデルタ。ここにはむかし“トロピック・アル”と呼ばれたお喋りなトゥーカン鳥が棲んでいたそうです。いまはどこかに飛んでいった。その木の下にできた店なので、その、いなくなった鳥を懐かしんで「トロピック・アルの」と名付けたらしいです。まじ、意味わかりません。どうでもいいです。いろんなスイーツを売ってたけど、このところランドでも人気の“ティポトルタ”を売ってます。夏はクールティポトルタ。クールポコみたいな名前だな。マーメイドラグーンのフランダーのコースター脇にある店なので、コースターが登ってくるのがよく見えます。座席が用意されているのが不思議だけど有り難い。
ロストリバー クックハウス	「失われていた川の料理小屋」。ロストリバーデルタ。レイジングスピリッツが新設されたとき同時にその脇にできたお店。発掘道具を入れておく小屋だったが、あまり使われないので料理小屋になった、とのこと。ロストリバーってあるとき突然現れた川のことで、つまりそれまで失われていた川って意味なんだな。チキンレッグを430円くらいで売っていて、ものすごい人気です。よく100人以上並んでる。でも処理が早いので100人並んでいても、そんなに待ちません。夏はタピオカ入りマンゴードリンクも売ってたりする。チキンレッグは、スパイシーで、きちんとうまいです。人気なのは仕方ない。並んでる人が少ないと必ず買ってしまうという罪なお店です。
オープンセサミ	「開けゴマ」。アラビアンコースト。シンドバッドの近くにあるお店。ここんところ何年もチュロスの店になってしまってます。シナモンのチュロスだったが、最近、ゴマ＝セサミを使ったスイーツを売ってたけれど、最近、あきらめてます。残念です。店名の由来は「キャラバン隊が落としていった箱に“開けゴマ”と冗談で声をかけたら、ひとつが開いたので、その中の材料で作ったスナックを売ってる店」だそうです。開いたのはたまたま風が吹いたから、らしい。いやあ、まじ、どうでもいいっすね。開いた箱にゴマは入っていたのでしょうね。不思議なスイーツよりも、チュロスのほうが確実に売れるってことを教えてくれる店。でもゴマ団子、また食いたい。
リフレッシュメント・ステーション	「元気回復の港」。ミステリアスアイランド。ご存知、ギョウザドッグ専門店。シー開園以来ギョウザドッグひと筋に売り続けてずっと人気。たいしたものだ。いつも長い行列ができますが、売っているのはギョウザドッグ1品、あとは飲み物だけです。回転は早いです。1組の処理に30秒はかかってないとおもう。早いと1分で4、5人処理するわけで、どんどん進みます。ギョウザドッグはだから細長い肉まんです。ギョウザが入ってる感じはしない。でもネーミングと形状の勝利です。シーに来るとギョウザドッグは食べて帰らないと、という気分にさせられる。大阪のたこ焼きくらいの力は持ってきました。名物です。名物だけどうまい。食っていきましょう。はい。

195

シーのポップコーン状況

　シーのポップコーンは2013年に1つ増えて10カ所で売っている。ただ、シーではランドほどポップコーンが求められていないとおもう。ポップコーン待ち列を何度か数えていて、そう痛感した。明治末期のニューヨークや、イタリアの田舎、ネモ船長の秘密基地など、そういう風景はあまり「甘いものをむさぼりたい」という食欲を喚起しないみたい。おもちゃ箱をひっくり返したようなランド世界では甘い匂いがするととても食べたいとおもうけど、漁港で甘い匂いしても、べつだん食べたくならない（シーには数々の漁港がある）。シーにディズニーキャラを入れて雰囲気を変えていこうというのは、つまり、ポップコーンの売れる空間にしたい、ということでもあるのだろう（結果としてね）。

　またシーではソルト、カレー、ブラックペッパーという、さほど甘くないものを売っていて、そこそこ人気である。ハラペーニョ＆チーズも復活した。やはりビールを売ってるから、つまみになる味が多く、そこそこ人気があるようです。子供向けではないですね。

　定番のキャラメルが3カ所①⑥⑨、あとダッフィーの味ということで（なんでかわからないが）ミルクティー味がケープコッド④で売られています。

　またポートディスカバリー⑤ではかつてストロベリー味、そのあとホワイトチョコレート味が売られている。ここは何だか、いつも人がいません。見ていて哀しい。

　シーでのポップコーン情報って必要なのだろうか、とおもってしまうぐらい、だいたい空いてます。

　ザンビーニレストラン脇階段上がって左の店⑨も、かつて季節変わり味を売っていて誰もいなかったが、2015年に「ヴィア・デッレ・ヴィティ」と名前が付けられ、キャラメルを扱うようになった。少し人がいます。

　比較的混んでる店の1つは、カレー味。マーメイドラグーンとをつないでる橋のたもとで売ってる⑧。ここはちょっと並びます。アメリカンウォーターフロントの豪華客船前、このエリアでは船に向かって右（海側）②で黒ペッパー味、左（公園側）③でハラペーニョ＆チーズ味を売っていて、そんなすぐ近くに店を置くことないだろうとおもうんだけど、2店ある。どっちもビールのつまみにぴったり。バーナクル・ビルズでビールを飲みながら、食べるのがよいと思うぞ。ビア。

　もう1つは2013年秋に出来た店、アリエルのグリーティング洞窟の手前にある店⑩。以前はここお菓子を売ってましたが、ポップコーン店に転身、キャラメル味を売って成功しました。おめでとう。その後、カプチーノ味になってます。これはまた変わるでしょう。

　そう言われれば、ランドほどシーではポップコーンがばらまかれてる（落として散乱させる）シーンを見かけない気がします。

　キャラメル味はリドアイル前①にあって、ここもそこそこ混みます。

　フランダーのコースター前⑦では昔からソルト味を売っていて、ここもまあまあ人気。かつてはシーソルトと称していたけど、いつのまにか、ただのソルトになった。山の塩を使いだしたのかもしれんぞ。どっちでもいいです。

　ダッフィーのミルクティー味も、出たときは大人気だったけど、味そのものでその人気を支えられなかったみたいで、いまはあまり並びません。

　シーではポップコーンのことはとりあえず忘れていただいて、ま、ビールでもいかがでしょう。つまみに、ブラックペッパーポップコーンをお願いします。やっぱ買うのかよ。

9章 ディズニーシーのレストランとショップ

シーの全ポップコーン店

No	場所	味（2015春）	混雑度
①	リドアイル前	キャラメル	少し混んでる(17人)
②	ドックサイドステージ前（海側）	ブラックペッパー	混んでる(20人)
③	リバティ(略)ダイナー前（公園側）	ハラペ＆チーズ	あまりいない(3人)
④	ケープコッド・クックオフ前	ミルクティー	すいてる(7人)
⑤	ストームライダー前	ホワイトチョコ	あまりいない(3人)
⑥	ハンガーステージ横	キャラメル	ふつう(10人)
⑦	フランダーのコースター前	ソルト	少し混んでる(16人)
⑧	アラビアンコースト橋の脇	カレー	混んでる(29人)
⑨	ザンビーニブラザーズ横	キャラメル	あまりいない(3人)
⑩	アリエルグリーティング横	カプチーノ	混んでる(25人)

「混雑度」欄の（ ）内は混雑日の平均待ち人数

味の変遷

2014秋	2013秋	2012秋	2009年
キャラメル			
ブラックペッパー			ストロベリー
コーンポタージュ	アップルシナモン	ブラックペッパー※	
ミルクティー		アップルシナモン	チョコレート
ストロベリー			シーソルト
ホワイトチョコ	キャラメル		ブラックペッパー
ソルト		シーソルト	キャラメル
カレー			
ホワイトチョコ		ブラックペッパー	
キャラメル		（存在してませんでした）	

※当時は公園内

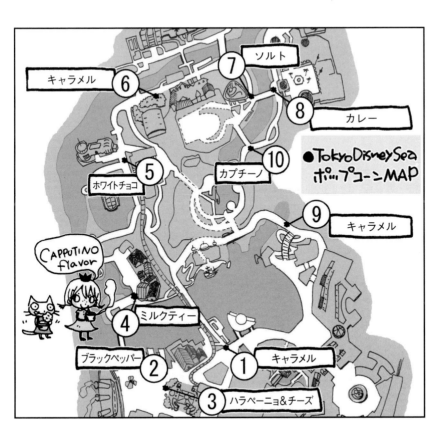

シーの土産店はどこで買えばいいか

　シーにあるショップは35店。そのうちワゴンが10店あるので、ふつうのショップは25店である。

　そのうちメディテレーニアンハーバーに11店舗あり、アメリカンウォーターフロントに4店ある。レストランと同じく、この欧米エリアに店が固まっている。

　やはり入口周辺のショップが充実している。お菓子はもっとも出口に近いヴァレンティーナズ・スウィートがいい。その奥にもマーチャント・オブ・ヴェニス・コンフェクションがあって、これもかなりお菓子を揃えている。こっちのほうが混んでることが多いとおもう。お菓子はこのエリアのどっちかで買うのがいいでしょう。

　一般雑貨類はエンポーリオが揃っている。ただ、ランドのグランドエンポーリアムほど徹底して集められているわけではない。季節ものと、携帯グッズものなどが揃っている。あまり考えずに選ぶにはいいとおもう。

　食器家具類、キャラもの雑貨はヴェネツィアン・カーニバル・マーケットとヴィラ・ドナルド・ホームショップに揃っている。このエリアの問題はイタリア語混じりの店名が覚えにくいってところにあるよな。

　ダッフィーが売られている店は3つある。入口近くのガッレリーア・ディズニーともっとも奥にあるアーント・ペグズ・ヴィレッジストアの2つが専門店。ダッフィーグッズ以外はおいていない。入口に近いガッレリーアが充実してるとおもう。

　エンポーリオを越えた広さを持つ最大総合店がマクダックス・デパートメントストアで、ここは三分の二のエリアでダッフィーものを扱っていて、残り三分の一で季節ものお菓子や、ぬいぐるみ、装飾品ものを扱っている。一軒だけ急ぎ見なきゃいけない状況なら（閉園22時過ぎてるけど土産買わないといけないとき）エンポーリオよりこっちのがいいんではないか、とわたしはおもう。小物はエンポーリオのほうが充実してますが、ダッフィーもあるし、ふつうの土産もあるから。

　ポートディスカバリーやアラビアンコースト、ミステリアスアイランドには、まともな土産店はないです。一番奥のロストリバーデルタには、申し訳程度に少し店がある。ロストリバーアウトフィッターは、菓子から装飾品までひととおり揃えてる。

　マーメイドラグーン内はショップが3つ連なっていて、ここは子供向けが充実してます。ベビー用品と子供服のキス・デ・ガール・ファッション、子供玩具と女性装飾品のマーメイドトレジャー、お菓子から小物などまで並べているスリーピーホエール・ショップがつながっている。きちんとお買い物ができるエリアです。3軒を1つの店だと見れば（中でつながってる）、入口周辺に次いで充実した土産店エリアです。ベビー＆子供用品専門店として、キス・デ・ガール・ファッションはかなりちゃんと揃った店だとおもいます。

　あとは、入口から少し火山に進んだところにあるイル・ポスティーノ・ステーショナリーとベラ・ミンニ・コレクション。この2店も連結していて、文房具およびかわいいものや女性装飾品が揃っています。

　こんな感じ。シーはやはり、あまりディズニーキャラが出そろってないので、ランドと比べるとショップの力が弱い感じがします。

　入口周辺の土産店エリアにきちんと買える店が並んでる。順当すぎるが、ここでの買い物がやはり基本。1軒店だとマクダックス・デパートメントストア、子供向けにはマーメイドラグーン内3店がいい。それがいまのシーのショップ状況だとおもいます。はい。

198

シーの全35お土産店紹介

★はワゴン店
●メディテレーニアンハーバーの土産店

ガッレリーア・ディズニー	入口の地球儀を背に火山を正面にまず左に並ぶ土産店からいく。まず左手前にあるガッレリーア・ディズニー。ここはダッフィー&シェリーメイ&ジェラトーニ専門店。ダッフィー専門店は園内に3店あるが、たぶん、ぬいぐるみはこの店がもっとも揃えてるとおもう。目立つ店なので混むも。そこそこの広さ。ぬいぐるみはここで買うのがいいとおもう。昼はすいてることが多い。
フィガロズ・クロージアー	上の店の奥に続いてある店。完全につながっていて、最初、違う店だと気付かない。衣装専門店。ディズニーキャラやマークの入った衣類が売られる。靴下からパーカー、かぶりものからきちんとした帽子、手袋、マフラー、鞄類、ミッキーシェイプの入ったスニーカーにゴム長靴などあらゆるものがある。種類も多いし同じものもサイズ別にある。珍しい衣類小物など見つけるに最適の店。
マーチャント・オブ・ヴェニス・コンフェクション	上の店に隣接してるがあいだに短い路地が通っていちおう離れてる。ミッキー&ミニー&グーフィーのゴンドラ乗船中の人形が飾られてかわいい。巨大なお菓子販売店。横に出るとメディテレーニアンハーバー前の広場。入りやすい位置にある。お土産に向いてるお菓子の店だけどかなり混む。お菓子買う場合、エンポーリオの隣ヴァレンティーナズ・スウィートのほうを私は勧めます。
ヴェネツィアン・カーニバル・マーケット	上の店に続いてる。狭いキッチン関連グッズ店。皿やコップ、お箸などの食器類が豊富ですべてディズニーデザイン。自分のためにもほんと欲しくなる店です。定番の弁当箱やランチョンマットからピーラーに計量スプーン、鍋つかみ、パスタ入れ、お玉、まな板などのキッチン用品もあって、ほんと欲しくなる。ただ壁に仮面舞踏会用の仮面が飾られていて、ちょっと不気味である。
ヴィラ・ドナルド・ホームショップ	上の店を出てヴェネツィアン・ゴンドラに抜ける広めの通路を隔てた店。向こうに抜けるとジェラート店。ドナルド邸。隣接したデイジエット家とひとつ屋根に改造したので二部屋ある。ドナロミオがバルコニーのデイジエットに愛の告白してる像と絵、13人アヒルの最後の晩餐ふう壁画もある。内装がとても楽しい。ドナルドデザインものが豊富だがそれ以外のキャラものも多い。クッション、掃除道具、食器、カー用品などホームショップらしいものが並ぶ。
フォトグラフィカ	ガッレリーア・ディズニーの手前、入口プラザ巨大地球儀を背にしてすぐ左。この店だけ手前に飛び出してるのだが外からはわかりにくい。園内でプロカメラマンに撮ってもらった写真の受け取り場所。アルバムやカメラ用電池類なども売られている。フィルムや使い捨てカメラも扱ってるらしい。ふらりとは入りにくい店です。昔の写真館ぽいディスプレイで外から眺めてると楽しいです。
ヴァレンティーナズ・スウィート	入口地球儀を背に火山を正面にして右側のショップ紹介。最初がこの店。「ここに来れば毎日がヴァレンタインデー」と紹介されているので店名はそういう意味らしい。園内最大のお菓子ショップ。けっこう広くてややすいてるほうなのでお菓子はここで買うのがおすすめ。扱ってるものはほかの菓子店と同じだとおもうがMAPに園内最大店と明記されてるので少し多いかもしれない。未確認。
エンポーリオ	上の店とつながっている"百貨店"という意味の大きなお店。ここに来れば(上のお菓子店も含めて)お土産ものがだいたいそろうということになってる。携帯用品から雑貨、衣服などあらゆるものを売る(お菓子は隣)。ただ少し物足りない分野もあるので珍しいものが欲しいならそれぞれの専門店に行ったほうがいい。何でもいいから土産、という人にはとても便利な店です。場所も便利。
イル・ポスティーノ・ステーショナリー	ここは少し離れたところにある。火山に向かって右の道を歩き、イタメシ2店のあいだにある文房具店。外装も中も落ち着いた雰囲気に。文房具だけでなく女子の好きそうなかわいい小物が所狭しと置かれる。キャラ小物グッズ店でもある。広く余裕のある空間。落ち着く。腕時計にCD(→試聴できる)、DVDのほかハガキ、切手などもあって、ハガキを書いて投函することもできます。
ベッラ・ミンニ・コレクション	上の店とつながっていて境目がわかりにくい。やや狭い。「ベッラ・ミンニ=かわいいミニー」と名付けられてるように"かわいいもの大好き女子向け"の店。ネックレスやピアス、シュシュなどのかわいい装飾品もの、携帯用品、文具、食器類、小さいぬいぐるみにポーチ、サングラスなど「かわいい」を連発したい女子にぴったりの店です。男子ひとりで入るとやや居心地が悪いがね。

199

スプレンディード★	入口からアーケード潜って広場に出てすぐ左。イタリア語で素晴らしいという意味だ。売るのは基本かぶりもの。いまここで買って園内をかぶって歩くもの。帽子に耳にカチューシャなど。素晴らしい。それ以外が欲しいときは右に行け。
ピッコロメルカート★	上の屋台から右に50歩ほど。かぶりものも少しあるがそれ以外がメイン。チケットホルダー、シート、折り畳み座布団、サングラス、日焼け止めなど。耳かきが多数並んでいたこともあった。ちょっと意味不明。店名は「小さな市場」。
ミラマーレ★	上のワゴンを過ぎて右方向奥ベラ・ミンニの手前にある。近いところに3つもワゴンがあるエリア。季節に合わせたものを売ってるらしい。冬はマフラー、手袋など。夏は日傘、水撒くやつなど。店名は「海の眺め」だそうです。
リメンブランツェ	火山に向かい左のポンテヴェッキオ橋上にいきなりある。屋内エリアも少しある。かぶりものやサングラスなど定番のほか屋内でサンダル、Tシャツなども売ってる。リメンブランツェは「想い出」だそうだ。海に捨てちゃえ。これこれ。

●アメリカンウォーターフロントの土産店

マクダックス・デパートメントストア	ダッフィーグッズが豊富な総合店。アメリカ地域のとっつきに建ってる百貨店。入ってすぐの部屋の壁は金ぴか部屋で、ダッフィーたちのぬいぐるみ類が置かれている。その奥の古楽器が飾ってある部屋では、ダッフィーグッズが多く揃えられている。ダッフィー関連グッズはたぶんこの店が一番充実している。その奥ではダッフィーものじゃない一般グッズを売ってる。季節限定ものが揃う。季節のお菓子も売っていてお土産買いはこの店だけでもだいたい間に合います。
アーント・ペグズ・ヴィレッジストア	ダッフィー発祥の店。アメリカエリアのもっとも奥にあるかわいい一軒家。ダッフィーとその仲間関連のものだけ売っている。かつてダッフィーはこの店でしか売ってなかったので、古くから知ってると聖地のようにおもえるが、たぶん、いまはマクダックスとガッレリーアがメインでここは三番手だとおもうよ。絵本やCDなどちょっと珍しいダッフィーグッズがたくさんある。入口に大きなダッフィー&シェリーメイが置いてあって、みんな撮影してます。
スチームボート・ミッキーズ	マクダックス百貨店の道を挟んで海側にあるお店。レストラン櫻の手前。少し引っ込んでて目立たない。ディズニー最初のキャラ"オズワルド"ものを置いている。あとは服飾系ですね。シャツ、スニーカー、トートバッグ、携帯ストラップやネックレス、服飾および装飾品のお店としては、けっこういいとおもうよ。自分のものを買う店だね。義理で買うお土産はあまり売ってない。あ、携帯関連グッズは土産になるけどね。おしゃれなお店ってことになってる。
タワー・オブ・テラー・メモラビリア	タワ・テラに乗るとこの店を通り抜けないと外に出られなくなってる。中で撮影できる写真を売ってる。あまり写真はいい気はいない。スマホで写真を複写しているのを見ると「セコ」という言葉しか浮かばない。シリキウトゥンドゥとか売ってる。呪いの人形を売ってどうするとおもうが、売ってる。あとは女性向け装飾品や服飾品など。タワ・テラ付属施設のわりに一般グッズを多く売ってます。かぶりものなどのワゴンで扱うグッズも多いですね。プール跡という設定。
スリンキー・ドッグのギフトトロリー★	トイ・ストーリー・マニア脇の伸びる犬のワゴン。ふつうのワゴンものは少しだけでトイ・ストーリー関連のものが多い。バズやウッディのおもちゃにスマホケース、キーホルダー、文具、ピンバッジ、ミニカー、ランチボックスなど。
ニュージーズ・ノヴェルティ★	レストラン櫻から豪華客船に少し進んだ左にある。ニューヨークで新聞を売っていた少年をニュージーと呼ぶそうで、ここは新聞スタンドを改造したワゴン。かぶりもの、耳、タオル、傘、日焼け止めなどふつうのワゴンものを扱ってる。

●ポートディスカバリーの土産店

ディスカバリーギフト	アクアトピアとホライズンベイ・レストランのあいだ。店の上に風力発電の羽根が付いている。いつか空に飛んでいってしまいそうな店。さほど大きくない。売ってるものはその日、園内で使うものが多い。かぶりものにタオル、傘、レインコート、Tシャツに帽子、電池、使い捨てカメラなど売ってます。使い捨てカメラもまだ需要があるんだなあ。携帯グッズ、キーホルダー、文具、レゴ、おもちゃもあってお土産にならなくもない。お菓子類は売っておりません。
スカイウォッチャー・スーヴェニア★	ストームライダーFP前の坂を登ってロストリバーに入る直前。通り道脇にそっとある感じ。なんか存在感が薄い。屋根によくわからない機械が取り付けられているふつうのワゴン。かぶりものとかタオルとかを売っています。

●ミステリアスアイランドの土産店

ノーチラスギフト	このエリア唯一のショップ。センター・オブ・ジ・アース前の洞窟を通り抜けたすぐ先。円形ドーム型の店。ガラス張りで中にはパイプが通っていて、もと修理工場らしい。建物じたいがスタイリッシュでおもしろい。ノーチラス号で使ってた潜水服も飾ってあるが広くない。ワゴンで売ってるようなものを扱っている。かぶりもの、パスポート入れ、Tシャツ、雨具、使い捨てカメラ、ネックレス、ステーショナリーなどちょっとかわいいものも売っている。

9章 ディズニーシーのレストランとショップ

●ロストリバーデルタの土産店

ロストリバーアウトフィッター	このエリアで唯一のきちんとした店。トランジットスチーマーラインの乗り場向かいにある。ドナルド・グリーティングの上とも言える。ちょっとわかりにくい場所に。「名前を入れてくれるグッズ」を売ってる。フィギュアやチャームに名前を入れてくれる。園内で使う実用的なものと故郷の親類に買って帰れる土産物的なものと、いちおう両方置いてある総合土産店。でも品揃えはそんなに多くない。店内が無駄に広く、ゆっくりと品物を見てまわれるのはいいです。
エクスペディション・フォトアーカイヴ	インディ・ジョーンズで撮られた写真を売ってる。カウンターが必要以上に広く、そこでグッズも売る。小さいぬいぐるみとかタオルなど。あまり手が伸びない。インディ・グッズを売ってくれればいいのにとおもうが、売ってない。
ペドラーズ・アウトポスト★	上の店を出るとワゴンが3つあって、いろんなものを売ってるペドラーズ・アウトポスト。写真のある店と違う店だが境界線がわかりにくい。Tシャツなどの衣類があり、ディズニーキャラものとふつうデザインのもある。大きなかぶりものもたくさん置いてあって、通りすがりの人が次々とかぶっては写真撮って戻していく。しかたない。装飾品、小さいぬいぐるみや、ペットボトルホルダーやサンダル、サングラスなどワゴン定番もきちんとあります。広いワゴンエリア。
ルックアウト・トレーダー★	上のワゴン群から少し坂を上がったところ（レイスピ寄り）にある。水上飛行機の監視台だったらしい。ペドラーズと近すぎるとおもう。キーチェーンやタオルなど売ってる小さい店。屋根の上に穀物袋などが置かれていて面白い。

●アラビアンコーストの土産店

アグラバーマーケットプレイス	アラビア広場と市場に面した店。入口狭いけど中はけっこう広い。総合店でありつつ特殊なものも置く。ひとつは手品グッズ。千円札が白紙になるものとかジーニー的マジックもの。それとガラス製品。ガラスの置物や装飾品、グラスがある。10万円ぐらいのものもあり、名入れもしてくれる。あとはジーニーグッズが充実。ジーニーカレー皿＆スプーンとか買っちゃった。携帯グッズやアクセサリーにワゴン的なもの、お土産用のお菓子も売ってる。かなり充実。
アブーズ・バザール	土産店ではなくゲームをするところ。有料。1回500円で、二種類あって、どちらも玉を転がす。ポケットに入れれば成功というものと、向こうに落とさず皿の上で止めれば成功というもの。成功すれば並んでるぬいぐるみをもらえる。ぬいぐるみは時期によって違う。失敗したらピンバッジをくれる。5つの中から選ぶ。失敗してもピンバッジもらえてよかったですねという気配をお姉さんが出してくれて、いつもちょっと哀しいです。おれはまだ成功したことない。

●マーメイドラグーンの土産店

スリーピーホエール・ショップ	マーメイド屋内に3店のショップがあって中でつながる。そのもっともレストラン寄り。クジラ体内の店だ。外観がかわいい。入口付近にアリエル、フランダー、セバスチャンなどが固まっている。アリエルお菓子、季節限定お菓子も充実。お菓子がけっこうある。ぬいぐるみやストラップ、装飾品やステーショナリーなどのかわいいものが並んで、おもちゃもあります。子供が多いからねこのエリアには。傘とかタオルとかワゴン的なものもある。かわいい系総合店。
マーメイドトレジャー	クジラ店とつながるおもちゃと装飾品の不思議な店。鏡が埋め込まれた柱のまわりにイヤリングなどの装飾品、カチューシャやハンドクリームなどが売られている。かわいい小物がたくさん。壁のほうは喋るバズにウッディ、プラレール、光る銃にクッキングキットなどおもちゃが並ぶ。モニターでアニメ「リトル・マーメイド」が流れて、そこをぬいぐるみが囲んでます。出入口脇の300円のガチャポンはときに行列ができてる。外では似顔絵も描いてます。活気と混沌の店。
キス・デ・ガール・ファッション	上の店とつながっている。このつながった3店はシーでも有数のお買いもの処だとおもう。ここはアラビア方面出口に近い。アリエルが王子とキスしようとした入り江がモチーフのロマンチックなお店で、でも売っているのはベビー服と子供用品。よだれかけや、ガラガラなど0歳児用ぬいぐるみから、子供用全身服など、ディズニーデザインの子供ものがたくさんあります。子供用品だけ売っていて、そこそこ広いので、品数サイズもかなり豊富だとおもう。
グロットフォト＆ギフト	アリエルのグリーティンググロット出口にある。専属カメラマンに撮ってもらったアリエルとの写真を申し込むところ。アリエルたちの小さいぬいぐるみも置かれ、手鏡、文具、タオル、ハンカチ、ピン留めなどもアリエルデザイン。ふつうのワゴンものも扱ってる。ただ日没で閉店します。少し早い。
シータートル・スーヴェニア★	ギョウザドッグの列脇からマーメイドエリアに入ってすぐにある。屋根が青いウミガメになっているがあまり気付かれない。カチューシャ、ミニー耳、帽子などいろんなかぶりものが充実。タオルなどのふつうの小物も売っています。
マーメイドメモリー★	マーメイドからアラビアへ渡る橋の手前右にある。ちょっとわかりにくい。閉まってることも多い気がする。貝殻や珊瑚で作られた小さなかわいらしいワゴンショップ。なのでそんなに品数は多くないですね。アリエルものが少し多い。

201

シーでミッキーに会うにはどうするか

　シーでミッキーに会えるところはグリーティング施設が3つ、ショーが4つですね。
　まずグリーティング3カ所。ミッキーと一緒に写真が撮れます。
Ⓐ「ミッキー&フレンズ・グリーティングトレイルのミッキー」
Ⓑ入口入ってすぐの「ディズニーシー・プラザ」でのグリーティング（地球儀脇）
Ⓒ「ホライズンベイ・レストラン」の右エリア"キャラクター・ダイニング"

　Ⓑのプラザでの整列グリーティングは公式HPでは、ミッキーが出るとは明記されてない。お楽しみとなっている。ただふつう、ミッキーかミニーのどちらかが出ている。どっちになるかはわからない。確率二分の一。また終了時間がほかの2つに比べて早いです。

　3つのうち、どれがいいのかってえと、まあ、待ち時間の短いのがいいですわね。
　待ち時間が表示されるのはⒶのグリーティングトレイル。ランドのミッキーの家に比べると、それほど待たない。シーのもっとも奥まったエリア、インディ・ジョーンズのピラミッドの脇にあるからかな。40分待ちくらいが多い。混雑日には60分越えになりますが、120分待ってのは記憶にないです。ランドに比べるとすいている。
　Ⓑ入口地球儀脇での待ち時間は、これもさまざまですね。30分から60分くらいが多い。
　Ⓒホライズンベイ・レストランは、混雑日の食事時間帯は、90分待ちくらいになりもっとも長い。そのぶん「混んでない日の午後3時」だと待ち時間0分だったりする。平日午後3時は5分以内が多い。上2つが0分や5分ってことは起こらないので、そういうときはレストランがいい。ポイントは「人が食事したがらない午後3時に並ぶこと」です。
　次いで、ミッキーを見られるショー。

まず近くで見られる3つ。（近さは席次第）
Ⓓビッグバンドビート
Ⓔマイ・フレンド・ダッフィー
Ⓕテーブル・イズ・ウェイティング

　ショー3つのなかでは、Ⓔマイ・フレンド・ダッフィーがミッキーを身近に感じますね。席案内は係のお姉さんが決めるので選べないんだけど、前のほうで見ると、ミッキーを近くで見たなあ、と感じます。他の2つに比べて、ミッキーが穏やかだからでしょうね。残り2つは、遠くに感じる。特にⒹビッグバンドビートは、ミッキーがパフォーマンスに専念して、あまり客のことを気にしてないようで、かっこいいとおもうけど、近くに感じられません。ま、十数人のダンサーの先頭でタップを踏んでるのは見とれますけどね。
　Ⓕテーブル・イズ・ウェイティングにも出てきますが、ミッキーメインのショーではないので（ビッグバンドビートでもそう）、ミッキーに会った感が薄い。マイ・フレンド・ダッフィーは、ミッキーがずっと出てるので、いっぱい見られます。小さい子を騙すのならおすすめです。小さい子を連れてビッグバンドビートに入っちゃ絶対にだめですよ。
　身近じゃないけど、いちおう遠目にミッキーが確認できるショー。
Ⓖファンタズミック！
　遠いところにちょこんといるだけだし、夜だし暗いし、ときどき消えるし、あまりミッキーに会えた感じはしません。
　というわけで、グリーティングでお勧めなのが、すいてる日午後3時のホライズンベイ・レストラン、混んでる日は奥地でのグリーティングトレイル。入口脇のグリーティングは時間が確かめやすいので、そのとき短めだったら並ぶといいでしょう。30分だったら並んでいいとおもう。

第10章
ディズニーシーのショー紹介

10章であつかっているショー（掲載順）
マイ・フレンド・ダッフィー……206
ハンガーステージのショー……207
ビッグバンドビート……208
テーブル・イズ・ウェイティング……209
ファンタズミック!……212
ハピネス・オン・ハイ……214

ディズニーシーのショーの全貌

ディズニーシーでは大掛かりなパレードは行われていない。秋に小さくキャラクターが練り歩くグリーティングはあるけど、ランドほどの大掛かりなものではない。

一年を通してやってる大がかりなショーは海上ショーです。昼の海上ショーと夜の海上ショーをやっている。夜のショーはファンタズミック！昼のショーは、ミシカの伝説というのをやっていたんだけど、2014年秋に終わってその後、海の護岸工事が始まって、しばらくお休みになってる。とりあえず、海がもっとも大きなショーステージだと言える。

それ以外、レギュラーショーを行ってるスペースは4つ。

トイ・ストーリー・マニア手前にある"ブロードウェイ・ミュージックシアター"。

S.S.コロンビア号の横にある"ドックサイドステージ"。

ロストリバーデルタ地帯にある"ハンガーステージ"。

レストランのケープコッド・クックオフ。

この4カ所で一年中、毎日ショーをやっている。最後のクックオフだけは、レストラン内のショーで、みんな何かを飲んだり食べたりしながら見る。ショーも、ほぼエンドレスで朝から夕方までやってます。

ハンガーステージのショーは2015年春に終わって、16年に新ショーが始まります。

レギュラーショーは以上、6つですね。

それ以外、四季のショーが行われ、これがけっこう恒常化している。

シーズンのショー用のステージがある。その1つがリドアイル。火山に向かって左側の手前の海に突き出した広場です。船からやってきた連中がここでショーとかグリーティングを行って、海に帰っていきます。

もう1つはアメリカの公園。ウォーターフロントパーク。タワー・オブ・テラーの目の前にある公園です。夏になると水が噴き出して子供が濡れてるところです。

あと季節の海上ショーが行われる。季節のイベントは、このリドアイル＆ウォーターフロントパーク＆海上ショーの3本立てが多いです。春イースター、秋ハロウィーン、冬クリスマスはそういう仕立てになってます。夏は、暑いから、水を撒くだけって感じですね。

ただリドアイルも、ウォーターフロントパークも閉じた空間なので、ショーを見るには狭い。入りたがってる人数に比べて、入れる人数が少ない。当然ショー目当てのマニアが跋扈しやすい。暗くてじめじめしたところにカビが繁殖しやすいのと同じです。おれは、あまり近づきたくないですね。悪いけど。

ところで、ディズニーからよく見える飛行機は羽田空港の離着陸機ですが、風が強いほど浦安寄りに飛ぶことがあるらしく、飛行機が大きく見えると、花火が揚がらないことが多い、ようですね。たぶん。

シーの四季別ショータイムスケジュール

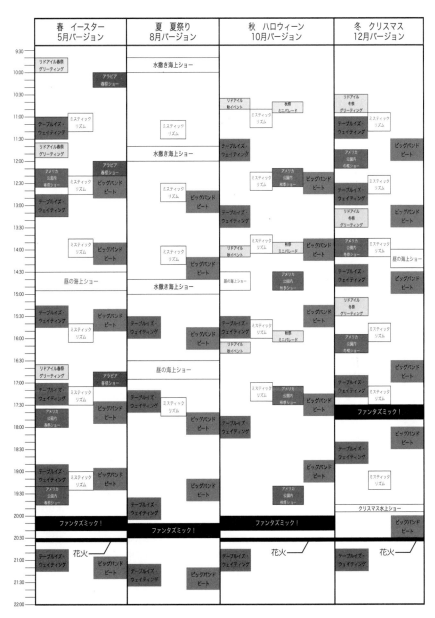

マイ・フレンド・ダッフィー

 ハンバーガーショップ内でハンバーガーを食べながら見るダッフィーの謎に迫るショー

ケープコッド・クックオフというハンバーガー店で見られるショーである。

レストランのショーだから、ただ見はできない。飲み物や食べ物を買わないと、ショースペースへ入れてもらえない。なけなしの小遣いからソースせんべいや、水飴などを買って入りたいけど、そんな5円の駄菓子は売っていません。ハンバーガーが300円少々。それぐらいは払わないといけません。飲み物だけでもOK。ミルク190円が最安値。

混んでるときは、けっこう待たされる。

ショーは2部構成になっている。

2014年から構成が変わった。それまでは
①ダッフィー誕生篇
②ダッフィー&ミッキー旅立ち篇

この2篇が交互に演じられてたが、いまは
③ダッフィー&ミッキー旅立ち篇
④シェリーメイ誕生篇

が交互に演じられてる。「ダッフィー誕生篇」はいまは見られない。これからもどんどん入れ代わっていくのかもしれない。次は猫のジェラトーニ篇、その次はジェラトーニは実はイタリア大窃盗団のボスだった篇、とかね。

ショー内容を紹介します。
①ダッフィー誕生篇（いまやってない）

航海に出るミッキーに、ミニーがクマのぬいぐるみをあげる。ダッフルバッグに入っていたので"ダッフィー"と名付けられる。とたんに巨大化して、ミッキーたちと踊った。
②旅立ち篇

カモメのティッピーブルーに煽られて、航海を不安がるダッフィーに、ミッキーは歌を歌って大丈夫だと安心させる。ジーニーの魔法の絨毯に乗ったり、プルートとゴンドラに乗ったりしようと盛り上げ、ミニー、デイジー、ドナルドも出てきて、踊る。ミュージカルなので楽しい、が意味はわからない。歌って踊ったあと、記念撮影して、ミッキーとダッフィーは旅立ちました、そして、二度と戻ってきませんでした、なんてね。
③シェリーメイ誕生篇

ミッキーとダッフィーが冒険旅行から帰ってきた。ミッキーはミニーと出かけ、ダッフィーは一人ぼっちとなり、寂しがる。それを見てミニーは、シェリーメイを作る。貝殻のペンダントをしてるからシェリーメイ。ただダッフィーが服を着てるのに、誕生したてのシェリーメイは服を着てないんで、なんかもやもやします。すいません。ドナルドやデイジーも一緒に踊って幕です。とにかく、どれも歌が頭に残ります。しばらく口ずさんでしまう。ダッフィー洗脳ショーでしょう。

1つずつのショーはだいたい10分。

10分のショーがあって、5分のタイムラグがあって、また10分のショーがある。

たとえば、こんなスケジュール（例です）。
12:00－12:10　ショー「旅立ち篇」
12:10－12:15　5分の休憩
12:15－12:25　ショー「シェリーメイ篇」
12:25－12:30　5分の休憩
12:30－12:40　ショー「旅立ち篇」

これが延々繰り返される。ショーはいつも混んでいるので、席に着く時に「12:45まで」というような退場札を渡されます。そのとき上演中のショーが終わってあと45分後というのが目処ですね。つまりフルに3回見たら出てください、というのがいまの店の方針。

しかし、食事してると、かなりめまぐるしい。ショーのあいまに食べようとすると5分しかなくて、なかなか5分で食べきれません。すぐ次のショーが始まる。ショーのあいだも気にせず食べるしかないですね。がんばり。

ハンガーステージのショー

 奥地ロストリバーデルタにある「ハンガーステージ」では冒険の地らしいショーが展開される

ポートディスカバリーのストームライダーのあまり人気のないファストパス発券機の前を通りすぎ、緩やかな坂を上りきって右に曲がると地面の色が変わって、ロストリバーデルタ地帯に入ったことがわかるが、そのすぐ右にある劇場です。もと、ピラニア航空という航空会社が所有していた"飛行機の格納庫"で、それが改造されて劇場になってます。ピラニア航空です。よろしくっす。

2001年のシー開闢以来、このステージでは「ミスティックリズム」という不思議なショーが演じられていた。しかし、それも2015年4月5日をもって終了しました。

とりあえず「ミスティックリズム」の内容を振り返っておきます。だって、いまそれしか書くことできないんだもん。

ディズニーキャラがまったく出ない。

舞台はジャングル。そこに大地の精霊や水の精霊、火の精霊に、猿に豹に鰐に鳥に正体不明の生き物が出てきて、踊ったり宙吊りになったり、水に飛び込んだり、跳ね回ったり、なんかずっとそんなことをやっていて、それでお終いです。うー。説明のしようのないショーでした。力強いパーカッションが、ずっと激しくリズムを刻んでくれるので、それだけが頼りでした。なんか、見たなあ、という気分にはさせてくれますが、何を見たのかは人には説明できなかったです。そういうちょっと前衛的な舞台でした。

これが終わりました。このあと一年の準備期間を経て、2016年春か夏に新しいショーが始まることになってます。概要がオリエンタルランドから発表されてますな。

「ハンガーステージで新たにスタートするエンターテイメントは、影の世界に迷い込んだ主人公の少女が成長していく姿を、映像と音楽、エネルギッシュなパフォーマンスで表現する、まったく新しいミュージカルショーです」

おお。影の世界に少女が迷い込むらしい。影の世界って何だろう。赤影、白影、青影の三つの影が出てくるんだろうか。だいじょうぶ。と。そんなわけないですね。内容についてはもう少し言及がありました。

「今回のリニューアルでは、新たにプロジェクションマッピングが導入されることで、色鮮やかでダイナミックなステージが繰り広げられ、今までに体験したことのない世界にゲストの皆さまを誘います」

でました。プロジェクションマッピングです。マッピングの中でもプロジェクションなやつですよ。アマジェクションじゃないわけだよ。なんかわからんけど。つまり、ディズニーランドの「ワンス・アポン・ア・タイム」のようなやつですね。あれは、映像が映りそうにないシンデレラ城をスクリーンに見立ててるのがすごいんだけど、ハンガーステージは完全に屋内の劇場だから、どうするんでしょう。ミスティックリズムのときは、舞台上はジャングルが作られていたから、そういう何かが作られるんでしょうね。その立体的なものに幻想的な映像を照射して、おおお、と感心させようっていう目論見なんだろうか。そうだろうな。うんうん。目論んでくれたまえ。なかなか楽しみです。

シーのショーには、どんどんディズニーキャラが進出してきてますが、これはどうなるんでしょうね。少女はミニーやティンカーベルに助けられるんだろうか。うーん。わからん。このステージくらいキャラの出てこない不思議なショーを続けてもいいとおもうんだけど、どうなるかはわかりません。はい。けっこう楽しみにしてます。ポップコーン食って待て。

207

ビッグバンドビート

 大人数編成のジャズバンドが見せてくれるアメリカらしいエンターテイメントショー（だとおもう）

アメリカンウォーターフロントのメインストリートにある劇場で行われているショーです。トイ・ストーリー・マニアのすこし手前。ファストパス列が伸びたときに、その脇にある劇場です。すごく大きな劇場で、1500人くらいは入れるらしい。だから閑散期は（1月とか2月とか4月とか5月とか）二階席を開けずに、一階席だけで開催することもけっこうあります。まあ、ふだんの新宿末廣亭の二階席扱いと同じだとおもってください。なんて、まったく想像つかないよね。すまん。

ショーは一日だいたい5回。

一階席は基本、抽選になってる（すいてる時期は丸一日抽選しないこともあります）。

1回目のショーは混雑日でも抽選なし、2回目以降も二階席は抽選対象外です。つまり、はずれても頑張って並べば見られるってことです。

抽選場所は、この劇場から入口のほうに戻って石の橋を渡って右に下りたところ。ジェラートを売っている"ゴンドリエ・スナック"の隣。ビリエッテリーアと呼ばれてる。むかしはここ、合成写真を作ってくれるところでした。わかりやすい場所ではない。わからないときは係員に、抽選場所はどこでしょうと泣きそうに聞けば教えてくれます。ふつうに聞いても教えてくれます。聞きましょう。

おれは、なぜかこのブロードウェイ劇場のショーがうまく楽しめません。いや、思想的なことではなく、この劇場に座ってショーを見出すと10分で熟睡しちゃうからです。まじ、熟睡します。なんでだろう。ここで前にやっていた「アンコール！」でも同じでした。「ビッグバンドジャズの迫力あふれる演奏をバックに、ミュージシャンやタップダンサーたちが繰り広げるスタイリッシュなレビューショー」とHPに紹介されている。ダンサーが出てきて、生で踊ってくれるわけですね。なぜか録画は禁止されている。つまり見て内容を覚えるしかないんだけど、いつも寝るから断片的な記憶しかありません。すいません。

出てくるディズニーキャラは、ミッキーにミニー、それからデイジーとマリーだけのはず。なんでマリーだけなんだろうね。オマリーやジャズ猫たちなんかまさに出ていいとおもうんだけど、出ません。

ビッグバンドってのは大人数構成のジャズバンドだと私は理解してます。名前がまず挙がるのがグレン・ミラー、あと、映画「生きる」で伊藤雄之助に連れられて志村喬がダンスホールに行ったときに盛大に音楽を鳴らしていたのが、私の中での「ビッグバンド」です。見所はどうやらミッキーがドラムを叩くところらしい。熟睡していても、ここだけふっと目が覚めることが多くて、「ほらフックだ、ボディだ、ええい面倒だ」と勢いよく叫びながらミッキーがドラムを叩いてる記憶になってます。石原裕次郎と混じってます。

大学生を連れて一緒に観ることが多いけれど、同行者も二分されます。おれと同じように熟睡するやつと、すごく真剣に最後まで観るやつ。だいたい半々です。最後まで観た連中は、口を揃えて「もんのすごくよかったです！」と言ってるので、たぶん、好きな人にはとても楽しいショーなんだとおもう。

レビューなので、宝塚のレビューがそうであるように、ストーリーはありません。いろんな設定のシーンが断片的に出てきて踊るばかりです。ゆったり座れる椅子、心地よいエアーコンディション、素敵な音楽。観るか、寝るか、あなたの自由です。できれば観てあげて。でも休憩にも持ってこいだよ。ぢゃ。

208

テーブル・イズ・ウェイティング

 蒸気船脇の屋外でおこなわれるディズニーキャラ総出のひたすら明るく楽しいショー

　昔のシーは、あまりディズニーキャラが出没せず、でもこのドックサイドステージのショーだけはメンバー総出でした。この前が「オーバー・ザ・ウェイブ」で、その前は「セイル・アウェイ」でした。それぞれ背景は違ってるんだけれど、「ミッキー以下メインキャラが出てきて、なんか楽しそうに踊っている」というのは変わってません。つまりひたすら楽しく、どこにも意味も思想もなくただ見て楽しめばいい、というのが直観でわかる素晴らしいショーです。はい。ビッグバンドビートや、ミスティックリズムとは正反対でいいなあという意味ですよ。はい。

　今回のテーマは世界一周の旅から帰ってきたミッキーが（世界一周旅ってあんたは時間と金があり余ってる老人かよとおもってしまいますが）、世界中から楽しい"食べ物のお土産"を持ち帰ってくれたので、それを順に見て行くという趣向です。意味はない。ステージがテーブルに見立てられていて、前菜、第二の前菜、メインディッシュ、デザートと出てきて、その料理が踊りまくるという形式になってます。なんで料理が踊るのかはわからない。でも楽しいのは確かです。

　案内役はルミエール。あの、『美女と野獣』の給仕頭のロウソクです。ロウソクなので、着ぐるみが一本足で、動きにくそうです。

　ショーは3階のデッキ（S.S.コロンビア・ダイニングルームの脇）にミッキーが立って、挨拶するところから始まる。

　最初、ルミエールと仲間たちが踊る。

　次はメキシコ料理。チップとデールが出てきてタコス料理として踊る。タコスとして踊るというのは、書いていてわからないけれど、でもそうなんです。メキシコなのになんでドナルドが出ないのかとおもっていると（『三人の騎士』という映画に出て以来ドナルドはラテンアメリカの案内役ということになっているので）、チップ＆デールが「あああぁ、辛いのを入れるの、忘れちゃった！」と叫んで、ドナルドとハラペーニョが登場、オレオレオーレオレと踊ります。おれおれ踊り。

　そのあと、踊るマハラジャのようなダンサーがインド踊りを見せてくれて、うしろのスパイスの壺からデイジーが現れ、みんなでキレのいいインド踊りを見せてくれる。

　続いて、笛を吹きつつプルートがハンバーガーの素材を引き連れて登場。プルートは目立ちません。レタス女子がチアガール風の踊りを見せてくれ、男子たちはアクロバティックな動きを見せる。おお、と何回か声が出てしまいます。ここを見てると、雨でステージが濡れていたら危険だろうなとおもいます。

　メインは和食。椎茸の三度笠を手にグーフィーが現れ「さあ、日本のお祭りだー」と踊り、「弁」「当」と書かれた大海老の垂れた二台の御輿を担いで「わっしょいわっしょい」と練り歩きます。わっしょい、てのがいい。

　最後がミッキーとミニーが担当するデザート。ミニーとクレープ女子が踊り、ミッキーが出てきて踊って、ちゅーをしたところで、ルミエールが登場してきて「これで出揃いました」とラストダンスに入る。映画『美女と野獣』のベルに晩餐を用意したときの音楽（ミッキーのフィルハーマジックの冒頭で流れる音楽）「ひとりぼっちの晩餐会」でみんなが踊り、オールキャラクターが登場してパイ投げが始まり、客席に向かってまでパイを投げる。楽しかったと踊って、おしまいです。料理のショーだけど見ていて腹はふくれません。でもひたすら楽しいです。このショーは、ほんと、見たほうがいいとおもうよ。

ディズニーシーの昼の海上ショーの思い出

 まん中の海で昼に開かれるミシカという神話の世界のショーのおもひで

2015年現在、ディズニーシーの昼の海上ショーは行われてない。2014年の9月にマニアに惜しまれつつ「レジェンド・オブ・ミシカ」が終わり、河岸工事が始まり、昼のショーはやらないままである。15周年の2016年から新しいショーが始まるのではないか、と言われているが、よくわからない。

とりあえず、シーの昼の海上ショーを紹介するこのページでは、いまショーをやってないので、歴史をかるく振り返っておきます。新しいショーが始まったらなるべく早く差し替えたいとおもいます。がんばれ。がんばる。

昼のショーの歴史。
①ポルト・パラディーゾ・ウォーターカーニバル　2001年9月〜2006年5月
②レジェンド・オブ・ミシカ　2006年7月〜2014年9月

以上です。おっと。

これで全部なんですな。

さて、どんなショーだったでしょうか。

「ポルト・パラディーゾ・ウォーターカーニバル」は開園から4年8か月行われていたショーです。2006年5月で終わった。

カーニバルでした。

なんでカーニバルを行うのか、その背景がまず説明されました。

ダニエラ姫が「パラダイス」を求めて航海に出るが、見つけられない。そのうち嵐に遭って、遭難してしまった。遭難してもうだめだとおもったあとダニエラ姫は「パラダイス」島を見つけるのだった。それは、なんと、自分たちの故郷の島だった！

また、それかいっ！　というパターンです。まあ、自分探しをするだけ無駄だという警告だと取っていいでしょう。

ダニエラ姫を演じてるのはミニーマウス。

ミニーマウスがミニーではないものを演じると、見てるほうはもう、何が本体なのか、よくわかりませんので、ダニエラ姫というのは、ミニーの変名なんだろうな、という程度の理解で、見てました。それに、この物語はショーの前説のようなもので、ミニー姫は、自分たちの国がパラダイスだと気がついたので、この港を「ポルト・パラディーゾ」と名付けたのですな。楽園の港です。

その、パラディーゾを見つけた記念として、さあ、カーニバルの始まりってんで、ここからショーが始まってました。ここまでの前説はわりとどうでもいいという感じでしたね。ただ、キャラクターが、そのダニエラ姫航海のときの役割で出てまいりました。

ドナルドダックが探検家で、チップとデールが芸術家、グーフィーは発明家、プルートは料理人でした。そのスタイルでカーニバルに参加していた。

彼らは船でやってきて、各上陸地点から上陸して、ダンサーたちと一緒に踊るというショーでした。一番最初のころは、ダンサーたちは船でやってきたのだけれど、帰りは、観客に挨拶しつつその横をとおりぬけて陸路、歩いて退場してました。

みんなの衣装も「ヨーロッパ風カーニバル」という意匠でした。

この「ポルト・パラディーゾ・ウォーターカーニバル」はスペインとかポルトガルとか、大航海時代に元気だったヨーロッパエリアの雰囲気を大事にしていたショーだったとおもいます。つまり服がヨーロッパぽいんですね。ヨーロッパのすべての国に王がいて、貴族がいて、豊かな商人層がいて、そのへんの人たちが集まっては舞踏会をやったり、密談したり、海を渡ったり、戦いをしたり、そんなこ

とをやっていた時代。アメリカはついぞ、そんな時代をもったことないという、そういう時代ですな。

アメリカが持ってない時代の雰囲気を、東京ディズニーシーの「メディテレーニアンハーバーエリア」では、かつて強く保持してました。中世ヨーロッパ風味とでもいうんでしょうか、そのへんを大事にしていた。そして、この「ポルト・パラディーゾ・ウォーターカーニバル」にはその空気がしっかりと出てました。ヨーロッパの祭りでしたね。旧教系です。ローマ法王に祝福される系。

さて、シーの昼のショーの歴史。2つめの「ミシカ」。2006年から2014年に行われていたショー。

私個人のミシカの印象は「終わってからが長い」というものですね。べつにこれはミシカにかぎらず海上ショーすべてに言えるわけで、ランドのパレードの通過型と違って「海の広場でショーを開催」という形のものは、終わったあとの撤収というか、船たちの退場が「ショーの一部なのか、もう終わったあとの退場シーンなのか」というのがわかりにくく、いちおう、ショーそのものは終わったけれど、最後、すべての船がぐるぐるまわって、それがすべて消えるまでがショーです、とおもってみてると長いってことですね。「家に帰るまでが遠足です」と言われたら、遠足も長いよなあ、というのと同じです。

伝説の怪物たちを呼び起こそうというショーでした。かつて、大昔のこと、伝説の怪物たちは（シーでは伝説の生き物、と言ってました）、人間たちと一緒に踊って暮らしてました。えっさっさ。ところが人間たちが争いを始め、リズムは姿を消したのです。

先生、リズムがこの世から消えたってのはどういうことでしょう。うーん、深く考えないように。消えたんです。まあ、音楽がなくなったとおもってもらえればいいでしょう。「世界の終わりとハードボイルド・ワンダーラ

ンド」の世界の終わりでは歌が消えてましたが、そんな感じだとおもっていただければいかがでしょうかね。ダニーボーイ。

このリズムを消したのです、というあたりで、しきりに黄色の旗が振られて、わたしはいつも「黄巾の乱か」と怯えたものです。これで、国が滅びる、三国で争う時代になる、なんて言ったもんじゃったのお。ほおほお。

このあと、リズムを復活させるためにディズニーキャラクターたちがやってきて、踊りますね。このキャラクターの上陸踊りのところが、このショーのクライマックスでした。ミニーのエリアも人気でしたが、おれは、やはり正面に上陸して火山をバックに踊るグーフィーが好きでした。あのグーフィーはめちゃかっこよかったですね。グーフィーの踊りの部分だけを見に、正面に行ったことも何回かありました。

キャラクターたちが踊って、ミシカの門が開かれました、とアナウンスがあって（あれは女神が言ってたんだろうか）、怪獣たちが入ってくるところがちょっと感動的で、クライマックスはここまででしたね。キャラのダンスから、怪獣入場まで。このあと、ぐるぐるまわってるところが、ちょっと長かったな、ということを言ってるわけです。すげえ盛り上がったんだから、とっとと消えたらどうだろうとおもったけど、それは無茶ですね。どうせなら、すべての船がふっと海中に入っていく、なんて演出があったら、あっと驚いて、とても印象に残ったのに、なんて無茶振りしてもだめですね。

出てくる怪獣はたしか「龍」と「一角獣」と「不死鳥」と「キングギドラ」です。キングギドラじゃないのか。多頭竜ですね。平幕優勝。それは多賀竜だな。あまりにわからないボケはやめてほしいのだな。多頭竜はヒュードラと呼ばれます。三つの頭の竜。だからキングギドラ。多賀竜は、おれと同い年でした。いや、それだけ。

211

ファンタズミック！

 まん中の海で夜に開かれる「ミッキーの夢のなか」ショー

シーの夜の海上ショー「ファンタズミック！」は2011年の春から始まった。このまえに行われていたショーは「ブラヴィッシーモ！」で、火の精と水の精の出会いの物語で、ディズニーキャラがほとんど出てなかった。でもシーは2010年代に入り、完全に方向転換して「ディズニーキャラをどんどん登場させる方向」にシフトしたんだとおもう。この夜のショーがひとつの象徴でもある。

ディズニーアニメとキャラを紹介するようなショーだからだ。キャラ、出過ぎです。どれだけ出てるかわからない。とりあえず、海上でディズニーアニメの雰囲気とキャラクターを見せられないか、と試みられているショーです。

どうでしょう。はい。無理です。海の上で映画を見せようったって、無理だって。そう、あたしゃおもいますね。

はっきり言えば、よほどいい場所で見ないと、何をやってるかわからない。でも、しきりに小さい花火がぱぱん、すぱぱん、ぽぽぽぽ、すぱぱんと揚がるんで、おーとおもってしまうし、大きな鏡と竜が出てきて、またしきりに花火がぽぽんすぱぱんぽんぱぱん、と揚がるんで、おー、ようわからんが、なんか見たー、という気分にはさせてくれます。ただ花火で脅されてるだけです。それでいいんですか。まあ、いいんでしょう。

一種の野外映画ショーだから映画館でもそうであるように、いる場所によって、見え方が違う。それは問題ですね。

ショーは、海の中心にうかぶ「魔法使いミッキーの青い巨大な帽子」で始まります。帽子のてっぺんにミッキーが飛び出してくる。そのへんで小さい花火が細かく揚がって興奮します。水も盛大に噴き出します。

ミッキーの帽子がスクリーンになって、映像が流れます。丸いスクリーンです。360度どこからでも見えるとも言えるが、場所によって見え方がまったく違うとも言える。ろくすっぽ見えない角度もあります。映像は「ファンタジア」から「リトル・マーメイド」「ピノキオ」などに変わっていきます。途中、寝ぼけたミッキーが初めて声を出して「おーい、まだ夢の中なのかい」と聞いてきます。いや、知らんがな、といつもおもいます。

このショーは船数隻にたくさんのキャラクターが乗ってきて、船上で踊ります。「ライオンキング」からスティッチの登場になり「アラジン」のジーニーが登場してくる。アラジンとジャスミンも空飛ぶ絨毯で空を飛ぶシーンが流れ、「なんて素敵な夢なんだ」というミッキーの寝言のようなコメントが入る。そのまま、「シンデレラ」の歌が流れてシンデレラが登場し、「眠れる森の美女」、「美女と野獣」になり、みんなのダンスシーンとキスシーンが入れ替わって映し出される。アリエルとエリック王子もキスしてます。船上でもみんな踊ってます。ここでミッキーが脈絡なく聞く。「さて、魔法の鏡よ、この世で最高の魔法使いは、だれ？」。

これが悪役ヴィランズの登場の合図となる。鏡の答えに応じて鏡にミッキーが近寄ると鏡の中に吸い込まれてしまう。「白雪姫」の魔法使いが現れ、リトル・マーメイドのアースラも現れる。一度、ミッキーは鏡から抜け出るが、今度は巨大な竜が起き上がってくる。これは迫力あります。ちょっとすごいですね。ドラゴンと、ミッキーが対決します。

ミッキーの決めセリフは「これはぼくの夢なんだ！」です。それでドラゴンは倒れます。

すると明るい音楽が掛かり、キャラクター

を乗せた船数隻がぐるぐるまわり、花火が揚がりまくり、水が噴き上げられ、最後にまとめて花火が揚がって、おしまい。ミッキー最後の言葉は「イマジネーション、ふふっ」です。鼻で笑ってるようにも聞こえる。意図はよくわからない。全部で22分足らず。見応えはあります。何が起こってるのかは、ついぞわかりません。とりとめのない夢の話を聞かされたみたい。

見る場所は、正面から、火山に向かって左のポンテヴェッキオ橋の上が見やすい。火山の下はドラゴンに近いので迫力はあるが、でもなんか「映画をスクリーン裏から見ている」ような感覚があって、見にくいです。

ザンビーニ・ブラザーズ・リストランテからカフェ・ポルトフィーノの前あたりも見やすいです。ただし、前に何重にも人が立つと見にくくなります。特に、海上の船が見えないと、なんか、もどかしい。海上が見えることがひとつのポイントでしょう。がんばれ。

10章 ディズニーシーのショー紹介

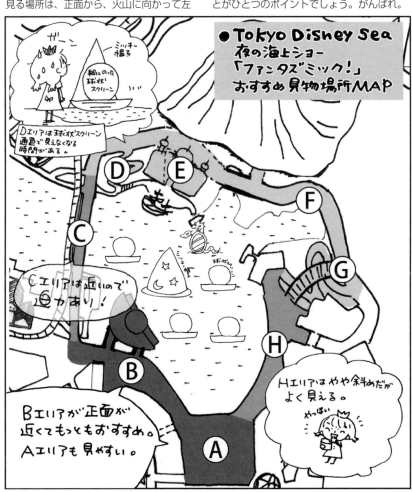

213

ハピネス・オン・ハイ

「ディズニーランドの夜空を彩る花火」はシーからも見えます

ディズニーシーでも花火は見える。

揚がるのはだいたい4号玉から5号玉くらいです。昔で言うと四寸か五寸。花火と聞くと、よく「尺玉」と言う人が多いですが、旅順を攻略してるんじゃないから、そんな大砲みたいな花火は打ち上げません。都市部で揚げるのは4号から5号、直径12cmとか15cmのポンカンほどの玉を揚げています。ランドも5号くらい（私は花火師なので詳しい）。

ただ、もともとディズニーランドに見せるために揚げられていた花火を、裏側のシーから見てる、ということになる。花火に関していえば、ランドが正面、シーが裏面になる。正面からは、外にいればだいたいどこからでも見えるが、裏からはそうはいかない。

ランドでもっとも大きく花火が見えるのは、スプラッシュ・マウンテンからトムソーヤ島あたり、シーではアラビアンコーストがもっとも近く見えます。つまり花火の打ち揚げ地点は「ランドのクリッターカントリー＆ウエスタンランド」と「シーのアラビアンコースト」のあいだなんですな。また、スプラッシュ・マウンテンと、マジックランプシアターは「バックヤード」をはさんで近い位置にあるわけなのさ。どうだ。どうでもないけど。

裏側から見てるからか、シーの花火は当初、ランドと別の名で呼んでいた。音楽も別だった。開園3年目から一緒になりました。

いまの花火はランド開園30周年「ハピネス・オン・ハイ」が続いてます。

さて、シーでは、どこで見ればいいのか。

シーの夜の海上ショーは、メディテレーニアンハーバーで行われ、それが終わって10分後くらいに花火が揚がる。だから、メディテレーニアンハーバーでそのまま花火を見よう、という人も多いようである。

たしかにランドは夜のパレードを見た位置から花火を見て問題はない。

でもシーではそうはいかない。

火山を正面に見ると、花火は右50度くらいの角度から揚がる。だからカフェ・ポルトフィーノからザンビーニ・ブラザーズ・リストランテあたりの前では見えない。図の黒い部分ですね。ホテルミラコスタの陰になって花火が見えません。夜のショーを見るにはとてもいい場所なんだけど、花火は見えない。いちおう、ショーが終わったら、係のお兄さんが、声を限りに、ここは見えねえぞお、逃げろお、と叫んで誘導してくれるのでそれに従えばいい。火事のときや花火のときは、近くにいる若い男性従業員に従ったほうがいいらしいよ。テレビで言ってた。

マゼランズ前からだと、火山を左にして正面に見える。ギョウザドッグ売り場の先をマーメイドラグーンのほうに抜けたところだと、右ぎりぎり見える。

もっともいいのは、アラビアンコースト。マジックランプシアター前の広場から、キャラバンカルーセル方向に大きく見える。ここがシーの花火ビューベストポイントです。

こことロストリバーとマーメイドの外は、空が広いので、きれいに見える。橋の上からだと隅田川で見てるようで気持ちいい。

ポートディスカバリーはだめです。

火山越しになる。見えるところもあるけど、基本は火山が邪魔になって、見えにくい。

同じくアメリカ奥地「ケープコッド」エリアも火山で見えにくいです。

アメリカエリアのS.S.コロンビア号周辺だと、空が広く、船を背に正面に見えます。やや遠いんだけどね。でも、このへんの夜の雰囲気はなかなかロマンチックだから、ここか

ら見るのは好きです。コロンビア号のBデッキからも見られる。ここだと「豪華客船上から見る花火」になって、ロマンチックです。このあと何かが起こりそう。被害者がすべての記憶を取り戻したりしてね。何の話だ。

ミステリアスアイランドは、あそこはネモ船長が世界中から身を隠すために作った秘密基地なので、まわりの火山が邪魔になって、あまり見えません。

というわけで、シーは、ミラコスタと火山が花火を見る障害になるので、ご注意。というところで、次いきます。

ディズニーシー全トイレの規模

シーのトイレの全貌

　ランドのトイレの規模は、場所によって気まぐれに違っていて、問題が多い。でも、さすがに人間は学ぶらしい。ランド開園18年後に作られたシーでは、トイレの規模はだいたい揃えられている。特に男性トイレを見てまわると、どこでも「小6、大3」というふうに作られていて、ほぼ、同じ規模になっている。たいしたもんです。

　女性トイレ個室数は、少し違う。

　18くらいが平均であるが、14個室のところもあれば、30個室のところもある。

　30個室と飛び抜けて多いのは、トイ・ストーリー・マニア！とタワー・オブ・テラーのあいだ。人気アトラクション2つにはさまれたここは利用者が多い。30個室あるが、タイミングによっては列ができる。ここに人が並んでいたら、くるっと振り返って、うしろのほうにもどって「エレクトリックレールウェイ」の駅1階にあるトイレのほうに行くのがいいのではないかとおもう。まあ、あまり変わらないだろうけど。

　ちょっと少ない14個室は、アメリカの奥地、灯台の近くのトイレである。15個室はアラビアエリアのメリーゴーラウンドの脇。この2つはたしかに少しすいてます。人が多いところのトイレは大きく、人の少ないところは小さくなっている。しごく当たり前の風景だけど、これがえらいとおもえるのは、ランドのトイレがあまりにいびつで、格差がひどいからですね。ほんと、ランドのトイレは、個数を把握してから並びましょうね。ないしは、スタッフにトイレはどこがいいでしょうか、と聞いたほうがいい。スタッフは基本、大きいトイレを案内してくれるものだから。

　ほかにシーのトイレで混んでるとおもうのはマーメイドラグーン内のトイレ。24個室と多いのだけど、ここは、完全室内施設であるため、子連れの家族が多く避難していて（雨風だけでなく、暑さや寒さからも避難してくる）、だからこのトイレはどうしても混む。24だとちょっとまかないきれないくらい混んでることがあります。あまりに混んでいたら、橋を渡ってアラビアエリアに入ってすぐ右のトイレに行くといいとおもう。

　あと、中高生が多い時期には、インディ・ジョーンズ脇のトイレも混みます。みんな絶叫だけ求めてるからね。ここが混んでるときは、吊り橋を渡った向かいの、メキシコ料理店脇のトイレが圧倒的に空いてるんで、そっちに行ったほうがいいです。

　ただまあ、全体にどこに入ってもそんなに困らないのがシーのトイレです。

　特にランドでは入口がとても狭く、男子トイレでも行列ができることがある。ときに「男子の個室」に並んでる列が延びて、個室に用がない小用の人もその列に並んでしまってることがある。係員がいれば、案内してくれるが、微妙な混雑ぐあいのときは、係員も立っておらず、小がいくつも空いているのに、進まない列のうしろに無駄に並んじゃってることがあります。中から出てきた親切な人が声を掛けてくれると、列も解消されるのですが、いつもいつもそううまくいくわけではない。男子トイレに列ができてるときは、ひょっとして大の列に並んでるのではないか、という疑問を持ったほうがいい。特にランドのほうで、よく起こっていることなんだけどね。シーでも女子30個室のタワー・オブ・テラー脇トイレでは、似たようなことが起こるのでご注意されたし。

　シーのトイレの問題は男女表示がわかりにくいところにあります（詳細は次々ページ）。

216

ディズニーシーの全トイレ規模一覧

エリア	混み度	場所	女子個数	女子表示	男子表示	男子 大	男子 小
メディテレーニアンハーバー		入口広場、火山に向かって右（北口側）	18	BELLE DONNE	SIGNORI	3	⑥
		入口広場、火山に向かって左（南口側）	19	BELLE DONNE	SIGNORI	3	⑥
		ザンビーニとポルトフィーノの間	19	BELLE DONNE	SIGNORI	3	⑥
		ヴェネツィアン・ゴンドラ向かい	19	BELLE DONNE	SIGNORI	3	⑥
		ガリオン船の上。角	18	LADIES	GENTLEMEN	3	⑥
アメリカンウォーターフロント		電車アメリカエリア駅の1階	19	LADIES	GENTLEMEN	3	⑤
	△	タワー・オブ・テラー向かって左	30	LADIES	GENTLEMEN	3	⑤
		アーント・ベグズ・ヴィレッジストア横	14	WOMEN	MEN	2	④
	△	S.S. コロンビア号3階（Bデッキ）	2	LADIES	GENTLEMEN	1	③
ポートディスカバリー		ホライズンベイ・レストラン横	15	WOMEN	MEN	3	⑤
ロストリバーデルタ		ミゲルズ・エルドラド・キャンティーナ横	22	Mujeres	Hombres	3	⑥
	△	インディ・ジョーンズ横	21	Mujeres	Hombres	3	⑥
アラビアンコースト		キャラバンカルーセル横	15	PRINCESS	PRINCE	3	⑥
		オープンセサミ裏	17	PRINCESS	PRINCE	3	⑤
マーメイドラグーン	△	マーメイドラグーン内	24	WOMEN	MEN	3	⑥
ミステリアスアイランド		ノーチラスギフト横	21	（印だけ）	（印だけ）	3	⑥

以下施設内のトイレ数

エリア	混み度	場所	女子個数	女子表示	男子表示	男子 大	男子 小
メディテレーニアンハーバー		マゼランズ内（1階部分）	2	LADIES	LORDS	1	②
		マゼランズ・ラウンジ内（2階部分）	2	LADIES	LORDS	1	②
		ザンビーニ・ブラザーズ・リストランテ内	4	BELLE DONNE	SIGNORI	1	②
		カフェ・ポルトフィーノ内	6	BELLE DONNE	SIGNORI	1	③
		リストランテ・ディ・カナレット内	2	BELLE DONNE	SIGNORI	2	②
アメリカンウォーターフロント		ブロードウェイ劇場内	12	LADIES	GENTLEMEN	2	④
		ケープコッド・クックオフ内	7	WOMEN	MEN	2	③
		テディ・ルーズヴェルト・ラウンジ内	2	WOMEN	MEN	1	②
		レストラン櫻内	2	WOMEN	MEN	1	②
		ニューヨーク・デリ内	7	WOMEN	MEN	1	③
		セイリングデイ・ブッフェ内	6	WOMEN	MEN	3	③
ポートディスカバリー		ホライズンベイ・レストラン内	5	（印だけ）	（印だけ）	1	③
アラビアンコースト		カスバ・フードコート内	7	PRINCESS	PRINCE	2	③
ミステリアスアイランド		ヴォルケイニア・レストラン内	6	LADIES	GENTLEMEN	1	③

園外のトイレ数

エリア	混み度	場所	女子個数	女子表示	男子表示	男子 大	男子 小
ホテルミラコスタ・ロビー		レストラン「シルクロードガーデン」右横	4	（印だけ）	（印だけ）	3	⑤
ノースゲート駐車場近く		火山向かって右・北口チケット売り場後方横	20	WOMEN	MEN	5	⑥
サウスゲート駐車場近く		火山向かって左・南口チケット売り場後方横	20	WOMEN	MEN	5	⑥
モノレール駅サウスゲート寄り		モノレール駅南口・券売機横	16	WOMEN	MEN	3	⑤
JR駅構内		舞浜駅改札内	13	女性化粧室	男性化粧室	4	⑥

ディズニーシーのトイレ表示の問題

　ディズニーシーのトイレにも問題はある。
　便所の男女別の表示が、ものすごくわかりにくいのだ。これはこれで泣きそうな問題だ。頼むよ。
　ふつう、日本国内での公衆のトイレの表示は、男性像と女性像のシルエットになっていることが多い。パッと見0.3秒で識別できるようにしてある。ふつうはね。ちょっと気取ったところに行くと、わかりにくい表示になってしまうんだな。デザインに凝ったための、デザインの敗北の見本である。
　ディズニーシーのトイレがそれだ。ここの表示は一種のクイズだ。正解できたときはいいけど、間違ったときは泣きそうだよ。
　まず言葉がわからない。それぞれのエリアでそれぞれの現地語で表記されている。でも[SIGNORI]と[BELLE DONNE]と[Hombres]と[Mujeres]の区別はおれにはつかないぜ。わからない。断固としてわからん。しかもアラブ世界のトイレ表示はPRINCEとPRINCESSで、中途半端である。
　あらためて気づいたのは、町中にあるトイレの表示を、おれたちは基本的に「色」で識別してるんだな。表示板が青系統なら男、赤系統なら女なのだ。日本ではそういうことになっておるのだ。だから、ディズニーシーでも色さえ統一してくれれば、誰も間違えない。
　でも、つけてない。つけてるところもあるが、男女どっちも無色のところもある。入口周辺がそうなんだけど、混んでるときは、間違って男便所に行きかけて半笑いで戻ってくるおばさんが3分間で1人の割合で出現します。まじに。だっておれ、数えてたもん。15分立ってたら5人間違えてた。本当に。不思議と男性は間違えませんね。おばさんばっかり間違えてた。
　あとで写真を並べて気づいたが「男子の表示板は三角△、女子は丸○」になってるのが多いんだね。勝手にそういうことにしてるみたいだが、でも、それはお知らせしてくれないと気づかないって。あにやってんだか。それだって統一されてなくて、ポートディスカバリーのトイレ案内板はどっちも○だった。ほんとに何を考えてるのでしょう。何も考えてないですよね。しっかりしてください。
　とにかく、色を統一しなさい。
　字も、枠の形も、それは好きなようにしていいですから、すべての男子トイレの表示板を青に、女子トイレの表示板を赤にしなさい。すぐに、だ。お願いします。

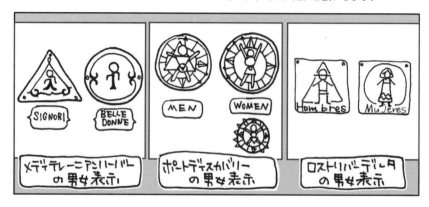

218

第11章
原作映画のストーリー完全紹介

ランドやシーのアトラクションの多くはディズニー映画の原作がある。
この11章ではその原作映画のストーリーを、最初から最後まできちんと紹介する。
結末もきちんと書く。というか、結末をしっかり書き、主人公がどうなったかを明記するのが
ひとつの目的です。未見の映画のネタバレを嫌う人は読まないほうがいい。
世界を知らないまま生きながらえるのがよろしかろう。賢者のための解説であるぞ。
なんちゃって。

『南部の唄』スプラッシュ・マウンテン……220
『白雪姫』白雪姫と七人のこびと……221
『シンデレラ』シンデレラのフェアリーテイル・ホール……221
『ピノキオ』ピノキオの冒険旅行……222
『ピーター・パン』ピーターパン空の旅……222
『ダンボ』空飛ぶダンボ……223
『ふしぎの国のアリス』アリスのティーパーティー……223
『くまのプーさん完全保存版』プーさんのハニーハント……224
『美女と野獣』ミッキーのフィルハーマジックとワンス・アポン・ア・タイム……224
『スイスファミリー・ロビンソン』スイスファミリー・ツリーハウス……225
『トム・ソーヤーの大冒険』トムソーヤ島いかだ……225
アニメ『チップとデールの大作戦』ガジェットのゴーコースター……226
『ナイトメアー・ビフォア・クリスマス』ホーンテッドマンション（秋冬）……226
『トイ・ストーリー』バズ・ライトイヤーのアストロブラスターとトイ・ストーリー・マニア！……227
『モンスターズ・インク』モンスターズ・インク“ライド＆ゴーシーク！”……227
『スター・ウォーズ』スター・ツアーズ：ザ・アドベンチャーズ・コンティニュー……228
『パイレーツ・オブ・カリビアン』カリブの海賊……228
『ロジャー・ラビット』ロジャーラビットのカートゥーンスピン……229
『インディ・ジョーンズ』インディ・ジョーンズ・アドベンチャー……229
『リトル・マーメイド』マーメイドラグーンのアトラクション群……230
『アラジン』マジックランプシアターとジャスミンのフライングカーペット……230
小説『シンドバッドの冒険』シンドバッド・ストーリーブック・ヴォヤッジ……231
『ファインディング・ニモ』タートル・トーク……231
小説『地底旅行』センター・オブ・ジ・アース……232
『海底2万マイル』海底2万マイル……232

映画『南部の唄』(1946) 内容完全紹介
TDL『スプラッシュ・マウンテン』原作

スプラッシュ・マウンテンは『南部の唄』という1946年の映画を背景に作られてますね。実写とアニメが合成された映画だ。でも、もう、見られません。映画の中の黒人主人公が、差別的に描かれてるってんで、見られなくなったのだ。それでも20世紀中には、古いレンタルビデオ屋さんで借りられたんだけどね。そのとき見た『南部の唄』のお話。

南北戦争のころのアメリカ南部のお話だ。

都会っ子の少年が、母に連れられ、彼女の実家の南部の田舎の農園にやってきた。そこの使用人の黒人のリーマスおじいさんと仲良くなり「うさぎときつねの話」を聞く。ただ、母は、息子がこの使用人と仲良くするのをこころよく思わず、リーマスをクビにする。それを知った少年がリーマスを追いかけケガをしてしまう。少年が助けられ、目が覚めると、リーマスおじいさんが枕元にいてめでたしめでたし、という話だ。

で、スプラッシュ・マウンテンのもとになってるのは、リーマスおじいさんが話してくれた「うさぎときつねの話」だ。南部に伝わる動物のおとぎばなし。

登場人物は、頭がよくてずる賢くてすばしっこいウサギくんと、彼を食べようと狙ってるキツネくんと、キツネくんの仲間でやはりウサギを食べようとしてるまぬけなクマくんだ。クマくんはかなりまぬけですね。プーさんと変わらないレベル。

ちなみに、もともとの説話は岩波少年文庫の「ウサギどんキツネどん」にまとめられてるけど、ウサギどんは別にいいやつじゃないよ。ずる賢いという表現がぴったりなやつで、映画『南部の唄』でも、いいやつとしては描かれていない。スプラッシュ・マウンテンに何も知らずに乗ってると、ウサギが正義、キツネが悪漢とおもってしまうけど、そんなバカみたいなアメリカ的正義で世界は構成されてませんので注意してください。

『南部の唄』でのウサギどんの話は2つだ。

ウサギどんは、自分が住んでるイバラの森がいやになって、出て行こうとしている。イバラの森に住んでると、災いばかりがやってくると言うのだ。我慢と努力の嫌いな軽薄な野郎って感じですね。

跳びはねて、家を出て早々、罠にかかってしまった。キツネどんが仕掛けた罠だ。ロープに引っかかり、木からぶらんぶらん吊り下げられてしまった。

遠くチカピンヒルにいたキツネどんが、それに気づき、殺して食べようと斧を研いで引っさげ、大急ぎで近づいてきた。

と、ぶらんぶらん下がってるウサギどんの下をおばかなクマどんが通った。罠にかかってるウサギに、何をしてるのと聞く。「カラスを追っ払うカカシの仕事をやってるのさ。1分1ドルもらえるんだ」とウサギどんはウソを言った。1分1ドル。時給60ドル6千円だ。すげえ高い。いいなあうらやましがるので「よかったら代わってやろうか」とウサギどんは言う。悪いなあと言いつつクマどんはウサギの罠をはずしてやり、自分で罠に入り、両足を耳の脇に結わえ付け、ぶらんぶらんとぶらさがった。

斧もってキツネどんが駆けつけたときには、クマどんが代わりに罠にかかって、ぶらんぶらんとしている。「どうしてお前が罠にかかってんだよ」と怒るキツネどん。このシーンは、スプラッシュ・マウンテンでも見られますね。

2つめの話は、また、ウサギどんが罠にかかる話。

リーマスじいさんが釣りに行った日、ウサギどんはあちこち跳びはねる日と決めていた。途中、キツネが仕掛けたタール人形の横を通りかかる。コールタールで作った人形だ。ごきげんよう、と挨拶したが、タール人形は返事をしない。怒ったウサギどんは、タール人形をおもいっきり殴った。右手がタールにからまって取れなくなった。左手で殴り左手もからまり、蹴ったら足も抜けなくなり、結局タールが全身にからまって、動けなくなってしまった。キツネどんの罠にまんまと引っかかってしまったのだ。

キツネどんがクマくんと笑いながらやって来て、ウサギどんを焼いてバーベキューにして食べる用意を始める。クマどんは頭をぶちのめすが早いぜ、と言う。そのときウサギどんは「何されたってかまわないけど、イバラの森にだけは投げ込まないでくれ！」と叫んだ。キツネどんは、そうかそんなに嫌がるならと、イバラの森に投げ込んだのでした。やった、とおもったキツネどん。でも、イバラの森はウサギが生まれ育った場所だった。喜んで飛び跳ねるウサギどんと、まんまと口グルマにのせられ悔しがるキツネどんでした。そういう話です。

スプラッシュ・マウンテンの急降下するところは、イバラの森に投げられる瞬間をイメージしてるらしい。落下したあとは、まわりはイバラの森になってるから、今度みてみな。

ま、幸せな場所（スプラッシュでは笑いの国と言ってます）を探して旅に出たが、結局、生まれ故郷が一番、というそういうつまんない話だ。アメリカに来た移民よ、国に帰れって意味なのかもしれない。

220

映画『白雪姫』(1937) 内容完全紹介
TDL『白雪姫と七人のこびと』原作

　白雪姫は美しいから殺され、でもまた生き返った、という物語です。残酷で恐ろしい話だ。

　白雪姫は、継母と一緒に、お城に住んでいました。すごいぼろい服を着て、家の仕事をしている。それを王子さまが見て惚れる。出会いは一瞬だけです。

　継母は、怖いけど、美しい。魔法の鏡は彼女のことを、世界で一番美しい女性、と認めていた。それがあるとき突然、白雪姫が初登場1位を獲得する。継母は1位から陥落。おそらく、白雪姫が突然きれいになったのではなく、ランキング対象外の「子供」だったのが、ある日、ランキング対象となる「女」に変わったためだとおもわれる。

　継母は、トップ返り咲きのため、部下の狩人に、白雪姫を森に連れて行き、殺し、心臓を抉って持ってこい、と命令する。狩人はナイフを振りかざすが実行できず、姫を森に逃がし、継母にはブタの心臓を「白雪姫の心臓」と偽って差し出す。

　白雪姫は夜の森を逃げる。枯れ木も風も自分に襲いかかってくる魔物に見える。朝になり、森の動物に誘われ、こびとの家を見つける。入って、片付け、食事の用意をして、いつしかベッドで眠ってしまう。

　鉱石を採掘している七人のこびとたちは、帰ってきたらきれいなお姉さんが寝てるので、びっくり。どこまでも無邪気な白雪姫のペースに巻き込まれ、こびとたちは楽しい夜を過ごす。

　翌日、こびとたちが鉱石採掘に出かけているとき、醜い老婆に変身した魔女・継母が森の家にやってきて、毒リンゴを白雪姫に渡す。彼女はそれを食べて死ぬ。異変に気づいた七人のこびとは、急ぎ戻ってくるが、白雪姫は殺害されたあとだった。嵐の中、逃げた魔女を追いかけ断崖に追い詰める。魔女は、上から大きな岩を落とそうとして足を滑らせて、死んでしまう。ランドのアトラクションはこの魔女が断崖に登ったシーンで終わる。

　「死んでもなお美しい白雪姫を、こびとたちは土に埋める気にはなれませんでした」とかれらは遺体をきれいに保存する。季節が変わり、暢気そうな王子さまがやってきて、半年ほど放置されている白雪姫の遺体を見つけて、キスをする。と、白雪姫は生き返ったのでした。深く考えると、いろいろ不気味な部分はありますが、深く考えてはいけません。めでたしめでたししゃんしゃんしゃん。次いきます。

映画『シンデレラ』(1949) 内容完全紹介
TDL『シンデレラのフェアリーテイル・ホール』原作

　シンデレラは一般市民です。母はなく、富裕な父と二人で暮らしていました。父は再婚する。そこに連れ子が二人いた。義理の姉アナスタシアとドリゼラ。再婚後、すぐ父は死に、継母と義理の姉二人と一緒に暮らすことになる。家産も傾き、シンデレラが家事をすべて受け持っている。

　いっぽうこの国の国王は、王子が結婚する気配がないので、やきもきし、花嫁を見つけるため、舞踏会を開くことにする。国中の若い娘はすべて出席するようにと布告する。義姉たちが用意するのを見て、私にも出る資格があります、とシンデレラは言う。家事を済ませて、ドレスを用意できれば、と継母は言う。日ごろ世話をしているネズミたちの力を借りてドレスを用意するが、出かけるときに難癖をつけて破られ、シンデレラは諦める。庭で泣き崩れるシンデレラのもとへ太っちょの妖精が出てきて、魔法を使い変身させる。純白のドレスを着せ、馬車と御者と召使いを用意して、舞踏会に送り込む。「ただし真夜中の12時を告げる鐘が鳴り止むと、魔法が解け、すべてもとの姿に戻るよ」と忠告する。

　シンデレラが王宮に駆けつけると、王子はひとめで彼女を気に入り、彼女だけとダンスをして、庭で語らう。シンデレラは素敵な男性だとはおもうが、彼が王子だとは知らない。12時になりシンデレラは慌てて王宮をあとにする。そのときガラスの靴を片方、階段に忘れてしまう。

　彼女の正体がわからず「このガラスの靴にぴったりの足を持つ娘と王子を結婚させる」と父王が宣言する。この靴が合う娘は何人もいますよと側近が苦言を呈すると、王は「そのうちの誰かと結婚させる」ともっともなことを言う。

　シンデレラの家にもガラスのパンプスを持った側近がやってきて、ブスな義姉たちは必死に足を押し込むがうまく入らない。継母は、舞踏会の美女がシンデレラであると気づき、彼女を部屋に閉じ込める。シンデレラは動物たちの協力で部屋を抜けだし、もう片方のガラスの靴を持っている、と出してそれを履く。彼女が王子の求めた女性だ、ということで、すぐに式を挙げ、王子とシンデレラが馬車で去るシーンでおしまいでやんす。めでたい。

221

映画『ピノキオ』(1940) 内容完全紹介
TDL『ピノキオの冒険旅行』原作

　原作はイタリアの教訓的童話。ピノキオは、ゼペット爺さんが作った操り人形だ。爺さんは、この子が本物だったらいいのになあ、とおもっている。ある夜、青い妖精が現れ、ピノキオに命を吹き込んだ。「努力して、勇気のある正直でやさしい子になれば、本物の人間になれる」とピノキオに告げる。

　翌朝、ピノキオが動いて喋るのを見て、爺さんは大喜びして、さっそく学校へ向かわせる。リンゴ1個を持たせ、これを先生に渡して挨拶せよと言う。

　ピノキオは、わりとどうしようもない性格で、すんなり学校に向かわず、途中、悪キツネのファウルフェローと猫のギデオンの口車に乗せられて、人形劇団に入って舞台に立つ。家に帰りたいと言うと、お前は金で売られたのだ、と鳥かごに閉じこめられた。夜になってから青い妖精がやってきて、閉じ込められた理由を聞かれるが、ピノキオは次々と口から出まかせを言い、鼻がどんどん伸びてしまった。謝って鼻が元に戻ったところで、青妖精がピノキオを劇団から逃がしてくれる。

　ピノキオは良心のコオロギ・ジミニーと家に戻ろうとするが、またキツネとネコに出会い、また口車に乗せられ、離れ島の遊園地に送られてしまった。学校嫌いの怠け者たちが集められていた遊園地は、悪いことやりたい放題のプレジャーアイランド。酒を飲み、たばこを吸い、施設を壊しても誰にも怒られない。遊び呆ける。ランドのアトラクションでもこの遊園地が妖しく描かれてますね。

　騒いでいると、みんな、どんどんロバになった。悪いことを好きなだけやってると、ロバの姿になり売り飛ばされロバとして生涯、酷使される運命なのだ。怖いですね。ピノキオはロバ耳が生え、足が変形しはじめた途中で逃げ出した。ゼペット爺さんは、ピノキオを捜しているうちにクジラに飲み込まれた。それを知ったピノキオは何とかクジラを見つけ、お腹の中でゼペット爺さんと再会する。最後は自分の身を挺してクジラからゼペット爺さんを守り、死んでしまう。妖精ブルーフェアリーはそれを見て、ピノキオを人間の子どもに生まれ変わらせたのでした。めでたい。でも、ピノキオが21歳のとき、女のことが原因でチンピラと揉めて刺されて死にましたとさ、なんて、それはおれの想像。でも、ありそう。

映画『ピーター・パン』(1953) 内容完全紹介
TDL『ピーターパン空の旅』原作

　主人公はウエンディだ。女の子。

　ある夜、父によって、明日からは子ども部屋から出て、1人部屋で寝なさいと言われる。ついに、子どもじゃなくなる日が来たのだ。その夜、自分の影を取り戻しにきたピーターパンとウエンディ姉弟が出会う。ウエンディが子どもじゃなくなると聞いて、ピーターパンはそれはいけない、ネバーランドへ一緒に行こう、と誘う。起き出した2人の弟ジョンとマイケルも連れてウエンディはピーターパンと空を飛んで、ネバーランドへ向かう。

　ネバーランドには悪漢フック船長と、インディアンたちと人魚とピーターの仲間のロストボーイたちがいる。人魚のいるところがマーメイドラグーンです。フック船長は、インディアンの首長の娘、タイガー・リリーを捕まえ、ピーターパンの隠れ家を聞きだそうとする。ピーターがリリーを助けだす。その夜、インディアンたちとピーターたちの宴になる。ピーターパンとリリーがキスするのを見て腹を立てたウエンディは、家に戻ると言う。ピーターも腹を立てる。フック船長は嫉妬で怒る妖精ティンカーベルからピーターパンの住みかを聞き出して包囲し、そこから出ようとしたウエンディたちを捕まえる。フック船長はピーターの家に時限爆弾を仕掛け、海賊船に連れ去ったウエンディ姉弟に海賊になれと強要する。気丈なウエンディは、海賊になるぐらいなら死を選ぶと言い、後ろ手に縛られた踏み台から海に飛び込む。間一髪、ピーターパンに助けられる。船上でピーターたちが戦い、海賊を蹴散らす。フック船長は海に落とされ、時計音のワニに食べられそうになって逃げて行く。

　海賊船でロンドンへ戻ろう、と船にティンカーベルの粉をふりかけて飛ぶ。海賊船が空を飛ぶところは、ちょっと感動します。

　家に帰り、ウエンディが父と母にいまの冒険を興奮して話すが、本気にされない。そのとき、月の前を横切る巨大な海賊船。ママが驚いて、あなた、と叫ぶと、父も空飛ぶ海賊船に気づき、久しぶりだ、子どものときに見たのを思いだしたぞ、とお父さんまで子ども心を取り戻したところで物語はおしまい。いや、大人に子供心はいらんだろとおれはおもうよ。

222

映画『ダンボ』(1941) 内容完全紹介
TDL『空飛ぶダンボ』原作

　ダンボは耳の大きな子供ゾウです。サーカスにいます。生まれたときから、耳がとっても大きく、仲間のゾウたちからバカにされる。観客の人間たちから「世にも珍しいデカ耳の子ゾウ」として笑われる。子供たちが、うわあ、みっともねえ、とバカにして耳を引っ張るのを見て、母ゾウのジャンボは怒り出し、人間たちに乱暴を働き、団長まで痛めつけてしまう。ジャンボは「危険：マッド・エレファント」とされ、狭い小屋に閉じこめられてしまった。
　一人ぼっちになったダンボ。
　ネズミのティモシーが友だちになってくれた。
　ティモシーが画策し、ピラミッドショーの主演をダンボがやることになった。ところが本番でダンボは自分の耳を踏み、大失態を演じてしまう。責任を取らされ、ピエロに落とされる。「お笑い」という下等な役割を担わされた。このへんは、当時のお笑いの地位の低さがわかって興味深いですね。高い場所から桶に飛び降り白い液体まみれになって笑われる、というショーの、侘しい主役となる。
　ある夜、ティモシーは、悲しむダンボを母ジャンボの牢へ連れて行く。格子越しに鼻でダンボをあやすジャンボ。このシーンがアメリカ軍人も泣いたシーンです。そのあとダンボとティモシーは、知らずに酒入り水を飲み、酔っぱらってしまう。気づくと高い木の上で寝ている二人。ティモシーは「ダンボが空を飛んだのではないか」と推測、飛行訓練を促す。同情したカラスたちも手伝ってくれて、大きな耳の力でダンボは、自力で空を飛べるようになった。
　サーカスのショーで、再び高い位置から落とされるダンボ。ピエロとして、みじめに落下する姿を笑われるショーなのだが、ダンボは、落下途中に大きな耳を使って飛ぶ。ついにダンボは飛んだのだ。拍手喝采、ダンボはみんなに認められる。
　空飛ぶゾウとしてダンボの人気はうなぎのぼり。新聞や雑誌に大きく取り上げられ、ハリウッドと契約、第二次世界大戦中の空軍部隊もダンボ隊と名づけられ、ティモシーもマネジャーとして有名になった。移動列車のいちばん良い席に母ジャンボが乗り、ダンボが母のもとに舞い降り、抱かれて次の興行地に向かうシーンでおしまいです。よかったね。

映画『ふしぎの国のアリス』(1951) 内容完全紹介
TDL『アリスのティーパーティー』原作

　アニメ映画『ふしぎの国のアリス』はルイス・キャロルの『不思議の国のアリス』と『鏡の国のアリス』の2つの物語を混ぜて作られてる。
　アニメは「アリスが見たとりとめのない夢」が展開されていくだけである。庭で歴史の本を読み聞かされ退屈でたまらないアリス。妄想にひたっていると、チョッキを着たウサギが「大変だ。遅れちゃう」と大慌てで穴の中に入って行くのを見て、それを追う。穴は深く、長く下に落ちる。そこでからだを小さくする飲み物を飲んで小さくなり、からだを大きくするビスケットを食べて大きくなり、どこにも行けないので泣き出したら、その涙で大洪水が起こってしまった。ビンに入ってアリスは流される。
　ドードーと出会い、丘に上がって、歌って踊ってぐるぐるまわる。森に入ると、双子のディーとダムがまとわりついてきた。「セイウチと大工の話、別名好奇心の強い牡蠣の話」を聞かせてくれたが、話が終わらないので、ひとり森の奥に入っていく。ウサギの家に入り、ビスケットをつまんで巨大化してしまい、ニンジンを食べ身長7センチまで縮む。再びウサギを追いかけ森に迷い込み、喋る花たちに出会い、不思議な歌を口ずさむ毛虫に出会う。毛虫は蝶に変わり、キノコを齧ると大きくなったり小さくなったりすると教えてくれた。
　キノコを食べて巨大化して、鳥に怒られ小さくなり、森を進み、チェシャ猫に出会う。イカレ帽子屋と三月ウサギに会えばいい、と教えられ、たどりつくと、いかれた帽子屋と三月ウサギは今日は誕生日じゃないからめでたい、といかれきったお茶会を開いていた。アリスは茶を勧められるが一口も飲めないので怒って去る。不思議な生き物ばかりがいる森に迷い込み、またチェシャ猫が女王に会えばいい、と教えてくれる。エキセントリックでわがままで、すぐに「首をお刎ね」と叫ぶのが女王だ。アリスは女王とクローケーで対決し、ハリネズミのボールをフラミンゴのバットで打ったがうまくいかず、女王さまを怒らせてしまい、首を刎ねられることになる。裁判では何も意味をなさない証言や取り調べが行われ、アリスは巨大化して、小さくなり、裁判所を逃げ出し、ここまで登場してきた全キャラクターに出会い大騒ぎをして、気がつくと、アリスは木陰でぐっすり眠ってたのでした。はい。夢落ちかよ。

223

映画『くまのプーさん完全保存版』(1977) 内容完全紹介
TDL『プーさんのハニーハント』原作

「プーさんのハニーハント」の原作は『くまのプーさん完全保存版』という作品である。"完全保存版"という語がポイント。3本の短篇をあわせた作品。

第一話は「プーさんとはちみつ」。プーさんはハチミツの木を見つけたけど、高くて取れない。考えて、クリストファー・ロビンに風船をもらう。風船で木の脇に浮かんで「ぼくはただの雲、ハチミツなんか取りにきたんじゃない」と歌いながらミツバチを騙そうとする。すぐにばれて一斉攻撃を受ける。しかたなくラビットの家でハチミツを御馳走になるが食べ過ぎ、入口にカラダが詰まる。痩せるまで数日待って、みんなで引っ張ると、勢い余って飛んで木の穴に頭を突っ込む。そこは最初狙ったハチミツの穴で、思う存分ハチミツを食べましたとさ。

第二話はアカデミー賞受賞「プーさんと大あらし」。風の強い日、ピグレットとプーさんが一緒に飛ばされて、木の上のオウルの家にたどり着くが、木ごと倒れてしまう。その夜、風を怖がってるプーの家にティガーがやってきて腹減ったと言う。ハチミツは食べないよね、と言われてわからずに、大好物だ、と食べ始め、すぐにまずい、こんなの喜ぶのはズ

ウとヒータチぐらいだ、と言い捨て帰ってしまう。その夜、プーはサイケデリックな模様をしたゾウとイタチ、つまりズオウとヒータチがハチミツを狙う夢を見る。目覚めると、大洪水になっていて、ピグレットとプーは流され、滝を落ち、ロビンの家にたどり着いて助かる。洪水がおさまり、みんなで祝う。

三話めは「プーさんとティガー」。いつもいきなり誰かに飛びかかり、そのまま跳びはねるティガーを懲らしめようと、ラビットはティガーを森に迷わせようとする。ところが自分が迷い、ティガーに助けられた。別の雪の日。ティガーは子カンガルーのルーと一緒に跳びはねて遊んでいるうち、高い木のてっぺんまで登ってしまい、降りられなくなる。アニメの語り手がいきなり出てきて、ティガーの載ってる絵本のページを傾けて下ろしてくれた。前衛。

最後、クリストファー・ロビンはプーさんたちに別れを告げる。学校に通うので、もう「何もしない」が出来なくなったと言う。ロビンは、プーに「何もしない」を一人でやってね、そして僕のことを忘れないで、と言い残して大人になっていくのであった。ちょっと切ない終わりです。みんな大人になれよ。

映画『美女と野獣』(1991) 内容完全紹介
TDL『ミッキーのフィルハーマジック』『ワンス・アポン・ア・タイム』原作

物語は、なぜ王子が野獣の姿に変えられたのか、という説明から始まる。ある夜、みすぼらしい物乞いの老婆が城にやってきて、一輪のバラを差しだし、これで一夜泊めてもらいたいと頼むが、王子は断る。すると老婆は、美しい魔女としての本性を現し、王子の姿を野獣に、家臣たちを家財道具に変える罰を下す。王子が人を愛し、その相手から本当に愛されればこの魔法は解けると告げるが、でも十年経っても、みんな、そのままの姿でいる。

この城に老人モーリスが迷い込み、幽閉される。父が帰ってこないことに気付いた美しい娘ベルは、野獣王子の城を探しだし、父を見つける。野獣が出てきて、勝手に侵入したので閉じ込めたと言う。このままでは病弱な父が死んでしまうと、ベルは身代わりを申し出、受け入れられる。父は解放される。

若い娘が城にやってきたことで、家臣たちは、彼女と王子が愛しあえば魔法が解けると、色めき立つ。が、野獣王子は乱暴な応対しかできず、ベルと喧嘩してばかりいる。絶対に見るなと告げた部屋にベルが入ったことを知り、野獣は怒り、出て行けと怒鳴

る。ベルは城を出るが、森でオオカミに襲われそうになる。そこへ野獣王子が現れ、オオカミを蹴散らしベルを救う。二人は城へ戻る。助けてくれた野獣王子に心を寄せ始めるベル。王子が愛の告白をしようとしたときに、ベルが心配げなのに気付く。魔法の鏡を使ってベルの父の様子を見ると、ベルを探しに森に入り倒れている。野獣王子は父のもとに彼女を送り出す。父を助け、村にもどった彼女たちのもとに村人が集まり、野獣の存在を知る。こんな恐ろしいものは生かしておくわけにはいかないと、村人たちは徒党を組み野獣の城に襲いかかる。

村の悪のリーダー、ガストンが野獣にとどめを刺そうとしたときに、野獣王子はベルに気が付く。野獣は刺されるがベルが戻ってきたことを喜ぶ。倒れた野獣を抱き「死なないで、愛しているわ」とベルは涙を流す。と、まわりは光に満ちあふれ、魔法が解ける。王子はハンサムな姿に戻り、家臣たちももとの姿に戻る。王子とベルが祝福されつつ踊るシーンでおしまい。ちなみにセリフの多くが歌になっているミュージカルアニメです。すてき。

映画『スイスファミリー・ロビンソン』(1960) 内容完全紹介
TDL『スイスファミリー・ツリーハウス』原作

　1805年、ヨーロッパはナポレオンによって蹂躙されていた。スイスのベルンに住むロビンソン一家は、ナポレオン軍が迫ってきたため、徴兵されるのをいやがり、ニューギニアへの移住を決意する。19世紀スイス人の考えてることはわかりません。

　ニューギニアに向かう途中、嵐に遭い船が座礁する。近くの島へ必要なものを運び込む。一家は父母と男の子3人。上から19歳、17歳、10歳ぐらい。

　そこへ早川雪洲率いる悪い海賊がやってくるが、伝染病船に見せかけ、撤退させる。

　船から引き上げたものを使い、ロビンソン一家は木の上に家を作る。風車による冷蔵庫もあるキッチン、水道完備、出入り口の梯子は引き上げ式、子供部屋に見張り部屋、夫婦の寝室に天窓があって星を見ながら眠れる。ディズニーランドで見られます。

　家を完成させたあと、兄2人、つまり青年2人で、ここは島なのか陸続きなのかを調べに行く。間宮林蔵か。島の反対側で雪洲海賊を見かける。船を襲われた老人と少年が縛られている。兄弟2人は捕虜を助けようと忍び寄り、少年だけを助け出したところで見つかり、逃げる。途中、彼は少年ではなく、少女であったことがわかる。大蛇に襲われたり、道に迷ったり、底なし沼にはまりそうになったりしながら、3人は木の家に戻る。クリスマスは、彼女とロビンソン一家とでのパーティが開かれた。移動中から兄も弟も少女を求め、結局、兄が歓心を得る。

　海賊の襲来に備えて、近くの丘を要塞化する。

　大木を落とす仕掛け、岩石を落とす仕掛け、ココナッツ爆弾、落ちる橋、落とし穴、手作りの藁の地雷など。同時にトラを捕まえる落とし穴を作り、その夜、うまくトラを穴に落とすことに成功する。ある日、みんなでダチョウレース遊びをしているときに早川雪洲海賊がやってきた。要塞にこもって海賊と戦う6人。100人くらいで襲ってくる海賊を楠木正成的に撃退するロビンソン一家。と、少女のおじいさんが武装商船で戻ってきて海賊を一蹴する。

　老人が船でどこでも連れていくと言う。まん中の男子はヨーロッパに戻って大学に行くことにした。母さんは「ここに永住します」と宣言、兄と彼女、末の弟も残ることになった。「いずれここも植民地とせねばならぬ。そのときにお父さんはぜひ総督に」と言って5人残りました。何なんでしょうこの話。

映画『トム・ソーヤーの大冒険』(1995) 内容完全紹介
TDL『トムソーヤ島いかだ』原作

　天保年間くらいのミシシッピー川周辺ハンニバル村が舞台。トムは元気な少年だ。やんちゃでいたずらっ子。浮浪児のハックとも仲がいい。あるとき、トムとハックはまじないのため、夜中に墓地に向かった。そこで、医師のロビンソンと太っちょマフ、それにインジャンジョーの3人が現れ、墓荒らしを始めるのを目撃。海賊の墓から宝の地図を見つけ、仲間割れが始まり、インジャンジョーは2人を殴り倒し、気を失っているマフのナイフでロビンソン医師を刺し殺した。一部始終見ているトムとハック。ちなみに「インジャンはインディアンのなまり」と新潮文庫(旧版) 115pに大久保康雄先生は註をつけてくだすってる。インディアンのジョーです。

　翌朝、医師ロビンソンの死体とともに、マフのナイフが見つかり、裁判になる。トムは証言しようとするが、ハックに止められる。ジョーは地図をたよりに莫大な金貨を見つけ、地図を燃やす。証拠品はなくなる。マフに判決がくだされる日、トムは、真実の証言を決意する。法廷の隅で睨むインジャンジョーを横目に、トムは犯人はマフじゃない、インジャンジョーですと証言する。真実の証言だと認められると、ジョーはナイフをトムに投げ、窓を突き破って逃げる。トムは聖書で一命をとりとめる。

　無実が証明されたマフと一緒にみんなでピクニックに出かけ、子供たちは洞窟探険をする。トムは彼女のベッキーと2人で奥深く入り、迷ってしまった。洞窟ではなく巨大な鍾乳洞だったのだ。小説だと5日ほど迷うが、映画では一晩。この洞窟は、インジャンジョーが宝物を埋めた洞窟でもある。トムとベッキーは真っ暗な洞窟で突然殺人鬼のインジャンジョーと出会う。逃げる。出口を見つけてベッキーだけ先に逃がし、宝物の前でジョーに襲われる。そこへ突然、ハックが助けに来てくれる。スターウォーズのハンソロみたい。2人で戦い、ジョーは深い穴に落ちる。トムとハックは莫大な宝物を担いで出てくる。小説では、ベッキーと迷った話と、ハックと宝を掘り出してくるのは別の日になってる。ハックとトムは宝物を運び出し大金持ちになり、ハックも養母を見つけてハッピーエンド。天保水滸外伝トムソーヤ島インジャンジョー洞窟由来の一席。

225

アニメ『チップとデールの大作戦』(1989) 内容完全紹介
TDL『ガジェットのゴーコースター』原作

「ガジェットのゴーコースター」の原作だ。ガジェットは映画に出てないから知名度が低い。ネズミです。テレビ用アニメ『チップとデールの大作戦』に出てる。がらくたを集めてはいろんなものを発明するキュートな女ネズミです。

『チップとデールの大作戦』の主人公はチップとデールだ。レスキュー・レンジャーとして正義のために戦ってる。わりとどうでもいい正義ですけどね。

レスキュー・レンジャーは全部で5人。チップ&デールにガジェット、それと太っちょネズミのモンタリーとハエのジッパーだ。全5匹か。

彼らは本来のネズミやリスの大きさで、人間よりずいぶん小さい。人間と話せない。でも人間を助けるのだ。リスとネズミが同じ大きさだけど、リスのほうが大きくなかったっけ。マンガ『漂流教室』ではペストを媒介する禍々しい動物としてリスが登場して殺されてたよなあ、なんて思い出します。うふ。

ちなみに、このアニメではチップとデールのキャラがまったく違う。チップはまじめで正義感の強いリーダー、デールはいつもさぼってるいい加減なやつなのだ。デールはいつもアロハ姿だし。

悪いやつとして、太った猫ファットキャットがいます。以前はファットキャットもガジェットもトゥーンタウンに現れてたけど、最近はどうなんだろう。

映画『ナイトメアー・ビフォア・クリスマス』(1993) 内容完全紹介
TDL『ホーンテッドマンション・ホリデーナイトメアー(9月〜1月実施)版』原作

2004年の秋、ホーンテッドマンションが、ナイトメアーバージョンに変えられた。ティム・バートンの『ナイトメアー・ビフォア・クリスマス』が乗っ取ったのだ。それ以降、毎年9月から正月までこの悪夢バージョンに模様替えされている。元アニメを見ていないとまず意味がわからない。素敵に不気味でかわいいアニメの内容を紹介しておきます。

設定が不思議だ。

アメリカの年中行事は、それぞれの国の住人が運営しているのだ。知らなかっただろ。おれも知らなかった。つまり日本で言えば「正月の国」「節分の国」「ひな祭りの国」「七夕の国」なんてのがあって、それぞれ正月の神さまとお年玉と獅子舞とお節料理とか、節分の鬼と福の神、お内裏さまとお雛さまと三人官女とその仲間とかそういう連中が住んでいるのだ。彼らは1年に1回だけ人間世界に出てってお祭りを盛り上げ、それが終わると自分たちの国に帰って、また一年後の準備を始めるわけだ。あー、わかりましたか。わかんなかったら置いていきます。

主人公はハロウィーン国大王のジャックだ。このハロウィーンってのは、日本人にはよくわかりにくいよなあ。万聖節の前夜。どうもキリスト教以前のヨーロッパの原始的な宗教のにおいがしますが、よくわからない。とにかくその日は、怖がらせる日らしいのだ。いたずらをするわけですね。ハロウィーン国の住人が、そのいたずら部分を手伝ってくれて、盛り上げてくれるのだ。

物語は、ある年のハロウィーンが終わったところから始まる。今年もよかった。やはりおれたちの大王ジャックはすごいやあ、と盛り上がってるんだがジャックは憂鬱そうだ。毎年同じことをやってるがいいのだろうか、と悩んでる。悩んだジャックは、年中行事の国の入口が集まったエリアに来てしまう。そして、クリスマスの国に迷い込んでしまうのだ。

おお、素晴らしい、なんて素晴らしい国なんだろう、とジャックは感動する。つまり「ハロウィーンがクリスマスをうらやましがってる」わけだ。

ジャックは自分たちの国に帰って、今年はクリスマスをおれたちでやろうと言い出す。ま、節分の鬼たちが、ひな祭りをやろうぜ、と言ってるみたいなもんです。3月3日に女の子の悲鳴があがるのが想像できますよね。

サンタクロースのことを「サンディ・クローズ：鋭い爪をもつサンディ」と思いこむように、彼らはイベントというと人を驚かすことしか思いつかない。ホーンテッドマンション悪夢版で最後にヒッチハイクしてくる悪ガキ3人に命じて、サンディ・クローズを誘拐させた。そしてサンタの代わりにジャックが人間世界に乗り込んだ。人を恐怖に陥れるプレゼントをたんまり用意して、クリスマスイブに配ってまわるジャック。人間世界は大騒ぎになり、軍隊が出動して、偽サンタを大砲で撃ち落とした。

ジャックのことをひそかに愛してる不気味でかわいいサリーが、捕らえられたサンタクロースを助けだし、サンタを元に戻した。

おれたちはおれたちの"分"を守って生きていったほうがいいや、というそういう結末です。大人が見てもかなりおもしろいよ。

11章 原作映画のストーリー完全紹介

映画『トイ・ストーリー』(1995/1999/2010) 内容完全紹介
TDL『バズ・ライトイヤーのアストロブラスター』　TDS『トイ・ストーリー・マニア!』原作

まず第一作『トイ・ストーリー』。おもちゃが主人公。おもちゃは生きていて、人間が見てないときには、勝手に動いて話して騒いでる、という設定になっている。カウボーイのウッディが主人公で、おもちゃ仲間のリーダー。持ち主は"アンディ"という男の子で、ウッディが一番のお気に入り。ある日、新しいおもちゃがやってきた。それがバズ・ライトイヤー。スペースレンジャーだ。アンディの一番のお気に入りになる。ウッディはおもしろくない。バズを家から出そうとして、誤って二人で家から飛び出してしまう。家に戻ろうとするが、隣の悪餓鬼シドに捕まる。不気味なおもちゃに助けられ、抜け出すが、アンディ一家は引っ越しを始めていた。バズとウッディ二人で協力して、アンディたちの引っ越しトラックに戻ることに成功。今年のクリスマスプレゼントはおもちゃではなく生きた犬だったので、みんなほっとしたところで1話は終了。

続編『トイ・ストーリー2』、1999年。ある日、ウッディは悪いおもちゃ・マニアに盗まれ、売られそうになる。バズとポテト頭とブタと恐竜と犬が救出に向かう。ウッディは、マニアの家でかつての仲間カウガールのジェシー、プロスペクター爺さん、馬のブルズアイに出会い、玩具博物館に売られるのもいいかとおもい始める。でも、バズたちに助けられ、ジェシーも連れ、アンディのもとに戻る。

3作目『トイ・ストーリー3』。2010年。前作から10年、アンディは大学の寮に入るため、おもちゃをまとめて自宅の屋根裏部屋に置いておこうとする。が、間違ってゴミとして出され、おもちゃたちは自力で託児所にたどりつき、子供たちに遊ばれ、喜ぶ。しかしここは「悪のハグベア・ロッツォ」が支配する魔界、おもちゃをどんどん破壊する恐怖の託児所であった。ウッディは小さい女の子ボニーに助けられ、仲間を救出する。ボニーが楽しそうに遊ぶのを見て、アンディは彼女におもちゃをみんなあげることにした。ウッディたちはそろって新しい持ち主に渡ったところで3は完結。

『スペース・レンジャー バズ・ライトイヤー 帝王ザーグを倒せ!』というアニメもある。スピンオフ作品というか、バズの設定がわかる。銀河征服を狙う悪の帝王ザーグの野望を、スペースレンジャーのバズが仲間のミラ、XR、ブースターと阻止する物語。

映画『モンスターズ・インク』(2001) 内容完全紹介
TDL『モンスターズ・インク"ライド&ゴーシーク!"』原作

子供は暗いところを怖がる。暗闇にモンスターがいると信じている。あれは子供の想像の産物ではなかった。実際にモンスターがいて、子供を脅かしていた、というのがこの物語の設定。かれらは仕事として、子供を脅かしている。子供の悲鳴を採取して、モンスターの世界のエネルギーにしているのだ。子供の悲鳴が採れなくなると世界の存亡にかかわる。しかしまた、モンスターにとって子供は有害だともおもわれている。子供に触れるとモンスターは死ぬと信じられているのだ（ガセでしたけど）。

怖がらせ屋としてジェームス・サリバン（サリー）はトップスター。相棒のマイクとともに悲鳴をよく稼いでいる。ある日の終業後、サリーは仕舞われてない「人間世界へつながる扉」をなにげなく開けて、2歳くらいの女の子ブーをモンスター世界に引き入れてしまう。パニックになったサリーは、ブーを鞄にしまってマイクのところへ相談に行く。鞄から這い出たブーが高級日本食レストランを走りまわり、モンスター世界は大パニックになる。何とか自室にブーとマイクと戻ったサリー。ブーを自分の部屋に返してあげようと、ブーにモンスター着ぐるみを着せ、会社に連れていき、「子供の部屋へつながる扉」を探す。そこでブーが迷いこんだのは、社長のウォーターヌースと悪い怖がらせ屋のランドールの企みだとわかる。子供を誘拐して悲鳴を採取しようとしていたのだ。秘密を知ったサリーとマイクはヒマラヤに追放されるが、村の子供部屋のクローゼットからモンスター会社に戻り、社長たちの陰謀を暴く。子供検疫局の影のボス、ロズによって社長は逮捕され、ブーは自分の部屋に無事、戻される。

サリーは子供の悲鳴ではなく、笑い声でもエネルギーが採取できることに気付きモンスターズ・インクは子供を笑わせる会社となり、マイクが笑わせ屋として人気となる。サリーが新社長に就任したもよう。ブーに再会できそうなところで、おしまい。

のち『モンスターズ・ユニバーシティ』も公開された。サリーたちの大学時代のお話。サリーもマイクも、大学で落ちこぼれるが、仲間と協力して努力して「怖がらせ大会」に優勝して栄冠を勝ち取るというお話。なかなかいいお話でした。

227

映画『スター・ウォーズ　6部作』(1977〜2005) 内容完全紹介
TDL『スター・ツアーズ：ザ・アドベンチャーズ・コンティニュー』原作

「スター・ウォーズ」エピソード1から6までの粗筋。

「1・ファントム・メナス」(1999)。辺境の惑星ナブーは悪者によって占領される。女王アミダラはジェダイ騎士とともに、タトゥイーンで会ったアナキン少年を連れ、ナブーに戻る。海中都市に住むグンガンたちと共に戦い、悪を追い出す。

「2・クローンの攻撃」(2002)。アミダラは暗殺されかかり、アナキンが護衛につき恋に落ちる。共和国の辺境グループが独立へ動き、議長パルパティーンは非常時大権を握る。ジェダイも辺境で戦う。共和国はクローン兵を手に入れジオノーシスの戦いに勝つ。巨大軍を閲兵する議長。アナキンは結婚。

「3・シスの復讐」(2005)。議長が自分は悪の支配者・暗黒卿だとアナキンに告白、彼をダークサイドに引きずりこむ。同時にすべてのジェダイを抹殺するオーダー66を発し、ヨーダとオビワン以外のすべてのジェダイが殺される。ジェダイの叛乱を議会で報告した議長は、議会を停止し、自ら皇帝となり、銀河帝国の誕生を宣言する。大火傷を負ったアナキンは黒マスクをかぶりダースベイダーとなる。

アミダラはルークとレイアを生み死ぬ。二人はタトゥイーンとオルデランで別々に育てられる。

「4・新たなる希望」(1977)。もとの第一作。星を破壊できる究極兵器デス・スターを帝国は完成させ、恐怖支配を強める。反乱軍が組織され、ルークとレイアはそこに身を投じる。ハンソロも加わり、反乱軍はデス・スターの破壊に成功する。

「5・帝国の逆襲」(1980)。氷の惑星ホスに秘密基地を持っていた反乱軍は帝国軍に襲われ、ホスの戦いが起こる。ルークはヨーダのもとでジェダイの修行を積む。ソロとレイアの危険を察知してルークは惑星ベスピンへ飛び、ダースベイダーと戦うが右腕を落とされて破れ、私の息子だと宣言される。

「6・ジェダイの帰還」(1983)。第2のデス・スターが惑星エンドア近くに作られて、ジェダイは再び破壊に向かう。皇帝はルークを暗黒面に引き入れようとするが拒否され殺そうとする。ダースベイダーが身を挺して止め、皇帝を殺し、善の面に戻って死ぬ。デス・スターの破壊に成功し、反乱軍が勝利する。みんなで祝うところで、おしまい。

映画『パイレーツ・オブ・カリビアン』(2003〜2011) 内容完全紹介
TDL『カリブの海賊』に出現するジャックたちの原作

「カリブの海賊」に原作の映画はない。2003年の映画『パイレーツ・オブ・カリビアン』は、アトラクションを原作として作られた。映画が大ヒットし、続編が作られ、それを受け映画に登場したジャック・スパロウ、デイヴィ・ジョーンズ、バルボッサをアトラクション「カリブの海賊」に登場させるというリニューアルがおこなわれた。東京ディズニーランドのリニューアルは2007年夏。キャラの存在は映画見ないとわからない。

第一作。「呪われた海賊たち」。カリブ海のポートロイヤル港にジャック・スパロウが登場。ある夜、かつてのジャックの部下バルボッサとその一味が港を襲い、総督の娘エリザベスを連れ去る。彼女が持っている「アステカ呪いの金貨」と彼女の血を注いで自分たちの呪いを解こうと死の島へ向かう。彼女を愛するターナーはジャックと二人で海軍の船を盗み、死の島へ行く。エリザベスでは呪いは解けず、海賊の子であるターナーの血で解ける。バルボッサはジャックに撃たれて死に、ジャックは英海軍に捕まるが、再び海に逃げる。以上です。おもしろいよ。

第二作「死者の宝箱」。海中を進む死の海賊船フライング・ダッチマン号とその船長デイヴィ・ジョーンズ、およびかれが自由に操る巨大なタコ、クラーケンの支配をめぐる争いのお話。13年前に死の船長と契約を交わしていたジャックは、その契約履行を迫られ、ターナーを売って逃げようとして逃げられず、クラーケンに呑み込まれて死ぬという話。

第三作「世界の果て」。英海軍がデイヴィ・ジョーンズとクラーケンを支配下におき、カリブの海賊たちを制圧している。海賊評議会が開かれることになった。死んだジャック・スパロウも呼ぶため、バルボッサたちは世界の果てにある死の国へ向かう。ジャックは死の国から戻ると海賊評議会でエリザベスを海賊王に指名し、英海軍と戦い、海軍に勝ってカリブ海での海賊の時代を続けさせた。デイヴィ・ジョーンズを殺し、代わりに戦死したターナーを死の船の船長にした。そんなお話。

第四作は女海賊アンジェリカとその父の海賊黒ひげが「生命の泉」を探し出しにいくのに、ジャックが巻き込まれるという話。途中、人魚を捕まえて同道させる、というのがちょっと見ものです。人魚、めっちゃ怖いんだよな。

228

映画『ロジャー・ラビット』(1988) 内容完全紹介
TDL『ロジャーラビットのカートゥーンスピン』原作

舞台はトゥーンタウン。ご存知、アニメの登場人物たちが住んでいる町です。

映画『ロジャー・ラビット』及びディズニーランドのトゥーンタウンの大前提になっているのは、アニメの登場人物たちが実在する、てところです。ロジャー・ラビットや赤ん坊のベビー・ハーマン、それからミッキーもドナルドもダンボも、みんな役者にすぎず、演技でアニメの芝居をやっている。かれらにはオフがある。3歳児のベビー・ハーマンはもう50年も赤ん坊役をやっているベテランでかわいい無垢な赤ん坊の演技をしているが、カットの声がかかると野太い本来の声に戻って、葉巻をくわえる大物俳優なのである（アトラクション手前で見られる）。ロジャー・ラビットなどアニメ登場人物たちは、この世界では上から冷蔵庫が落ちてこようが銃で撃たれようが、死なない。でも溶剤をかけられると、溶けて死ぬ。溶剤はテレビン油とアセトンとベンジンを混ぜたもので "ディップ" と呼ばれている。

映画の主人公は、飲んだくれの私立探偵エディだ。中年の冴えない独身男である。人間です。「ロジャー・ラビットの妻ジェシカの浮気現場を撮れ」という依頼があり、撮影に成功する。その夜、ジェシカの相手の男が殺され、ロジャー・ラビットに殺害容疑がかかる。罠である。エディはロジャー・ラビットと協力して、真犯人探しに乗り出す。

やがてこの殺人は、トゥーンタウンを買収しようとする大がかりな陰謀の一環であることに気づく。犯人は正義漢ぶっているドゥーム判事だった。『バック・トゥ・ザ・フューチャー』のブラウン博士ですね。この判事の手下がイタチたち。ロジャーは喋るタクシーのベニー・ザ・キャブに乗って逃げる。キャブは道で滑ってくるっくるっとまわる。これがアトラクションの設定になってます。ドゥーム判事はトゥーンタウン周辺を買収して、道路を通して儲けようとしていたのだ。ジェシカとロジャーは捕らえられ、ディップで消されそうになる。私立探偵エディはギャグを連発してアニメのイタチたちを大笑いに笑わせて死なせ（すごく笑うと死ぬらしい）、悪判事ドゥームもやっつけ、トゥーンタウンを守った。それを知ったディズニーやワーナーのアニメの登場人物たちが勢揃いして、エディに感謝するところで、映画はおしまい。かなり楽しい映画なりよ。

映画『インディ・ジョーンズ』シリーズ3作 (1981〜1989) 内容完全紹介
TDS『インディ・ジョーンズ・アドベンチャー：クリスタルスカルの魔宮』原作

80年代の3部作、続きものではない。

第1話『レイダース・失われたアーク聖櫃』(1981)。舞台は1936年。冒頭、南米の遺跡でインディが黄金の像を持って行こうとして、巨大な球が転がってきて命からがら逃げるシーンから始まる。ついでエジプトへ聖櫃を探しにいく。聖櫃とは、モーセの十戒をいれたもの。これを手に入れると軍隊は無敵になるらしく、ナチスドイツ軍がしきりにエジプトのカイロで発掘調査をしている。インディは聖櫃のありかを示す「太陽の杖の冠」を手に入れ、黄金の櫃を見つけ運びだそうとするところでナチス軍に見つかり、持ち去られてしまう。一度、奪い返すが、また奪われナチス軍は秘密の島へ運ぶ。そこで聖櫃の蓋を開ける。聖櫃は怪しい光りを発し、見たものはみんな焼き殺された。聖櫃はアメリカに運ばれ、倉庫の奥深くにしまわれたのでした。

ディズニーシーの "インディ・ジョーンズ・アドベンチャー" は1作目の冒頭と、2作目の秘密の洞窟部分から多く採っているようにおもう。

第2話『魔宮の伝説』(1984)の舞台は1935年、上海でトラブルに巻き込まれたインディは、女性歌手と戦争孤児と一緒にヘリで逃げる。途中、インドに墜落、川に落ちて流れ、村にたどり着く。災厄から守って欲しいと頼まれ、魔の宮殿に向かう。邪教サギー教が禍々しい祭式を行っている。吊り橋で敵と戦う。最後はイギリス的インド軍に助けられ、村を災厄から解放した。おしまい。

第3話『最後の聖戦』(1989)。舞台は1938年、このたび探すのは「イエスが最後の晩餐でぶどう酒を飲み、磔となったイエスの血を受けた "伝説の聖杯"」。アーサー王伝説にも出てくる。この杯で聖なる水を飲むと永遠の命が手に入るらしい。十字軍がエジプトを攻めたおりにフランスの3兄弟が見つけて守った伝説がある。インディは伝説の三日月の谷を見つけ、最後の試練の暗号を解き、聖杯の置かれた場所に入ると十字軍のときから700年、聖杯を守ってるフランス人騎士がいた。聖杯を見つけるが、神殿が崩壊して手に入れられず、インディは去っていくのでありました。以上。4はTDS開園後に作られたし、内容は無関係なので、省略。

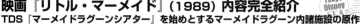

映画『リトル・マーメイド』(1989) 内容完全紹介
TDS『マーメイドラグーンシアター』を始めとするマーメイドラグーン内諸施設の原作

人魚姫の物語だ。アンデルセンの話とはまったく違う。アリエルは七姉妹の末娘。美しい声を持ってる。人間が大好きで人間世界に憧れている。

ある夜、アリエルは海上の船を見に行く。エリック王子の誕生パーティが開かれていた。王子を見て、一目惚れする。と、いきなり嵐になり犬を助けようとして王子は溺れる。アリエルが助け、浜辺まで運ぶ。横たわってる王子の枕元でアリエルは歌う。王子は半覚醒状態で歌を聴き、この女の子に恋をする。

海底に戻っても王子のことばかり考えるアリエル。そこへ海の魔女アースラの魔の手が伸びてくる。人間になりたいのかい、わたしが人間にしてあげよう。3日目の日没までに王子様と恋に落ちて本当の愛のキスをすれば永久に人間になれる、でもキスされなかったら人魚に戻って、永遠に魔女の持ち物になる。3日間だけ人間になれる薬は、アリエルの美しい声と引き替えでくれた。

足をもらったアリエルは人間世界に上がる。犬のマックスは、彼女がエリックの恩人だと気づくが、王子は気が付かない。

アリエルは、声は出ないけど、屈託なくはしゃぎまわってかわいい。夕暮れ、二人は船に乗っていい雰囲気になりキスをしそうになるが、魔女の手下のウツボ兄弟が船をひっくり返す。でもいい感じになってきた。そこで魔女はみずから乗り出し妖しい美女に変身して、しかもアリエルの声を使って歌を歌う。王子は魔法にかかってしまい、ああ、この人が恩人だ、と思い込んで魔女との結婚を決めてしまう。

アースラの正体に気づいたカモメのスカットルが、みんなに知らせる。船上での結婚がまさに成立しそうな瞬間にスカットルの仲間たちが邪魔する。魔女が首にかけていたアリエルの声が床に落ちて割れ、アリエルの声が戻る。王子も正気に戻り、君だったのか、とキスをしようとした瞬間、日が沈んでしまう。人魚に戻るアリエル。アリエルの身代わりとなって父トリトンが魔女の捕虜となる。エリック王子がアリエルを追って海に乗り出し、巨大化した魔女アースラと戦い、船ごとアースラに突っ込み、魔女を殺す。トリトン王ももとに戻り、エリックの勇気を認め、アリエルを人間にしてあげる。そしてエリックとアリエルは幸せに暮らしました。なんか納得しかねるものが残るのは何でしょう。

映画『アラジン』(1992) 内容完全紹介
TDS『マジックランプシアター』『ジャスミンのフライングカーペット』原作

アラジンと魔法のランプの話だ。ラブストーリーです。アラジンは、元気な小悪党だ。相棒の猿アブーと食べ物を盗んでいるが、清い心の持ち主。ヒロインはこの国の王女ジャスミン姫。彼女は3日後に迫った誕生日までに結婚せよと法律で決められている。窮屈な生活に嫌気がさし、姫は宮殿を抜けだし、街を歩く。市場での危機をアラジンに救われ、二人で街を歩き、仲良くなる。ところがアラジンは連行された。悪の大臣ジャファーの指令である。彼は魔法のランプを狙う悪人で、アラジンに取ってこさせようと目論んでいる。魔法のランプのある洞窟には選ばれた者しか入れず、アラジンは選ばれた者なのだ。アラジンは洞窟内で魔法の絨毯と友だちになったあとランプを持ち出し、魔法のランプと気付かず、魔人ジーニーを呼び出してしまう。三つのお願い、最初は「王子にしてくれ」。王子に化け、ジャスミンに会いにゆき、求婚する。空飛ぶ絨毯に二人で乗ってるうちに、ジャスミンに市場で会ったアラジンだと気づかれ、本当は王子だとウソをつく。が、その夜、ジャファーによってアラジンは海に沈められ

る。「海の底から助けてくれ」が二つめのお願い。

宮殿に戻って、ジャファーの悪事を暴くアラジン。やさしい父王サルタン王もさすがに怒ってジャファーを追放する。だがジャファーはランプを盗み、「この国の支配者にせよ」と命じ、王として君臨する。続いて「世界一の魔法使いにしろ」と願い、魔法の力で敵対するあらゆる存在を無力化する。

アラジンがジャファーと戦いながら「強くてもそれはジーニーの力だ。お前よりジーニーのほうが強い」と挑発すると、ジャファーは「おれをジーニーにしろ。宇宙を支配する」と叫ぶ。巨大なジーニーに変身して、宇宙の支配者になれそうだったが、残念ながらジーニーになるとランプに閉じこめられてしまうのでした。そのまま1万年も眠ってもらいましょうと、ランプごと砂漠に投げ捨てられる。

アラジンは約束を守って三つめに「ジーニーを自由に」と願う。それを見て王は感動し、法律を変え、王女は自分の選んだ男性と結婚できる、と宣言。ジャスミンはアラジンと結ばれ、幸せに暮らしましたとさ。この二人はたしかに幸せになりそうです。

小説『シンドバッドの冒険』内容完全紹介
TDS「シンドバッド・ストーリーブック・ヴォヤッジ」原作

　シンドバッドの物語をディズニーが映像化したことはない（はず）。だから原作は小説となる。ちくま文庫『バートン版千夜一夜物語』から紹介する。ただこれは前の「セブンヴォヤッジ」の原作であり、今のアトラクションはこのストーリーをもとに作った怪物たちがシンドバッドの味方になっている。

　シンドバッドは大富豪の息子だった。父親が莫大な財産を残して死んだため遊び暮らし、気づくと財産を使い尽くしていた。そこで航海に出た。

　7回航海に出るが、そのたび遭難し生き残り大儲けをして、バグダッドに帰り着く。そういう話。

　第1の航海。美しい島だとおもって上陸したら島ではなくクジラだった。

　第2の航海。巨大な鳥がいる島でダイヤモンドの谷に降り、ダイヤを持ち帰る。

　第3の航海。猿の山で猿の大群に襲われ船を奪われる。上陸し、知らずに巨大な食人鬼の家に入る。食人巨人は一日人間を一人ずつ殺して一人ずつ食べる。巨人を襲って逃げ、大蛇の島に上陸し、仲間は大蛇に呑まれる。シンドバッドだけ国に帰る。

　第4の航海。人食い人種の島に漂着し、食べ物によってシンドバッド以外の船員は食糧化され、彼一人逃げ出し別の国に着く。国王に気に入られ美人妻を持つが、彼女が死に、一緒に生き埋めにされる。命からがら逃げ帰る。

　第5の航海。無人島で巨大な鳥の卵を割って食べたため、親鳥に岩を落とされ船が沈没。漂着した小島で老人を助けて肩車したら、二度と降りなかった。人に取り憑く怪物だったのだ。酒に酔わせて殺し、船に助けられ、猿の都へたどりつき、猿を怒らせ、ココナッツを投げ返させ、それで大儲けした。

　第6の航海。遭難して絶壁からいかだを作って逃げ延び、見知らぬ国で王の寵愛を受ける。

　第7の航海。漂着した島で妻を持つ。この国の男は羽が生え空を飛ぶ。悪魔の仲間だとわかり、妻とともに国に帰る。

　以上7つの話。アトラクションでは、1の「クジラ」、3の「襲いかかる凶暴な猿」と「毎日一人ずつ人間を食う巨人」、5の「巨大な鳥の卵を割って食べ鳥に襲われるところ」が人形によって再現されている。いまは、それら怪物はシンドバッドの味方となっている。よく見ると目に敵意が残っている。

映画『ファインディング・ニモ』(2003) 内容完全紹介
TDS「タートル・トーク」原作

　クマノミという小さい熱帯魚の物語。

　ニモが子クマノミ。その父がマーリン。ニモが人間に捕らわれ、父がそれを救い出すというお話。

　オーストラリア沖のグレートバリアリーフに住むマーリンは妻と卵をカマスに食べられ、ニモ一人しか子供がいないので溺愛している。それに反発したニモが危ないエリアに出てしまい、人間に捕まる。捕まえたのはシドニーの歯科医シャーマン。

　マーリンはニモを救いにシドニーに向かう。途中、ドリーという魚と道連れになる。声は室井滋。マーリンの声は木梨憲武です。海草食主義になろうと努力してるサメと知り合いになったり（血の匂いを嗅いで逆上して襲われたりしたが）、アンコウに食べられかけたり、クラゲの群れで刺されまくったり苦難の末、ウミガメのクラッシュの背中に乗せてもらい東オーストラリア海流に乗って、一挙にシドニーに近づく。

　シドニー近くでは、クジラ語を喋れるドリーによってクジラの口に入れてもらい（それを信じないマーリンはクジラに食べられたとおもっていた）、シ

ドニー港近くで潮と一緒に吹きだしてもらう。

　息子を助けようと遠路シドニーに向かっているマーリンの話は海でたいへんな噂になっていて、ニモがどこにいるか知ってるペリカンのナイジェルとここで出会う。ナイジェルの口に入って、ニモのいる歯科医の水槽へとマーリンは向かう。

　ニモは、水槽の中にいた仲間たちとともに脱出の計画を立てていた。その中心にいたのはギル。熱帯魚のツノダシです。彼らの助けによってニモは下水から海へ出た。

　そこでドリーと会い、彼女の導きによって、ニモは父と再会した。その直後に巨大な網で捕まるがみんなと一緒に逃げ切り、グレートバリアリーフの珊瑚礁に戻った。クラッシュの息子のスクワートや海草食主義のサメたちも遊びにやってきてくれ、水槽にいたほかの魚たちも海に逃げ切ったようだというところでおしまい。

　魚に感情移入できるのかというポイントを乗り越えれば（ただ美味しそうじゃんという気持ちを乗り越えられれば）楽しいアニメです。

231

小説『地底旅行』(1864) 内容完全紹介
TDS「センター・オブ・ジ・アース」原作

原作はジュール・ヴェルヌの『地底旅行』。小説の内容を紹介します。創元推理文庫より。原作の主人公はオットー・リデンブロック博士。鉱物学者。ネモ船長は原作ではまったく関係がない。博士はあるとき「アイスランドの火山より地底世界に入った」という16世紀の錬金術師の暗号文を読み解いた。甥のアクセルを連れ、地底探険に向かった。ときに1863年。日本でいえば文久三年。新選組ができたころ。ドイツからアイスランドの火山にたどり着くまで一か月かかる大変な旅である。そこまでで文庫本の4割くらいが費やされている。ハンスというアイスランドの猟師を道案内に雇い、探険を開始する。三人だけで、懐中電灯持っただけで、歩いて地底へ向かうのである。江戸時代だよ。

暗いだけの洞窟を延々と40日ほどかけて下へ進んだら、広い地底世界に出た。海もあった。海をイカダで進む。巨大な鮫とワニとクジラを見かけ、巨大な間欠泉も見る。やがて一面、古代生物の骨ばかりの場所に着く。その先で古代の象とそれを見守る3メートルの巨人までも発見した。地上に戻る道がないので、3人はイカダに乗ったままちょうど噴火した溶岩の力で地上に噴き上げられ、イタリアの火山の火口から外に出た。ここが、アトラクションでメインになっている部分である。ふつう、イカダで溶岩の噴流に乗ると死ぬとおもうけど、そこは19世紀の冒険の力で何とかしました。リデンブロック博士は、地底探険によって、ドイツの英雄的学者となりましたとさ。だから、きみもアトラクションのセンター・オブ・ジ・アースについて発表すると、喝采を受けるかもしれない。センターオブジアース細胞は、あります。ありませんよ。何だよそれは。

シー開園7年後2008年に『センター・オブ・ジ・アース』という映画が製作されたが、これは舞台が現代で、原作ではない。現代の地質学だかの若い大学教授と、甥と、おっぱい目立つ山岳ガイドのお姉ちゃん3人が地底世界に入ってしまい、ヴェルヌの「地底世界」は本当にあったのだと体験するお話。原作には出てこない人食いトビウオやティラノサウルス(単体)が、映画の3D迫力を増すために必要以上に飛びだしてきて、なんかおもしろい映画。

映画『海底2万マイル』(1954) 内容完全紹介
TDS「海底2万マイル」原作

ネモ船長はディズニーシーでは親しげに話しているが、原作や映画ではとっつきにくい謎の人物として描かれている。言ってしまえば、危険な科学者だ。よくわからない憎悪にかたまった殺人鬼的な天才科学者です。あきらかに頭おかしいです。

舞台は1868年(小説ではなぜか1867年)。南太平洋に海の怪物が出現、船が襲われて沈没していた。正体はネモ船長が動かす潜水艦ノーチラス号。ネモ船長は、地上のあらゆるものを憎んでいる。そのため航行中の船を襲って沈没させていた。

ちょっと意味わかりません。テロリストでしかないですね。潜水艦だと知らず、怪物ではないかと調査の船が出され、海洋生物学のアロナクス教授が乗り込んだ。彼が狂言廻し。太平洋上で潜水艦に襲われ、教授は海に振り落とされ、助手のコンセイユ(小説では召使い)とクジラの銛打ちの名人・ネッド(主演のカーク・ダグラスです)も一緒に海に落ちた。

三人はノーチラス号に収容された。海底の不思議な世界を進んで行く。ときには巨大なイカやタコの大群に取り囲まれて戦かったり、南洋の島で原住民に襲われたり、珊瑚礁の中を潜水服で散歩したり、不思議な体験ばかりである。ノーチラス号は秘密基地のヴォルケイニア島に戻る(映画字幕ではバルケイニア島)。シーのミステリアスアイランドですね。

すると、島を軍艦が取り囲んでいた。露見したらしい。ネモは基地を爆破することを決意する。時限装置を作動させ、ノーチラス号に戻るときネモは撃たれる。よろけつつ潜水艦に乗り込み、そのまま海深くに潜水艦を沈めてしまうことにした。ネッドが暴れ三人は脱出、島の爆発と潜水艦の沈没を茫然と眺めていた。映画ではネモは死ぬ。小説だと死にません。北大西洋の巨大な渦に巻き込まれ、三人はボートで逃げノルウエーの漁師に助けられる。ネモ船長とノーチラス号がどうなったのか謎のままである。

ディズニーシーとしては小説のほうを支持したいでしょうね。小説は、すんごい分厚いけど、あまりストーリーがない。魚の分類やら、海の違い、海岸の特徴、海路の紹介、沈没船の歴史なんて話が続いて、おもしろいんだけど、こんな話ばかりしてると女子にはもてないだろうなあとおもう内容です。

第12章
巻末便利帖

ディズニーランド・サバイバル情報

ディズニーランドのデートで失敗する理由

初めてのデートでディズニーランドに行くのは危険である。

特に、男子があまりディズニーに詳しくない場合、行かないほうがいいです。それでもあなたは初デートでディズニーに行くですか。勇気ありますね。あなたは武士ですか。武士ですね。開始早々に死んじゃう武士です。死亡フラグが立ちまくってますよ。

いや、インターネットで事前に調べておけば大丈夫だろうって、それ、もっと危険ですからね。おれは調べないほうがまだいいとおもいます。中途半端な知識より、向こうで、知らない、わからない、と言える勇気のほうがディズニーではとても有用です。あなたには、そういう勇気がありますか。

不慣れな状態でディズニーを訪れると、そういう「難しい判断」がいくつも要求される。命のかかった戦いの場ならしかたないけど、楽しい時間を過ごしたいデートですからね。できればそういう過酷な雰囲気は避けたい。でも「彼女を何とかリードしよう」と考えてしまうと、苦難の道が待っています。

初デートでディズニーランドへ行くことをお勧めしないのはなぜか。

それは男子と女子では、ディズニーに対する基本スタンスが違うからです。男と女はディズニーに求めてるものが違う。ディズニーで楽しめるポイントがずれている。

男から見ると、女性の考えてることがわからない。女から見ると、男性の言動は自分勝手でしかない。

これは、とてもむずかしい問題です。そもそもこのポイントは人類が何十万年もあゆみよれなかった部分ではないですか。初めてのデートで、そんなところで衝突していたら、未来はないですよ。でも「混雑日のディズニー」では、その行き違いが剥き出しになる可能性が高い。うー。怖い怖い。

だから、すでに仲良くなってる二人だったら、大丈夫です。喧嘩になる可能性はあるけど、突入して仲良く喧嘩してください。

ディズニーが初めてのデートに向かない理由をあげておきましょう。

その1.想像以上に混んでいるから。

混んでるディズニーランドでは、不慣れな人間にはとても対応できない過酷な状況が待ってます。想像してない困難に直面すると、隠していた本性が現れます。わりとまずいです。初めてのデートで本性が出ても平気なタイプだといいんですけど、大丈夫ですか。

その2.攻略しようとするから。

女性を連れて困難な状況に直面したら、男性は何とか攻略法を見出して、突破しようとする。でも、それが失敗のもとなのだ。ディズニーランドは「絶対に男性に攻略させないこと」をコンセプトに作られている空間なんですよ。知らなかったでしょう。しかも男性が攻略したくなるようなトラップまで設けられている。罠です。慣れてない人ほど攻略しようとして、失敗する。事態が悪化する。まず男性が不機嫌になり、女性に感染する。口数が減る。怖いです。

その3.女性のディズニー力が高い。

そもそも女性のほうがディズニーに慣れてる人が多い。しかも女性が得意である「受け入れる態度(受け身の態勢)」が混んでいるランドではとても有効です。ただ受け身態勢がデートの主導権を握るのはむずかしく、失敗するとわかってる男性のリードについていかなきゃいけなくなる。ひたすら疲れる。

これでは、楽しいデートからどんどん遠ざかります。残念です。自由にまわれるすいている日ならいいんだけど、でも本当にすいてる日に行ける可能性は低いですから。

ディズニーランド・サバイバル情報

ディズニーランド・デートの悲劇を回避する4つの方法

それでもあなたはデートでディズニーランドへ行きますか。そりゃまあそうですね。では、ディズニーデートでの、絶望的な失敗を避ける方策を授けておきます。

その1．仲良くなってから行く。

初回のデートで行くのが無謀であって、5回くらいデートして仲良くなってから行くなら、かなり危険度は減ります。そのデートで、いままで抱えていた違和感が爆発してしまう可能性もありますけど、そりゃしかたない。だから左ページで止めているのは「初めてのデートで行くこと」です。仲良くなってから行けば、たぶん、楽しいです。たぶん。

その2．すいてる日に行く。

なんてね、簡単に言うけど、ほんとうにすいてる日に行ける可能性はすごく低いとおもう。慣れてない人は「平日ならすいてるだろう」と出かけたりしますが、平日でもふつうに混んでます。下手すると恐ろしく混んでます。そもそも慣れてない人は、ミート・ミッキー45分待ちを見て混んでるねと言ったりするので、どうしようもないです。毎年、入場者数を増やしてるディズニーは、ほんとうにすいてる日がどんどん減ってきました。「大雨が降ると言われてたのにほとんど降らなかった6月の水曜日の午後」だとすいてるとおもう。確実な例としては、それぐらいしか浮かばない。台風や大雪の予報が出て「不要不急の外出はお控えください」と気象庁の人が会見してる日にいけば、たぶん、すいてます。アトラクションもいっぱい止まってるけどね。でも、台風直撃でも大雪でも人がまったくいないわけじゃないのがすごいです。

寒い2月の平日だとすいてるでしょうって、そうでもないです。メインアトラクションが2つ休んでたりして哀しいうえに、そのしわ寄せが残りのアトラクションにやってきて、2時間半待ちになってたりします。すいてるときに行ければいいけど、あなたが想像してるような「夢のようなすき具合」にはたぶん、めぐりあえないとおもう。

その3．攻略しない。

入って、想像以上に混んでいたら、もう負け戦です。勝ちに転ずることはない。自分たちのおもいどおりにまわれない。そう決定されてしまった。あとは、どれだけ諦められるか、にかかってくる。ほんとうに混んでる日のディズニーランドは攻略できない。正攻法しか通用しない。つまり、待たなきゃいけないものは、3時間でも5時間でも待つしかない。もしくは諦める。どっちかです。そういう状況ではプーさん気分でいくしかない。「今日は何もしないをする」ってやつです。もし女子がランドに詳しそうで引っ張ってくれそうなら、彼女にまかせる。ないしは、彼女の希望を聞いて一緒にまわる。ショップで延々と商品を見たあげく、どっちがいいかって聞くから真剣に選んだのに、どっちも買わず、楽しかったねえと言われたら、きちんと楽しいと答えるのだよ。がんばれ。

その4．「かわいい」で世界を見る。

女性は「かわいい」と言いたいためにディズニーランドにやってきてる。そういう側面がある。ディズニー世界では、どれを見てもかわいいと言っていいですから。その考えに同化できるなら、できるかぎり同化してみよう。女性が見つけだしてくる「かわいい」は、おもいもよらぬものがあるから、そうか、そういうのもかわいいといえるのか、とその視点で見てみると、世界は平和だよ。待ち時間を短くしたり、よりよい位置でパレードを見ることより、かわいいものを見つけることが大事だとおもってまわれば、たぶんデートもうまくゆく。健闘を祈る。

ディズニー神話の真実①
ミッキーマウスは何人いるのか

「実は、ミッキーマウスは世界でただ1人しかいないんだよね」

こう自慢げに話すおじさんほど、みっともないものはない。

ディズニーをめぐる不思議な風景のひとつに「ディズニーはとりあえずほめておくのがいい」という空気があることだ。マスコミの中に厳然としてそういう空気が流れてる。

テレビのワイドショーやラジオのニュース番組でディズニーランドやシーのことが取り上げられるとき、いい年したコメンテーターやキャスターがみなディズニーをほめる。「実はこう見えても私はディズニーランドが好きなんですよ」と言いたくてしかたがない雰囲気になる。だれも「あんなのは子供が楽しい世界で、大人が行ってもつまんなくて、残念ながらおれは居場所がなかった」と言い放つオヤジがいない。おまいら、家族の事件にコメントする前に、その態度を改めろよと、おれはおもいますね。

みんな「ボクはまだ子供心を残していますからねえ」というメッセージを発したいようだ。ピーターパンだらけだ。

おじさんにも本当に好きな人はいるかもしれない。でもそれは、一緒に行った彼女や子供があまりに楽しそうなので、それで目覚めたからではないか。男だけの力でディズニーの本当の楽しさに気付くのはなかなかむずかしい。

おとなになってから、あそこに行って、一人前の男として、ただひたすら純粋に楽しかったなんて男は、おれは信用できない。あそこは、おじさんになって初めて行ったって、楽しかないよ。ピーターパンと白雪姫とトイストーリーのアニメの内容を覚えないのに行ったって楽しかない。おじさんにはつまらない。その感覚が正しい。国民全員が心の底から楽しいようじゃ、国が成り立たない。おとうさんたち、無理におもしろいと言わなくていいんだよ。あまり興味ないって顔でいいのだ。

「ミッキーマウスは何人いるのか」というのは、ディズニーランドに行けば、当然持つ疑問である。あちこちにミッキーが出現するので、何体も用意してあるんだなあ、とおもう。それが普通の、あたりまえの、感覚である。

ただ、ディズニー側は「ミッキーは世界にたった1人しかいません」と答える。そりゃ夢を売ってる商売だから、商売としても、そう言うしかない。話として納得するのはいいんだが、おとながおとなにその話をしないでくれ。

ミッキーが1匹なわけないだろ。

「ミッキーの家」に行けばいつだって会えるし、ショーにも出てるし、パレードにだって出てる。1匹しかいないというのは「誰もミッキーを同時に2匹見ることはできない」という設定になってるってだけだ。

サンタクロースをまだ本気で信じてるような子供が「ミッキーは世界で1人しかいないんだって」というのはいい。おとなが小さい子に話すのもいい。

でも、おれに話すな。おとなに話すな。彼女にも言うな。ディズニーを楽しむ心は、そんなところには存在しない。ミッキーはたくさんいて、入れ替わり出てくるんだよ。大人はそこから話を始めてくれ。頼むよ。

ディズニー神話の真実②
だれがディズニーを神にしたのか

　ディズニーに対して、マスコミは腫れ物にさわるかのようだ。まあ、わが共同体では（日本っていうんですけど）、共同体内で自分の立場だけを強く主張しだすヤツを、やんわりと端っこのほうに追いやって、以後触れないようにすることにしてますからな。不思議なものとして存在は認めるが、仲間には入れない。そういう扱いになる。

　ディズニーはマスコミにとっては、とてもとても気をつけて扱う別格のものになってしまっている。

　もともとディズニーはミッキーマウスをはじめとした肖像に関して、とにかくうるさい、というのが発端である。たしか、小学校のプールの底に小学生がみんなでミッキーの顔を描いたら、ディズニーは抗議して、消させたんだよな。これはいままでのうちの共同体では（日本っていうんですけど）考えられないことだった。自分のところの権利を主張するのはいいけど、子供が悪気なく真似したくらいは見逃してやろうや、というのがわが共同体の基本的な気分でしたから、子供でも何でも自分の主張を曲げずに突っ込んでくる連中をみて、怖くなったんですな。ま、もともとうちの共同体から出てきた存在ではないですからね。外来ですから。

　うちの村は、そういう「強く自分を主張する人」が村にやってきて住みついたら、以後、あまり触れなくなる。アンタッチャブルな存在にしてしまうわけですね。ある種の「神」にしてしまうわけだ。何かあったら抹殺するような神ですけど。認知しないでそのままにしておいて、でも仲間に入れないというのがうちの解決法ですよ悪いですか。いやちょっと悪いとこもあるけどね。いいとこもあるよ。

　とりあえず、ディズニーに関してはマスコミでは、茶化さない、適当に引用しない、ということになって、だったら面倒だから、みんなむこうの言うとおりに使っておこうってことになったわけです。

　これが、ディズニーが心の底から望んだ事態だとはおもえない。

　すっごおく不思議な、裏になんかあるのかもしれんなあっていう微妙な空気を漂わせて、ディズニーはマスコミに登場してくる。落ちついて見てみると、すごく奇妙だ。

　原因も目的も忘れられ、検証もされず、ただディズニーについてこう扱えというマニュアルができてしまって、誰も何も考えずにそれを守ってる。裏技ガイドだのの、ディズニーの許可を得ずに出してる本までが、微妙に媚びたりしている。わけわかんない。

　おれが、週刊文春の連載でディズニーランドやシーについて、ここがダメなんだよなあ、なんてことを書いていたとき「堀井さん、あんなこと書いて、やばくないんですか」とマスコミ関係の友人がよく聞いてきた。やばいかやばくないかではなくて、そういう気分になってるところが困ったもんだとおもう。戦争中かよ。でも、みんなディズニーの悪口を書くと、とても怖いことが起こるとおもいこんでるのだ。だから触れないようにしてる。

　困った状況だねえ。

　ディズニーがマスコミに要請したことはおそらく一部だけであって、そのあとは、マスコミが自分でどんどんと「ここは触れないほうがいいんじゃないか」と勝手に広げていったものだとおもう。誰がディズニーを神にしたのかって、だからおれたちですよ。

ディズニー神話の真実③

世界を征服したいというディズニーの野望

ちょっと、どうでもいいことを書きます。
あまり意味ないので興味なければ飛ばしてください。

ディズニーの野望は世界征服だとおもう。
この場合の世界征服は、比喩ではなく、ほんとに文字通りの意味で、悪の手先がめざしてるような「世界征服」って意味です。

ディズニーには「まあいいや」の部分がない。すみずみまで「ウォルト・ディズニーが考えていたある幻想」を浸透させたがっている。つまり徹底して、管理したがっている。日本の千葉のアルバイトの高校生まで、きちんとウォルト・ディズニーの意志通りに動かしたいわけだ。そうやって、ウォルトが考えた世界に客をひたらせ、いい気分にさせようとしている。

つまりこれは言ってしまえば、世界を自分のおもいどおりに動かしたいってことでもありますね。ゴミは落とさせない、ミッキーに人が入ってるとはおもわせない、夢は叶うんだと信じる。まず自分が思いこみ、スタッフに信じ込ませ、客も巻き込んでいく。

めざすは、楽しく快適な世界だけど、でもその世界を徹底して管理したいという強い意志は、世界征服をねらってる悪の帝王とまったく同じだとおもう。落ち着いて想像すると、かなり不気味な意志ですね。

シリーズものが出ているとすべてそろえてしまわないと気が済まない気分を「コンプリート症候群」と私は呼んでいますが（私がそうです）ディズニー世界は、そのコンプリート症候群の妄想を、現実世界に無理矢理出現させた世界です。

都市というのは、自然をとにかく消し去ることを目的とした空間で、人間の肉体的な部分をなるべく消し去り、頭で考えた快適な部分を追い求めて実現している場所だ。えらい先生がそう言ってました。パソコンとコンビニと高層住宅によって、ほとんど自然を感じなくてすむ生活は可能になってるわけですが、ディズニーランドはそれをもっと広く徹底した空間なんですね。自然を徹底的に排除して、快適な空間を作るというのは「頭の中で考えた理想の世界」をこの世に出現させることですからね。

コンプリート症候群の特徴は、自分の頭の中の世界観をとても大事に考え、現実も自分の考えた世界に従属するべきだと考え、それがおもいどおりにならないとキレてしまうわけです。そういう21世紀の都市生活者の世界観と、ディズニーワールドの世界観は、同じ作りになってるわけだ。

徹底して作られた世界だから、ディズニーワールドは快適だ。でも、大人の男だけは居心地が悪い。おじさんは居場所がない。それはですね、ディズニー世界そのものが、1人のおじさんの頭の中身を忠実に再現したものだからですね。婦女子は、かまわずおじさんの頭の中に入っていけますが、おじさんは他のおじさんの頭の中に入りたがらない。だからおじさんは基本的にはディズニーワールドが苦手なんです。おじさんという存在そのものが、ディズニーランドと相容れない存在のはずなんです。

ディズニーワールドは、自然を徹底的に排除した「都市生活者の夢」を実現してるために、まだまだ圧倒的な支持を受け続けるとおもいます。

東京ディズニーランドにはカモがたくさんいるけど、あの野生のカモさえディズニーランドが用意してるのかな、とおもわせますもんね。ただ本物のネズミが走ってるのを見たことがあったが、あれはちょっと驚きました。

ディズニー神話の真実④

「乗りもの」を「アトラクション」と言わされる理由

ディズニーには独特の用語がある。

「食い付き：ショー休憩後に出てくるチップ＆デールのこと」「代バネ：ミッキーの代わりにドナルドが最後に踊ること」。うそです。

もっともふつうに使われているのは、客のことをゲスト、従業員のことをキャスト、乗りもののことをアトラクション、ショーなどをエンターテイメント、園内のことをパーク、などという言葉だあな。

ディズニー独自の用語である。

基本的なことをいえば、その世界でしか通用しない言葉を「符丁」と言って、わざわざそういう言葉を使うのは、仲間の結束を固めて、関係ない人を排除するのが目的なわけですね。ヤクザの言葉もそうだし、女子高生だってそうだ。女子高生の仲間内の言葉を聞きかじったおやじが使いだしたら、ずいぶん気持ち悪がられるはずだ。言葉遣いが同じものだけが仲間、ということにしておきたいわけですね。べつに日本の特徴じゃないよ。人間が何人か集まれば必ず起こることだ。

ディズニーの言葉も符丁だ。ディズニー世界を満喫するための言葉である。

使いたい人は使えばいい。意味がわかってるほうが、より楽しめるともおもう。

ただ、無理に使うことはない。相手の言葉に無理に合わせる必要はないのだ。強制するなどもってのほかである。

アトラクションは乗りものだし、客は客だ。従業員は従業員にすぎない。「園内はステージで、私たちはキャストなんです。演じているんです」というのは、それは従業員の勝手な心得で、そんなことは秋田県から出てきた服部トメさん（72）には何の関係もないのである。京都から来た堀井憲一郎さん（47）にもほんと関係ないぞ。トメさんは、食堂の従業員をウエイトレスと呼べばいいし、れす

とらん北齋では、仲居さんとさえ呼んでいいとおもう。

もちろん、使うのはいい。しゃれで、楽しむ気持ちで、ディズニー用語を勝手に使うのはいい。でも、そんなこと端から意識してない田中徳三さん（51）の気持ちも汲んであげなきゃいけないってことだ。いや知らないんだけどね田中徳三なんて人は。

寿司屋でやたらと符丁を使ってる人がいるが、それはただのおっちょこちょいだ。お茶を頼むなら、お茶ください、と言えばいいわけだ。あがりください、という必要はどこにもない。言うほうがみっともない。万一、お茶くださいで通じない店があったら、とっとと出ていって二度と行かないほうがいい。ろくな店じゃない。そういうところは五流以下です。醤油は醤油、ショウガはショウガなのだ。むらさきだのガリだの言わなくていいです。ついでに言えば、勘定のときに「おあいそしてください」というのもあまり感心しません。一般の人が符丁を使わなくていいんだよ。新宿のデパートに行ったとき、トイレの場所を聞くのに「遠方に行きたいんですが、どちらでしょうか」とは言わないでしょう。それは店員同士が秘密に使う言葉なんだから。

ディズニーでは、ディズニーならではのいろんな用語があって、聞いてわかるものと聞いてもわからないものがある。それはいい。あっちの言葉なんだから。おれたち客にとっては、掃除をしてる人は、掃除してる人と呼べばいいのだ。日常生活で使ってる言葉だけでじゅうぶんだ。妙な横文字を使う必要はない。客、なんだから。

ただまあ"アトラクション"という言葉は、かなり一般名詞になりつつあるよなあ。乗りもの、でいいとおもうけどね。おれはね。

混雑場所での撮影はなぜ失敗するのか

　ディズニーランドには、写真を撮るためにきている。楽しむためにも来てるんだけど、楽しんだ証拠に、写真を残さないといけない。

　ま、みんな、携帯かスマホで撮ってるとおもうけどね。携帯が壊れてるなら、売店では使い捨てカメラを買おう。まだ売ってるんだよ。現像もやってくれるぜ。

　自撮りしていれば、だいたい問題はない。背景に対して自分の顔が大きすぎるということはあるが、「顔」と「ディズニーらしい背景」が入っていればオッケーです。がんばれ。ただ、自撮り棒は使えません。ディズニー内は三脚も一脚も使えませんから、自撮り棒なんざ、もってのほかです。手で持って自撮りしてください。そういう場所です。

　自分で自分を撮っている寂しい方法ではなく、人に撮ってもらうのもいいとおもう。頼んだら撮ってくれます。掃除してるお兄さんお姉さんや、通りすがりのお客さんでも、頼めば撮ってくれる。おれはときどき頼まれます。ひまそうに見えるんでしょう。ひまです。

　ただ人に頼んだときには、なるたけ近寄って撮ってもらったほうがいい。並んで順番に撮ってる撮影スポットならともかく、それ以外の何でもない場所で撮ると、だいたい広く撮られてしまいます。失敗例の右のような写真。友人同士で撮っても同じですね。被写体、つまりあなたと彼女や友だちは、足元まで全身きっちり入ってるけど、同時にまわりのいろんなものもいっぱい写り込んでいる。どれが中心だかわからないぼやけた写真になる。これは必ずそうなります。長年、カメラを人に渡して撮ってもらい続けて、わかりました。

　人に撮影を頼まれてカメラを渡されると、だいたい「全身を撮らなければいけない使命感」に駆られるのだ。カメラを覗いて、そこから下がる。つつかれたザリガニと、カメラを託された善意の第三者は、かならず後ずさる。自然界の法則です。ランドのスタッフでも、です。「被写体が膝のあたりで切れるのが気持ち悪い」からです。カメラを見て膝から下が切れてると、足元まで入れたくなるのだ。それがどうやら人間というものらしいです。うぬ。

　だからカメラを渡した人を下がらせちゃだめです。近寄って撮ってもらいましょう。

240

ランドでのクリスマスツリーとの撮り方

ディズニー内で写真を撮る場合、とにかく被写体に近づいたほうがいい。クリスマスツリーと子供を一緒に撮ろうとカメラを構えてどんどん下がるお母さんをときどき見るけど、下がったら、そのすき間をどんどん人が通りますからね。配慮してられないということもあるし（混んでいて避けようがない）、撮影してるのがわからないということもある。

だから被写体に近づいて撮る。カメラを人に預けたときも、近づいてもらって撮る。「顔と、撮りたい背景」が入っていれば、写真というのはそれでいいんです。足元が写ってる必要は別にないです。すごく素敵なブーツを履いていて、それを撮ってもらいたいなら、また別に撮りましょう。混んでるときは、とにかく接近して撮らないとまともに撮れません。善意の第三者に頼むなら「下がらないでください」と言ったほうがいいです。

また、ランドのクリスマスツリーはアーケード街のまんなかに設えてあるから、撮影がしにくい。このときは、近づいただけではなく、カメラマンはしゃがんだほうがいいです。撮られるほうはツリーのすぐ近くに立つ。カメラマンは仰ぎ見るような角度で撮るのがいい。「てっぺんの星まで入れてね」と言わないと、勝手に途中でツリーをぶったぎった写真を撮られるので、気をつけてください。写るほうは、そっくり返らないこと。カメラを上からのぞき込む感じ、覆いかぶさる感じで、前かがみで写りましょう。そうすれば異様に混んでいるときもツリーとの写真が簡単に撮れます。ツリー周辺がすいたころを見計らって撮ろうとしたって、すくことはついぞありませんからね。これはクリスマスツリーだけではなく、ほかのものでの撮影でも有効です。

フォトスポットとフォトキーカード

ディズニーランド＆シーには、とても目立たないけれど、「PHOTO SPOT」という指標がある。わかりにくい。何の説明もついてないので、ほとんどの人が無視しています。

人の背より少し高いところにある小さい看板で、上に「PHOTO SPOT」その下に「FUJIFILM」とあって、写真を撮る人の姿のマークが入っている。ある方向を指している。

これは「**このマークの下からこの方向に写真を撮るとばっちりいい写真が撮れますのマーク**」なのだ。騙されたとおもってそのマークの下から見て欲しい。あくまで「このマークの真下に入って指し示す方向を見る（撮る）」ことが大事です。だいたいこのへんかと、1メートルずれて撮るとベストアングルじゃないからね。真下に入って指し示してる方向を見てください。ランド15カ所くらい、シーでは20カ所以上に設置されている。

なめたもんじゃない。下に立って眺めて、いくつかは「ほほー」と感心しました。角度を守れば、余計なものも入らずきれいに撮れる。アドベンチャーランド、ウエスタンランドやシンデレラ城周辺で示されてるスポットには感心しました（ただトゥモローランドでは、こういう風景が推薦されているのはわかったが、あまり感心しなかった。申し訳ない。そのへんは趣味の問題ですね）。とても有効なシグナルなのに、あまり利用している人が多くなくて残念です。気を付けて見てみてください。

フォトキーカードについて

ミッキーの家などのグリーティングでは、専属のカメラマンが写真をばしゃばしゃ撮って、1枚1500円くらいで売っている。自分たちのカメラでも1枚は撮ってくれるので、あまり1500円のを買っている人はいない。

このとき「フォトキーカードをご存知ですか」と聞かれる。ホットケーキミックスいかがですか、ではない。フォトキーカードです。食べられません。紙のカードです。16桁のナンバーが書いてあるカード。これを持っていると、専属カメラマンに撮ってもらった写真を、家のパソコンやスマホから見られる。写真を買うこともできる。ただ、写真がアップされるのは、当日ではなくて2日後。それから30日間は保存されてる。30日で雲散霧消、消えてしまいます。

フォトキーカードは、とりあえずもらっておいたほうがいい、とおもう。

ミッキーの家でのグリーティングのときなど、ミッキーと並んでの決めショットだけではなく、その前に握手したりハグしたりサインしてもらってるところのスナップも撮ってくれる。それも数枚、アップされている。これは嬉しいです。他のグリーティングでも同じ。買わなくても見るだけでなんか楽しいよ。いや、買っていいんだけどね。

だから、グリーティングのときは、いつも「フォトキーカードお願いします」と元気よく頼んでます。インターネットで接続して、カード裏に書いてある16桁の数字＆アルファベット混在ナンバーを打ち込むと、見られます。番号を共有すれば、一緒に行った友人もアクセスできます。あくせくしなくていいですよ。まあ、もらうのはただだから、もらっときなって感じです。

アトラクション乗車中に撮られる "ライドショット" 写真について

スプラッシュ・マウンテンは、最後の落下中に写真を撮ってくれる。

1990年代にこのサービスが始まったころまだ世の中にはデジタルカメラは一般化しておらず、現像しないと写真は見られなかった時代だから、すげえ驚きました。すでに大人だった私は、写真を撮られると毎回必ず買うようになり、100枚以上持ってます。

この写真を撮っているのは "フィニアス・ファイアーフライ" というホタルのカメラマンという設定。写真を売ってる「スプラッシュダウン・フォト」店の看板の上に彼の家がある。クリッターカントリーは「小動物の国」なので、そこら中に小さい窓やら小屋が作られていて、それぞれ誰かが住んでいる設定があって、スタッフに聞くと教えてくれる。

「アトラクションのライドショット」が売られているのは、ランドではスプラッシュ・マウンテン、シーではインディ・ジョーンズとタワー・オブ・テラーの合計3カ所。

スプラッシュ・マウンテンは落下し始めた少し先の右斜め上。カメラははっきりわかります。怖がって顔を伏せると、表情が見えない。でもいつまでも反っくり返ってると冬でもすごい量の水を浴びてしまいます。両手を挙げて広げて写ると、斜め後ろの人の顔を隠してしまいます。両手を挙げるときはV字ではなく、まっすぐスーパーマン的に挙げましょう。

シーのタワー・オブ・テラーはすっと上がって、シー風景が見えた瞬間、正面まん中上部にあるカメラで撮ります。まだ、落ちる直前なので、落ちてる最中のスプラッシュに比べて、落ち着いた表情で写ります。みんなでポーズをそろえることも可能です。

インディ・ジョーンズ・アドベンチャーは、まったく落下しないので、もっともポーズが取りやすい。かなり後半、大きな石の玉がごろごろっと転がってきたあと、少しバックして少し進むとき、左の上から撮られます。でも、まったく落ちません。そもそもこのアトラクションは落下はしないからね。いろいろポーズが取れます。やはり、最前列のハンドルを1人が持ってると面白い写真を撮りやすいので、乗車案内されるときに「最前列に座りたい」と希望を言って一台やりすごして次の車の最前列に座るのがお勧め。僕たちは一度「ハンドルを握ってる人間が気絶してしまい、隣の友人がしっかりしろと肩を揺らし、もう1人離れた人が手を伸ばしてハンドルをあやつり、端の1人はハンドル方向を見て驚愕している」という4人ポーズで撮ったことがあって、いまのところ上出来の一枚です。

モンスターズ・インクでも、ライドショットが撮られるが、これは出てすぐのところのモニターに10数秒ほど、映し出されるだけで、あと、すぐ消えちゃいます。写真は売ってないです。そりゃそうだろう。スプラッシュもインディもタワテラも写真を売ってるけど、そこで買ってる人はほぼ見ない。ここんところ、買ってるのはおれだけということが多い。

みんな、スマホでモニター画面のチェック用写真を撮ってるからね。この行為を「ゲス!」とタレントが言ってるのを聞いたことがあって、さすがにそれは言い過ぎだとおもうけど、気持ちはわかる。お金のない中学生高校生ならともかく、いい大人が、そろいもそろって全員、写真に1000円そこそこも払いたがらないのは、どうかとおもう。このままではあきらかにこのサービスはなくなる。自分のことだけを考えずに生きられる人は、ぜひ、写真を金出して買ってあげて欲しい。そう願います。

ディズニーランドの人気順全アトラクション一挙解説

№	名称	解説
①	スプラッシュ・マウンテン	最後の少し激しい急降下まではアメリカ南部ののんきな動物世界を船で見てまわる乗り物。最後の落下前に小さく3回（1つはそこそこ長く）落ちる。激しいジェットコースターとは言えない。その分ディズニーらしい乗り物。原作知られてなさすぎだけど。
②	モンスターズ・インク"ライド＆ゴーシーク！"	映画「モンスターズ・インク」世界を追体験する乗り物。相変わらず異様に人気だが映画を見ておらず激しい乗りたい人は（特に若い男子ならイッツ・ア・スモールワールド的世界が好きでないなら）パス。ゆるゆるした乗り物です。60分以上並びたくない。
③	プーさんのハニーハント	究極の癒やしワールド・プーさん世界をポットに乗ってぐるぐるまわる乗り物。童話を読んでなくてもなんか楽しく感じられるのがこの乗り物の底力。登場して十数年だが全く人気が衰えない。ポットがぐるぐる廻るし跳ねるし、動きが予測できず、そこが楽しい。
④	スペース・マウンテン	宇宙の暗闇を急上昇急降下するジェットコースター。まわりがよく見えないことを含めて3マウンテンの中でもっとも激しいとおもう。でも3山の中でもっとも人気が低い。少なくともFPは3山の中で最後まで残っているのでそれを考えて取ろう。開園以来。
⑤	バズ・ライトイヤーのアストロブラスター	宇宙クルーザーで移動しつつZマークを撃ち続けるシューティングゲーム。点数が出る。1台2人乗りなので点数を競える。撃つのは楽しいが動きはきわめて緩い。コースターの激しさを求めて来ると恐ろしく落胆するのでそれも考慮せよ。キャラクターが。
⑥	ビッグサンダー・マウンテン	廃坑の鉱山を疾走するジェットコースター。あまり落下せずGをさほど感じない。左右にけっこう揺さぶられる。半野外なので風が心地よい。この山周辺を走る㉒ウエスタンリバー鉄道に事前に乗っておくとどういう所を疾走するかわかります。
⑦	ホーンテッドマンション	西洋館風お化け屋敷。さほど怖くない。そもそも脅そうとしていない。ただ暗いところを卵型乗り物でまわるからテンションは上がりやすい。9月〜1月頭までは「ナイトメアー」に乗っ取られるバージョンがあり、意味よくわからないままも、すごく楽しくなる。
⑧	ミッキーの家とミート・ミッキー	グリーティング施設。ミッキーに会って一緒に写真も撮れる。人気がとても高い。45分待ちだとかも並びたくなる。ミッキーは映画撮影の休憩中にあって会ってくれる設定なのでなんか映画スターらしく、かっこいい。サイン頼むと特にそうおもう。裕次郎的。
⑨	ジャングルクルーズ	ジャングルを船長の解説と共にボートでまわる。おもしろさの6割は船長のトーク能力にかかっている。かなりどきどきする。当たりはずれは半々だな。リニューアル後、夜が特に混むが暗いから見えないものもあるのでどっちもどっち。昼で充分とおれは思う。
⑩	スター・ツアーズ：ザ・アドベンチャーズ・コンティニュー	映像に合わせて座席が激しく揺れる乗り物。コースターより酔う人が多いとおもう。毎回見られるシーンが変わる。出発2種＋第一星3種＋伝言3種＋第二星3種で全部で11シーン。11見ればコンプリート。54通りと宣伝はするがその数字に意味はない。
⑪	ピーターパン空の旅	ウエンディの部屋を飛び出し、ロンドン上空からネバーランドへ向かう乗り物。飛翔感が実に気持ちいい。でもアトラクション時間は2分。待ち時間は60分近くになることが多い。空飛ぶ2分のためにあなたはせせこましい空間で60分待つのか。おれはやだ。
⑫	空飛ぶダンボ	ダンボに乗って数メートルの空中に上がり、同じ所をぐるぐるまわる乗り物。大人が乗っても楽しいがやはり子供向けでしょう。カップルはスタージェットに乗ったほうがいい。混雑日は60分待ちを越える。なかなか厳しい。雨が降ると当然、すごく空く。
⑬	スタージェット	ダンボと同じようにぐるぐるまわる乗り物。こちらはエレベータで上がった所が乗り場なのでずっと高い位置でまわる。スピードもけっこう出る。意外と激しい乗り物です。だからそこそこ人気がある。2人で前後に座ると抱きかかえるように乗るのでカップル向きでした。
⑭	ロジャーラビットのカートゥーンスピン	ティーカップのようにハンドルをまわして乗っているクルマがぐるぐる回る。知らないでじっとしている人がいるがハンドルはどんどん回そう。漫画世界をわけがわからないまま通り抜けていく。すごく楽しい。コートを着たイタチたちが悪者だからきをつけよう。
⑮	白雪姫と七人のこびと	「白雪姫」の再現ではなく「白雪姫はどんなに怖い目に遭ったすべて＝繰り返し殺されそうになり、最後は殺される」ポイントを白雪姫の視点から描いた「恐ろしく救いのない怖い乗り物」。あなたは王子様でしたい。幸せになりません。夢見る子供には、すすめません。
⑯	ガジェットのゴーゴースター	発明女子ネズミのガジェットが余りもので作ったジェットコースター。乗車時間1分足らずととても短い。座席も小さい。そのぶん、大人だと体がはみ出してスピードを感じてどきどきします。妙にどきどきします。並ぶエリアには文具や雑貨で道が作ってあるのでよく見ます。
⑰	グランドサーキット・レースウェイ	自分で運転するゴーカート。車を運転したことない子供はとても興奮します。でもガイドがあるので前のクルマを抜くことができず空いてる道をひとりで進んでる感はない。混雑日は三連休の高速道路のような渋滞が起きてさらに楽しくないです。混雑日は子供向けです。
⑱	ミッキーのフィルハーマジック	飛び出す3Dアニメ映画。ディズニー作品の名シーンをもとに次々とキャラクターが出る。「すごく満足できる」アトラクションだが意外と知られておらず混雑日は第二基とも重宝です。1回に入る人数も多いし冷暖房完備だし。このまま余り知られずにいて欲しい。
⑲	ビーバーブラザーズのカヌー探検	乗客全員が櫂を持たされカヌーを漕いで進ませるという、ランドでは珍しい自力推進のアトラクション。川を一周する。楽しいよ。お兄さんのトーク次第でもっと楽しくなる。川面が近く、夏前は子ガモを引き連れたカモ集団が近くに見えたりして、かわいげ。
⑳	カリブの海賊	「パイレーツ・オブ・カリビアン」からジャック・スパロウ、タコ船長デイヴィ・ジョーンズ、砲台攻撃の指揮を執るバルボッサが乗り込んで壮大で楽しくなった船の乗り物。最初に落下するがセーフティバーはない。落下で死の世界へ入り進むことになる。
㉑	グーフィーのペイント＆プレイハウス	グーフィーの家に入ってスプラットマスターと呼ばれる銃のようなものを操作して壁やら家具やらにどんどんペンキを塗りつけていく。もちろんアニメ上のバーチャル落書きで。終わると消される。いったい何が目的だろうなんて考えてはダメですよお父さん。
㉒	シンデレラのフェアリーテイル・ホール	シンデレラ城内の「シンデレラの半生」を振り返る展示場。「シンデレラの半生」を再現してたりしてそのへんはよくわからない。フラッシュ撮影すると魔法の粉が見える絵、ガラスの靴、シンデレラの椅子などで写真を撮ると楽しい、インスタ映えする場所。
㉓	ウエスタンリバー鉄道	筋金入りの鉄ちゃんだったウォルト・ディズニーの魂が込もった乗り物。ほんとに蒸気で動く汽車です。ビッグサンダー・マウンテンの恐竜の骨を見たあと、時空を遡り恐竜時代に入る。恐竜好きの男児だったら必ず進行方向右側の席に座らせてあげて下さい。

㉔	ピノキオの冒険旅行	不良少年であるピノキオの半生をトロッコで見て回る乗り物。怖い乗り物ではないが原作の暗さは再現されている。途中「プレジャーランド」という遊園地が出てきて遊園地というのは妖しく危うい処ということをこの遊園地内で見せてくれるところがすごい。
㉕	ウェスタンランド・シューティングギャラリー	有料射的。1回 10発200円。赤い的を狙って撃つ。何発当たったか最後にカードで出る。数人で点数比べをやると楽しい。10点満点だと保安官バッジをくれる。バッジくれなかった昔は恐ろしく空いていたのに最近はかなり混む。そんなに保安官になりたいのか。
㉖	アリスのティーパーティー	いわゆるティーカップ。まんなかの輪をまわすと、余計にまわるという乗り物。子供がとても喜ぶが、大人も本気でまわすととても楽しい。まわしすぎると酔います。「誕生日じゃない人、おめでとう」と祝福してくれるのが不思議の国のアリステイスト。
㉗	イッツ・ア・スモールワールド	世界中の子供に擬した人形を見てまわる乗り物。博覧会出品が原型なのでディズニーキャラは出ない。女子には人気だが男子は幼児でもほとんど興味を示さなかったりする。最後のほうの、だらんと握られたピノキオ人形を見つけるのを楽しみに乗るのが、よい。
㉘	キャッスルカルーセル	すべて白馬のメリーゴーラウンド。かつて白馬が大人気だったことがあり、だったらすべて白馬にしようということで、すべて白馬です。これに乗ってお城に向かってください。大人が乗っても楽しいんだけどおじさん1人で乗ってるとまわりの目が痛い。
㉙	ミニーの家	ミニーの住居。ミッキーの家と違って訪れてもミニーはいない。だからミニーに会えることはない。でも混雑日は25分待ちになったりして、おれにはよくわかりません。楽しい家だけど本人がいない家に何分も待つのはいったい、うーん。どうなんだろう、なんては。
㉚	蒸気船マークトウェイン号	アメリカ河を一周まわる船。船内で案内放送が流れる。三階建てあるのでどこで見るのがいいかいつも迷う。ほとんどの人は迷わず一番高い所に上がる。船が大きいのでちょっと乗船感がうすい。天気がいいときはまわりの緑を見ていると和みますけね。
㉛	カントリーベア・シアター	勝手に動くクマたちが音楽を演奏してくれるショー。人形ショーなので毎回、まったく同じです。待つエリアが屋内で、なので混雑日に休憩用に使うのに最適っす。30分ほどゆっくりできるよん。でも、ショーもよく見るとすごく楽しいんだな。
㉜	魅惑のチキルーム	ディズニーキャラとして太平洋州をひとり受け持つスティッチのショー。鳥が歌って、チキの神様も歌って、スティッチも出ます。カントリーベア・シアターと同じく休憩用に使える待つ場所が半野外でショーも短くさるさく、あまりゆっくり寝れません。
㉝	トムソーヤ島いかだ	いかだがアトラクションではないな島でいろいろな遊ぶために渡し船のいかだで渡るだけです。名前が悪い。トムソーヤ島は走りまわって遊べるので子供とデート向きですよ。
㉞	オムニバス	シンデレラ城前プラザを一周する二階建てのバス。ショーやパレードでプラザが混む日は一日運休のことも多い。だから乗れるときはのんびりした気分で乗るのが正しいです。
㉟	チップとデールのツリーハウス	チップとデールが棲む木の家。チップやデールはいません。会えません。木に登ってそこにある機械をいじって降りてくるだけの処。登って降りるのがちょっと楽しいです。
㊱	ドナルドのボート	ミニーの家は待ち時間が発生するけど、ドナルドとチップ&デールは待ち時間がない。でもこのボートはけっこう楽しいよ。いろんな仕掛けがあって登り降りして楽しい。
㊲	スイスファミリー・ツリーハウス	南洋の島に漂着したスイス人家族がどういう工夫をして木の家に棲んだのか、を見てまわる。スイス人とチップ&デールは住み家が同じというのがおもしろい。
㊳	トゥーンパーク	トゥーンタウンに入ってすぐ右よりにある。地面がぐにゃぐにゃで、小さい子供も安心して遊べるように作られている。子供が走りまわってるのでよくぶつかっちゃいます。
㊴	ディズニーギャラリー	画廊です。作品が展示してある。どうしてこれがアトラクションなのかよくわかりません。座る場所はまったくなく休もうとおもってもまったく休めないので、ご注意。撮影厳禁。
㊵	ペニーアーケード	10円〜100円で 100年くらい昔のゲームで遊ぶ処。入って左の「昔のクレーングゲーム」はよく取れます。正体不明の小さいぬいぐるみだけど。占いゲームが多く残されている。

ディズニーランドの全ショー一挙解説

ミニー・オー！ミニー	アドベンチャーランドの劇場のショー。ラテン音楽でミッキー&ミニーたちが踊りまくり観客も踊らされます。よくわからないまま、これがラテンなんだろうと楽しい気分で終わります。オレ。
スーパードゥーパー・ジャンピンタイム	子供ショー。ミッキーとミニー、ドナルドとチップ&デールが出る。あとサル。子供（〜6、7歳）だけステージ真下で見られる。キャラ好きの小さい子供連れなら、かなりおすすめのショー。
ワンス・アポン・ア・タイム	シンデレラ城をスクリーンにアニメを映し出すショー。花火やレーザー光線も連動した大掛かりなプロジェクション・マッピング。城そのものが動いているように見えるのが凄い。冬はアナ雪版。
ワンマンズ・ドリームⅡ	浦安市成人式も行われるショーベースでやるショー。多彩なキャラクターが歌って踊り、見応えあります。最後はミッキーを称えて終わる。楽しい。座席は抽選が多くはずれると見られませぬ。
ハピネス・イズ・ヒア	昼でのパレード。メリーゴーラウンドで駆け出したキャラを先頭に、幸せはここにある、と歌い各グループが通る。停止はしない。ひたすら多幸感に包まれます。幸せはそこにある。
エレクトリカルパレード・ドリームライツ	夜のパレード。各フロートに必ず複数のキャラが乗る。フロートが16台、キャラも50人以上。ジーニーやマイクとサリーなどが巨大で見事です。ピートとドラゴンとかマイナーなのも出る。
ハピネス・オン・ハイ	花火です。もともとランドに向けて揚げていたものだから、ランド内だとだいたいどの位置からも見える。マークトウェイン号あたりで見ると、迫力が段違いです。
リロのルアウ&ファン	ポリネシアンテラス・レストラン（次頁参照）。昼食を食べながらのショー。完全事前予約。ミッキー、ミニー、チップ、デール、リロ、スティッチが座席に来てくれて一緒に撮影ができる。
ミッキーとミニーのポリネシアン・パラダイス	ポリネシアンテラス・レストラン（次頁参照）。夕食を食べながらのショー。完全事前予約。ステージとの距離で値段が違う。夜はやたらとフラダンスを踊るダンスショーですな。踊らされます。
ホースシュー・ラウンドアップ	ザ・ダイヤモンドホースシュー（次頁参照）。昼食を食べながらのショー。完全事前予約。ウッディとジェシーとブルズアイが出てきて、銃撃ショー、大盗賊コントなどの西部ショーを展開する。
ミッキー&カンパニー	ザ・ダイヤモンドホースシュー（次頁参照）。夕食を食べながらのショー。完全事前予約。女主人スルーフットスーが色っぽく男性客に迫ったあとミッキー、ミニー、ドナルドが歌って踊ります。

ディズニーランド全レストラン&ワゴン一挙解説

ポリネシアンテラス・レストラン	AL。	完全事前予約店。太平洋州らしい食事。席によって値段が違う。
ザ・ダイヤモンドホースシュー	WL。	完全事前予約店。バーベキュー料理。舞台に近いと値段が高い。
イーストサイド・カフェ	WB。	テーブルサービス。必ず着席できる。予約可能。パスタのコース。
れすとらん北齋	WB。	テーブルサービス。予約可能。和食レストラン。意外と人気で混む。
クリスタルパレス・レストラン	AL。	バフェテリアサービス。予約可能。食べ放題。朝はキャラクター朝食。
ブルーバイユー・レストラン	AL。	テーブルサービス。予約可能。ランド内でもっとも高級。
センターストリート・コーヒーハウス	WB。	テーブルサービス。閉園時間までやってるランド内のファミレス。
クイーン・オブ・ハートの バンケットホール	FL。	バフェテリアサービス。着席して食べられる。アトラクション並の凝った内装と場所がいいからすごく混む。値段の割りにはやや哀しい味です。
プラザパビリオン・レストラン	WL。	バフェテリアサービス。着席して食べられる。洋食のお店。
チャイナボイジャー	AL。	前払いカウンター奥で受け取る。席は確保されてるはず。ラーメン店。
ハングリーベア・レストラン	WL。	前払いカウンター奥で受け取る。座席はあるはず。カレーライス店。
グランマ・サラのキッチン	CC。	前払いカウンター奥で受け取る。座席はあるはず。お勧め店です。
トゥモローランド・テラス	TL。	前払いカウンター奥で受け取る。座席があると限らない。バーガー店。
プラザ・レストラン	TL。	前払いカウンター奥で受け取る。席があると限らない。丼ものなど。
キャプテンフックス・ギャレー	FL。	カウンターで注文その場で受け取る。座席はないことも多い。ピザ店。
パン・ギャラクティック・ピザ・ポート	TL。	カウンターで注文その場で受け取る。席はないことも多い。ピザ店。
リフレッシュメントコーナー		カウンターで注文その場で受け取る。席はないことも多い。
ヒューイ・デューイ・ルーイの グッドタイム・カフェ	TT。	カウンターで注文その場で受け取る。座席はないことも多い。エビカツバーガーを始めとしてこの店の料理はいい。おれは大好きな店です。
ラッキーナゲット・カフェ	WL。	前払いカウンター奥で受け取る。座席があると限らない。チキンの店。
カフェ・オーリンズ	AL。	カウンター注文その場で受け取る。座席はないことも多い。クレープ。
ザ・ガゼボ	AL。	カウンター注文その場で受け取る。座席はあまりない。ちょっと穴場。
ペコスビル・カフェ	WL。	カウンター注文その場で受け取る。座席はあまりない。パイが美味しい。
スウィートハート・カフェ	WB。	自分でパン取ってカウンターで支払う。座席はないことも多い。
ボイラールーム・バイツ	AL。	カウンターの店。座席はあまりない。中華まん系ミッキーまんはおすすめ。
チャックワゴン	WL。	屋台です。スモークターキーレッグを売ってる。左列長いが列の進みが短い。
スキッパーズ・ギャレー	AL。	照焼きチキンを売ってる屋台。煮た感じの肉なのでおれはいいや。
ラケッティのラクーンサルーン	CC。	ソーセージをトルティーヤで巻いたものがおれはものすごく好きです。
ミッキーのトレーラー	TT。	春巻きを売ってるワゴン。エッグ&シュリンプ味がおれは大好きです。
トゥーントーン・トリート	TT。	グーフィー家前のプレッツェルを売ってるワゴン。甘塩味で美味しいよ。
スクウィーザーズ・トロピカル・ジュースバー	AL。	ソフトクリームやトロピカルなジュースを売っているカウンター店。
グレートアメリカン・ワッフルカンパニー	WB。	ミッキー顔型のワッフルのお店。席はあるがすぐいっぱいになる。
アイスクリームコーン	WB。	アイスクリームと飲み物を売ってる。店前に座席もある。冬すいてる。
ソフトランディング	TL。	わかりにくいところにあるソフトクリーム専門店。いつもすいてる。
トルバドールタバン	FL。	フック船長ピザ店隣にあるソフトクリームと飲み物のカウンター店。
スペースプレース・フードポート	TL。	スタージェット基礎部分にある店。サンデーなどのスイーツを扱う。
ロイヤルストリート・ベランダ	AL。	スイーツと飲み物店。少しだけ座席がある。いつもすいています。
フレッシュフルーツオアシス	AL。	カットフルーツをカップに入れて売っている店。夏に食べると美味しい。
ビレッジペイストリー		ティポトルタを売ってる。これは美味い。そこそこ行列ができてる。
アウト・オブ・バウンズ・アイスクリーム	TT。	ただのアイスクリームを売っているワゴンです。ゴルフカート型店。
パークサイドワゴン	AL。	チュロスを売っている。カリブの海賊の前に昔からあるワゴンです。
ライトバイト・サテライト	TL。	チュロスを売っている。トゥモローランドの道のまん中にあるワゴン。
クレオズ	FL。	甘い飲み物などを売っているワゴン。ピノキオ近く。いつもすいてる。
キャンティーン	WL。	いかだで渡ったトムソーヤ島の騎兵隊砦の中にある売店。ただの売店。
ディンギードリンク	TT。	トゥーンタウンにあるペットボトルを売っている店。小舟の形のお店。

AL：アドベンチャーランド　CC：クリッターカントリー　FL：ファンタジーランド
TL：トゥモローランド　TT：トゥーンタウン　WB：ワールドバザール　WL：ウエスタンランド

ディズニーランド全土産店一挙解説

グランドエンポーリアム	WB。入口入って城を正面に見て右側の一角を占める巨大ショップ。混む。
ギャグファクトリー／ファイブ・アンド・ダイム	TT。トゥーンタウンのもっとも奥にある店。エンポーリアムに次ぐ総合ショップである。ここでかなりのものが揃えられる。場所が遠いのが難点。
ホームストア	WB。カリブの海賊に面した角の店。食器や雑貨中心のいろんな商品。
プラネットM	TL。バズのアトラクション出口にある店。トイストーリーものを揃える。
キングダム・トレジャー	FL。シンデレラ城裏、白雪姫前にある店。総合店ぽく土産買い向き。
プーさんコーナー	FL。プーさんのハニーハント出口にある。かなり広いプーさんの総合店。
モンスターズ・インク・カンパニーストア	TL。モンスターズインクアトラクション出口店。モンスターグッズ中心だけど、ここもいろんなジャンルものが揃えられやや総合店の様相を見せる。
トイ・ステーション	WB。モンスターズインクFP発券機向かい。玩具類がもっとも揃っている店。
ワールドバザール・コンフェクショナリー	WB。入口入ってアーケード街手前左角の店。エンポーリアム向かい。巨大なお菓子専門店。ここに来ればほとんどのお菓子が揃えてある。土産向け。
ペイストリーパレス	WB。北斎の隣にあるお菓子専門店。コンフェクショナリーの近く。
ゼネラルストア	WL。カントリーベアシアター横にある目立たないお菓子専門店。おすすめ。
プレジャーアイランド・キャンディーズ	FL。ピノキオ脇にあるお菓子専門店。店内ディスプレイがもっとも楽しい。
マジックショップ	WB。イーストサイドカフェ向かいにある手品専門店。見てるだけで楽しい。
ラ・プティート・パフュームリー	AL。オーリンズ劇場手前にある香水などの専門店。穴場おすすめ店です。
クリスタルアーツ	AL。ブルーバイユーレストランの隣。ガラスもの専門店。名入れもあり。
ガラスの靴	FL。シンデレラ城内通路にある店。ガラス類と装飾品の専門店。
タウンセンターファッション	WB。アーケード街まん中四つ辻の右奥角にある衣料専門店。二部屋続き。
ウエスタンウエア	WL。ハングリーベアレストラン手前の衣料店。19世紀アメリカ西部的。
ベビーマイン	FL。シンデレラ城裏、フィルハーマジック側の店。子供用品専門店。
バシフィック・エクスポート	AL。オーリンズ劇場脇。かつての千葉物産館、その流れで和風グッズの店。
ハウス・オブ・グリーティング	WB。アーケード街四つ辻左奥（入口から入って）の角の店。文具専門店。
ディズニーギャラリー	WB。奥でお絵描き教室を開いている芸術作品展示場の一角のグッズ店。
ハリントンズ・ジュエリー＆ウォッチ	WB。れすとらん北斎とペニーアーケード手前の店。装飾品充実。女子必見。
ディズニー＆カンパニー	WB。アーケード街にあるディズニーキャラとかわいいものを扱ってる店。
パーティグラ・ギフト	AL。オーリンズ劇場前。かわいいキャラものと装飾品を扱う女子向け店。
ハーモニーフェア	FL。フィルハー出口にある帽子と装飾品とドナルドグッズの店。帽子充実。
トレーディングポスト	WL。ウッディ＆ジェシーものと西部ものと装飾品を売っている不思議な店。
パイレーツ・トレジャー	AL。カリブの海賊出口脇ピンバッジとメダルと玩具を売っている小さい店。
チキ・トロピックショップ	AL。スティッチ関連グッズとハワイ用品を扱っている店。トロピカルな店。
サファリ・トレーディング・カンパニー	AL。民芸品などを売るアフリカ専門店。ディズニーもの皆無。不思議な店。
アドベンチャーランド・バザール	AL。メキシコやペルーの民芸品や衣装の店。ここもディズニーものなし。
フロンティア・ウッドクラフト	WL。革製品に名前を入れてくれる店。千円そこそこでけっこう安いです。
コズミック・エンカウンター	TL。アクセサリーに名前を入れてくれる店。TLのキャラグッズも扱う。
ゴールデンガリオン	AL。カリブ海賊出口脇。海賊ものをたくさん扱う。中学生男子大喜びの店。
フート＆ハラー・ハイドアウト	CC。スプラッシュから戻る洞窟内にあるワゴン的な店。チップ＆デールあり。
ファンタジーギフト	FL。ダンボそばにある園内で使えるものを多く揃えたお店。シートとか。
カメラセンター	WB。園内で撮られた有料写真の受取処。電池、SDカード、充電器など有。
スプラッシュダウン・フォト	CC。スプラッシュで撮られた写真の受取処。カウンターで小物を売ってる。
ウエスタンランド写真館	WL。トレーディングポスト内にある西部劇コスプレ写真館です。有料です。
シルエットスタジオ	WB。客の横顔を2分千円くらいで切り取ってくれる店。文房具店内にある。
メインストリート・デイリー	WB。ワールドバザールにあるワゴンショップ。大きな菓子店前にあります。
ソーラー・レイズ・ライトサプライ	TL。トゥモローランドのワゴン。スタージェットの少し手前にあります。
トゥーンタウン・デリバリー・カンパニー	TT。トゥーンタウンのワゴン。タウンに入って左に進むとすぐにある。
ル・マルシェ・ブルー	AL。アドベンチャーランドのワゴン。カリブの海賊より少し奥にある。
カントリーベア・バンドワゴン	WL。ウエスタンランドのワゴン。カントリーベアシアターの向かいにある。
ストロンボリズ・ワゴン	FL。ファンタジーランドのワゴン、ピノキオの冒険旅行の前にあります。
トレジャーコメット	TL。スティッチ・エンカウンター付属店。ガチャポンあり。

247

ディズニーシーの人気順全アトラクション一挙解説

①	トイ・ストーリー・マニア！	シー一番人気の乗り物でこの人気はまだ数年続く。FPは平日でも開園1時間でなくなる。シューティングゲームだ。卵うち、ダーツ、皿投げ、ゴム矢を行い点数を競う。メガネをかけて3Dアニメ上で射的を行う。2人乗りトラムで回りながら進む。激しい動きはない。でも少年心もくすぐる射的なのでなかなか人気が落ちないみたい。
②	センター・オブ・ジ・アース	地底走行車に乗って地底探険していると火山活動が起きて、いきなり急上昇・急降下する乗り物。激しい部分は一瞬だけですがその浮遊感はなかなかのものです。一瞬、無重力になる感じがする。その瞬間、外に飛び出るのだが左右の海の景色がすごい。特に夜景が綺麗ですね。迫力ある乗り物だけど激しいのは一瞬だけ。その前の地底旅行を楽しもう。
③	インディ・ジョーンズ・アドベンチャー	暴走ジープに揺られて暗い場所を走り抜ける乗り物。左右には振られるがほとんど落下しない。ジェットコースターとはいう難しい。かなりスピーディなお化け屋敷だとおもったほうがいい。巨大な玉が転がってくる所で左上から写真を撮られるのであともあまり落下しない。最前列のハンドルのある席に座ると運転してる気分になるんで、いいよ。
④	タワー・オブ・テラー	フリーフォール系統の乗り物。上に上がってすぐ下がって、また上がって下がる。さほどの落下ではないがふわふわする。学生25人連れていくと「乗れません」と泣訴する女子が3人は出る。それぐらいの割合で苦手な子がいます。1月～3月の閑散期には上下が増えたレベル13バージョンで運転。レベル13を運転してるのはゴルゴ13。うそです。
⑤	レイジングスピリッツ	360度回転するジェットコースター。考えてみればかなり激しいコースターだけどさほど人気でもない。乗車時間2分でとても短いことと、背景の物語がきちんと語られずどういう乗り物かわかりにくいのが原因ではないかな。物語がないから乗車時間が短いから5番人気でも混むんだけどね。完全な野外施設なので雨が降るときがある。
⑥	ヴィレッジ・グリーティングプレイス	ダッフィーに会えるところ。ケープコッドにあるトランジットスチーマーラインの乗り場脇にダッフィーに会えるプレイスがあります。ヴィレッジ・グリーティングプレイスです。ダッフィーはぬいぐるみなの。
⑦	マーメイドラグーンシアター	アリエルとその仲間が実演してくれるショー。アリエルは吊されてくるくる宙を舞う。客席は海底で海中を泳ぐアリエルを見ているという設定。開園以来十余年アースラの誘いを断るアリエルという「リトルマーメイドの初日譚」が演じられていたが、2015年よりトリトン王も出るミュージカルショー「キング・トリトンのコンサート」になった。
⑧	ストームライダー	前方スクリーンに映る映像に合わせて激しく座席が揺れる乗り物。ランドのスター・ツアーズと同じタイプ。ロケット弾を発射して台風を消滅させるため飛行艇で台風に向かう、という設定。台風の中を飛ぶのですごく揺れます。ちょっと濡れます。かなり楽しい乗り物だとおもうんだけど、FPはいつまでも残ってることが多いです。
⑨	タートル・トーク	豪華客船の窓から海にいるカメと話す施設。喋るカメは映画「ファインディング・ニモ」のクラッシュ。相手はカメのはずなのに客席ときちんと応対する。しかも客をかなりいじってくる。トークショーとして、かなり質の高いショーだとおもう。子供客があり基本は子供のためのショー形式を取っているが大人もすごく楽しめます。最高だぜ。
⑩	マジックランプシアター	前半はマジシャンのマジックショー、後半は飛び出すアニメでジーニーがいろんなものを飛びださせるのを眺める。とても楽しいショー。マジックショーの部分だけでもかなり見応えがある。ジーニーが出てからはマシンガントークと歌で笑わせてくれる。マジックにはサプライズが多いのでうまく利用しよう。
⑪	アリエルのグリーティンググロット	マーメイドラグーンの地上エリアの滝に洞窟があって、そこでアリエルが会ってくれる。アリエルは下半身だけ着ぐるみで、上半身はそのままむきゅむきゅになってる。それが行くといつもアメリカ娘が英語で喋ってくる。困る。日本の人魚はおらんのか。
⑫	海底2万マイル	海底を進むように見せるバーチャル潜水艇。なんちゃって潜艦。海の遊園地で海底と名が付いてるるのがないう客はすぐく珍しがるが本当の海の中には入らない。穏やかな乗り物。海底を進むうちにより深く沈んでしまい海底人に助けられて浮上するという劇的な展開だが乗り物内はずっと穏やか。スモールワールドとあまり変わらないです。
⑬	グリーティングトレイル ミッキー／ミニー／グーフィー	ここからはシーのグリーティング施設。インディ・ジョーンズエリアにあるピラミッド脇のグリーティングトレイルというエリアでミッキーとミニーとグーフィーに会える。ミッキーがやはり一番人気。入口は同じで、先の奥行きでロープで区切られている3エリアを見分けて入っていく。グーフィーだけが人気が落ちてちょっと気の毒。
⑭	サルードス・アミーゴス	"サルードス・アミーゴス！"グリーティングドックというのが正式名称。面倒だからだいたい略して書きます。ドナルドのグリーティング施設。彼は映画「三人の騎士」に出て以来、ラテンアメリカ担当キャラになっているので、ここで会ってみよう。
⑮	アクアトピア	水の上を自動で進んでくるくる回る乗り物。外から見てると、とても楽しそうに見える。何が起こるのかわからないので子供も乗りたがる。でも乗ってみると想像していたほど楽しくない。予想してないほうに動き回るのがそんなに楽しく感じられないのだ。すいません、ちょっと濡れバージョンを開催することがある。夏はびしょ濡れバージョンを開催することがある。夏はびしょ濡れても良い。
⑯	フランダーのフライングフィッシュコースター	子供エリアであるマーメイドラグーンの地上部分にある。小さいジェットコースターです。乗り物も小さく時間も短く、上下の動きも小さい。だから小さい子供だときゃっきゃと喜ぶけど大きい人が乗ると、まあ、ふつうです。ちょっとだけだいすきな子にはすごく長く待って乗りたくない。コースターの全行程が見渡せるのが少しおもしろい。
⑰	ヴェネツィアン・ゴンドラ	レストラン脇の乗り場からゴンドラで海へ少し出て、また戻ってくる。船出するがどこにもたどり着きません。同じ所へ戻ってきます。船頭さんがトークで楽しませてくれるし、歌も聞かせてくれる。でもジャングルクルーズほどトークに比重はかかっていない。歌が下手なゴンドリエもいます。下手なら歌わなくていいのに、ときどきおもう。
⑱	ブローフィッシュ・バルーンレース	マーメイドラグーンの海底エリア（屋根のあるほう）にある子供向けの乗り物。フグ型の乗り物で少し高いところをぐるぐるぐるまわる。見たとおりの乗り物でもちょっと乗ってみると、じつは大人でもけっこう楽しい。でもこれが海底エリアでは人気が高く、混んでいると60分待ちになったりする。大人だけで60分待って乗るのはちょっとつらいです。

248

⑲	ジャスミンのフライング カーペット	シンドバッドの脇、アラブの海沿いにできた「空飛ぶ絨毯」。4人乗りの絨毯で空中を回る。絨毯だけど扉も安全バーもついてます。高くしたり低くしたりできる操作レバーが前の席、前のめりにするか後ろに反り返るかという操作レバーが後ろの席についている。きらきらしている噴水の上を飛びます。そこそこすいている。なんか楽しい。
⑳	ワールプール	マーメイドラグーンの海底エリアにある子供向けの乗り物。いわゆるコーヒーカップ。ランドのアリスのティーカップと違ってハンドルはない。自分で回せない。「強く回そうとおもったら、固まって座ってください」とお姉さんに指示される。つまりデートにとても向いてることになります。そんなに混まないときを狙ってデートで使おう。
㉑	スカットルのスクーター	知ったかぶりのカモメ"スカットル"がやっとる乗り物。ヤドカリに乗って回る。マーメイドラグーンの海上エリアにある子供向けの乗り物(海上エリアの乗り物はあとフランダーのコースターだけ)。斜めに回転するのが珍しくちょっとおもしろい。すいてるときに乗ると、まん中で望遠鏡を逆さにして覗いてるのがスカットルだよ。
㉒	ジャンピン・ ジェリーフィッシュ	マーメイドラグーンの海底エリアにある子供向けの乗り物。ほんと何でもない。クラゲに乗り徐々に上がり下がり、また上がり下がり上がって最後すーっと下がって終わる。まじに何でもない。最初3回くらいは3分間待ったが5回めくらいから突き抜けて楽しくなった。いまはすいてたら乗る。うわ、やっぱ何も起こらねーと叫んでると楽しい。
㉓	トランジット スチーマーライン	49人乗りの大きな船で移動するアトラクション。地中海→インディ・ジョーンズ行きと、その逆のルート及びケープコッドから出発してシーを一周して戻ってくるルートの全部で3ルート。密閉された船ではないので夏は涼しく冬はすごく寒い。海上ショーが行われてるあいだは休みになるので運航時間がとぎれとぎれとなる。船内放送が楽しい。
㉔	エレクトリック レールウェイ	アメリカンウォーターフロントとポートディスカバリーを結ぶ鉄道。20世紀初頭だと言うことを意識してか、冬は暖房で暖めてくれるが夏の冷房はありません。1980年代半ばまでの日本の鉄道もみんなそうでした。古き良きアメリカエリアの風景がとてもいい。ポートディスカバリー停車場のポスターにはたくさんの隠れミッキーが描かれている。
㉕	キャラバンカルーセル	アラビアンコーストの2階建てのメリーゴーラウンド。ジーニーの絨毯の乗り物もある。かつてはジーニーに乗りたい人だけは別に待ってもらうというジーニー待ちがあったが、最近は聞かない(混雑時にはあるかもしれないが未確認)。屋根部分のドームが幻想的で夜はすごくきれい。このドーム越しに見える花火もなかなかとけっこう迫力あります。
㉖	フォートレス・ エクスプロレーション	火山下の要塞と、海に浮かぶガリオン船と、埠頭部分が探険できるようになっていて、勝手に探険するアトラクション。地球自転の実験室や遠くを見られるカメラオブスキュラの部屋、錬金術の部屋、船を動かす舵や人力飛行機もある。「ザ・レオナルドチャレンジ」は地図をもらい、謎を解いてまわるオリエンテーリング的な催しです。日没終了。
㉗	シンドバッド・ストーリ ーブック・ヴォヤッジ	24人乗りの船でシンドバッドと一緒に冒険する。日本でいえば平安時代くらいのお話ですね。船でただ見て回るだけの乗り物。9世紀くらいの世界が怪魚に満ちてるぼくたちが船に乗ってるぶんには平穏無事です。クジラが出ようと巨人が出ようと、ふつうに航海して戻ってくるんだぜ。おれは平気なんだけど、いつもすごく好きなんだけど、いつもすごく楽しい。
㉘	ビッグシティ・ヴィークル	アメリカエリアの設定時代である20世紀初頭のクルマでエリア内をゆっくりと回るアトラクション。ふつうに早歩きするほうが抜けてるくらいのスピードの運転なので移動手段と考えないほうがいい。レストラン櫻の前とケープコッド・クックオフの先に乗降場がある。乗ってみると、まわりをせかせか歩いてる人が気の毒に見えてくるから不思議です。
㉙	アリエルの プレイグラウンド	マーメイドラグーンの海底エリアにある遊び場。映画「リトルマーメイド」を見ていたからなお楽しめる。子供用遊び場だとおもわないほうがいい。大人も楽しい。デートで活用していただきたい。網の上を歩くとか、光ると自分の影が残る壁とか、水が噴き出る処、ぽよんぽよんと跳ねる処などなど、何も考えずに遊ぶと楽しい。ドントシンク。

ディズニーシーの全ショー一挙解説

ファンタズミック!	地中海上で行われる夜のショー。海上にスクリーンを作って、そこでディズニーアニメの名シーンを見せようとしているが、かなり無理があります。すごく見えにくいエリアがそこら中にある。誰も文句も言わずに眺めている。後半はヴィランズが活躍して、巨大な鏡と大きな樽が出てきてミッキーが戦う。「これは僕の夢なんだ!」のひと言でミッキーが勝つ。何それ。
テーブル・イズ・ ウェイティング	豪華客船脇で行われるとても楽しいショー。「美女と野獣」のロウソク・ルミエールが案内人となり、世界の料理を紹介する。キャラクターが料理の素材となって踊りまくる。とても楽しいです。ミッキー、ミニー、ドナルド、デイジー、チップ、デール、プルートと総キャラ出演です。あ、グーフィーも出てるわ。しかもメインディッシュ。日本弁当御輿で練り歩きます。楽しいよ。
ビッグバンドビート	ダンサーと歌手が出てきて歌って踊るショー。ミッキーやミニー、マリーなどが出てくる。毎回生ライブのはずなのだが、演者たちはライブとして客を突き動かす熱意を持っておらず、月に十回以上落語ライブを見ている体質のせいなのか何も感じられず、悪いがただただつまらなく退屈である。おれは寝ます。相性の問題だからしかたない。ライブ経験少ない人向けだとおもう。
マイ・フレンド・ ダッフィー	ハンバーガーショップ「ケープコッド・クックオフ」の食事席で行われるショー。食べ物を食べながら見る。飲み物だけでもいいんだけど。ダッフィーやシェリーメイの誕生や悩みを題材にみんなが歌って踊るショー。見終わると涙が頭にすごく残る。正時から「第一の10分のショー→5分休憩→第二の10分のショー→5分休憩」という30分を1セットとして繰り返し演じられている。
ハピネス・オン・ ハイ	夜の花火。トムソーヤ島と、アラビアンコーストのあいだあたりで花火が揚げられているんだなあと(花火は揚げると書く)こっちから見るとわかるのだが、どこのエリアでも見られる場所ではない。ホテルミラコスタ寄りだとまったく見えない。アメリカエリアはやや遠くになってしまう。だからマーメイド、アラビア、ロストリバーあたりから見るのがいいと、おれはおもう。
影の世界に迷い 込んだ少女ショー	ハンガーステージで行われていたミスティックリズムが終了して、2016年から少女の成長を描くショーが始まるみたいです。プロジェクション・マッピングも駆使するので、串カツ食って待て。

ディズニーシー全レストラン&ワゴン一挙解説

マゼランズ	MH。予約可能・着席注文店。シーでもっとも高級な店。コース料理を堪能できる。時間と金がかかるがここでビールやワインを飲むのがおれは好き。
リストランテ・ディ・カナレット	MH。予約可能・着席注文店。もっとも高いイタメシ店。ワインとパスタに凝ってます。ピザもうまい。前菜の品揃えに少し不満だけど、いい店です。
S.S.コロンビア・ダイニングルーム	AW。予約可能・着席注文店。豪華客船3階の店。値段が高いが、あまり味が見合ってない。でもおれはこの空間が好きです。ビールがうまい。
レストラン櫻	AW。予約可能・着席注文店。日本料理のお店。コースではない。懐石じゃないんだから。定食店です。定食としては高い。酒類がけっこう充実。
セイリングデイ・ブッフェ	AW。予約可能・バフェテリア。食べ放題の店。惣菜は食べ放題らしいレベルで少し残念だが、充実のスイーツと自分で盛れるソフトクリームがいい。
マゼランズ・ラウンジ	MH。着席注文の店。マゼランズの上階にあるウエイティングバーのような存在。軽い食事と、酒類が充実してます。ここで飲むのもとても楽しい。
テディ・ルーズヴェルト・ラウンジ	AW。着席注文の店。豪華客船の2階。サンドイッチ類はあるが基本は酒を飲むところ。酒類の充実ぶりは他に類を見ない。酒好きにはたまらない。
カフェ・ポルトフィーノ	MH。料理を選びつつお盆にのせて会計。席はあるはず。このタイプの店は料理が作り置きされていて、しかも微妙に高くて哀しい。イタメシ店。
ホライズンベイ・レストラン	PD。料理を選びつつお盆にのせて会計。席はあるはず。レストラン右ではキャラクターが席にやってくるサービスがある。洋食系作り置きのお店。
ヴォルケイニア・レストラン	MI。料理を選びつつお盆にのせて会計。席はあるはず。中華料理のお店。中華料理の作り置きはなかなか厳しいものがある。夏の冷やし中華は美味。
ザンビーニ・ブラザーズ・リストランテ	MH。カウンター前払い奥で受け取る。席はあるはず。一番安いイタリアンの店。生ビールがすっと飲めるのでいい店だとおもう。パスタも安い。
ケープコッド・クックオフ	AW。カウンター前払い奥で受け取る。席はあるはず。ハンバーガーショップ。ハンバーガー320円だから味は知れております。ショーもやってる。
ニューヨーク・デリ	AW。カウンター前払い奥で受け取る。席はあるとは限らない。サンドイッチ店だからテイクアウトもできる。ルーベンホットサンドを私はすすめる。
ミゲルズ・エルドラド・キャンティーナ	LRD。カウンター前払い奥で受け取る。席はあることが多い。メキシカン料理店。トルティーヤはあまり勧めない。まだタコスのほうがいい。
ユカタン・ベースキャンプ・グリル	LRD。カウンター前払い奥で受け取る。席はあるはず。ライスの上に肉がどーんと載った発掘地らしいバーベキュー料理。ボリュームはある。
カスバ・フードコート	AC。カウンター前払い奥で受け取る。席はあるはず。インドカリーの店。
セバスチャンのカリプソキッチン	ML。カウンター前払い奥で受け取る。席はあるはず。ピザやホットサンド。
マンマ・ビスコッティーズ・ベーカリー	MH。パンを自分で取ってカウンターで支払う。席はあるとは限らない。
リフレスコス	MH。カウンターで払って受け取る。チュロスとあと軽食。ビールあります。
バーナクル・ビルズ	AW。カウンターで受け取る屋台。豪華客船前の埠頭でビールを飲む場所。
サルタンズ・オアシス	AC。カウンターで払って受け取る。席はあまりない。中華まんとスイーツ。
ノーチラスギャレー	MI。カウンターで払って受け取る。席はあるとは限らない。海底近くの店。
デランシー・ケータリング	AW。軽食屋台。屋台は基本は座席なし。ホットドッグを売っている。
リバティ・ランディング・ダイナー	AW。軽食屋台。変な日本味スナックを売る店。最近はポークライスロール。
シーサイドスナック	PD。軽食屋台。うきわまんという中華まんを売っている。エビ味中華まん。
ブリーズウェイ・バイツ	PD。軽食屋台。エレクトリックレールウェイの駅前にある屋台。パイの店。
エクスペディション・イート	LRD。軽食屋台。インディジョーンズの近くにあるトラック型屋台。うまい。
ロストリバークックハウス	LRD。軽食屋台。スパイシースモークチキンレッグを売っていて、大人気。
リフレッシュメント・ステーション	ML。軽食屋台。名物ギョウザドッグを売っている。開園以来ずっと人気。
ゴンドリエ・スナック	MH。カウンター支払い受取スイーツ店。人気のジェラート専門店。
ケープコッド・コンフェクション	AW。カウンター支払い受取スイーツ店。ダッフィーのスイーツを売ってる。
トロピック・アルズ	LRD。カウンター支払い受取スイーツ店。フランダーのコースター脇の店。
ハイタイド・トリート	AW。スイーツ屋台。チーズブラウニー、もちもちダッフィーを売っている。
パパダキス・フレッシュフルーツ	AW。スイーツ屋台。カットしたフルーツをカップに入れて売っている。
オープンセサミ	AC。スイーツ屋台。チュロス専門店。専門店はシーでここだけ。

MH：メディテレーニアンハーバー　AW：アメリカンウォーターフロント　PD：ポートディスカバリー
LRD：ロストリバーデルタ　AC：アラビアンコースト　ML：マーメイドラグーン　MI：ミステリアスアイランド

ディズニーシー全土産店一挙解説

マクダックス・デパートメントストア	AW。アメリカエリア入口に構える巨大ストア。ダッフィーグッズの品揃えが半端ないうえ、季節もの一般グッズも充実している。便利な総合店。
ガッレリーア・ディズニー	MH。入口入って火山正面に向かい左手前の店。ダッフィーとその仲間の専門店。ぬいぐるみが揃ってる。入口近くの店だからかなり充実してる。
アーント・ペグズ・ヴィレッジストア	AW。ダッフィー発祥の聖地。ケープコッドの奥にある店。ダッフィー専門3店の１つ。ただここは狭いので、品揃えでみればいまは三番手の店。
エンポーリオ	MH。入口入って火山正面の奥にある。各種揃えた総合店なのでお土産買うのに最適。しかしランドに比べて狭く、品揃えがやや中途半端。
スリーピーホエール・ショップ	ML。マーメイドラグーンの食事処にある土産店。アリエルグッズと季節限定お菓子類、雑貨が揃っている。お土産を選びやすい店だとおもう。
アグラバーマーケットプレイス	AC。アラビアンコースト広場脇にある店。ジーニーグッズと手品グッズやガラス製品に加えて、土産用お菓子などを置いている。ここも選びやすい。
ロストリバーアウトフィッター	LRD。アクセサリーに名入れしてくれる店。それでいてお菓子や装飾品も揃えた総合店。品数は多くないが店内が広く、品物を見やすいとおもう。
タワー・オブ・テラー・メモラビリア	MH。タワー・オブ・テラー出口店。タワテラ撮影写真を売っている。タワテラグッズも売っているほか、お菓子、衣料なども売る総合店でもある。
ヴァレンティーナズ・スウィート	MH。入口入って火山正面に向かい手前の店。園内最大のお菓子専門店。下記の店もりもやすいことが多く、お菓子ならこの店で選ぶのをすすめます。
マーチャント・オブ・ヴェニス・コンフェクション	MH。ヴェネツィアンゴンドラへ向かう手前にある店。お菓子専門店。かなり広いが場所がいいので混雑する。すいてたらここで選ぶと楽しいとおもう。
ヴィラ・ドナルド・ホームショップ	MH。ゴンドリエスナック手前にあるドナルドの雑貨店。二部屋続きになってる。キャラグッズや家具、食料類など楽しいものが揃っていて、いい。
ヴェネツィアン・カーニバル・マーケット	MH。ドナルドショップの隣。狭い店内ながら、コップや皿などの食器からピーラーなどの料理器具までディズニーキャラを売っていて楽しい。
イル・ポスティーノ・ステーショナリー	MH。火山に向かって右の道沿いにある。文具とかわいい小物専門店。けっこう広い。絵本やCD、DVDも売っている。かわいいものを見つけやすい。
ベッラ・ミンニ・コレクション	MH。文具専門店とつながってる店。かわいいミニーの店で、女性用の装飾品から携帯グッズ、ぬいぐるみ、ポーチにバッグなどがそろっている。
マーメイドトレジャー	ML。マーメイドラグーン内三連店のまん中の店。女性用の装飾品が充実していて、あと玩具とぬいぐるみもけっこう揃っている。コンセプト不明。
フィガロズ・クロージアー	MH。入口から火山を正面に見て、左奥の店。ガッレリーアとつながってる衣服専門店。帽子からTシャツ、靴まであらゆる衣装をそろえている店。
スチームボート・ミッキーズ	AW。レストラン櫻手前にある店。オズワルドグッズを担当していたがこのあいだ見たらスペース減ってた。おしゃれな衣装や装飾品を扱ってる。
キス・デ・ガール・ファッション	ML。マーメイドラグーン三連店のもっとも外の店。ベビー＆子供用品。
ディスカバリーギフト	PD。風力発電機を屋根につけたショップ。ワゴンで売っているものほか。
ノーチラスギフト	MI。ノーチラス号の上にある店。ワゴン的なものがメイン。玩具も少し。
ペドラーズ・アウトポスト	LRD。インディジョーンズから出てきた人を捕まえようと網を張ってるお店。
フォトグラフィカ	MH。入口から火山を正面に見て左もっとも手前にある。写真を受け取る処。
エクスペディション・フォトアーカイヴ	LRD。インディジョーンズで撮られた写真を販売しているところ。カウンターが広く取られていて、小物を売っているが、あまり惹かれない。
グロットフォト&ギフト	ML。アリエルとのグリーティング写真を受け取る処。日没で閉店する。
アブーズ・バザール	AC。カレー店の前にあるゲームセンター。有料です。500円くらい。
スプレンディード	MH。ワゴン。かぶりものやサングラスなど当日使いたいグッズを売る。
ピッコロメルカート	MH。ワゴン。かぶりもの以外の折り畳み座布団、パスポートホルダーなど。
ミラマーレ	MH。ワゴン。夏は日傘にタオル、冬は手袋、耳当てなど季節物を売る。
リメンブランツェ	MH。Tシャツやサンダルなどの軽い衣装ものをあつかってる。
スリンキー・ドッグのギフトトロリー	AW。トイ・ストーリー・マニアの前にあるワゴン。トイストーリーに特化。
ニュージーズ・ノヴェルティ	AW。レストラン櫻から豪華客船に向かって左にあるすぐ使うものワゴン。
スカイウォッチャー・スーヴェニア	PD。ストームライダー前からロストリバーに向かう坂を上りきったところ。
ルックアウト・トレーダー	LRD。レイジングスピリッツに向かう緩やかな坂を上って右にあるワゴン。
シータートル・スーヴェニア	ML。ミステリアスアイランドからマーメイドエリアに出てすぐ左。ワゴン。
マーメイドメモリー	ML。ワゴン。アリエルものが少し目立つがワゴンらしい品物をそろえる。

251

モノレールの停車位置研究

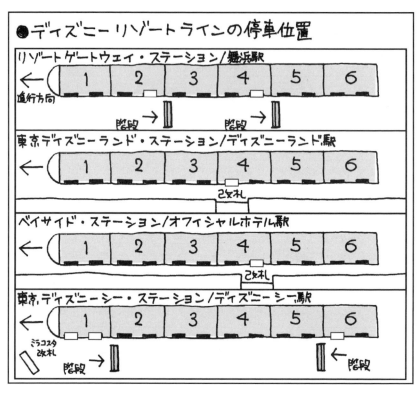

　モノレールは「ディズニーリゾートライン」と呼ばれている。シーが作られたときに、できた。つまり、舞浜からシーへ行くための乗り物だと、私はおもってる。舞浜からシーまで1キロちょっとなので、歩けば15分くらいです。おもいっきり走ったら2分11秒でしょうか、って世界記録か。
　モノレールは混むときはけっこう混みます。どこが改札に近いのか、示しておきます。
　シーで降りるとき便利なのは、ふつうのエスカレーターなら、先頭車両か一番後ろの車両が便利です。ホテルミラコスタに抜けられるほうから降りるのなら先頭一番前です。

ランドで降りるなら前から4両目（うしろからだと3両目）ですね。
　帰り、舞浜駅（リゾートゲートウェイという名前）で降りるときは、前から2両目か4両目。これは前の2両目のがいいな。
　リゾートゲートウェイのホームから下に降りると、そのまままっすぐ奥のほうが出口と示されているが、これは遠回りです。イクスピアリに用がなく、すぐ舞浜駅に向かいたいなら、ホームから下に降りたら、くるっと180度振り返り逆方向（モノレール進行方向）へ行けば、舞浜駅に近い改札に出ます。矢印はイクスピアリに誘導するためのものです。

京葉線の停車位置研究

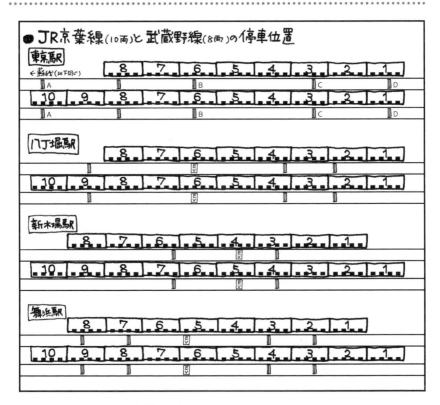

　東京方面からE電に乗って舞浜にいくとき、どの車両が便利かを図解しておいた。これを便利におもう人がどれぐらいいるのかわからないが、おれにとってはとても大事で便利情報なので、ここに載せます。たぶん世界に何人かは便利だとおもってくれる人がいるとおもう。でも、なんか、少ないんだよね。

　この路線の面倒なところは、10両編成の京葉線と、8両編成の武蔵野線直通の二種類の電車が走ってることです。しかも駅によって8両編成がどう停まるかは違ってる。けっこう面倒。それも含めて図解しました。

　東京駅から人が多く乗る車両は6号車です。ついで3号車。ここは混んでる。東京か八丁堀から乗るなら4号車（弱冷車）が便利です。降りるときも便利。ただ、新木場も（上に載せてないけど）葛西臨海公園も、4号車のところに階段が来るので、八丁堀から先はここはちょっと混みます。舞浜で降りるときもここが近いです。

　舞浜で降りるとき便利なのは、4号車とあと8号車ですね。

　帰り、とても混んでるとき東京方面では前のほう、つまり東京寄りがいいです。一番端っこまで行くと、すいてます。冬の朝だと富士山が見えるあたり。よろしく。

アトラクションの変遷の歴史

ランドが1983年に開園したときにあったアトラクションは30。クリッターカントリーとトゥーンタウンがまるまる存在せず、ビッグサンダーもなかったから、狭かった。

アトラクションの歴史を表にしてみた。こういうのを作るのが大好きです。白枠は開園以来現在も営業してるアトラクション。灰色は途中からできたもの。黒地に白文字はすでになくなったアトラクション。

ランドは開園時に30、現在41である（スティッチの新アトラクションと、ミート・ミッキーを含めてます）。

開園から30年以上稼働してるのが22。プロ野球選手だとそろそろ引退だ。

開園時にあったもののうち、8つなくなった。ミートザワールドとかスカイウェイとか、そういうの。なくなって当然じゃ。

途中で出来ていまも現役なのは、スイスファミリー・ツリーハウスを始めとして18。途中に物々しくオープンしたのにいまは存在しない哀しいものがミステリーツアーとかビジョナリアムとかミクロアドベンチャーとか9です。

だからいままでランドでは58のアトラクションが出現しておるのだよ。

シーはさほど変わってない。

シンドバッドは、07年に一部変更して名称が変わったが、これはリニューアルです。

つまりなくなったものはなし。増えたのが5つ。トイマニ、タワテラ、レイジング、亀トーク、空飛ぶ絨毯。そういう状況です。

開園時	ディズニーシー　アトラクション変遷の歴史 01 02 03 04 05 ∥ 06 07 08 09 10 ∥ 11 12 13 14 15	現在
1	トランジットスチーマーライン	1
2	ヴェネツィアン・ゴンドラ	2
3	フォートレス・エクスプロレーション ／ 08～ ザ・レオナルドチャレンジ開始	3
	06～ タワー・オブ・テラー	4
	トイ・ストーリー・マニア！→ 12～	5
4	ビッグシティ・ヴィークル	6
5	エレクトリックレールウェイ	7
	09～ タートル・トーク	8
6	ストームライダー	9
7	アクアトピア	10
8	インディ・ジョーンズ・アドベンチャー	11
	05～ レイジングスピリッツ	12
	ジャスミンのフライングカーペット→ 11～	13
9	セブンヴォヤッジ 01～06 ／ 07～シンドバッド・ストーリーブック・ヴォヤッジ	14
10	マジックランプシアター	15
11	キャラバンカルーセル	16
12	フランダーのフライングフィッシュコースター	17
13	スカットルのスクーター	18
14	マーメイドラグーンシアター	19
15	ジャンピン・ジェリーフィッシュ	20
16	ブローフィッシュ・バルーンレース	21
17	ワールプール	22
18	アリエルのプレイグラウンド	23
19	センター・オブ・ジ・アース	24
20	海底2万マイル	25
	以下グリーティング「常設小屋」	
	05～ アリエルのグリーティンググロット	
	サルードス・アミーゴス・グリーティングドック→ 10～（ドナルド）	
	ミッキー＆フレンズ・グリーティングトレイル→ 11～（ミッキーミニーグーフィー）	
	ヴィレッジ・グリーティングプレイス→ 11～（ダッフィー）	
	01 02 03 04 05 ∥ 06 07 08 09 10 ∥ 11 12 13 14 15	

＊「トランジットスチーマーライン」は乗降場所が3カ所あるので、それぞれを足すとアトラクション数はもう2つ増える。また「エレクトリックレールウェイ」も乗降場所がもう1つあるのでそれも増える。ただどう見ても同じアトラクションなので、ここではそれぞれ1つに数える（公式HPなどでは別個に数えている）。

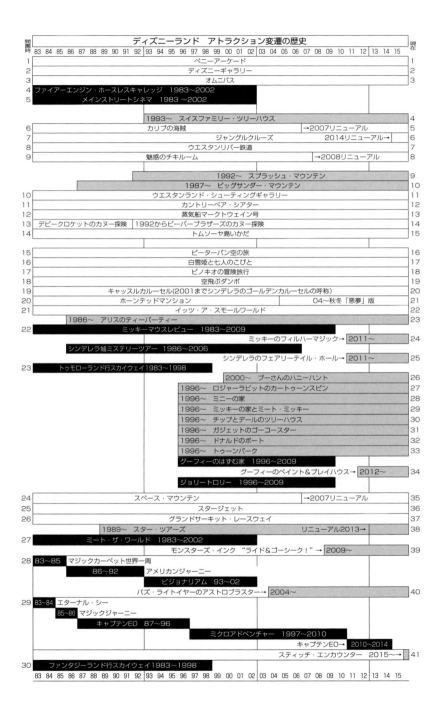

あとがき

ども。第3版です。そのバージョン1。2015年の春もの、です。
第2版を直しました。ただ、直せども直せども終わらず書けども書けども終わらず、いったい、どうなってるのだとぼやいても終わらず、えいやっと力技で押し込んだけど終わらず、「もともとこの本はどうやって作られたのだ」と自分の本のことながら茫然としたが終わらず、まだ終わっていません。戦いは続いております。改訂を続けます。散。

STAFF

文●堀井憲一郎
絵●飯塚めり

調査スタッフ●咲本英恵●赤松奈々

●小野瑞季●前原早紀●山名茉仁●勝木晃矢●足立貴子●渡辺詩織●濱田美緒
●石山千愛●日野友里加●依藤なつみ●清水勇志●阿部和也●種山和樹●澤井恵美子
●村田香織里●早川友実子●塔下太朗●松尾真五●野田ゆりえ
●成田卓哉●亀山祐典●永井聖也●石井暁●中岡達也●和田慎平
●宮本奈都子●小林浩子●金本小夜●内藤理基●式部沙友里●田中千晶
●鈴木美穂●紅谷梓●鎌形楠丈●新井弘人●右近小雪●岡村直道●山浦龍作
●田代佳文●笠井理恵●黒津正貴●市川圭●小松和茂●金子隆幸●関根寛文
●白川敬●上田健志●田島美絵子●橋本綾子●白倉秀平●星朋
●清水裕利江●畠山久美●高梨直子●渡部和孝●小野田あゆみ●石塚麻里子●浜辺康平

ちょっと協力●小野寺麻衣

東京ディズニーリゾート便利帖〈第3版〉

著者　堀井憲一郎

2015年5月15日　発行

発行者　佐藤隆信
発行所　株式会社新潮社
郵便番号　162-8711　東京都新宿区矢来町71
電話　編集部 03 (3266) 5611　読者係 03 (3266) 5111
http://www.shinchosha.co.jp
印刷　凸版印刷株式会社
製本　株式会社大進堂

乱丁・落丁本は、ご面倒ですが小社読者係宛お送り下さい。送料小社負担にてお取替えいたします。
価格はカバーに表示してあります。

©Kenichiro Horii 2015, Printed in Japan　ISBN978-4-10-475603-2 C0026